JOSEF FRIEDL

Die Berge, mein Leben voll Arbeit und Sehnsucht

Im Wandel der Zeit

novum pro

Dieses Buch ist auch als
e-book
erhältlich.

w w w . n o v u m v e r l a g . c o m

Bibliografische Information
der Deutschen Nationalbibliothek:

Die Deutsche Nationalbibliothek
verzeichnet diese Publikation in
der Deutschen Nationalbibliografie.
Detaillierte bibliografische Daten
sind im Internet über
http://www.d-nb.de abrufbar.

Gedruckt in der Europäischen Union
auf umweltfreundlichem, chlor- und
säurefrei gebleichtem Papier.

© 2024 novum Verlag

ISBN 978-3-99146-832-5
Lektorat: Theresia Riegler
Umschlagfotos: Josef Friedl,
Ramona Kerber
Umschlaggestaltung, Layout & Satz:
novum Verlag
Innenabbildungen: Josef Friedl,
Andi Bauer, Matthias Ciprian,
Ramona Kerber, Daniel Friedle

Die vom Autor zur Verfügung gestellten Abbildungen wurden in der
bestmöglichen Qualität gedruckt.

www.novumverlag.com

Druckprodukt mit finanziellem
Klimabeitrag
ClimatePartner.com/16547-2311-1001

In Dankbarkeit für meine liebevolle Frau Gabi, die mein ruheloses Leben seit Jahrzehnten in Güte und Geduld mitgetragen hat.

Mein besonderer Dank gilt außerdem den Frauen Andrea Hohenrainer und Elisabeth Knitel sowie Herrn Andreas Pronegg für hilfreiche Korrekturen und wertvolle Hinweise.

Ebenso danke ich den Mitarbeiterinnen und Mitarbeitern beim novum Verlag für die erfolgreiche Gestaltung meines Buches, ganz besonders Frau Gabriela Ganzwohl für die angenehme Zusammenarbeit und Frau Theresia Riegler für ihr äußerst sorgfältiges Lektorat.

Im Prinzip kann jedes Kapitel in diesem Buch einzeln und unabhängig von den anderen gelesen werden. Bessere Einblicke erhält man, wenn zusammenhängende Themenkreise betrachtet werden. Wer möglichst vieles von dem, was ich getan, erlebt und empfunden habe, mitbekommen möchte, sollte alles lesen. „It's really a never-ending story to know all about you" – "Es ist tatsächlich eine unendliche Geschichte, alles über dich zu wissen", sagte ein Englisch sprechender Techniker, mit dem ich neben dem dienstlichen auch privaten Kontakt pflegte.

Der Inhalt des Buches ist der besseren Übersicht wegen nach Themen und nicht chronologisch gegliedert. Eine Lageskizze zu den örtlichen Gegebenheiten in meinem Heimattal befindet sich im Anhang (19.17). Alle nicht gekennzeichneten Fotos wurden vom mir aufgenommen.

Inhaltsverzeichnis

1   Einleitung

Es kam wie es kommen sollte und so wurde das kleine, auf 1 356 Metern gelegene Bergdorf Boden im April 1956 zu meiner Heimat. Es hätte wohl kaum einen besseren Platz für mich gegeben als jenen abgeschiedenen, von steilen und schroffen Bergen umrahmten, inmitten der Lechtaler Alpen. Auch wenn meine bisherigen Wege oftmals steil, steinig und beschwerlich waren, bin ich dankbar, glücklich und zufrieden, dass ich meiner Bestimmung im Land der Berge folgen durfte.

Der weite Bogen des von mir bisher Erlebten spannt sich vom bescheidenen Leben in den primitiven Holzhütten in Pfafflar mit ausschließlich manueller Arbeit über viele rasche Entwicklungsstufen bis zur künstlichen Intelligenz!

Das bergbäuerlich geprägte Leben meiner Kindheit fand im Vergleich zu heute in einer gänzlich anderen Welt statt. Es waren nicht nur die Lebens- und Arbeitsweisen völlig anders, sondern auch die Einstellung zum Leben, die Art zu denken und das daraus resultierende Verhalten haben mit den Gepflogenheiten der Gegenwart nur noch wenig zu tun.

Der Kampf ums Überleben in dieser rauen Bergwelt stand über Jahrhunderte im Mittelpunkt aller Handlungen meiner Vorfahren. Auch ich habe das ständige Arbeiten, Mühen und Plagen meiner Eltern, um unsere Familie ernähren zu können, noch hautnah erlebt.

Wenn ich bei meinen Wanderungen und Bergtouren an jene Plätze komme, wo wir damals in unserer überschaubaren Welt Jungvieh gehütet, den Schafen Salz gebracht, Bergheu geerntet, Heuschober errichtet, Weiden geräumt, Lawinenschäden beseitigt, Zäune geflickt oder Kartoffeln angebaut haben, so kommt es mir vor, als hätte sich das alles in einer anderen Welt, in einem anderen Film abgespielt. Ebenso ist der von mir empfundene Wertewandel, den ich auf meinem bisherigen Lebensweg erlebt und mitgemacht habe, enorm.

Die mich prägenden Eindrücke aus meiner Kindheit, die raschen Veränderungen innerhalb kürzester Zeit, intensiv empfundene Ereignisse, Begegnungen mit charismatischen Menschen sowie ebenfalls in die Tiefe gehende persönliche Begebenheiten sind es wert, schriftlich festgehalten zu werden. Daher habe ich schon vor vielen Jahren begonnen, immer wieder Beiträge für dieses Buch zu verfassen.

Auch wird den schönen und heiklen Erlebnissen bei Berg- und Schitouren, die im Laufe meines Lebens immer mehr zu einem wesentlichen Bestandteil meiner Freizeit wurden, viel Platz eingeräumt. Mir sehr wichtig erscheinende persönliche Erkenntnisse, welche die körperliche und seelische Gesundheit betreffen, habe ich ebenfalls erwähnt.

In Boden, in der Welt meiner Kindheit, gab es eine Kirche, zwölf Häuser und ungefähr 55 Einwohner. Zu Boden gehören die nicht ganzjährig bewohnten Weiler Brandegg und Pfafflar. Pfafflar wiederum besteht aus den Hofstellen Unterhaus, Ebele und Haag. Boden und die 5 Kilometer entfernte Ortschaft Bschlabs bilden gemeinsam eine politische Gemeinde mit dem Namen Pfafflar. Es ist für viele unlogisch, dass eine Gemeinde den Namen eines Ortsteiles trägt, dessen dauerhafte Bewohnung vor 130 Jahren endgültig aufgegeben wurde. Bschlabs wird von den Weilern Aschlen, Sack, Windegg, Mitterhof, Taschach, Egg und Zwieslen gebildet. Laut offizieller Volkszählung lebten im Jahr 1951 noch 198 Einwohner in unserer Gemeinde; im Jahr 2023 sind es gerade noch ungefähr die Hälfte.

Der schnelle, enorme Wandel der Zeiten im vergangenen Jahrhundert, von dem meine Vorfahren berichteten und von dem auch ich noch einiges mitbekommen habe, soll uns sensibel dafür machen, dass es jederzeit sehr schnell Veränderungen geben könnte. Wir dürfen uns nicht gleichgültig zurücklehnen und uns im derzeitigen Wohlstand geborgen fühlen, sondern müssen alles in unserer Macht Stehende tun, um Frieden und Freiheit zu sichern, sowie soziale, medizinische und wirtschaftliche Errungenschaften zu erhalten. All die Annehmlichkeiten, die wir jetzt haben, auch wenn viele nicht zufrieden sind und auf hohem Niveau jammern, waren in der Vergangenheit nicht selbstverständlich und könnten es auch in Zukunft nicht sein.

„Nichts ist so beständig wie der Wandel", soll einst der griechische Philosoph Heraklit gesagt haben oder anders ausgedrückt: „Das einzige Beständige ist die laufende Veränderung!"

2   Mein Leben mit den Lawinen

Lawinen in jeder nur möglichen Ausprägung haben meinen bisherigen Lebenslauf oft tangiert. Aufgrund der exponierten Lage meines Heimatortes gehörte das Leben mit den im Winter von den steilen Bergen herunterstürzenden Schneemassen schon von Kindheit an zum Alltäglichen. Ob als Schneebrett-, Lockerschnee-, Staub- (19.1), Gleitschnee- oder Nassschnee-Lawinen, in jeder Form haben mich Gestalt, Wucht und Kraft der Lawinen fasziniert. Bei den Warnungen meiner Eltern, beim Hören von Lawinengeschichten in der Stube, beim lawinenverursachten Ausfall des Schulunterrichts, bei unzähligen Straßensperren, beim Überklettern von frischen Lawinenkegeln, beim Schaufeln von Notwegen über Lawinen, bei Problemen mit Gästen wegen der Nichterreichbarkeit des Dorfes oder deren Eingesperrtsein, beim Beseitigen von Lawinenschäden, beim Aufräumen von abgelagertem Unrat, bei Lawinenkursen, als Bürgermeister, als Vorsitzender beziehungsweise Mitglied der Lawinenkommission, beim Schifahren abseits der Piste, sehr oft bei vielen Schitouren sowie auch bei direktem Kontakt mit den gefährlichen Schneemassen ist das Thema Lawinen in meinem Leben immer aktuell und heikel geblieben!

2.1   Am Tag meiner Geburt

Da es in den Tagen vor meiner Geburt sehr viel geschneit hatte und zu dieser Zeit die zuständige Hebamme in unserem Tal nicht zur Verfügung stand, wurde meine Mama rechtzeitig nach Breitenwang ins Krankenhaus Kreckelmoos gebracht. Zur damaligen Zeit wurden in unserer Gemeinde noch so gut wie alle Kinder mit Hilfe der örtlichen Hebamme daheim zur Welt gebracht.

Am Tag meiner Geburt, am 12. April 1956 (um 11:35 Uhr), haben die Männer von Boden einen Fußweg durch tiefen Schnee und über mehrere Lawinen nach Bschlabs geschaufelt. Besonders der Weg „Unter den Köpfen" vom „Waldele" bis zu den „Nassen Platten" sei fast vollständig von Lawinen verschüttet gewesen. Wegen der großen Neuschneemenge, die auf einer glatten, verharschten Altschneedecke abgelagert wurde, sind sogar Hänge zwischen den üblichen Lawinenstrichen abgerutscht. Gegen Abend kam Michael Perl, der Wirt vom Gasthaus Edelweiß (das war der Vater von den im Buch erwähnten Personen Otto, Helga und Margit, sowie der Opa von Reinhold und Werner) zu Fuß von Elmen herein und berichtete meinem Papa, der noch mit der Schaufel in der Hand auf dem Lawinenkegel stand, dass er heute erstmals Vater eines gesunden Sohnes geworden sei. Meinem Papa – so erzählte er öfters – wären bei dieser erfreulichen Nachricht die „Haare zu Berge gestanden".

2.2   Wintertage in meiner Kindheit

Die meist schneereichen Winter während meiner Kinder- und Jugendzeit empfand ich als sehr lang, kalt und dunkel, oft unbehaglich duster. Immer wieder und wieder waren wir viele Tage, ja sogar wochenlang von der Außenwelt abgeschnitten. Auf der damals noch recht schmalen, circa 11 Kilometer langen Straße von Boden nach Elmen gab es circa dreißig Stellen (19.2), an denen man mit Lawinen rechnen musste.

Schneefräse im Kanzertal auf der Straße von Elmen nach Bschlabs

Nach intensiven Schneefallperioden, die es während eines Winters meist öfters gab, dauerte es längere Zeit, bis die Unimog-Schneefräse vom Baubezirksamt Reutte den Weg bis zu uns nach Boden wieder freimachen konnte. Der Schneepflug am für heutige Verhältnisse recht kleinen Traktor von Helmut Lechleitner konnte trotz ständigem Unterwegssein größere Schneemassen nicht mehr bewältigen. Zur Beseitigung von großen Staublawinen und ganz besonders von mächtigen Nassschneelawinen, die oft mit Bäumen, Steinen und Erdreich durchsetzt waren, bedurfte es des Einsatzes von Schubraupen oder Radladern.

Als Alfons Kirchmaier, er war Jäger für die von der Familie Pischl aus Telfs gepachteten Jagd, an einer Nierenkolik erkrankte, präparierten die Männer aus Boden mit Schiern und selbstgefertigten Schneereifen, ähnlich den heutigen Schneeschuhen, im „Schwarzwald", dem flachen Feld südlich des Fundais- und östlich des Angerlebaches, eine circa 160 Meter lange und 8 Meter breite Landebahn für ein Kleinflugzeug. Groß war die Sensation, als der damals weitum bekannte Rettungsflieger Eduard Bodem aus Innsbruck mit seinem Flugzeug, eine Piper 180, am 23. Dezember 1962 darauf landete. Um zu testen, ob es möglich ist, mit dem erkrankten Alfons auch wieder abheben zu können, machte der Pilot einen erfolgreichen Startversuch, bei dem mein Onkel Anton (6.7) mitfliegen durfte. Alfons wurde in dicken Decken eingehüllt, auf einem Heuschlitten liegend zur Landebahn gezogen und in das Flugzeug geladen. Nachdem der Flieger unseren nachschauenden Blicken entschwand, legte sich die Aufregung und die weihnachtliche Winterruhe kehrte zurück in das durch Lawinen von der Außenwelt getrennte Dorf. Anton erzählte noch öfters mit Begeisterung von seinem aufregenden Probeflug.

Bevor geeignete Hubschrauber zur Verfügung standen, dienten kleine, wendige Flächenflugzeuge vor allem auf Gletschern und entsprechenden Schneefeldern zur Unterstützung von Bergrettungseinsätzen.

Wie mir aus mehreren Erzählungen und auch aus der Chronik bekannt ist, war anlässlich der Rettungsaktion für Alfons bereits das zweite Mal ein Flugzeug in Boden: Im August 1926 kam der Jagdpächter Rudolf Pischl aus

Telfs mit seinem Doppeldecker-Flugzeug übers Hahn-tennjoch. Bei der Landung auf dem ebenen Feld nord-westlich von Boden, („Anlage" genannt), wurde es we-gen der unterschätzten Unebenheiten im Gelände stark beschädigt. Mechaniker aus München reparierten den Propeller und die Tragflächen des Fliegers neben dem Haus von Leo Lechleitner (6.1), Boden 35. Die erforder-lichen Ersatzteile wurden mit der Bahn nach Imst ge-liefert und dann übers Hahntennjoch herübergetragen. Die dem Ort Boden seinen Namen gebende Fläche hat es ermöglicht, dass ein Flugzeug bereits 24 Jahre vor dem ersten Auto im Dorf war.

Da es einmal sehr lange Zeit keine Verbindung zur Außenwelt gab, hat ein Bundesheer-Hubschrauber wich-tige Lebensmittel zu uns ins Dorf geflogen. Vermutlich wollte uns der Pilot eine Freude bereiten und so durf-te ich als kleiner Bub mit ein paar anderen eine kurze Runde übers Dorf mitfliegen, was für uns ein ganz be-sonderes Erlebnis war, von dem man noch lange da-nach erzählte.

Auch kann ich mich an eine Lehrerin erinnern, die es nicht ertragen konnte, eingeschneit zu sein, weil ihre Familie draußen im Lechtal wohnte. Jedes Mal, wenn es etwas intensiver zu schneien begann und sich eine Straßensperre abzeichnete, verließ sie unverzüglich das Dorf. In einem Winter kam es häufig vor, dass wir tage-lang keinen Unterricht hatten. Erst freuten wir uns über die zusätzlichen freien Tage, aber schon bald wurde es daheim hinter dem Ofen oder beim endlosen Schaufeln von Schnee langweilig und wir sehnten uns danach, wie-der in die Schule gehen zu dürfen. Wenn wir nach mehr oder weniger langem Warten wieder regulären Unterricht hatten, hofften wir auf das Offenbleiben der Straße, um nicht schon wieder erzwungene Ferien erleben zu müssen.

Wenn unsere Familie in manchem Spätherbst das Domizil in Pfafflar (3.7) (dort oben mussten wir mit unserem Vieh mehrere Wochen lang verweilen, bis der vor Ort gewonnene Heuvorrat aufgebraucht war) nicht rechtzeitig vor größeren Schneefällen verlassen konnte, bestand auch auf dem Schulweg von Pfafflar nach Boden Lawinengefahr.

Als sich unsere sehr beliebte Lehrerin Edeltraud Wagner leider den Fuß gebrochen hatte, mussten wir für einige Wochen vom Gastwirt Otto Perl mit seinem VW-Bus T2 in die Volksschule nach Bschlabs zu Lehrer Johann Ostermann (6.4) und den dortigen Schüler:innen gebracht werden. Otto ist seinem Auftrag auch dann nachgekommen, wenn die Straße wegen Lawinengefahr gesperrt, aber gerade noch mit Schneeketten befahrbar war, was heute undenkbar wäre. Vor dem Durchqueren von Lawinenstrichen sagte unser Chauffeur öfters: „Luagats aua, ob a Lahna kint!" – „Schaut hinauf, ob eine Lawine kommt!"

Gegen das Frühjahr hin beobachtete ich mit großer Aufmerksamkeit die täglichen Veränderungen von Gleitschneeanrissen auf den Bergwiesen und hoffte den Abgang einer Nassschneelawine zu sehen. Besonders die Ahorntal-Lawine (19.3), die bis zu den Feldern in Dorfnähe abgehen konnte, hatte ich im Blickfeld. Oft bin ich zum Schauen vors Haus gelaufen, wenn bei rascher Tageserwärmung die Schneemassen mit lautem Getöse vom Reichspitzmassiv oder von der Spitzachsel ins Tal stürzten.

Immer wieder habe ich versucht, an Steilhängen, die von oben her sicher zu erreichen waren, Lawinen selbst auszulösen, wobei ich bereits im Pflichtschulalter genau wusste, welche Schneebeschaffenheit einen Lawinenabgang begünstigt. Besonders Nassschnee im Frühjahr war geeignet, eine selbstständige Lawine zu bilden. Durch einen kräftigen Sprung mit gegrätschten Beinen in die vermutete Anriss-Zone hoffte ich eine kleine Lawine auszulösen und deren Abgang beobachten zu können. Selbstverständlich beachtete ich dabei die Mächtigkeit der Schneedecke über mir und die Möglichkeiten zum Festhalten, um nicht mitgerissen zu werden.

Einmal stieg ich an einem sonnigen Nachmittag gegen Ende April auf den bereits aperen Wiesen zum Habart, auf den Gipfel unseres Heuberges. Auf den sehr steilen Nordhängen hinter dem Grat lag noch eine geschlossene Schneedecke, die vollkommen durchnässt und locker war. Das ist jene Situation, bei der man sich von solchen Hängen um jeden Preis fernhalten muss. Würde man im Schnee mit einer derartigen Konsistenz eingeschlossen, wäre man wie einbetoniert und es gäbe kein Entkommen, selbst dann nicht, wenn es sich nur um geringe Mengen der erdrückenden Masse handelt!

An einem sicheren Standplatz auf der Gratlinie zwischen Ahörnle und Habart stehend, formte ich mit der Hand einen möglichst großen, festen Schneeball, aus dem das Wasser triefte. Mit aller Kraft warf ich diesen in die steilste erreichbare Stelle im abschüssigen Hang. Sogleich fiel der faule Schnee an der Einschlagstelle in sich zusammen und langsam setzte sich die sulzige Masse in Bewegung. Der erst punktförmige Anriss wurde rasch kegelförmig breiter und die Schneedecke wurde in immer tieferen Schichten mitgerissen. Weitere Schneemassen lösten sich, nachdem die kleine Lawine nach dem Sturz über eine senkrechte Stufe im darunterliegenden Hang eingeschlagen hatte.

Mit Herzklopfen und großer Aufregung verfolgte ich das weitere Geschehen: Erst dachte ich, nicht mehr scharf zu sehen oder schwindlig zu sein, aber schon gleich bemerkte ich, dass sich auf einmal fast die gesamte, bestimmt ein Hektar große Schneefläche im Nudleskar in Bewegung befand. Mit einem lauten Rauschen wurden die immer schneller werdenden, gigantischen Mengen an Schnee am unteren Ende des Kars in der Felsrinne kanalisiert und ergossen sich anschließend wie ein überdimensionaler Wasserfall in den 700 Höhenmeter unter mir liegenden Plötzigbach. Wie angewurzelt stand ich da und konnte nicht fassen, welch gigantisches Naturschauspiel ich mit einem einzigen Schneeball ausgelöst hatte. Am Abend bin ich extra auf dem Wanderweg ins Plötzigtal gelaufen, um den beachtlichen Lawinenkegel der von mir ausgelösten Lawine zu bestaunen. Auf die äußerst prickelnde Frage, ob diese Lawine auch ohne mein Zutun abgegangen wäre, werde ich nie eine Antwort bekommen.

Hat man im Gelände einen fragwürdigen Hang mit Schi problemlos durchquert, beziehungsweise einen potenziellen Lawinenstrich auf der Straße zu Fuß oder mit dem Auto erfolgreich passiert, so wie es bei uns im Tal bei gesperrter Straße häufig der Fall war, stellt man sich immer wieder die gleichen Fragen: „Wie problematisch war die Situation? Waren die Schneemassen am Berg fest verankert oder sind sie gerade noch am letzten Zacken dort oben hängen geblieben?" Auch darauf erhält man keine Antwort. Bedenklich ist es, wenn man davon ausgeht, dass keine Lawine zu erwarten ist und man sich deswegen fahrlässig verhält. Eine Lawine geht entweder ab oder sie geht nicht ab. Dazwischen gibt es keinen Bereich.

2.3   Pulverschnee statt Schule

An einem Freitagvormittag, mitten im Winter 1976/77, während der großen Pause in der Höheren technischen Lehranstalt (HTL) Fulpmes (12.1), sahen wir zwischen den sich langsam lichtenden Nebelbänken tief verschneite, gelb leuchtende Bergspitzen hervorkommen. Da es in den letzten Tagen viel Neuschnee gegeben hatte und das Wetter aufhellen würde, konnten wir der Verlockung zum Tiefschneefahren im Schigebiet Schlick nicht widerstehen. Nichts konnte uns mehr halten. Einer meiner Schulkollegen und ich stimmten uns ab und meldeten uns beim Professor mit einer fraglich klingenden Ausrede vom Unterricht ab. Wir eilten in unsere Unterkünfte, warfen uns in die Schikleidung und schon bald beförderten uns die Lifte zum Sennjoch, zur höchsten Ausstiegsstelle in diesem Schigebiet. Bereits bei der ersten Auffahrt mit dem Zirmach-Schlepplift waren die makellosen Tiefschneehänge unterhalb des Hohen Burgstalls einfach nicht zu übersehen. Inzwischen hatten sich auch die letzten Nebelreste aufgelöst und einem strahlend schönen Schitag stand nichts mehr im Weg. Leider war das freie Gelände außerhalb des gesicherten Bereichs wegen Lawinengefahr gesperrt. Vorerst begnügten wir uns mit ein paar Abfahrten auf den gut präparierten und malerisch in die tief verschneite Landschaft hineingelegten Pisten. Wo es irgendwie möglich war, zogen wir neben der Piste ein paar Schwünge in den unberührten Schnee.

Es dauerte nicht lange, bis die Versuchung zu groß wurde und wir zu den uns bei jeder Liftfahrt ins Auge stechenden Hängen unterhalb des Hohen Burgstalls hinüberfuhren. Die Absperrung und die nicht überhörbare Warnung des Liftbediensteten ignorierend, versuchten wir mit möglichst geringem Höhenverlust dieses Tiefschnee-Eldorado zu erreichen. Es machte großen Spaß und wir waren begeistert, in diesen fluffigen Powder unsere Wedelspuren hineinzuzeichnen. Da es so schön war, so gut ging und sich keine Probleme abzeichneten, wiederholten wir die Abfahrt über diesen Traumhang immer wieder und wieder. Nach dem Liftausstieg querten wir sofort nach rechts bis zur riesigen „Leinwand", wo wir mit unseren fehlerfreien Spuren das Kunstwerk von Fahrt zu Fahrt größer werden ließen. Mit jedem Mal kamen von Manfred und mir jeweils 65 bis siebzig perfekt aussehende Bögen dazu, die sich auf dem Hang zwischen der oberen Einfahrt und der unteren Ausfahrt ausgingen. Beim Rückweg folgten wir immer derselben Spur, die durch kleine Täler, Mulden und über Kuppen sowie zwischen ein paar Zirben hindurch zur Liftstation zurückführte. Auch diese immer schneller werdenden Fahrten machten Spaß, bevor uns der Schlepplift wieder nach oben beförderte.

Es folgte Runde um Runde und so verzierten wir bis zum Liftschluss den gesamten Hang mit unzähligen, gleichmäßigen und fehlerfreien Girlanden, die wir mit eleganter, geschlossener Schiführung gezogen hatten. Wir waren stolz und sehr zufrieden mit unserem makellosen Werk, in das sich den ganzen Nachmittag kein anderer Schifahrer hineinzufahren wagte. Wir freuten uns darauf, unseren Schulkollegen und auch den Mädels aus Plöven, einem Ortsteil von Fulpmes, unser Meisterwerk am Wochenende präsentieren zu dürfen.

Am nächsten Morgen jedoch, als wir gemeinsam mit der ganzen Clique mit dem Lift nach oben fuhren, wurden unsere Hälse immer länger, weil wir unser während der Unterrichtszeit am Vortag fabriziertes Spurengebilde unterhalb der Burgstallfelsen nicht mehr erblicken konnten. Mit Schrecken und Herzklopfen mussten wir erkennen, dass alle unsere Spuren von einer großen Lawine verschüttet waren. Nicht eine einzige Wedelspur war mehr zu sehen, nur die deutlich erkennbaren, in den Lawinenkegel hinein- und herausführenden Schispuren haben verraten, dass wohl jemand vor dem Lawinenabgang in diesem Gefahrenbereich gewesen sein muss.

Beim ersten Ausstieg aus dem Zirmach-Schlepplift fasste mich der Liftbediener so fest am Anorak, dass ich das Gleichgewicht verlor und fast zu Boden fiel. „Hast du das gesehen?", fragte er mit eindringlicher Stimme. „Ja, ich habe es kapiert!", war meine zaghafte Antwort.

Erst im Laufe der Zeit wurde mir bewusst, welch großes Glück wir damals hatten. Heute noch verursacht mir der Gedanke an den damaligen Leichtsinn Gänsehaut. Einige Jahre später ist einer unserer Werkstattlehrer der HTL bei einer Schitour im gleichen Bereich leider in einer Lawine ums Leben gekommen.

Bemerkung: Dass wir damals im Tiefschnee immer mit den mehr als 2 Meter langen, schmalen und kaum taillierten Pistenschiern gefahren sind, ist heute nicht mehr vorstellbar. Während der HTL-Zeit war ich stolz, einen Kneissl-Red-Star mit 2,05 Metern Länge fahren zu dürfen.

2.4 Osterschitour

Einmal zu Ostern, es war Anfang der 1980er-Jahre, beschlossen mein Bruder Markus und ich mit Helmut Lechleitner (ein 1939 geborener Bodener, der mir immer hilfsbereit zur Seite stand und mit dem wir viel unternommen haben) eine Schitour auf die Schlenkerspitze zu machen. Damals galt diese Tour zum höchsten Gipfel in den östlichen Lechtaler Alpen noch als ein sehr langes, mühsames Unternehmen und wurde von kaum jemandem durchgeführt. Wir hatten noch keine spezielle Tourenausrüstung, sondern gingen mit den Pistenschiern, schweren Schischuhen, teilweise ohne Tourenbindung und mit Seehundfellen, die mit Lederriemen an den Schiern befestigt wurden.

Die recht passablen Bedingungen unterhalb von 2 000 Metern verschlechterten sich beim Aufstieg mit zunehmender Höhe. Der anfangs gut gesetzte und gefestigte Neuschnee wurde weiter oben immer tiefer und war stellenweise etwas windverblasen, wodurch das Spuren für Markus, der immer vorausging, zunehmend anstrengender wurde. Mit vielen Spitzkehren kämpften wir uns über den langen, steilen Hang vom oberen Kar direkt zum Grat hinauf, der vom Galtseitenjoch zum Schlenkermassiv führt. Obwohl wir dabei schon Bedenken wegen Lawinengefahr bekamen, dachten wir nicht ans Umdrehen. Dem teilweise abgeblasenen Grat entlang mussten wir die Schier tragen, wir kletterten über die Felsrippen und mit ein paar letzten Spitzkehren erreichten wir endlich die Geländeschulter unterhalb der Gipfelrinne, wo wir das Schidepot errichteten.

Plötzlich wurde uns von dichtem Nebel die Sicht gänzlich genommen. Dennoch stapften wir, bis zur Hüfte in den Schnee einsinkend, seitlich der Rinne gipfelwärts. Nachdem wir, in Aufstiegsrichtung gesehen, auf der rechten Seite an senkrechten Felsblöcken nicht mehr vorbeikamen, beschlossen wir, die Rinne zu queren. Markus hinterließ dabei einen horizontalen, tiefen Graben im meterhohen Schnee. Als ich mich mit Helmut in der Mitte dieses extrem steilen Couloirs befand, verschwand plötzlich der talseitige Rand der von uns erzeugten Spur geräuschlos im Nebel. Der Schnee über uns blieb zum Glück zwischen den nach oben immer enger werdenden Felsen liegen. Da wir kaum etwas sehen konnten, dachten wir uns nicht viel und kämpften uns mit großer Mühe weiter hinauf zu unserem Ziel. Auf den letzten, ausgesetzten Metern wurden Helmut und ich von Markus mit dem Seil gesichert. Wir hatten für die anstrengenden 1 500 Aufstiegshöhenmeter von daheim bis zum Kreuz auf der Schlenkerspitze (2 827 m) recht lange gebraucht und freuten uns, dass sich der Nebel verzog, die Sonne hervorkam und wir das wunderbare, winterliche Bergpanorama der Lechtaler Alpen in uns aufnehmen konnten.

Beim Abstieg mussten wir mit Entsetzen feststellen, dass wir in der Gipfelrinne nicht nur ein Schneebrett ausgelöst hatten, sondern dass dieses in der Folge einen gewaltigen Lawinenanriss in der gesamten Ostflanke, die sich von der Brunnkarscharte zum Schlenker hinauf erstreckt, verursacht hatte. Teilweise waren auch unsere absichtlich möglichst weit an den Rand des Hanges gelegten Aufstiegsspuren unterhalb des Schidepots mitgerissen worden. Bei der Abfahrt entlang der Lawinenbahn auf gefestigtem Altschnee fühlten wir uns sicher und erkannten, dass wir eine riesige Staublawine losgetreten hatten, die noch weiter ins Brunnkar hinuntergeflossen war, als wir es von oben einsehen konnten. Undenkbar, was passiert wäre, wenn wir diese Lawine beim Aufstieg nicht ausgelöst hätten, denn bei der Abfahrt wären wir auf jeden Fall in diesen Osthang hineingefahren, weil der Weg nach unten über den Grat keine praktikable Alternative darstellte.

Onkel Anton (6.7), der am Vortag mit dem Gedanken spielte, uns bei dieser Tour zu begleiten, es sich dann aber doch anders überlegte, machte sich Sorgen, weil wir zur fortgeschrittenen Tageszeit noch nicht zurück waren. Er ließ sich mit der Materialseilbahn nach Pfafflar bringen und ging dann Richtung Kögele hinauf, um das von uns angestrebte Tourengebiet überblicken zu können. Dabei erkannte er mit dem Fernglas die riesige Lawinen-Abbruchstelle und unsere in diese Lawine hineinführenden Schispuren. Völlig geschockt wollte er sich sofort auf den Rückweg nach Boden machen, um die Bergrettung zu alarmieren.

Bevor er jedoch jenen Bereich verließ, von dem man zum Schlenkergebiet sehen kann, warf er nochmals einen kurzen Blick zur vermeintlichen Unfallstelle und sah, mehr als nur erleichtert, wie wir alle drei von der Brunnkarscharte ins Fundaistal hinunterfuhren. Er ließ uns dabei so lange nicht mehr aus dem Blickfeld seines Feldstechers, bis wir im sicheren Bachbett des unter einer dicken Schneedecke verborgenen Fundaisbaches angekommen waren.

Erst in den nächsten Tagen wurde uns nach und nach bewusst, welches Glück wir hatten und wie viele Schutzengel uns beschützt hatten, dass wir bei dieser gewagten Ostertour nicht in einer von mehreren möglichen Lawinen zu Schaden gekommen sind.

2.5   Mein Bauplatz

Schon immer war es mein größter Wunsch, in Boden ein Haus zu bauen und im Dorf zu bleiben. Die Realisierung dieses Vorhabens war nicht einfach, denn einen dafür geeigneten Bauplatz gab es nicht. Der Ort Boden war von roten Gefahrenzonen eingekesselt und durfte nicht erweitert werden. Richtung Süden bildete der gefährliche Fundaisbach (19.4) die Bebauungsgrenze, auf den Nord- und Ostseiten die Ahorntal- (19.3) und auch die Eifertallawine. Nach unten, in Westrichtung, also unterhalb des Gasthofes Bergheimat durfte wegen der möglichen Lawine von der Spitzachsel auch nicht gebaut werden.

Aus den Beobachtungen und den Erfahrungen, die aus früheren Lawinenabgängen vom Ahörnle und aus dem Eifertal gewonnen wurden, waren ältere Dorfbewohner überzeugt, dass die Karleite, ein Geländevorsprung oberhalb des Dorfes, die Lawinen ablenke und diese somit den Bauwerken in Boden keinen Schaden zufügen könne.

Diese öfters vernommene und auch mir plausibel erscheinende Begründung, warum der Ortskern von Lawinen bisher verschont geblieben ist, kam mir jedes Mal in den Sinn, wenn ich im Zuge von Bergtouren von den

umliegenden Berghängen auf die möglichen Lawinen-
bahnen und die darunterliegenden Häuser blickte.

Daher festigte sich immer mehr meine Überzeugung,
dass die „Fasche", das Feld gleich nördlich der Kirche,
zwischen dem 1972 errichteten Stall von Gebhard Perl
(6.3) und unterhalb des relativ neuen Gebäudes von Anton Friedl (6.7) am „Gorenbichl" als Bauplatz geeignet
wäre. Mit den von mir bei flach einfallendem Sonnenlicht
aufgenommenen Fotos, auf denen die Geländestruktur
oberhalb des Dorfes deutlich hervorkam, wollte ich den
Antrag zur Aufhebung der roten Gefahrenzone bei den
Behörden begründen.

Das Schreiben eines diesbezüglichen Ansuchens und
die Weiterleitung der gemachten Fotos habe ich wegen
der bevorstehenden Veränderung in meinem Privatle-
ben – meine Freundin Manuela erwartete ein Kind –
und des bald einsetzenden Winters auf das nächste Jahr
verschoben.

Aufgrund der mehrere Tage andauernden, außergewöhnlich intensiven Schneefälle, die mit einer starken
Nordwestströmung an die Nordalpen herangeführt wurden, lagerten sich besonders an den Südost ausgerichteten Hängen gigantische Schneemengen ab. Die Stahl-
schneebrücken der in den 1960er-Jahren errichteten
Lawinenverbauungen am Ahörnle waren nicht in der
Lage diese Schneemassen am Berg zu halten und so löste sich in der Nacht vom 9. zum 10. Februar 1984 eine
riesige Staublawine (19.1), die mit voller Wucht auf den
Ort Boden herabstürzte. Die Schneemassen wurden von
der Geländekuppe Karleite nicht aufgeteilt, wie von mir
und anderen angedacht, sondern flossen über diese darüber, rissen den darunter liegenden, erst neu errichteten

Aufbau auf Antons Garage nieder und zertrümmerten die gesamte Holzkonstruktion des Gebäudes. Die Lawine war mit einer derart hohen Geschwindigkeit über die tief in den Hang hineinbetonierte Garage geschossen, dass der an der Talseite des Gebäudes entstandene Unterdruck alle drei Garagentore aus Stahlblech herausgesaugt hatte. Mit immenser Kraft und dem zerstückelten Holz von Antons Gebäude floss die Lawine mitten durch meinen angedachten Bauplatz und riss danach Gebhards Stallgebäude nieder. Zwölf Stück Rinder, ein Schwein und mehrere Hühner waren sofort tot. In weiterer Folge zerstörte die noch immer nicht zum Stillstand gekommene Staublawine auch die Garage von Helmut, in der nur eine Stunde vorher der bei der Schneeräumung kaputtgegangene Traktor repariert wurde. Mehrere Schaulustige aus dem Dorf haben bis spät in der Nacht Helmut und Anton bei der Arbeit zugesehen und ihnen Gesellschaft geleistet. Dieser Traktor wurde von der Lawine circa 50 Meter mitgerissen und komplett zerstört. Das sich ebenfalls in der Garage befindliche 200-Liter-Dieselfass wurde später im Schwimmbad unterhalb des Gasthofes Bergheimat gefunden. Die Fensterscheiben des Gasthofes wurden eingedrückt und die Gaststube mit Schnee gefüllt.

Erst eine gute Woche nach dem Lawinenabgang und drei Tage nach der Geburt meines ersten Kindes, meiner gesunden, lieben kleinen Tochter Christine, war es meinem Bruder Markus und mir möglich, zu Fuß von Elmen – wo das Bschlabertal vom Lechtal abzweigt – nach Boden zu gehen und die zerstörerischen Ausmaße der Lawine zu erfassen. Gleich am nächsten Tag sind wir beide auf gutem Harsch mit den Tourenschi zur Abbruchstelle der

Lawine aufgestiegen und haben die sich vom Ahornkopf bis zum Brandskopf erstreckende Abbruchlinie verfolgt und begutachtet. Als wir unter der meterhohen Abrisskante standen und die riesengroße Abbruchfläche der Lawine überblickten, wurde mir zum wiederholten Mal absolut bewusst, dass es keine gute Idee war, auf dem tief unter uns, am Rande des von oben klein und verletzlich erscheinenden Dorfes ein Haus errichten zu wollen! So wie andere habe auch ich das Potenzial der Naturgewalten maßlos unterschätzt. Nie wieder habe ich über mein diesbezügliches Vorhaben gesprochen.

Mit meiner Tochter Christine im März 1984

Noch im gleichen Jahr wurde von der „Wildbach- und Lawinenverbauung" (eine österreichische, dem Bundesministerium für Landwirtschaft untergeordnete, in 7 Sektionen und 21 Gebietsbauleitungen unterteilte Organisation zur Planung und Errichtung von Schutzbauten gegen Naturgewalten) dankenswerterweise mit den Projektierungsarbeiten begonnen und schon sehr bald eine ausreichend dimensionierte Verbauung mit vielen Stahlschneebrücken im Abbruchgebiet errichtet, sodass die Ahorntal-Lawine (19.3) dem Ort Boden nach menschlichem Ermessen keinen Schaden mehr zufügen kann.

Rosi Friedl hat dieses Lawinenereignis in ihrem Tagebuch festgehalten. Ich danke meiner Schwester, dieses Dokument über ein einschneidendes Ereignis in ihrem Leben in meinem Buch, im Kapitel 4.3.1 „Als der weiße Tod anklopfte!", wiedergeben zu dürfen.

Rosis Tagebuch, die Erzählungen meiner Mama, anderer Leute und auch meine persönliche Geschichte bildeten die wesentliche Grundlage für das von Claudia Lang-Forcher geschriebene Theaterstück „Die Lawine", das im Sommer 2009 auf der Freilichtbühne in Elbigenalp circa zwanzigmal erfolgreich aufgeführt wurde.

Claudia Lang-Forcher ist Autorin, Regisseurin, Schauspielerin, Theaterpädagogin und Organisatorin. Sie war bis 2013 künstlerische Leiterin der Geierwally Freilichtbühne in Elbigenalp.

2.6   Endlose Straßensperren im Winter

Im folgenden Text beschreibe ich nur einige wenige der unzähligen von mir miterlebten Lawinensituationen in unserem Tal.

Im Spätherbst 1981 war die Landschaft nur von einer dünnen Schneedecke bedeckt, bevor am 30. November heftige Schneefälle die Sperre der Straße erforderlich machten. Zahlreiche abgegangene Lawinen wurden bis zum 7. Dezember wieder beseitigt. Bevor jedoch die Straße wieder freigegeben werden konnte, gab es in der Nacht zum 8. Dezember erneut einen außergewöhnlichen Zuwachs an nassem Neuschnee, wodurch wieder viele Lawinen die Straße verschütteten. In Handarbeit wurden von den Männern des Tales schlittenbreite Fußwege über die Lawinenkegel geschaufelt, um die Gefahrenstellen zu Fuß möglichst rasch unter ständigem Beobachten der bergseitigen Lawinenbahn überqueren zu können. Wegen anhaltender Lawinengefahr konnte die Straße auch für die Weihnachtsfeiertage und den Jahreswechsel nicht geräumt werden. Die Urlaubsgäste konnten nicht anreisen und die Einheimischen mussten die notwendigsten Weihnachtseinkäufe zu Fuß von Elmen herauftragen beziehungsweise auf Schlitten ziehen. So habe auch ich mit meinem Bruder Markus am Heiligen Abend mit einem Heuschlitten einige Sachen nach Hause geholt.

Bruder Markus mit dem Weihnachtseinkauf auf dem
Weg von Elmen nach Bschlabs

Erst am 2. Februar begann der Radlader in Elmen die
Straße zu räumen. Für die ersten 2,5 Kilometer bis zum
„Wiesenrinner" benötigte er drei Tage und anschließend
noch eine ganze Woche, bis die gesamte Länge der Straße wieder frei war. Im Winter 1981/82 war die Straße
von Boden nach Elmen in Summe achtzig Tage lang wegen Lawinengefahr und abgegangener Lawinen offiziell gesperrt.

Auch im Februar 1985 kam es beim Versuch die große
Lawine am „Wiesenrinner" mit einem Radlader zu entfernen, zu einer heiklen Situation. Der einige Meter tiefe Graben, den das Räumfahrzeug auf der Landesstraße in den Lawinenkegel geschaufelt hatte, wurde immer
schmäler, weil die bergseitigen Schneemassen auf den

glatten, nassen, nicht gefrorenen Bergwiesen ganz langsam nach unten glitten. Man versuchte zwar, den Graben laufend breiter zu machen, aber irgendwann wurde die Gefahr zu groß, dass die Maschine eingeklemmt würde. Die Räumung musste abgebrochen werden und die Straße geschlossen bleiben.

Ein neuer Räumversuch ein paar Tage später scheiterte ebenso. Sobald man den Lawinenschnee auf der Straße entfernte, rutschte der auf dem steilen, glatten Hang weit hinaufreichende, unzählige Tonnen schwere Lawinenkegel nach.

Die behelfsmäßige Fahrbahn auf der Lawine wurde wochenlang benutzt

Wieder ein paar Tage später errichtete man auf dem gefestigten Lawinenschnee in einigen Metern Höhe eine circa 50 Meter lange Fahrbahn, ohne den abstützenden Schneesockel entfernen zu müssen. Solange es kalt und alles gefroren war, konnte man mit den Kraftfahrzeugen auf dem verdichteten Schnee gut fahren. Etwas problematisch war es, mit normalen Pkws über die recht steile Rampe auf die Lawine hinaufzukommen. Das Hinunterfahren auf der anderen Seite war meist einfacher. Sobald jedoch Tauwetter einsetzte, wurde der Schnee weich und man hatte alle Mühe, auch mit montierten Schneeketten die immer tiefer werdenden Spurrillen auf der provisorischen Lawinen-Fahrbahn zu bewältigen.

Da nicht abschätzbar war, wann die Straße wieder ordentlich freigegeben werden könnte, wurden angemeldete Gäste über den behelfsmäßigen Lawinenweg ins Tal gebracht. An einem Samstag wurde ich beauftragt, mit dem VW-Bus vom Gasthof Bergheimat abreisende Gäste nach Elmen zu ihren im Tal zurückgelassenen Autos zu bringen. In der Nacht hatte es ein paar Zentimeter Neuschnee gegeben. Als ich mit dem voll beladenen Bus auf der Lawinenfahrbahn vorsichtig talauswärts fuhr, rutschte das linke Vorderrad in einen vom Neuschnee verdeckten Spalt und wir steckten fest. Es stellte sich heraus, dass die gesamte Lawine immer noch im Kriechgang talwärts glitt. Die aus Lawinenschnee gefertigte Fahrbahn wurde unbemerkt täglich ein paar Zentimeter nach unten verschoben und an der steil abfallenden Böschungskante entstanden Spalten nach dem gleichen Prinzip wie auf Gletschern Gletscherspalten entstehen. Mithilfe von Schaufeln und herumliegenden Brettern sowie der Kraft von vielen Helfern konnte das Fahrzeug aus der Spalte befreit und die Fahrt fortgesetzt werden.

Damals hatten wir über Jahrzehnte hinweg die lawinengefährdetste Zufahrtsstraße von allen Gemeinden in Österreich. Es gab keinen anderen Ort in Österreich, der wegen abgegangener Lawinen oder Lawinengefahr pro Winter an dreißig bis achtzig Tagen eingesperrt war. Die offiziellen Straßensperren, die auch für Fußgänger gegolten hätten, haben jedoch kaum jemanden davon abgehalten, bei Bedarf den gesperrten Weg auf eigene Gefahr zu benutzen.

Unerlaubt öffnete man Schranken, stellte Absperrungen, Warnschilder und Verbotstafeln zur Seite, versuchte mit dem Auto so weit wie nur irgendwie möglich zu fahren, dann zu Fuß über einen oder mehrere Lawinenkegel zu steigen, um sich danach ein Fahrzeug, das sich auf der anderen Seite der Blockaden befand, auszuleihen, von einem solchen mitgenommen zu werden oder überhaupt ganz zu Fuß hinaus- und wieder hereinzugehen. Diese Gepflogenheiten wurden auf eine besondere Weise zu einem „Normalzustand" im täglichen Leben. Enormes Glück und viele Schutzengel haben wohl mitgewirkt, dass es dabei nie zu einem Lawinenunfall kam.

Dass die Einwohner von Bschlabs und Boden zwar immer wieder bei Tag und Nacht mit abgehenden Lawinen hautnah und haarscharf konfrontiert wurden, aber nie ernsthaft zu Schaden kamen, grenzt an ein Wunder!

Die Gefahren, die Umstände und Mühen, die man für das zwar verbotene, aber meist dringend erforderliche Erlangen der „Freiheit" in Kauf nehmen musste, waren oft unerträglich. Das alles hat dazu geführt, dass wir im 1980er-Jahrzehnt nicht nur die längsten Straßensperren, sondern daraus resultierend auch den höchsten Bevölkerungsrückgang aller Gemeinden in Österreich hatten. Viele junge Menschen in unserem Tal wollten diese ständigen Sorgen und den großen Aufwand, ob, wann und wie man den Heimatort im Winter erreichen und verlassen kann, nicht mehr auf sich nehmen und verließen die Gemeinde leider für immer.

2.7   Bürgermeister und Lawinen

Nach sechs Jahren Amtsausübung als Vizebürgermeister wurde ich 1992 zum Bürgermeister der Gemeinde Pfafflar gewählt. Damit war ich der Nachfolger von Langzeitbürgermeister Alois Köck (6.2), der dieses Amt 28 Jahre lang ausgeübt hatte.

Am Tag der Gemeinderatswahlen und meiner Wahl zum Gemeindeoberhaupt, das war am 15. März 1992, schneite es derart stark, dass am Nachmittag die Straße wegen Lawinengefahr gesperrt werden musste. Da in den folgenden Wochen die Lawinensituation angespannt blieb, musste die Straße bis Mitte April geschlossen bleiben. Am Dienstag in der Karwoche, während meiner Amtsstunden im Gemeindeamt, haben wir in der Lawinenkommission, deren Vorsitzender ich nun war, einstimmig beschlossen, die Aufhebung der Straßensperre für den nächsten Tag bei der Bezirkshauptmannschaft zu bewirken. Wir begründeten den Vorschlag nach sorgfältigen Beobachtungen im Gelände mit bestem Wissen und Gewissen. Somit wurde die Verbindung ins Lechtal am Vormittag des nächsten Tages nach einer 4 Wochen andauernden Sperre wieder freigegeben. Die Gasthäuser ließen sich die Lieferungen für Ostern bringen, die Einwohner konnten, ohne eine Schwarzfahrt machen zu müssen, hin- und herfahren und auch der Briefträger durfte die Post wieder zustellen. Endlich waren wir in Freiheit und ich war sehr froh darüber, weil der Druck der Bevölkerung, insbesondere der Gastwirte, immer stärker geworden war, die Straße doch endlich wieder freizugeben. Diesen Druck empfand ich als äußerst unangenehm, denn auf der einen Seite verstand ich die Leute, die ungehindert hinaus- und hereinwollten und auf der anderen Seite sahen wir immer noch eine gewisse Gefahr.

Knapp nach 19:00 Uhr, noch am gleichen Tag, an dem vormittags die Sperre aufgehoben wurde, ging im Kanzertal eine riesige Nassschneelawine ab und blockierte die Straße auf einer Länge von circa 60 Metern mit tausend Kubikmetern an braunem Schnee, vermischt mit Unmengen an Erdreich, Steinen und Hölzern. Unverzüglich mussten wir die Straße wieder sperren lassen. Der Bezirkshauptmann meldete sich am nächsten Morgen am Telefon mit den Worten: „Herr Friedl, das haben Sie noch nicht im Griff!" Ich dachte mir nur, wer hat die Lawinen in unserem Tal jemals im Griff gehabt und erwiderte nichts.

Mit schwerem Gerät hatte man in den nächsten Tagen den Weg zwar wieder freigeräumt, aber die offizielle Sperre konnte erst am 5. Mai endgültig aufgehoben werden, nachdem sich im Abbruchgebiet der Kanzertallawine der letzte, potenziell gefährlich erscheinende Gleitschneeanriss gelöst hatte, aber nicht wie befürchtet bis zur Landesstraße herunterkam.

Der Bürgermeister, der auch meistens der Vorsitzende der Lawinenkommission ist – weil kein anderer dieses Amt übernehmen will – trägt für das Sperren und Freigeben der Straße die Hauptverantwortung. Auf der einen Seite möchte man die Bewohner nicht unnötig ihrer Freiheit berauben, auf der anderen Seite kann man, trotz gewissenhafter Beobachtung und Einschätzung, eine potenzielle Lawinengefahr nicht immer umfassend erkennen.

Deshalb war es unvermeidbar, dass seit dem Bestehen der Zufahrtsstraße auch sehr viele Lawinen auf die nicht gesperrte Straße abgingen. Auf die Frage, ob es lawinensicher sei, antwortete ich gelegentlich: „Vollkommen lawinensicher ist es meistens am Hohen Frauentag, also am 15. August, aber nur dann, wenn es vorher nicht geschneit hat. Während des Winters ist es das nie zu 100 Prozent!"

Viele Nerven, Aufwand und Mühen haben mich die behördlichen Genehmigungsverfahren für die Errichtung von Lawinenschutzmaßnahmen zur Sicherung von Siedlungsraum und Zufahrtsstraße gekostet. Einige wesentliche Projekte, die von meinen Vorgängern, besonders von Alois Köck (6.2) und Fridolin Kathrein sowie von Gebhard Perl (6.3) in ihren ständigen Bemühungen in die Wege geleitet wurden, kamen während meiner Amtsperioden als Bürgermeister in die Umsetzungsphase. Obwohl alle Einwohner im Tal von diesen Schutzbauten profitierten, gab es mehrere betroffene Grundeigentümer, die sich vehement gegen die Inanspruchnahme ihrer Flächen wehrten. Dieses beharrliche Verhalten von nicht kooperationsbereiten Gemeindebürgern gefährdete ernsthaft die Umsetzung von fertig geplanten und vollständig finanzierten Projekten. Es gab immer wieder Situationen, bei denen die Realisierung von äußerst wertvollen Verbauungen knapp vor dem Abbruch standen.

Durch das Einleiten von Enteignungsverfahren, diplomatischen Gesprächen und das bedingungslose Bekenntnis des gesamten Gemeinderates zu den dringend notwendigen Sicherungsmaßnahmen konnten diese letztendlich mit geringer Zeitverzögerung verwirklicht werden.

Im Nachhinein betrachtet sind alle, die hier wohnen, sehr froh, diese Verbauungen zu haben und dankbar, dass die öffentliche Hand dafür so viel Geld aufgewendet hat. Die meisten betroffenen Grundstücke sind entweder wieder vollständig hergestellt oder werden ohnedies nicht mehr bewirtschaftet. Einzelne Eigentümer von – im Zuge der Baumaßnahmen – unwiederbringlich verloren gegangenen Grundflächen hätten durch Verhandlungsgeschick bestimmt einen höheren Ablösebetrag erhalten, als ihnen im Zuge der Enteignung zugesprochen wurde.

2.8 Tragisches Finale eines besonderen Schitouren-Winters

Der mit sommerlichen Temperaturen auch im Gebirge sehr rasch zu Ende gehende Winter 2017/18 war im Vergleich zu den letzten Jahren außergewöhnlich lang und schneereich. Daher hat er uns viele Möglichkeiten zu schönen Schitouren geboten.

Fast alle bereits Anfang Oktober im vorangegangenen Herbst geplanten Unternehmungen konnten wir vollständig umsetzen und durften dabei unvergessliche Eindrücke erleben.

Neben vielen Touren im Gelände im heimischen Gebiet und auf den Pisten am Abend, gehören die Tagestouren auf die Wöster- und die Weißseespitze sowie das dreitägige Schitourenwochenende auf der Amberger Hütte, die fünftägige Venter-Runde mit Hauslabkogel, Similaun, Fineilspitze, Weißkugel, Fluchtkogel und Wildspitze und ganz besonders der zweite Teil der sieben Tage dauernden Haute Route von Bourg-Saint-Pierre über Zermatt bis Saas Fee mit Abstecher auf den Mont Velan (3 726 m), Grand Combin Grafeneire (4 314 m), Gran Combin Valsorey (4 184 m), Tête Valpelline (3 799 m), Strahlhorn (4 190 m) und Alphubel (4 206 m) zu den absoluten Tourenhighlights!

Nach gutem Konditionsaufbau und bestmöglicher Akklimatisierung standen zum Abschluss dieser grandiosen Schitouren-Saison der Gran Paradiso und der Mont Blanc auf unserer ehrgeizigen, gut gefüllten Wunschliste:

Trotz zweifelhafter Wetterprognose starten wir, das sind Fredi und Maria Kerber, Emanuel Lang, Sabrina Hammerle und ich, am Freitag, 27. April gegen 02:00 Uhr im Lechtal, fahren über den Flexenpass, Chur, San Bernardino, Lugano, Milano, Valle d'Aosta nach Pont (1 995 m) im Valsavarenche.

Von dort geht es bei freundlichem, warmem Wetter auf noch ausreichend vorhandenem Schnee in circa zweieinhalb Stunden hinauf zum Rifugio Vittorio Emanuele II (2 732 m). Viele riesige Lawinenkegel mit Felsbrocken, Baumstämmen und reichlich ausaperndem Unrat sowie neu geschlagene oder erweiterte Lawinenrunsen zeugen auch in diesem Tal von viel Schnee und intensiver Lawinentätigkeit im vergangenen Winter.

Am nächsten Tag erklimmen wir bei guten Bedingungen den Gran Paradiso, den mit 4 061 Metern höchsten Gipfel Italiens, der mit seiner Basis ganz auf italienischem

Boden steht. Beim Aufstieg und bei der Abfahrt folgen wir exakt der mit unzähligen Fähnchen bestens markierten Schiroute für das am nächsten Tag stattfindende Tourenrennen zum weitum bekannten Schigipfel. So kommen wir an diesem Tag auf 1 600 Höhenmeter Aufstieg und über 21 Kilometer zurückgelegte Wegstrecke.

Zufrieden über die sehr gelungene Gran-Paradiso-Besteigung fahren wir nach Courmayeur und weiter durch den Tunnel du Mont-Blanc nach Chamonix. Nach einem gemütlichen Spaziergang mit Abendessen in dieser ganz im Zeichen des höchsten Alpenberges stehenden Stadt, gelangen wir zu einer gut für uns passenden Unterkunft in Argentière.

Am Sonntagmorgen beschließen wir bei erst freundlichem Wetter mit der Bahn zur Mittelstation Aiguille du Plan zu fahren und von dort zur Grands Mulets Hütte aufzusteigen. Drei Tourengruppen sehen wir eine gute halbe Stunde vor uns auf dem Weg zum gleichen Ziel. Der Nebel aus der Gipfelregion senkt sich, die Sicht wird schlechter. Ab und zu fallen ein paar Regen- oder Graupelschauer, die von heftigen Windböen immer wieder unterbrochen werden. Während der langen Querungen unterhalb der hohen Felsenwände, die fast senkrecht zur Aiguille du Midi hinaufragen, lösen sich die Vakuum-Felle von Sabrinas und meinen Schiern und wir müssen diese sofort in den Rucksäcken verstauen, um sie vor dem drohenden Fortwehen durch die starken Windböen zu bewahren. Der flachen und teilweise abwärts verlaufenden Schispur können wir in diesem Bereich auch gut ohne Felle folgen.

Nur ungefähr 50 Meter vor dem Anseilplatz am Gletscher, noch immer in einem steilen Hang unterwegs, werden wir plötzlich von den lauten Rufen eines dort neben einer Tourengruppe stehenden Bergführers überrascht und mittels heftiger Handzeichen eindringlich aufgefordert stehen zu bleiben beziehungsweise zurückzugehen! Offensichtlich gibt es einen Verletzten, der von mehreren Leuten betreut wird. Der Helikopter soll bereits unterwegs sein. Aus diesem Grund müssen wir warten, was wir an dieser unbehaglichen Stelle gar nicht einsehen wollen. Um jedoch eine heftige emotionale Diskussion mit dem französischen Bergführer zu vermeiden, befolgen wir seine Anweisungen. Eine Ausweichmöglichkeit sehen wir nicht und den spaltenreichen Gletscher dürfen wir keinesfalls ohne Seilsicherung betreten.

Bald kommt der Heli, der trotz starken Windes einen Notarzt und zwei Flugretter etwas unterhalb der Menschengruppe präzise absetzt und sofort wieder verschwindet. Es dauert lange, bis der Verletzte versorgt ist. Beim Umlagern und Anlegen der Beinschiene hören wir öfters seine durch den Wind verzerrten, durch Mark und Bein gehenden Schmerzschreie!

Erst später werden wir erfahren, dass es sich bei dem Verletzten um den Bergretter aus Hall bei Innsbruck handelt, den wir mit seinen beiden Kollegen bereits auf dem Rifugio Vittorio Emanuele II bei einem Glas Wein kennengelernt haben. Beim Anseilen wurde er am Fuß von einem Stein getroffen, was eine riesige Fleischwunde an der Wade und Knochenbrüche im Kniebereich zur Folge hatte. Der mit seiner Gruppe vorbeikommende französische Bergführer kam zu Hilfe und veranlasste den Rettungseinsatz.

Der ungewollte Stopp, das lange Warten, der nervige Wind, die schlechter werdende Sicht, die immer weicher werdende Schneedecke sowie das Mitgefühl mit dem Verunglückten lassen unsere Handlungsunfähigkeit bedenklich und schaurig erscheinen.

Beim ruhigen Begutachten unseres Standortes und Hinaufblicken zu den hoch über uns aufragenden Felsen bemerke ich, dass Emanuel circa 6 Meter vor uns sehr ungünstig in einer Rinne steht und wir vier, recht dicht Beieinanderstehenden, ein paar Meter zurückgehen sollten, um etwas sicherer vor eventuell herunterfallenden Steinen, Eisbrocken oder Lawinen zu sein. Fast zur gleichen Zeit vernimmt Sabrina, die circa 1 Meter über mir auf einer, wie wir alle, im weichen Schnee mit den Schiern festgetretenen Stufe steht, ein seltsames Geräusch, das zuerst dem Wind als Verursacher zugeschrieben wird.

Sofort darauf sehen wir feine Schnee- oder Eiskristalle von den über uns liegenden Felsen herunterbröseln und nur einen einzigen Augenblick später müssen wir mit Schrecken erkennen, dass zahlreiche Eis- und Schneebrocken aus dem Nebelgrau des Himmels direkt auf uns herabstürzen! Unverzüglich flach hinlegen und die Köpfe mit beiden Händen bestmöglich zu schützen ist das Einzige, was wir noch tun können! Während dem blitzartigen Hinunterducken nehme ich wahr, wie Emanuel gerade noch nach vorne aus der Rinne hinausflüchtet. Wenigstens er wird das sichere Ufer erreichen.

Mit dem Gesicht und geschlossenen Augen ganz nahe in den Schnee gekauert, die Hände schützend über dem Kopf gefaltet und mit dem linken, abgewinkelten Ellbogen Sabrinas Fuß festhaltend, hoffe und bete ich mit noch nie gekannter Angst und Anspannung darum, dass wir von den Eisbrocken nicht getroffen werden! Ein paar heftige Einschläge vernehme ich auf dem Rucksack. Neben dem Prasseln der Eis- und Schneeknollen beginnt ein unheimliches, lautes Rauschen, ich spüre leichtes Vibrieren sowie an meiner rechten Gesichtsseite immer stärker werdenden Schneestaub vorbeiwirbeln. Mir wird klar, dass wir uns hautnah am Rande einer nach unten stürzenden Lawine befinden. Es ist mir bewusst, wenn die Lawine nur ein kleines bisschen aus der wenig eingetieften Rinne herausschwappt, werden wir mitgerissen. Als der Schneedunst bei mir Atemnot verursacht, kriege ich noch mehr Angst und ich drehe meinen Kopf etwas in die andere Richtung. Gegen das Gefühl talwärts gedrückt zu werden, versuche ich durch kräftiges Abstützen mit den Füßen am festgetretenen Standplatz zu kämpfen. Da meine Brille mit Schnee hinterfüllt wird und ich die Augen fest geschlossen halte, sehe ich vom ganzen Ereignis überhaupt nichts, aber ich spüre es deutlich, höre es laut und erlebe es dadurch äußerst intensiv!

Insgesamt wird das todesangstverursachende Spektakel wohl nur zwei, drei Minuten gedauert haben, dennoch erschien mir der Schrecken endlos zu sein! Erst nachdem es ganz still geworden ist, wage ich aufzublicken und nachzusehen wie Sabrina, Maria und Fredi dieses Inferno überstanden haben. Wie durch ein Wunder sind wir Gott sei Dank alle glimpflich davongekommen, denn auch Emanuel sehen wir auf der anderen Seite der Lawinenbahn bei den Leuten mit dem Verletzten stehen.

Außer Atem, mit zittriger Stimme, geschockt und auf wackeligen Füßen lokalisieren wir das uns Widerfahrene. Wir staunen nicht wenig, als wir den hohen, breiten und weit auslaufenden Lawinenkegel unter uns auf dem flachen Gletscher liegen sehen und können es nicht fassen und auch nicht erklären, wie diese gewaltigen Schnee- und Eismassen auf der schmalen und steilen Bahn ganz dicht an unseren Körpern vorbeigeflossen sind, ohne uns mitzureißen. Vermutlich hat die kleine, unscheinbare Felsnase circa 25 Meter über uns die Lawine ein wenig kanalisiert und abgelenkt und uns dadurch vor ihrem Hauptstrom verschont!

Endlich kommt der Hubschrauber, der wegen des starken Windes den ersten Anflugversuch abbrechen musste und danach, von weit unten durch eine Gletschermulde heraufkommend, ganz tief, mit der Nase fast am Boden, zur Unfallstelle fliegt.

Nachdem der Verletzte mit dem Hubschrauber abtransportiert wurde, steigt Emanuel über die frische, glatte Lawinenbahn zu uns herauf. Die Bestürzung ist groß, als wir sein rotes, vollkommen blutüberströmtes Gesicht und den Kopfverband sehen. Er hat es nicht geschafft, der Lawinensturzbahn gänzlich zu entkommen und musste noch mehr als wir gegen das Mitgerissen werden kämpfen. Dabei hat ihm ein Stein oder ein Eisbrocken am Kopf eine stark blutende Wunde zugefügt. Der französische Bergführer und der Notarzt haben ihn verbunden und boten ihm an, mit dem Hubschrauber ins Krankenhaus zu fliegen. Emanuel fühlte sich vorerst noch fit und zog es vor, lieber mit uns gemeinsam den Rückweg zur Bahn mit den Schiern anzutreten.

Während die Lawine noch im Gange war, hat der Notarzt einen Notruf zu unserer Rettung abgesetzt, weil die nahen Beobachter dachten, wir wären verschüttet. Erst als sich der Schneedunst legte, stand fest, dass wir zum Glück – wie Phönix aus der Asche – noch alle da waren! Der bereits ausgelöste Alarm konnte abgeblasen werden.

Wir alle realisieren nun ganz klar, haarscharf vor einer unvorstellbaren Katastrophe bewahrt geblieben zu sein!

Große Sorgen machen wir uns wegen des Rückweges durch die steilen Hänge zur Gondel, weil der Schnee immer weicher wird und dadurch an mehreren Stellen Lawinengefahr besteht. Mit höchster Konzentration, großen Abständen und ständigem Hinaufblicken überqueren wir alle vermeintlichen Gefahrenstellen so schnell es geht. Sabrina und ich müssen nach mehreren aussichtslosen Versuchen, die Felle doch noch haltbar an den Schiern anzubringen, die langen Schneefelder ohne Aufstiegshilfe möglichst waagrecht überqueren und mehrmals an abgeblasenen und sicheren Geländerücken mit den Schiern auf den Schultern nach oben steigen, um wieder Höhe für die nächsten Hänge zu gewinnen. Die anderen drei haben keine Probleme mit den Fellen und können in angenehmer Steigung der üblichen Spur folgen.

Erleichtert und froh kommen wir bei der Mittelstation der Aiguille di Midi-Bahn an und fahren nach Chamonix hinunter, um Emanuel gleich ins Krankenhaus zu bringen. Leider ist die Notfallaufnahme in der Zwischensaison geschlossen und somit müssen wir ins circa 25 Kilometer entfernte Hospital nach Sallanches fahren. Dort wird seine Wunde am Kopf gereinigt und genäht.

Von der freundlichen Ärztin erfahren wir, während sie Emanuels Wunde versorgt, dass der Bergretter aus Hall gerade operiert wird. Er hat offene Knochenbrüche knapp unterhalb seines zum Glück nicht beschädigten Knies erlitten.

Aufgrund der fortgeschrittenen Tageszeit beschließen wir nochmals eine Nacht in der bewährten Unterkunft in Argentière zu bleiben und erst am nächsten Tag heimzufahren. Es ist uns allen ein Bedürfnis, am Abend die Kirche in Chamonix zu besuchen, um dem lieben Gott zu danken! Danach bummeln wir ein wenig durch die Fußgängerzone und finden zum Essen ein nettes Lokal.

Der erlebte Schock steckt uns in allen Gliedern und unsere Gespräche kommen nicht vom Thema des Tages los, das uns ganz gewiss bei allen zukünftigen Touren lebenslang begleiten wird! Am Montag, 30. April fahren wir nach Hause und sind zufrieden, glücklich und dankbar, in unserer gewohnten Welt weiterleben zu dürfen!

Als ich dann nach dem Heimkommen die Berichte in der Tiroler Tageszeitung über die unvorstellbaren Tragödien der letzten Tage in den Westalpen mit mehreren Toten am Pigne d'Arolla und am Mönch zu lesen bekomme, schätze ich es noch mehr, vor größerem Unheil verschont geblieben zu sein! Mit diesen Vergleichen ist das Nichterreichen eines Tourenzieles eine nicht erwähnenswerte Kleinigkeit.

Es stimmt mich sehr nachdenklich und traurig, wenn die Euphorie und die Liebe zu den Bergen immer wieder mit der Gesundheit oder gar mit dem Leben bezahlt werden müssen! Daher ist es absolut wichtig, an die Herausforderungen im Gebirge immer mit viel Sorgfalt, Demut und Vorsicht heranzugehen!

Nur wenn man ohne Angst, aber immer mit Respekt und bestmöglicher Umsicht die Touren in Angriff nimmt, im Zweifelsfalle auch zu einer rechtzeitigen Umkehr bereit ist, darf man auf die Hilfe von Schutzengeln hoffen und auf den Beistand Gottes vertrauen!

Es ist wirklich etwas Schönes, Großartiges und gewiss nichts Selbstverständliches, wenn wir schon so viele wunderbare Bergerlebnisse, in kleineren und größeren

Gruppen – aber immer mit dem „harten Kern" unsere Truppe gemeinsam – erleben durften und jedes Mal mit bleibenden Eindrücken gesund nach Hause gekommen sind. Der intensive Schitourenwinter 2017/18 mit mehr als sechzig Schitouren wird in unsere Geschichte eingehen und uns allen in ganz besonderer Erinnerung bleiben!

2.9   Ein himmlisches Gefühl

Gegen Mitte Mai 2018, keine drei Wochen nach unserem dramatischen Kontakt mit der Eislawine am Mont Blanc und noch unter dem Schock der Beinahe-Katastrophe stehend, wandere ich über den Habartkamm vom Ahörnle über den Habart und die Hochpleisspitze zum Sågejoch. Die Bergwiesen, die in meiner Kindheit noch bis zum Grat hinauf gemäht wurden, werden langsam grün, an geschützten Stellen blühen die ersten Frühlingsblumen wie Eisglöckchen, Enzian und Platenigl. In Mulden und manchen Geländekanten liegt noch sommerharter Schnee, der gut zu begehen ist. Es ist wunderschönes Wetter, die Sonne strahlt, über mir nur blauer Himmel, ein paar harmlose Wölkchen, kein Wind, eine angenehme Temperatur umgibt mich.

Dabei fällt mein Blick auf die gegenüberliegende Talseite, auf die felsdurchsetzten Nordhänge des Muttekopfes und die darunter befindlichen Geländemulden, das Hahntenn- und das Steinkar. Dort liegt noch viel Schnee; auf den steilen Schotterflanken, die zu den Felsen des Muttekopf-Massivs hinaufführen, ist der Abgang einer frischen Nassschneelawine erkennbar.

Sehr oft, mindestens vierzig- bis fünfzigmal bin ich bisher meist im Frühjahr, wenn keine andere Schitour mehr möglich war, vom Hahntennjoch durch das Kar – dort wo jetzt die Lawine zu sehen ist – auf den Muttekopf (2 774 m), die höchste Erhebung der Gemeinde Pfafflar, gestiegen und direkt durch die sehr steilen Rinnen abgefahren. Bei guten Bedingungen war die südostseitige Abfahrt zur Muttekopfhütte und die Rückkehr über den Scharnitzsattel eine sehr schöne und lohnende Variante. Heute aber bin ich auf unserem Heuberg, auf dem Berg, der mir seit meiner frühesten Kindheit vertraut ist, dort wo ich schon als kleiner Bub mit meinen Eltern beim Heumachen war. Ich genieße das Hiersein mit allen Sinnen.

Keine Lawine gefährdet meinen Weg, keinem Steinschlag im steilen Couloir bin ich ausgesetzt, kein Sérac über mir droht abzubrechen, keine verborgene Gletscherspalte unter der Schneedecke muss ich befürchten, kein Blick in verschlingende Abgründe ist zu ertragen, kein Absturz in bodenlose Tiefen ist möglich, kein Balancieren auf schwindelerregendem Grat ist nötig, kein Wetterumschwung zu erwarten, keine Sorgen wegen der Routenfindung im Nebel muss ich mir machen, keine frierenden Finger und Zehen trüben mein Wohlbefinden, kein eiskalter Wind bläst mir ins Gesicht, kein schwerer Rucksack lastet auf meinen Schultern und keine Bedenken muss ich haben, gemeinsam mit meiner Gruppe sicher zur nächsten Hütte zu kommen!

Nach dem aktiven Schitourenwinter und vor den geplanten Berg- und Hochtouren im Sommer tut mir heute das Loslassendürfen und das Ablegen der Anspannung einmal richtig gut. Das ist Balsam für die Seele, eine Wonne, Genuss und Wohltat gleichermaßen, somit tatsächlich „ein himmlisches Gefühl!"

2.10 Die Fehlentscheidung am Tschachaun

Die Abendtour am Freitag, 1. Februar 2019 nach der Arbeit zum Füssener Jöchl war sehr gut. Eine tolle, nicht zu steile Piste, schöner Schnee, mildes Wetter, nur am Gamskopf etwas Wind und ein gemütliches Lokal zum Einkehren – all das sind Zutaten, die eine Pistentour gelingen lassen. Anscheinend schätzen die Vorzüge dieses Tourenabend-Schigebietes sehr viele aus nah und fern, denn sie strömen in Scharen herbei. Aus der Anzahl der aktiven Tourengeher ist zu schließen, dass dies wohl die beliebteste Pistentour im Außerfern ist. Ich war das erste Mal da oben und mir hat es sehr gefallen. Mit Sabrina und Emanuel haben wir während der Einkehr vereinbart, am nächsten Tag gemeinsam mit den Kerbers auf den Tschachaun zu gehen.

Wegen des trüben Wetters am Maria Lichtmesstag am Samstag in der Früh sind wir erst gegen halb zehn in Namlos aufgebrochen. Der Niederschlag hatte aufgehört, aber es blieb sehr feucht und diffus, sodass wir nach dem Überholen von einigen Tourengruppen beim Spuren im dichten Nebel kaum die Richtung fanden. Während der letzten Spitzkehren vom Chromsattel bis zum Gipfelkreuz wurde die Sicht besser. Am Gipfel war es hell und zwischendurch sogar leicht sonnig. Ich konnte drei Tourengeher beobachten, die sich im tiefen Schnee, nur langsam vorankommend, zum gegenüberliegenden Hinterbergjoch, von den Imstern auch „Schwarze Erde" genannt, hinaufmühten. Förmlich darauf wartend, dass diese drei äußerst Wagemutigen in diesem Steilhang eine Lawine auslösen, ließ ich sie nicht mehr aus dem Blick. Entgegen meiner Erwartung hielt der steile Hang. „Offensichtlich ist es heute doch nicht so lawinengefährlich wie allgemein verlautbart", so meine oberflächlichen Gedanken während der Rast beim Gipfelkreuz.

Plötzlich wurde der Vorschlag in unsere Tourenrunde geworfen, nicht mehr durch das nebelverhangene Tal nach Namlos hinauszufahren, sondern den Weg über die Anhalter Hütte und das Steinjöchl zum Hahntennjoch und weiter nach Boden zu nehmen. In dieser Richtung schien es freundlich und die Sicht gut zu sein.

Dass ich diesem Vorschlag nicht gleich widersprochen habe und bereit war, bei der Umsetzung dabei zu sein, wäre fast zur gröbsten Fehlentscheidung in meinem ereignisreichen Bergsteigerleben geworden. Warum mein Denken nicht klar genug war und ich die Gefahr für die Truppe nicht erkannt habe, kann ich heute noch nicht verstehen. Ich mache mir große Vorwürfe! Wir haben sämtliche „Stoppschilder" missachtet, „rote Ampeln" überfahren und ich habe nichts dagegen unternommen. Diesen groben Fehler werde ich mir nie verzeihen können. Bei Lawinenwarnstufe 3 darf man diese Route nicht nehmen. Ich hätte es wissen müssen, dachte aber nicht darüber nach, worauf wir uns einließen: felsdurchsetztes Gelände, mindestens 40 Grad Hangneigung, Ausrichtung Nord, Neuschnee, der durch den starken Südwind der letzten Tage in die nordseitigen Hänge verfrachtet wurde, sowie während des gesamten Winters völlig unberührtes Gelände!

Während sich mehr als zwanzig Tourengeher auf der von uns angelegten Spur zum Gipfel mühten, fuhren wir zum Chromsattel hinunter und an der Anhalter Hütte vorbei bis zum Chromsee. Im tiefen, lockeren Powder – auf den im Schatten der mächtigen Heiterwand monatelang kein Sonnenstrahl fällt – zogen wir die Felle auf. Hätte an dieser Stelle nur einer oder eine seine im Hinterkopf schwelenden Bedenken geäußert, hätten wir unverzüglich unseren Plan geändert und wären auf sicherem Weg durchs Brennhüttental abgefahren.

Stattdessen versuchten wir mit großen Sicherheitsabständen das Gelände zum Steinjöchl optimal auszunutzen und die steilsten Stellen zu umgehen. Beim mühsamen Spuren wechselten wir uns ab. Die Sicht wurde plötzlich wieder schlecht und wir versuchten dennoch mit vielen Spitzkehren im immer tiefer werdenden Schnee die beste und sicherste Spur zu legen.

Als ich mich als Erster am Beginn des felsdurchsetzten Geländes unter einer bis zum Grat hinaufführenden und mit Triebschnee gefüllten Rinne befand, hörte ich ein dumpfes, kaum wahrnehmbares „Wumm"-Geräusch. Nahezu gleichzeitig vernahm ich einen nicht näher definierbaren Schrei von Maria, die sich in der Falllinie gute 10 Meter unter mir befand. Das Bisschen vom Schneefeld im steilen Hang, das ich im kontrastlosen Weiß erkennen konnte, fing zu rutschen an, ich versuchte mich bergseitig abzustützen, aber unverzüglich begann eine unkontrollierte Talfahrt mit beachtlicher Beschleunigung. Ich konnte gerade noch den Airbag auslösen, vernahm das Geräusch vom Aufblasen und dann war ich nur noch ein völlig handlungsunfähiger, ausgelieferter Passagier in den mächtigen Schneemassen, die ins Steinkar hinunterflossen.

Erst willst du es nicht glauben, aber der Alptraum eines jeden Tourengehers ist jetzt Realität geworden!!!

Meine Schier lösten sich wegen der verriegelten Bindung nicht von den Schuhen und so wurden meine Beine in alle Richtungen bewegt, wobei mehrmals die Schmerzgrenze erreicht wurde. Wie von einem Anker gehalten wurden meine Füße nach unten gezogen und so konnte ich nichts unternehmen, um möglichst an der Oberfläche zu bleiben. Mein Gesicht war noch frei von Schnee und ich konnte bewusst atmen, bis mich scheinbar schnellere, von hinten nachkommende Schneemassen unsanft in die Bauchlage beförderten. Dabei bekam ich erstmals Schnee in den Mund, den ich mit panischer Angst sofort wieder ausspuckte. Hektisch, so schnell und so tief es nur ging, versuchte ich zu atmen. Richtig dramatisch empfand ich es, als die Lawine langsamer wurde. Ich wurde hin- und hergerissen und befürchtete, in der Geländemulde am Lawinenauslauf von nachkommendem Schnee vollkommen begraben zu werden. Unregelmäßige, harte, beengende Druckschübe auf meinen Körper wurden immer stärker. Als die Lawine zum Stillstand kam, fühlte ich mich total einbetoniert und es war finster.

Das Gefühl der völligen Hilflosigkeit und Handlungsunfähigkeit war schier unerträglich. Ich dachte, dass wir nun alle verschüttet seien und uns hier in diesem abgelegenen Kar wohl niemand rechtzeitig finden werde. Ich fühlte mich elend und hatte panische Angst!

Mit aller Kraft versuchte ich mich zu bewegen und tatsächlich gelang es mir, erst meinen Kopf zu heben und nach und nach auch den Oberkörper und die Arme freizukriegen. Wie sich im Nachhinein herausstellte, war zumindest mein Kopf nur wenige Zentimeter tief verschüttet und dennoch fühlte ich mich so gefangen, so gefesselt! Es ist unvorstellbar, was passieren würde, würde man tiefer in der Lawine zu liegen kommen.

Das Erste, was ich – ungefähr 4 Meter von mir entfernt – sehen konnte, war die aus der Lawine herausragende Spitze von Marias Schi. Ansonsten war von Maria nichts zu sehen. Sie schien ganz verschüttet zu sein! Es war mir nicht möglich nach ihr zu suchen, weil ich mich zwar schon bald gut freigearbeitet hatte, aber einen Fuß, der noch mit der verriegelten Bindung am Schi eingespannt war, konnte ich nicht aus dem sofort fest gewordenen Lawinenschnee befreien. Dann sah ich die anderen drei als schemenhafte Gestalten im Nebeldunst von weiter oben über den frischen Lawinenkegel herunterkommen. Mir fiel ein großer Stein vom Herzen. Es war mir bewusst, Marias Überlebenscountdown hatte begonnen! Sie wurde von den dreien, die geschockt herbeieilten, rasch ausgegraben und danach wurde auch ich ganz befreit. Maria hatte sich am Knie und am Knöchel verletzt, konnte aber gerade noch – zwar benommen und mit Schmerzen – aus eigener Kraft nach Namlos zurückkehren. Einen uns peinlich erscheinenden Notruf konnten wir dadurch vermeiden.

Fredi war, in Fließrichtung gesehen, auf der rechten Seite der Lawine ein Stück weit mitgerissen worden, wobei er sich bei mehreren Überschlägen schmerzhafte Prellungen am Oberschenkel zugezogen hatte.

Auch Sabrina war von der Lawine erfasst und talwärts befördert worden, war aber zum Glück unverletzt auf halber Strecke auf der linken Seite der Lawinenbahn liegen geblieben. Ihr hatte es lediglich die Felle von den Schiern gerissen, die sie schon bald wiederfinden konnte.

Emanuel hatte sich beim Lösen des Schneebrettes an der obersten Spitzkehre auf der westlichen Hangseite befunden und war um Haaresbreite nicht erfasst worden. Später erzählte er, dass mein roter Airbag, trotz schlechter Sicht, während der gesamten Talfahrt bis zum Stillstand der Lawine an der Oberfläche sichtbar gewesen war.

Maria und ich waren in der Mitte der Lawinenbahn über die gesamte Länge mitgenommen worden. Ich war als Einziger mit einem Airbag ausgerüstet. Dabei hat sich der Vorteil eines Airbags eindeutig gezeigt, denn ich blieb in recht stabiler Lage fast immer an der Oberfläche, während Maria in ganz misslicher Lage mit Kopf und Körper circa einen halben Meter tief verschüttet wurde. Sie konnte sich nicht bewegen und fühlte sich bis zur Befreiung unerträglich einbetoniert.

Wir hatten großes Glück, dass uns die Natur, zwar ernsthaft, aber im Grunde gerade noch glimpflich, in unsere Schranken zurückgewiesen hat!

Einen so gravierenden Fehler begangen zu haben, wollten wir nicht weitererzählen, deswegen vereinbarten wir, das Vorkommnis für uns zu behalten.

Allerdings war es unvermeidlich, ein Bedürfnis, den Lawinenkontakt nahestehenden Angehörigen und Freunden anzuvertrauen. Auch zur Schockverarbeitung war es dringend erforderlich darüber zu reden. Somit wurde dieser von uns selbst verursachte Lawinenabgang im Laufe der nächsten Tage und Wochen einem größeren Personenkreis bekannt und löste zurecht totales Unverständnis über unser unüberlegtes Handeln aus.

Zutiefst dankbar sind wir, dass wir dieses Ereignis am Maria-Lichtmesstag 2019 sowie – mit der exakt gleichen Gruppenzusammensetzung – auch die Eislawine am Mont Blanc am 29. April 2018 (2.8), ohne größeren Schaden überstanden haben. Mögen uns diese prägenden Vorkommnisse für immer als mahnende Warnung in Erinnerung bleiben. Wir wollen zukünftige alpine Unternehmungen niemals gedankenlos und leichtsinnig, sondern immer gewissenhaft und überlegt sowie mit großer Defensive und Respekt vor den Naturgewalten in Angriff nehmen!

3   Wie ich meine Kindheit erlebte

Ich, Josef Alfons, war ein sehr schüchternes, ruhiges, sensibles und zurückhaltendes Kind, das vor allem vor vielen erwachsenen Leuten großen Respekt hatte oder sich sogar vor ihnen fürchtete. Deswegen vermied ich es, wenn nicht unbedingt nötig, mit Lehrer, Pfarrer, Bürgermeister und Doktor in Kontakt zu treten. Diesen und auch anderen Autoritätspersonen versuchte ich möglichst aus dem Weg zu gehen, um nicht deren Aufmerksamkeit auf mich zu lenken. Oft spielte und beschäftigte ich mich stundenlang ganz allein und gestaltete mir dabei in meinen Gedanken, Fantasien und Träumen meine eigene, ideale Welt.

Ich bin das älteste Kind der Familie und hatte vier Geschwister, auf die ich aufpassen und für die ich die Verantwortung übernehmen musste, wenn wir nicht gerade unter der Obhut von Papa und Mama standen. Da uns die Eltern, soweit irgendwie möglich, zu allen Arbeiten am Hof und im Freien mitgenommen und auch überall eingebunden haben, standen wir meistens in deren Blickfeld. Besonders meinen Papa empfand ich als sehr streng, was oft nicht angenehm war.

Außer der Volksschule gab es weder Krabbelstube noch Kindergarten, weder Musikstunde noch organisiertes Schitraining und auch keine sonstigen Möglichkeiten für die Eltern, ihre Kinder anderen Personen zu überlassen. Somit waren wir fast ständig am bäuerlichen Leben am Hof und im Dorf beteiligt. Dadurch haben wir die verschiedenen Arbeiten und Gepflogenheiten von allen ortsansässigen Bauern hautnah erlebt und allerlei Geschichten aus alten Zeiten mitbekommen.

Mit fünf Jahren, ich ging noch nicht zur Schule, hat mir meine Mama an einem schönen Herbsttag im alten Holzhaus aus in Pfafflar ein paar „Eisahoangå" in meinen kleinen Rucksack gepackt und mich zu Papa auf den Heuberg geschickt. Papa hat das Heu unseres Schobers (19.6) in den „Garten" zu „Bürd" (3.6.2) gebunden und brauchte die zusätzlichen Haken aus Eisen, um diese im Heuseil einhängen zu können. Während meines Aufstiegs habe ich mich am „Hühnerspiel", dort wo der schmale Steig durch steiles Gelände zu den Bergmähdern in den „Garten" abzweigt, in einer Mulde vor einem vorbeifliegenden Adler versteckt. Daran kann ich mich noch gut erinnern. Mein Vater freute sich sehr und lobte mich fest, als ich bei ihm ankam und die benötigten Hilfsmittel aus dem Rucksack holte. Es war sehr aufregend, als Papa die straff gebundenen und mit einem kleinen Holzrechen „frisierten" Heubündel mit den von mir heraufgetragenen „Hoangå" entlang des Heuseiles ins Tal schickte, wo sie von Mama in Empfang genommen wurden.

Was heute undenkbar wäre, ein noch nicht schulpflichtiges Kind allein zu einer so großen Bergtour durch felsdurchsetztes Steilgrasgelände über 500 Höhenmeter aufbrechen zu lassen, hat mich damals sehr stolz gemacht.

Bis ich sieben Jahre alt war, mussten mein Papa, Onkel Anton (6.7) und Helmut Lechleitner, 24- bis 36-jährige Männer, in der Kirche ministrieren, weil es sonst keine geeigneten „Buben" im Dorf gab. Im Frühjahr 1963 verbrachte Monsignore Dr. Paul Adenauer, der Sohn des ehemaligen deutschen Bundeskanzlers, seinen Urlaub in Boden. Während dieser Zeit lehrte er mich die für das Ministrantenamt erforderlichen Gebete in lateinischer Sprache. Weil ich diese eifrig lernte, schon bald beherrschte und noch vor seiner Abreise ministrieren konnte, schickte er mir nach ein paar Tagen eine schöne Ikone mit dem Heiligen Martin und seiner Widmung. Leider wurde dieses in meinem Zimmer hängende und für mich wertvolle Geschenk beim Brand im November 1989 vernichtet.

Weniger erfreut waren wir Kinder über die vielen Kirchenbesuche, zu denen wir verpflichtet wurden. Es gab viele heilige Messen, die wir zu besuchen hatten, auch wenn diese von häufig anwesenden Gastpriestern gelesen wurden. Jeden Sonntagnachmittag, das ganze Jahr hindurch, war Rosenkranz, den ich bereits im Alter von zwölf Jahren vorbeten musste, nachdem Mesner Benedikt Perl zum Lesen der Litanei nicht mehr genug sehen konnte. Während der Fastenzeit, also von Aschermittwoch bis Ostern, war an jedem Montag, Mittwoch und Freitag Kreuzwegandacht und im Mai war jeden Abend Maiandacht in der Kirche. Von kirchlichen Veranstaltungen fernzubleiben, wurde von den Eltern nicht geduldet.

Es war Lehrer Johann Ostermann (6.4), der in der Volksschule in Bschlabs mein Talent zum Singen sofort durchschaute. Beim Nachsingen der Tonleiter „do re mi fa so" wurde ich vom musikalischen Virtuosen immer wieder unterbrochen und korrigiert. Schon bald verlor der Lehrer seine Nerven und sagte ärgerlich: „Josef, du bist ein musikalisches Wildschwein!" Seit damals singe ich nur noch für mich allein, im Auto, auf dem Berg oder sonst wo, wo mir zum Singen zumute ist. Auch in der Kirche singe ich sehr gerne mit, aber nur solange der Gesang stabil erscheint. Bevor ich wegen spärlich anwesender Sänger:innen während eines „abstürzenden" Liedes zur tragenden Stimme werden sollte, will ich mich rechtzeitig zurückgezogen haben. Obwohl ich beim Singen die richtigen Töne einfach nicht treffe, mag ich Musik verschiedenster Richtungen sehr gerne.

Im Sommer 1966 drehte der Werbegrafiker Horst Klotz aus Landsberg am Lech einen 16-mm-Kurzfilm in schwarz/weiß in unserem Tal. In diesem Film „Die Hirten von Pfafflar" werde ich „Franzl, der Sohn der Berge" genannt. Als Zehnjähriger spielte ich eine kleine Episode im Leben der Bergbauern. Dabei wollte ich nie in das Auto des Filmteams einsteigen, weil ich Sorge hatte, man könnte mich entführen. Einzelne Szenen dieses Streifens waren vor ein paar Jahren in einer „Bergauf-Bergab"- Sendung zu sehen, wobei ich das Filmteam vom Bayerischen Fernsehen auf die Dremelspitze bei der Hanauer Hütte in den Lechtaler Alpen begleitete.

Damals, in den 1960er-Jahren war das Leben der Bergbauern zwar sehr hart und äußerst arbeitsintensiv, aber im Vergleich zu heute unvergleichbar vielfältig, abwechslungsreich und voller Fülle: mähen mit der Sense, unzählige Heinzen aufstellen, Heuschochen auf dem Rücken tragen, Schober errichten, Heu ziehen, das Vieh im Frühjahr auf die Weide gewöhnen, Jungvieh hüten, Stallarbeit, Kühe mit der Hand melken, Milch zentrifugieren und Butter treiben, Holz richten, Brennholz abschneiden und hacken, Mist ziehen und Mist breiten, Zäune aufstellen, Weiden, Felder und Bergmähder räumen, Erdäpfel stecken, jäten, häufeln und graben, Erdäpfelfeuer anzünden, Bohnen anbauen, pflegen, ernten und essen, Gartenarbeit, Kraut hobeln und einstampfen, Brot backen, schlachten, suren, selchen, gemeinschaftliches Speckessen nach dem Schlachten, Schafe scheren, Wolle waschen, spinnen und stricken, Straßen- und Wasserleitungsbau. Leo Lechleitner (6.1) hat geschmiedet und Holzbehälter gemacht.

In meiner Kindheit bin ich einmal mit Papa und unseren drei Stück Kalbinnen sowie anderen Bauern und deren Tiere zu Fuß über das Hahntennjoch zum Viehmarkt nach Imst gegangen.

Es gab viele gemütliche Abende – Fernseher und Computer waren noch in weiter Ferne – wo sich die Nachbarn in der Stube trafen und allerhand Geschichten erzählten, denen ich schweigend zuhörte.

Auf der einen Seite empfand ich dieses bergbäuerliche, facettenreiche Leben spannend, interessant, teilweise sogar aufregend. Vermutlich wegen der vielen Erzählungen der Erwachsenen hatte ich andererseits bereits als Kind viele Sorgen und bedrückende Ängste wegen Krankheit, Katastrophen und Krieg. Während meiner Volksschulzeit war der Zweite Weltkrieg erst seit zwanzig Jahren zu Ende. Auch der Erste Weltkrieg und die schwierige Zwischenkriegszeit waren bei den älteren Bauern noch omnipräsent.

Ich vernahm tragische Kriegsgeschichten über Verwundete, Gefallene, invalide Heimkehrer, in Gefangenschaft Geratene, Gefolterte, Bespitzelte, Verratene, Deserteure und Geflüchtete. Großonkel Gottlieb war als Soldat auf einem Berg bei Cortina d'Ampezzo 24 Stunden lang in einer Felsnische von einer Lawine eingeschlossen worden. Einem anderen Großonkel wurde das Auge herausgeschossen. Als er hilflos im Graben lag, habe ihm ein Vorbeieilender mit dem Schaft des Gewehres einen heftigen Schlag auf den Kopf versetzt, um seinem Elend ein Ende zu bereiten. Von den anderen aufgegeben gewesen zu sein, hätte noch mehr weh getan als die Schussverletzung im Gesicht. Dennoch überlebte er alles und erreichte daheim als Einäugiger ein zufriedenstellendes Alter. All diese Schicksale gingen tief, erzeugten schreckliche Bilder in meiner bizarren Gedankenwelt und verursachten eine belastende Angst vor Kriegen in mir.

Die Beharrlichkeit und Ernsthaftigkeit, mit der unsere Eltern bis zum Umfallen geschuftet haben und ihre ständige Besorgnis, das Beste für die Kinder, die Tiere und den Hof zu tun, habe ich eindringlich gespürt. Wenn die Eltern, vor allem Mama, wegen eines kranken oder gar verendeten Kalbes oder eines sonstigen Tieres großen Kummer hatten, habe ich mitgelitten. Auch die Verantwortung, die mir gegenüber meinen jüngeren Geschwistern immer wieder aufgebürdet wurde, lastete drückend auf mir. Unbeschwert, idyllisch, froh und glücklich empfand ich meine Kindheit eher nur selten, obwohl wir uns im Grunde sehr geborgen und behütet fühlen durften.

Im Laufe der Zeit habe ich mit den im Elternhaus äußerst intensiv erlebten Jahren völligen Frieden geschlossen und bin meinen Eltern für das erfolgreiche Bestreben, aus uns Kindern Menschen zu formen, die im Leben bestehen können, sehr dankbar.

Die enorme körperliche Belastung, der wir bei den harten Arbeiten, auf dem Schulweg, beim Hüten der Rinder am Hahntennjoch, beim händischen Melken mehrerer Kühe, beim Treten einer Piste im tiefen Schnee zum Schifahren, oder sonst wo ausgesetzt waren, hat unsere heranwachsenden Körper leistungsstark und widerstandsfähig gemacht.

Sparsamkeit, Folgsamkeit, Bescheidenheit und Zufriedenheit wurde uns durch das einfache und entbehrungsreiche bäuerliche Leben in der Großfamilie vermittelt.

Eine durch Arbeit und Bewegung im Freien verursachte Müdigkeit durfte nie eine Ausrede dafür sein, die Hausaufgaben am Abend nicht zu machen oder das Lernen für die Schule zu vernachlässigen.

Diese Erziehungsmethode unserer Eltern, die uns mit klarer Führung und Anerkennung zu Höchstleistungen motivierte, hat bewirkt, dass mir alles, was später im Leben auf mich zukam, einfacher und leichter schien als meine Kinder- und Jugendzeit.

Im Zuge eines Seminars zur Entwicklung von Nachwuchsführungskräften, das ich dankenswerterweise als Mitarbeiter im Metallwerk besuchen durfte, hat ein Psychologe festgestellt, dass ich viel mehr Strokes für „Tun" als für „Sein" erhalten hätte. Somit würde ich vor mir selbst nur bestehen können, wenn ich Leistung erbringe. Auf diese Art geprägte Menschen wollen und müssen aus eigenem Antrieb arbeiten und nicht nur deswegen, weil sie ständig jemand antreibt, so die sinngemäßen Worte dieses Trainers.

Die uns von den Eltern laufend eingeprägten „Antreiber" zur Erbringung von möglichst effizienter Leistung sind nicht nur bei mir, sondern auch bei meinen Geschwistern zu einem Teil des Charakters geworden und machen sich bis zum heutigen Tag durch ständiges Suchen nach Arbeit und Aktivität bemerkbar.

Obwohl von unseren Eltern nicht direkt vermittelt, sind mir die im Umfeld miterlebten Eindrücke aus dem damaligen Leben offensichtlich tief ins Unterbewusstsein geschrieben worden. Denn auch heute noch kann ich zum Beispiel die sich durch Bergbauern- oder Heimatfilme oftmals durchziehenden Themen kaum ertragen. Die Darstellungen über die schwere Arbeit am Hof, den hartherzigen und dominanten Bauern, die gütige Bäuerin, die alles erdulden muss, weil ihr weder Auswege noch Alternativen bleiben, das oftmals zwiespältige Verhältnis zum Glauben, zu Gott und der Kirche sowie eine gestörte und unterdrückte Beziehung zur Sexualität, lösen Unbehagen in mir aus.

3.1   In der Hirtenhütte am Hahntennjoch

An einem nebelverhangenen, trüben Morgen, im Alter von 14 Jahren, musste ich zum Hüten des Jungviehs zum Hahntennjoch gehen. Als gegen Mittag die Sonne hervorkam, legten sich die Tiere auf den flachen Weideflächen zur Ruhe. Ich begab mich in die Hirtenhütte, verzehrte die von Mama in den Rucksack gepackte Marende und trank den inzwischen kalt gewordenen Tee aus der Flasche.

Weil es ungemütlich war und um meine im nassen Gras feucht gewordenen Schuhe zu trocknen, machte ich ein Feuer im primitiven Ofen aus rostigem Eisenblech. Mit dem Taschenmesser schnitzte ich aus Lärchenrinde ein kleines Schiff. Eine homogene, circa 20 x 10 x 5 Zentimeter große Rindenschuppe, die ich ein paar Tage zuvor mit der Axt aus einem alten Lärchenbaum herausgehackt hatte, eignete sich hervorragend zum Schnitzen.

Auf einmal ging die Eingangstür auf, die ich von innen nicht verriegelt hatte. Ein freundlicher Mann begann sich im Oberinntaler Dialekt mit mir zu unterhalten. Er interessierte sich für meine Tätigkeit, für die Rinder auf der Alm und für sonst noch allerhand. Dann wollte er mein sich in Arbeit befindliches Schiff näher betrachten. Dazu setze er sich dicht neben mich auf die hölzerne Bank. Ich empfand die aufdringlich wirkende Nähe des Fremden störend und rutschte im Sitzen immer weiter zur Wand. Äußerst konzentriert achtete ich darauf, mein Messer festzuhalten, denn ich schöpfte den Verdacht, er könnte es an sich reißen und mich damit verletzen wollen. Doch er hatte es nicht auf mein Schnitzwerkzeug abgesehen.

Als er mich auf der Bank sitzend ganz an die Wand gedrängt hatte, versuchte er mir meine Hose auszuziehen. Weil ich mich mit aller Kraft dagegen wehrte, riss er mit Gewalt einige Knöpfe meiner Hosentüre aus. Ich spürte, dass er viel stärker war als ich. Von ihm zwischen Wand und Tisch eingesperrt, konnte ich nicht entkommen, aber es gelang mir, mit den Füßen auf die Bank zu steigen und mich zur über mir befindlichen Fensteröffnung, in der es keine Scheibe gab, nach oben zu winden. Für mein beabsichtigtes Fluchtvorhaben war es hilfreich, dass der nach außen aufgehende, aus Brettern zusammengenagelte Fensterladen zum Abzug des Rauches beim Anheizen ein wenig geöffnet war.

Um nicht weiter durch die Lucke schlüpfen zu können, hielt mich der unheimliche Mensch am Hosenbein fest, wobei weitere Knöpfe flogen. Da ich aufgrund der gewonnenen Höhe mit den Bergschuhen an meinen Füßen kräftig auf den Mann einschlagen konnte, musste er mich loslassen. Schnell nahm er meinen Hirtenstock und stieß ihn zwischen meine Beine, ganz knapp, bevor ich gänzlich durch die Fensteröffnung kriechen konnte und hinter der Hütte zu Boden fiel.

An meinen Hoden hatte ich derart heftige Schmerzen, dass mir schwarz vor Augen wurde und ich mich erst gar nicht aufrichten konnte. Aus Angst, mein Peiniger könnte nochmals auf mich zukommen, war ich dennoch sehr schnell wieder auf den Beinen und mit mehreren faustgroßen Steinen bewaffnet. Der Mann hatte großes Glück, dass ich ihn nicht mehr finden konnte. Ich suchte die ganze Umgebung mit Steinen in der einen und einem kräftigen Stock in der anderen Hand ab, aber er blieb wie vom Erdboden verschwunden. Hätte ich ihn im Freien gefunden, hätte es für ihn nicht gut ausgesehen. Ich hätte nicht die geringsten Skrupel gehabt, ihm mit meinen „Waffen" eine kräftige Lektion zu erteilen. Denn im freien Gelände wäre ich diesem etwas untersetzt wirkenden Mann auf jeden Fall überlegen gewesen. Viel, viel schneller und gewandter laufen als er hätte ich ganz gewiss auch können. Dass der seltsame Lustmolch unerkannt entkommen konnte, war sowohl für ihn als auch für mich besser, denn was hätte ich allein mit einem Schwerverletzten am Hahntennjoch anfangen sollen?

Als ich am Abend nach Hause kam, erklärte ich meiner Mama, dass ich im dichten Latschenfeld an einem dürren Ast hängen geblieben sei und mir dabei die Hose demoliert hätte. Warum ich nicht die Wahrheit sagen wollte, klingt aus heutiger Sicht unverständlich und komisch. Aber über Dinge zu reden, die nur im Entferntesten mit Sexualität zu tun hatten, war damals nicht üblich. So behielt ich diesen Vorfall jahrzehntelang für mich.

Wenn ich mich zukünftig allein in der Hirtenhütte aufhielt, verriegelte ich die Eingangstüre von innen. Nur mit der jederzeit schlagbereiten, langstieligen Axt zum Holzhacken in der rechten Hand öffnete ich die Tür, wenn sich zukünftig gelegentlich jemand meiner Unterkunft näherte.

Psychischen Schaden habe ich wegen des sexuellen Übergriffes in der Hirtenhütte am Hahntennjoch vermutlich keinen erlitten, sehr wohl aber einen physischen. Denn an der Seite meines rechten, geschwollenen Hodens hatte ich lange Zeit sehr starke Schmerzen, die nicht aufhören wollten. Manches Mal fragte mich Mama, was ich denn hätte, weil ich im Gesicht so blass wäre. Auch von diesen Problemen wollte ich nichts erzählen. Nach Monaten verwandelten sich die Schmerzen in ein permanentes, unangenehmes Ziehen, das Jahre andauerte. Ich hatte immense Bedenken, dass ich wegen der Hodenverletzung keine eigenen Kinder haben könnte.

Erst bei der Musterung, bei der Tauglichkeitsfeststellung für das Bundesheer, habe ich dem untersuchenden Arzt von meinen immer noch spürbaren Beschwerden am Hoden erzählt.

Er meinte, dass am Hoden eine vernarbte Verletzung erkennbar sei, aber Kinder zeugen würde ich dennoch können. Von diesem Zeitpunkt an sind die mindestens vier Jahre lang andauernden Probleme langsam in den Hintergrund gerückt.

3.2   Die Mechanisierung begann

Nachdem ein schmaler, abenteuerlicher, 11 Kilometer langer Fahrweg von Elmen nach Boden im Jahre 1950 so weit befahrbar war, dass ein Auto der Jagdpächter-Familie Pischl aus Telfs erstmals das Dorf erreichen konnte, begann die Mechanisierung und somit ein neues Zeitalter im Tal.

Die Leitungen für den elektrischen Strom wurden 1955 bis Boden und 1956 nach Pfafflar fertiggestellt. Daher gab es im Herbst, im Jahr meiner Geburt, das erste Mal elektrisches Licht in Haus und Stall in Pfafflar. Somit kann ich sagen: „Mit mir kam's Licht ins Tal." Weil die Elektrizität mangels vorhandener Geräte zu Beginn vorwiegend zur Beleuchtung Verwendung fand, stimmt diese Aussage auch wörtlich. (Im Vergleich dazu erfolgte die Elektrifizierung des Schlosses Schönbrunn in Wien bereits 1904, also ein halbes Jahrhundert früher. Thomas Alva Edison (1847-1931), der neben vielen anderen Dingen auch die Glühbirne erfunden hat, soll für diese Aufgabe von den Habsburgern persönlich beauftragt worden sein – so die Worte unseres Guides während der Stadtführung in Wien im Juni 2023)

Bald kamen die ersten Maschinen nach Boden. Der erste Einachser-Schlepper wurde 1957 von Gebhard Perl (6.3.) angeschafft und das erste Auto im Dorf, ein VW-Bus, wurde vom Gastwirt Walter Lechleitner (6.8) 1958 gekauft. Zu dieser Zeit löste auch der erste Reform-Motormäher auf günstig gelegenen Feldern das jahrhundertelange Mähen mit der Sense ein wenig ab. Auf sehr steinigen Feldern sowie auf den steilen Bergwiesen blieb aber die Sense noch einige Jahrzehnte lang alternativlos im Einsatz.

Als Volksschüler in der Unterstufe habe ich erlebt, wie die von Onkel Anton und seinem Cousin Martin Friedl gemeinsam gekaufte Motorsäge, eine zwölf Kilogramm schwere Stihl Contra, erstmals zum Fällen eines Baumes Verwendung fand. Zuvor wurden sämtlichen Holzarbeiten im Wald mit der Waldsäge und der Axt verrichtet. Die Waldsäge hatte ein langes, grob gezahntes Sägeblatt mit zwei Griffen, an denen die Säge von zwei Personen am Baumstamm angesetzt und hin- und hergezogen wurde.

Am 30. August 1965 war die ganze Familie beim Mähen auf dem Heuberg. Wir alle waren sehr aufgeregt und konnten es kaum erwarten, am Abend nach Hause zu eilen, um das erste Auto unserer Familie zu sehen. An diesem Tag hat Onkel Anton unseren nagelneuen, blauen NSU Prinz 4 vom Generalimporteur Frey aus Salzburg geholt. Um möglichst kostengünstig zu einem Auto zu kommen, ist unserem Papa mit einigen Briefen und Interventionen der Direktimport aus Neckarsulm in Deutschland gelungen. Somit hat dieses Fahrzeug, über das wir uns alle sehr freuten, 26 000 Schilling gekostet. Damals hat der Verkauf von einer Kuh und drei Rindern ausgereicht, um exakt diesen Betrag für ein neues Auto aufzubringen. Heutzutage muss ein Bauer viele Tiere verkaufen, auch wenn er nur einen Kleinwagen erwerben möchte.

Bereits ein Jahr später, im Sommer 1966, als ich zehn Jahre alt war, hat mir mein Vater mit dem neuen Auto auf der im Bau befindlichen Hahntennjochstraße das Autofahren beigebracht. Von da an musste ich während der Heuperiode jeden Tag meine Mama und meine Geschwister in der Früh mit dem Auto von Boden nach

Pfafflar bringen. Denn Papa ist bereits früh am Morgen mit seinem alten, nicht angemeldeten Motorrad „Puch 250 TF" und der Milchbutte auf dem Rücken nach Pfafflar gefahren. Er hat dort die Kühe gemolken, die Milch in die Seilbahn gestellt, die Kühe dem Hirten übergeben und den Stall gesäubert. Anschließend ist er sofort zu den anstehenden Arbeiten auf dem Feld oder auf den Bergwiesen aufgebrochen und nicht mehr nach Hause gekommen, um die Familie abzuholen.

Weil der neue „Prinz" zu schade war, um täglich auf der holprigen Schotterstraße für die Landwirtschaft im Einsatz zu sein, besorgte Papa einen alten PUCH 700 C. Dieses Fahrzeug bekam kein amtliches Kennzeichen und diente auf der noch nicht öffentlichen Hahntennjochstraße als nützliches Transportmittel. Mit diesem Auto habe ich nicht nur Sommer für Sommer meine Familie nach Pfafflar gebracht, sondern durfte damit ab und zu sogar zum Hüten des Jungviehs Richtung Hahntennjoch fahren. Auch wenn ich grundsätzlich versuchte, Papas laufende und eindringliche Ermahnungen zu äußerst vorsichtiger Fahrweise zu befolgen, habe ich gelegentlichen Fahrten im Rallyetempo nicht widerstehen können. Einmal verriet eine riesige, vom Heuberg sichtbare Staubwolke, die auf der trockenen Fahrbahn meinem Gefährt hinterherzog, mein unerlaubtes Tun. Es ist damals der Wunsch in mir entstanden, Automechaniker und Rennfahrer zu werden und dafür wollte ich schon rechtzeitig mit dem Training beginnen.

Mit 17 Jahren, als mein regelmäßiges Autofahren ohne Führerschein fast schon zur Selbstverständlichkeit geworden war, kamen plötzlich zwei Gendarmeriebeamte ins Haus. Mama, die allein daheim war, wollte nicht lügen und bestätigte den einer anonymen Anzeige nachforschenden Amtspersonen mein unerlaubtes, aber für den betrieblichen Ablauf erforderliches Fahren. Bald darauf kam ein eingeschriebener Brief, der eine schmerzhafte Strafvorschreibung enthielt. Ich sollte 1 000 Schilling für unerlaubtes Fahren und mein Papa ebenfalls 1 000 Schilling für das Gestatten der Fahrzeuginbetriebnahme seines Sohnes bezahlen. Eine Vorsprache in der Bezirkshauptmannschaft Reutte um Strafmilderung hat nur bewirkt, dass Papa und ich vom zuständigen Referenten für Verkehrsstrafen massive, lautstarke Vorwürfe entgegennehmen mussten, keinen Strafnachlass erhielten und den geforderten Betrag bezahlen mussten.

Für heutige Verhältnisse ist es unvorstellbar, dass ich mit 18 Jahren, als ich den Führerschein machte, bereits mehrere Tausend Kilometer Fahrpraxis aufweisen konnte und den Fahrlehrer damit überraschte. Das leider nicht von Anfang an geübte und somit ungewohnte Blinken, das Rückspiegelschauen, den Schulterblick und das Stadtfahren musste ich allerdings in zehn intensiven Fahrstunden nachlernen.

Eine einzige öffentliche Telefonsprechstelle gab es ab 1958 nur im Gasthof Bergheimat. Der erste Fernseher kam erst 1972 ins Dorf, nachdem in Bschlabs-Egg von Johann Lechleitner aus Elmen eine Signalumsetzanlage errichtet worden war.

Als ich als 16-Jähriger an einem Wochenende aus der Landwirtschaftlichen Fachschule an der Landeslehranstalt in Imst nach Hause kam, stand auch – völlig unerwartet – in unserer Stube ein Schwarz-Weiß-Fernseher. Die Bildqualität war nicht gerade gut, aber das Geschehen auf der großen weiten Welt wurde von nun an auch visuell in unser Haus getragen. Wenn im Frühjahr die Tage länger wurden und die Arbeiten im Freien begannen, hat Papa den Fernseher in eine alte Decke eingewickelt und auf den Dachboden gestellt. Die Zeit wäre nun zu schade, um vor der flimmernden Kiste zu sitzen. Im Herbst, als die Abende wieder länger wurden und die gröbsten Arbeiten im Freien verrichtet waren, nahm er das TV-Gerät wieder in Betrieb. Einige Jahre lang zog er diese Vorgangsweise durch, bis er selbst auch in den Sommermonaten sehr gern die Nachrichten, den Wetterbericht und auch so manche andere Sendung gesehen hat. Von da an hatte auch die Familie ganzjährig Zugang zum Flimmerkasten, der dieser Bezeichnung vor allem bei empfangsstörenden Schneefällen im Winter besonders gerecht wurde.

3.3   Wasser für Mensch und Vieh

Da das Wasser für meinen Heimatort Boden aus einem offenen Bächlein in das Leitungsnetz eingeleitet wurde, war man nie sicher, ob es wohl sauber und keimfrei war. Während der Schneeschmelze, an Regentagen oder ganz besonders nach Gewittern war das aus dem Wasserhahn in der Küche kommende Nass sichtbar getrübt. Manches Mal war es so braun, dass Oma sagte: „Heute brauchen wir keinen Milchkaffee machen, das Wasser selbst hat schon die richtige Farbe!"

Sauberes, von der Karleite herunterkommendes Trinkwasser für den Haushalt wurde bei Bedarf vom Gasthaus Stern herübergeholt. Dieser war an die private Wasserversorgung angeschlossen, die vom Jagdpächter Pischl für sein ab dem Jahre 1927 gebautes Jagdhaus errichtet worden war.

Noch bevor es die neue, sehnsüchtig erwartete Trinkwasserleitung gab, ist die alte Leitung, durch die das Wasser aus dem oberhalb des Dorfes vorbeifließenden, aus dem Eifertal herunterkommenden Bächlein in unseren Hof gelangte, an einem Dreikönigstag (6. Jänner) zugefroren. Alle aufwendigen Bemühungen, die Leitung mit Grabungsarbeiten und Feuerstellen auf den vermuteten Plätzen wieder aufzutauen, waren vergebens. Das Wasser für fünf Kühe, zehn Stück Jungvieh und zwölf Schafe musste in Kübeln vom ungefähr 50 Meter entfernten Bach herbeigetragen werden.

Erst später konnte dann Wasser vom Nachbarn Michael Perl mit einem Gartenschlauch und durch ein eigens in die Wand gemeißeltes Loch in eine große Blechwanne in unseren Futtergang geleitet werden. Täglich, jeweils in der Früh und am Abend, mussten viele Kübel Wasser aus dieser Wanne geschöpft werden, um den Durst unserer Tiere zu stillen. Als kleiner Bub wurde ich oft beauftragt, darauf zu achten, dass die Wanne immer möglichst gefüllt war, aber niemals überlief, denn die Futtermittel und das Heu im Futtergang durften keinesfalls nass werden.

Für meine Mama war es das größte Geschenk, als am Muttertag, ganze vier Monate nach dem Abfrieren, das Wasser endlich wieder aus der gewohnten Leitung kam. Es wäre heutzutage nicht mehr vorstellbar, hätte man für so lange Zeit kein Fließwasser in Küche, Waschraum, WC und Stall.

Gut erinnern kann ich mich noch daran, wie wir auf unserem Schulweg zwischen Boden und Pfafflar täglich den Fortschritt beim Bau der neuen Wasserleitung beobachtet haben. Mit einem großen Bagger wurde ein tiefer Graben geöffnet, wobei laufend riesige Steine und Felsbrocken beseitigt werden mussten. Gemeinsam haben mehrere Männer aus dem Dorf die Kunststoffleitungen von großen Ringen abgerollt, in den Graben gelegt und mit Erdreich fixiert.

Knapp vor dem Wintereinbruch im Herbst 1964 wurde die neue, vom Brunnholz oberhalb von Pfafflar herunterkommende Wasserleitung provisorisch in Betrieb genommen. Mensch und Vieh hatten von da an immer klares, sauberes Quellwasser, was für das ganze Dorf eine große Errungenschaft war.

3.4   Auch im Winter immer aktiv

Im Winter hat unser Papa mit Nachdruck immer darauf bestanden, dass wir möglichst oft ins Freie gingen, um Schnee zu schaufeln, bei verschiedenen Arbeiten zu helfen oder uns ein „Ries", eine schmale Piste zu treten, um Schifahren zu üben. Für die wenigen Kinder im Dorf war es sehr mühsam, eine halbwegs brauchbare Bahn im tiefen Schnee festzutreten, um darauf mit Schiern ein paar Meter fahren zu können.

Besonders gefreut haben wir uns immer, wenn wir gemeinsam mit Erwachsenen mit der Materialseilbahn nach Pfafflar befördert wurden und mit den Schiern herunterfahren durften. Die Wirtschaftsseilbahn ging 1952 in Betrieb und erleichterte knapp fünfzig Jahre lang den Transport von Waren und Wirtschaftsgütern (Heu, Mist, Milch, Lebens- und Futtermittel, Schlitten, Werkzeuge,

Baumaterialien und vieles andere mehr) zwischen Boden und Pfafflar. Obwohl der Transport von Personen streng verboten war, bot der Seilweg eine gern und häufig benutzte Möglichkeit, die 250 Höhenmeter zwischen Boden und Pfafflar mit einer Mittelstation bei Unterhaus rasch und ermüdungsfrei zu überwinden. Zur Erleichterung des Schulweges durften wir diesen Vorteil jedoch kaum einmal nutzen.

Onkel Anton (links) mit vielen Helfern beim Schlachten
(Foto: Familienarchiv Friedl)

Das Schlachten von Schweinen, Schafen und Rindern für den Hausgebrauch wurde ebenfalls in den kalten Monaten des Jahres erledigt. Regelmäßig wurden auf allen Höfen des Dorfes selbst aufgezogene Schweine geschlachtet. Auch dabei hat man sich im Rahmen der Nachbarschaftshilfe gegenseitig geholfen. Vom geschlachteten Tier wurde alles verwertet. Frisches Blut wurde aufgefangen und zur Vermeidung der Gerinnung unter ständigem Rühren abgekühlt. Blut, das gemeinsam mit Erdäpfeln geröstet wurde, gab es nach jeder Schlachtung als Hauptspeise zum Essen. Meist gleich am ersten Abend nach der Schlachtung wurde fetter Speck mit ein wenig anhaftendem Fleisch in einem großen Kochtopf gekocht. Zum Speckessen mit selbstgebackenem Brot wurden Nachbarn und die Helfer bei der Schlachtung eingeladen. Auch wurden alle Innereien wie Leber, Lunge und das Herz zu Speisen verarbeitet. Durch das Abschaben der Milz mit einem scharfen Messer wurde die brauchbare Substanz von unbrauchbaren Teilen wie Haut, Zaddern und Adern getrennt. Die auf diese Weise gewonnene Masse wurde mit Ei, Kräutern, Salz und Gewürzen vermengt, auf Weißbrotscheiben gestrichen und im Fett gebacken. In Streifen geschnitten ergaben die lagerfähigen Milzbrote eine köstliche Suppeneinlage. Zu besonderen Anlässen konnte man sich die beliebte Milzschnittensuppe munden lassen. Auch das Gehirn wurde aus dem Tierschädel entfernt, mit Ei, Kräutern und Gewürzen vermengt, gebraten und direkt aus der in der Mitte des Tisches stehenden Pfanne mit Löffeln gemeinsam verzehrt. Aus dem Schweinekopf und Knochenmark hat Mama immer die allseits beliebte „Sulz" – ein fast klares Gelee mit Fleisch-, Speck- und Gemüseeinlagen – gemacht.

Mit dem aus dem Bauch des Schweines entnommenen Dünndarm ist Papa zum Bach gegangen, hat diesen gewaschen, den ganzen Darm umgedreht, das heißt die

Innenseite nach außen gestülpt, dann die raue, jetzt außenliegende Seite, mit einer zuvor zurechtgeschnitzten Holzspachtel geglättet. Mit der handbetriebenen Wurstmaschine wurden Fleisch- und Fettreste zerkleinert, danach gewürzt und gut vermengt. Auf ein spezielles, circa 10 Zentimeter langes und circa 2,5 Zentimeter dickes Rohr am Ausgang der Wurstmaschine wurde der gereinigte Darm aufgeschoben. Durch das Drehen der Förderschnecke wurde die Masse in den Darm gefüllt. Die mit Spagat in Portionsgröße abgebundenen Würste wurden zum Trocknen und Selchen in der Selchkammer aufgehängt. Zum Selchen verwendete man meist feines, trockenes Holz und Wacholderzweige.

Die Speckseiten, die aus einer dicken Schicht aus weißem Speck und wenig rotem Fleisch bestanden, wurden mit Pökelsalz eingerieben und in einem großen Holzzuber circa drei Wochen lang zum Ziehen gelagert. Danach wurden auch diese durch Selchen und Trocknen lange haltbar gemacht. Mehr oder weniger fetten – für mich meist zu fetten – Speck gab es fast das ganze Jahr hindurch beim Marenden, sowohl daheim als auch bei allen Arbeiten auf dem Feld, im Wald oder am Berg.

Das Bauchfett sowie andere Fettreste wurden in kleine Stücke geschnitten und in einem großen Kessel auf dem Küchenherd ausgekocht. Das klare Fett wurde dann in große Behälter gegossen und laufend zum Kochen verwendet. Die „Gruipen", die Grammeln, die beim Fettauskochen zurückblieben, hat man als Gruipen-Schmalz aufs Brot gestrichen.

Auch wenn ich beim Weiterverarbeiten immer mithelfen musste, konnte ich das Töten der Tiere nicht ertragen. Beim Schlachten entfernte ich mich immer möglichst weit vom Hof, um nichts davon mitzukriegen. Müsste ich die Arbeit eines Metzgers, Bauern, Jägers oder Fischers selbst ausführen, bliebe mir – auch heute noch – vermutlich nichts anders übrig als Vegetarier zu werden.

Bevor Schlepper, Traktoren oder Transporter zum Einsatz kamen, wurde das Holz im Winter mit dem Schlitten aus dem Wald gezogen. Das Ablängen, Spalten und Einlagern des Brennholzes für die Verwendung im Küchenherd und im Stubenofen erfolgte in Handarbeit meist gegen Ende des Winters. Ein Jahresbedarf an getrocknetem Heizmaterial musste immer rechtzeitig im Voraus bereitgestellt sein.

Vor dem Einsatz von geeigneten Fahrzeugen habe ich noch erlebt, wie der Mist aus dem Kuh- und Schafstall in einer speziellen Holzkiste auf einem Schlitten manuell zum Düngen auf die Felder gezogen wurde. Der in Pfafflar benötigte Dünger wurde mit der Seilbahn nach oben befördert. Für jenen in Brandegg benötigten gab es eine einfache, von einer Seilwinde angetriebene Seilbahn bis zum Bildacker oberhalb der Häuser in Brandegg.

Mit temporär errichteten Seilwinden hat man den Dung auf Schlitten auch auf andere steile Hänge hinaufziehen können. An den Lagerplätzen bei den Seilweg-Endstationen wurde der Stallmist mit der Mistgabel in eine auf dem Schlitten angebrachte Holzkiste mit entfernbaren Seitenwänden („Mischtbegå") geladen und nach Bedarf zu vielen auf dem Feld verteilten kleinen Lagerplätzen gezogen.

Dieses weitere Verfrachten des Mistes erfolgte meist auf den über Nacht gefrorenen Wegen, die man am Nachmittag des vorhergehenden Tages im weichen Frühjahrsschnee mit der Schaufel angelegt und mit Schneereifen festgetreten hatte. Der Mist durfte nie auf der Schnee-oberfläche abgeladen werden, sondern musste immer in ein bis zum Erdboden gegrabenes, oft metertiefes Loch gekippt, zu einem Haufen geformt und mit der Schaufel an der Oberfläche festgeklopft und geglättet werden. Damit sollte das Auslaugen und Austrocknen des meist saftigen Düngers verhindert werden. Somit konnte dieser seine „Kraft" bewahren, bis er nach der Schneeschmelze in mühsamer Arbeit mit der Gabel auf den Feldern gleichmäßig verteilt wurde. Mistbreiten, „Mischtbroatå" nannte man diese kräfteraubende Tätigkeit.

3.5 Sofort nach der Schneeschmelze ging die Arbeit weiter

An steilen, nach Süden gerichteten Hängen, die zuerst aper wurden, konnte man mit den Arbeiten früher beginnen als auf den flachen und anders exponierten Wiesen, wo der Schnee länger liegen blieb. Das Mistbreiten auf Gras- und Ackerflächen nahm jedes Frühjahr meist drei Arbeitswochen in Anspruch. Sobald wir Kinder stark genug waren, mussten wir auch dabei unsere Eltern tatkräftig unterstützen. Die vielen kleinen, im vorangegangenen Herbst und Winter auf den Feldern verteilten Misthaufen wurden mit der Gabel möglichst kraftvoll auseinander geworfen, damit größere Brocken auseinanderfielen. Der Rest wurde mit der Gabel fein zerschlagen und gleichmäßig auf der gesamten Fläche verteilt.

Viel Aufwand war es, jedes Jahr die vom Schneedruck oder von Lawinen beschädigten Feld- und Weidezäune zu reparieren oder aufzustellen. Zu Zeiten, wo noch alle Felder in Boden, im Schwarzwald, in Brandegg, die Karleite, das Stockatla, Unterhaus, die Ebene, Pfafflar und die Hostig zum Schutz vor dem Weidevieh rundherum eingezäunt werden mussten, war von unserer Familie eine Zaunlänge von 3,5 bis 4 Kilometer zu betreuen, was besonders nach schweren Wintern sehr viel Arbeit bedeutete. Zusätzlich mussten an manchen Stellen die Bergwiesen abgezäunt und gemeinsam mit anderen Bauern Weidezäune zur Weidebegrenzung sowie zur Absicherung der Tiere gegen Absturz errichtet werden.

Die Zäune wurden meist als Bretterzäune und im Almgebiet häufig als Latschenzäune erstellt. Dazu wurden die auf wertvollen Weidenflächen entfernten Latschen oft weit herangezogen, um den im Winter vom Schnee niedergedrückten Zaun wieder in eine wirkungsvolle Höhe zu bringen. Die heute durchwegs benutzten Elektrozäune kannten wir damals noch nicht.

Das Räumen und Beseitigen von Erdreich, Steinen, Ästen und Holz nach dem Schmelzen der Lawinen auf Feldern, Bergwiesen und Weiden war auch eine jährlich wiederkehrende, mehr oder weniger große Arbeit, abhängig davon, wie intensiv die Lawinenereignisse im Winter waren.

Unsere acht, jeweils ein bis zwei Ar großen Äcker waren in Boden, Brandegg und in Pfafflar an günstig gelegenen, windgeschützten, steinarmen und humusreichen Stellen angelegt. Diese wurden im Frühjahr nach dem Düngen mit einem von Hand geführten und von einer Seilwinde gezogenen Pflug gepflügt. Meistens aber wurden die Äcker mit der Gabel umgestochen, weil das Auf- und Abbauen der Seilwinde einen zu großen Aufwand darstellte.

Besonders an steileren Hängen musste zuvor das im Zuge der Arbeiten nach unten gerutschte Erdreich mit hölzernen Schubkarren im Pendelbetrieb wieder an den oberen Rand des Ackers gebracht werden. Dazu wurden zwei Schubkarren verwendet, die mit einem Seil über eine oberhalb des Ackers befestigte Umlenkrolle verbunden waren. Die Person mit dem jeweils leeren Karren musste beim Nach-unten-Gehen sehr kräftig ziehen, damit die andere Person in der Lage war, den gefüllten Karren nach oben zu schieben. Bei diesem äußerst anstrengenden „Erdaufrollen" habe ich zwar nicht mehr oft, aber doch noch ein paar Mal selbst mithelfen müssen.

Meine Familie beim „Erdäpfelstecken" in Brandegg (1979)

Der Anbau von Erdäpfeln leistete einen wesentlichen, unverzichtbaren Beitrag zur Nahrungsversorgung von Mensch und Vieh. Daher wurde dieser Tätigkeit eine besondere Aufmerksamkeit gewidmet. Sobald vom Wetter her möglich, hat man die im vorangegangenen Herbst dafür vorgesehenen, fehlerfreien und im Keller überwinterten Setzkartoffeln in zwei oder drei Stücke geschnitten. Dabei hat man darauf geachtet, dass jeder Setzling mindestens zwei, drei aus den Augen hervorsprießende, gesunde Keime hatte, die keinesfalls abbrechen durften. Auf dem Acker hat man diese Stecklinge im Abstand von circa 25 Zentimeter in einen mit der Haue in die Erde gezogenen, von oben nach unten verlaufenden Graben gelegt. Mit dem Erdreich, das beim Ziehen des nächsten Grabens zur Seite befördert wurde, bedeckte man die eingelegten Kartoffeln recht vorsichtig, damit diese in ihrer Lage nicht verschoben und ihre manches Mal schon etwas längeren Keime nicht verletzt wurden.

Sobald das erste Grün der Kartoffelpflanze hervorkam, musste das Erdreich mit der Haue gelockert werden, damit genug Luft zu den Wurzeln kam. Die bereits massenhaft vorhandenen Unkrautpflänzchen sollten ausgezogen werden. Diese langweilige Geduldsarbeit, die man „Erdäpfelpecken" oder „Erdäpfeljäten" nannte, mochte ich von allen auf dem Hof anfallenden Arbeiten am unliebsten. So gegen Mitte Juni, knapp vor dem Beginn der Heuernte mussten die Kartoffeln, deren Kraut nun schon recht hoch war, noch „gehäufelt" werden. Dazu hat man die Gräben zwischen den beim Setzen erzeugten Reihen mit der Haue noch tiefer gegraben und dabei das Erdreich möglichst nahe der Pflanzen aufgehäuft.

Der Sinn des immer durchgeführten „Erdäpfelhäufelns" schien darin zu liegen, dass die zu wachsen beginnenden Knollen genug Erde um sich hatten und vor Sonnenlicht geschützt waren. Unbedingt vermeiden wollte man nicht von Erde verdeckte Früchte, die eine grüne Farbe bekamen und somit giftig waren. Außerdem sorgte das Tieferlegen des Grabens dafür, dass genug Luft zu den Wurzeln kam, es bei langen Regenperioden zu keiner Staunässe kommen konnte sowie das seit dem Jäten wieder gewachsene Unkraut vernichtet wurde. Während des Sommers verursachten die Kartoffeln keine Arbeit und man durfte sich während der Heuarbeiten auf den umliegenden Feldern an den gut gedeihenden und schön blühenden Pflanzen erfreuen. Stark störende, besonders hoch gewachsene Unkrautstauden hat man im Vorbeigehen gelegentlich ausgerissen.

Nach dem Grummet, meist im Oktober, war die Zeit zum „Erdäpfelgraben" gekommen. An möglichst schönen und trockenen Tagen hat man zuerst das Erdäpfelkraut samt dem Unkraut gemäht, mit dem Rechen vom Acker entfernt und auf den angrenzenden Wiesen zum Trocknen ausgebreitet. Mit der Haue hat man beidseitig der Krautstummel, möglichst tief im Graben das Erdreich gelockert und mit einer Hebebewegung die Knollen an die Oberfläche befördert. Niemals durfte man direkt von oben hineinhacken, denn dabei hätte man zu viele Erdäpfel beschädigt. Im Idealfall hat man die auf der schwarzen Erde liegenden gelben Knollen ein paar Stunden in der Sonne trocknen lassen, bevor man sie aufgelesen hat. Zum Aufsammeln hatte man drei Behälter parat. In den ersten Behälter wurden die „Esser", die Kartoffeln zum Verspeisen gegeben. Im zweiten sammelte man die „Gågeln", die kleinen, beschädigten und die etwas grün gefärbten Kartoffeln zum Verfüttern an die Schweine. Im dritten Gefäß wurden die „Soamer", die schönen, gesunden und mit vielen Augen versehenen Samenkartoffeln für die Stecklinge im nächsten Jahr gesammelt. Immer, wenn ein Gefäß voll war, hat man den Inhalt in einen am Ackerrand stehenden Rupfensack geschüttet. Die vollen Säcke wurden zugebunden und nach Hause in den Keller befördert. Bevor wir 1966 den ersten geländegängigen Transporter, einen Trojer aus Schlanders im Vinschgau bekamen, wurden die gefüllten Erdäpfelsäcke auf einem Heuschlitten auf aperem Grund von Brandegg nach Boden gezogen. Das nervige Quietschgeräusch, das die mit Stahlschienen beschlagenen Kufen beim Überfahren von steinigem Untergrund verursachten, mochte ich nicht.

Einer unserer Äcker wurde jedes Jahr im Fruchtfolgewechsel zu Kartoffeln, Hafer oder Gerste, mit „Buana", Bohnen bepflanzt. Diese auch als Sau-, Schwein- oder Pferdebohne bezeichnete, wenig frostempfindliche Hülsenfrucht gehörte in vielen Gegenden auf der ganzen Welt seit Jahrtausenden zu den Grundnahrungsmitteln.

Bereits zwei oder drei Wochen vor dem Erdäpfelstecken wurden die harten, getrockneten Bohnen vom Vorjahr im Wasserbad ein paar Tage lang aufgeweicht und in einem Abstand von ungefähr 20 x 20 Zentimeter in die gedüngte und frisch gelockerte Ackererde gelegt und mit solcher leicht bedeckt. Sobald die Pflänzchen ungefähr 5 bis 10 Zentimeter hoch waren, musste das Erdreich mit einer Haue gelockert und das auch schon kräftig gewachsene und reichlich vorhandene Unkraut beseitigt werden. Diese langweilige und bei uns Kindern nicht beliebte Tätigkeit nannte man „Buanapecken". Danach brauchten die Bohnenpflanzen, die im Laufe des Sommers gut 1,5 Meter hoch wurden, so gut wie keine Pflege mehr.

Immer wieder vorkommende Schneefälle im Sommer knickten die Bohnen, was sich bedauerlicherweise ertragsmindernd auswirkte. Wenn die Bohnenschoten gegen Herbst halbwegs ausgereift waren, ging man mehrmals wöchentlich zum Acker, pflückte ein paar Bohnen und kochte diese meistens gemeinsam mit Erdäpfeln. Den beim Kochen vernehmbaren besonderen Geruch habe ich noch heute in der Nase. Dieser beliebte Duft versprach, dass es bald ein gutes Abendessen mit etwas Butter und Milch geben würde. Das „Buanaessen", wobei die Bohnen aus dem in der Mitte des Tisches stehenden Kochtopfes entnommen und aus den Schoten geklaubt wurden, war ein beliebtes und geselliges Ereignis.

3.6 Heuen ohne Ende

Meist durchgehend von Ende Juni bis Ende September musste geheut werden, um für die Tiere genug Futter für den langen Winter zu haben. Kühe, Jungvieh und Schafe benötigten für die meist acht Monate dauernde Fütterungsperiode große Mengen an getrocknetem Gras. Die beim Füttern und im Stadel angefallenen Heureste, „Kluanig" genannt, wurden durch sieben in Fraktionen aufgeteilt. „Heublumen" und „Heustaub" hat meine Mama mit heißem Wasser, gekochten Erdäpfeln und Körnerfutter vermengt und den Schweinen und Hühnern verabreicht. Die Produktion von Milch, Butter, Schmalz, Graukäse, Fleisch, Speck, Hauswürsten, Eier und Wolle wurde durch das Universalfuttermittel Heu ermöglicht. Heu, das bedeutete Leben!

Jeder Bauer war daher aufs Äußerste bemüht, genügend gutes Heu in den Stadel zu bringen, denn dieses bildete die wesentliche indirekte Nahrungsmittelgrundlage zum Überleben der Menschen. Da mein Papa immer bestrebt war, Vollerwerbsbauer zu bleiben und nicht einem zusätzlichen Nebenverdienst nachzugehen, musste die Familie hauptsächlich aus den Erträgen des Bauernhofes ernährt werden. Somit stand das Heuen den ganzen Sommer lang absolut im Fokus unserer Familie.

Begonnen hat der schier nicht enden wollende Heumarathon meist Ende Juni oder Anfang Juli noch vor dem Beginn der Schulferien. Um nicht zu viel Heu auf den steilen Mähdern am Heuberg gewinnen und nicht mehr zu den kargen, weit entfernten Grasflächen hinaufsteigen zu müssen, mähte meine Familie, gemeinsam mit der von Onkel Anton, Felder und Wiesen in Elmen, in Reutte am Wolfsberg, in Wängle auf dem Weg zum Frauensee, in den Herzogwart-Mähdern, auf den Wiesen oberhalb der Bschlaberstraße vor dem Naturtunnel und im Gröben. Dabei handelte es sich um Grundstücke, die von den Eigentümern nicht mehr genutzt wurden und somit meist zinsfrei gepachtet werden konnten.

Auch wenn der Ertrag höher und die Arbeit auf den auswärtigen Grundstücken leichter war als auf den heimatlichen Bergwiesen, bedurfte es in Summe doch eines großen Aufwandes und vieler Umstände, um das vermeintlich einfach gewonnene Heu nach Hause zu bringen. Besonders der Transport mit den damaligen kleinen, schwachen und langsamen Fahrzeugen nahm viel Zeit in Anspruch. Oft war ein Gewitterregen schneller als unsere mit Vollgas fahrende Zugmaschine beim Zurücklegen einer 8 bis 35(!) Kilometer langen Fahrstrecke, die es zwischen Feld und Hof zu überwinden galt.

Im Anschluss oder meist noch neben dem auswärtigen Heueinbringen wurde damit auf den hofeigenen Feldern begonnen. Nach dem Mähen, egal ob mit der Sense oder später mit dem Motormäher, mussten die Mahden mit der Heugabel „gerodet" werden. So nannte man das zeitaufwendige, gleichmäßige Verteilen, das Verzetteln des Grases auf der gesamten zur Verfügung stehenden Fläche. Nur auf wenigen sonnigen Hängen wurde das Gras am Boden liegend unter ein- oder mehrmaligem Wenden („Umkearå") ausreichend dürr, um eingebracht zu werden.

Mama und meine Schwester Rosi beim Huanzå in Pfafflar

Vorwiegend jedoch mussten die fetten Kräuter und Gräser zum Trocknen mit der Gabel auf Heinzen gehängt werden. Diese aus einem Holzpfahl mit drei Querhölzern bestehenden „Huanzå", im Inntal in etwas größerer Ausführung auch „Stanger" genannt, mussten fest in den Grund gesteckt werden, damit sie mit der Last von nassem Gras stürmischen Windböen standhalten konnten. Das Verteilen dieser sperrigen und unhandlichen Holzgestelle auf dem Feld, das „Huanzå-Zetteln" war eine Aufgabe die wir als Kinder nicht mochten, aber dennoch erledigen mussten.

Später habe meistens ich das „Huanzå-Stoaßå", das In-den-Boden-Stecken der Heinzen übernommen. Dabei hat man mit der „Huanzå-Stackl" ein Loch in das Erdreich gemacht, den „Huanzå" hineingesteckt und ihn festgeklopft. Die dafür verwendete „Stackl" aus Stahl hatte eine verdickte Spitze und direkt unterhalb des Handgriffes einen angeschweißten Teller, mit dem der Heinzen in den Boden geschlagen wurde. Oft bedurfte es mehrerer Versuche bis es gelang, zwischen den unter der Grasnarbe verborgenen Steinen und Felsen ein brauchbares Loch in die Erde zu machen. Traf man mit der Stackl, die man mit voller Wucht in den harten Boden rammte, anstatt ins Erdreich auf einen Felsen, dann spürte man vom Handgelenk bis zur Schulter ein schmerzhaftes Prellen. Es war mein Ehrgeiz für die Familie und eventuelle freiwillige Helfer, die uns immer sehr willkommen waren, laufend ausreichend Heinzen zum Aufhängen von Gras vorbereitet zu haben.

Zum Trockenwerden auf den Heinzen benötigte das Gras in Abhängigkeit von Wetterlage, Niederschlag, Temperatur, Luftfeuchtigkeit und Wind normalerweise zwischen fünf Tagen und drei Wochen. Einmal jedoch haben wir am 28. August das Grummet in der Fasche, das ist das Feld nördlich der Kirche in Boden, gemäht und das Gras auf Heinzen gehängt. Erst am 10. Oktober, 43 Tage später, konnte an Tabak erinnerndes Heu an einem schönen Herbsttag „angezettelt", das heißt auf dem Feld zum Austrocknen der Restfeuchtigkeit verteilt und am Nachmittag endlich in den Stadel gebracht werden.

Die Heuarbeit, vor allem aber das Hantieren mit der Stackl beim Stecken von mehr als 4 000 gezählten Heinzen in einer Saison und den bei unzähligen Fehlversuchen erlittenen Armprellungen haben bei mir in der rechten Schulter starke Schmerzen verursacht, deren Heilung einmal drei Jahre in Anspruch nahm.

Mama beim Huanzå-Anzetteln in Pfafflar

In den ersten Jahren, an die ich mich erinnern kann, wurde das meiste Heu auch in Hofnähe mit sogenannten Schochen (eine mit dem Tragseil zusammengebundene Heumenge) auf dem Rücken in die verschiedenen Stadel getragen. Diese Art der Heueinbringung war eine alternativlose Notwendigkeit. Nur etwas Heu von den wenigen ebenen Feldern, die man in Boden hatte, wurde auf einem von einer Kuh oder einer Kalbin gezogenen Leiterwagen eingefahren. Doch schon bald gab es die ersten einfachen Zugmaschinen, die aber nur im flachen Gelände etwas Erleichterung brachten. Mit dem allradgetriebenen Schlepper konnte ab 1966 auch Heu von etwas steileren Wiesen geholt werden. Seit dem Sommer 1982 erfolgt die Heueinbringung mit einem Ladewagen, der auf dem Lindner Transporter T 3 500 aufgebaut ist.

Trotz des Einsatzes von Motormäher, Heuraupe und Ladewagen waren einige steile oder steinige Felder ausschließlich mit Handarbeit, mit Sense, Gabel, Rechen und dem Tragen von Schochen zu bewirtschaften.

Die Voraussetzung für den Einsatz von Maschinen und Geräten wurde erst durch die 1956, im Jahr meiner Geburt, begonnene Grundzusammenlegung möglich. Vor dieser Flurbereinigung, die vom Amt der Tiroler Landesregierung durchgeführt wurde, waren einzelne Grundparzellen wegen der in der Vergangenheit häufig durchgeführten Realteilungen derart klein, wahllos zerstreut und auf öffentlichen Wegen nicht erreichbar, dass an die Verwendung von Maschinen nicht zu denken war. Das kleinste meinem Papa gehörende Grundstück in der Anlage, dem flachen Feld bei Boden, war gerade so groß, dass man das Heu der dort stehenden Heinzen mit einem einzigen Schochen nach Hause tragen konnte.

Im Zuge der Grundzusammenlegung wurden auch einfache Fahrwege errichtet, wodurch alle neuen Parzellen eine Zufahrt bekamen. Der Bau der Hahntennjochstraße ab dem Jahre 1960 ermöglichte es, dass auch Felder und Wiesen in Brandegg, Unterhaus, Ebele und Haag mit Fahrzeugen erreicht werden konnten. Weil sich so mancher Grundbesitzer durch das Zusammenlegen vieler kleiner Flächen zu großen Parzellen benachteiligt fühlte, gab es jahrelange Diskussionen und Streitigkeiten, bevor ein halbwegs friedlicher Abschluss dieser unentbehrlichen Maßnahme möglich war.

In Bschlabs war die Flurbereinigung seit mehr als dreißig Jahren im Gange und die neuen Parzellen wurden bereits seit Jahren von den neuen Eigentümern genutzt, aber ein rechtskräftiger Abschluss war noch ausständig. Nachdem ich als neuer Bürgermeister in der ersten Hälfte der 1990er-Jahre von einem Bauern beauftragt wurde, bei der Landesregierung auf das längst überfällige Zu-Ende-Bringen zu drängen, bekam ich vom zuständigen, genervt wirkenden Beamten im Landhaus die Antwort: „Ich fahre alle zwei Jahre nach Bschlabs und erst wenn ich auf den Inschriften der Kreuze auf dem Friedhof bestimmte Namen lese, werde ich diesen Jahrzehnte andauernden Prozess beenden."

3.6.1 Bergheu (Beargha)

Auf jenen Bergmähdern, die man im Sommer mähen wollte, musste im Frühjahr, möglichst bevor das Gras zu wachsen begann, der Lawinenunrat wie Steine, Erdreich und Rasenstücke beseitigt werden. Diese zwei bis drei

Tage beanspruchende Tätigkeit nannte man „Beargrau-
må" (Bergräumen).

Nachdem das „Huamha", der erste Schnitt, auf den
auswärtigen Feldern, sowie in Boden, Brandegg, und
Pfafflar eingebracht war, ging es für mehrere Wochen auf
die Bergwiesen, die sich an den steilen, nach Süden gerichteten Hängen am Habartkamm, zwischen der Wald-
beziehungsweise der Latschenzone und den Graten befanden. Sie erstreckten sich vom Ahörnle oberhalb von
Boden bis zum Sågejoch oberhalb vom Hahntennjoch.
In den ersten Jahren, an die ich mich in der Kindheit erinnern kann, gingen noch alle Bauern aus dem Dorf auf
die Bergmähder, um Heu zu machen. Anton Friedl, Boden 34; Gebhard, Wendelin und Agnes Perl aus dem Hof
Boden 32; Helmut, Leo und Maria Lechleitner, Boden 35;
Karl, Paula und Erika Prem, Boden 31; Josef, Anna und
Ida-Maria Reinstadler, Boden 28; Benedikt, Hedwig und
Mathilde Perl, Boden 35; Michael und Hilde Perl, Boden
24; Martin, Elsa und Hermann Friedl, Boden 23; und natürlich meine Familie aus Boden 27, waren am Heuberg
auf den jeweils ihnen gehörenden Mähdern beschäftigt.

Im Laufe der Zeit gab ein Bauer nach dem anderen die
mühsame Heugewinnung auf den Bergwiesen auf, sodass
unsere Familie bald die Einzige war, die diese Jahrhunderte lange Notwendigkeit zum Überleben noch mehrere
Sommer lang allein weiterführte. Weil von den anderen
nicht mehr benötigt, durften wir immer mehr niedrigere und günstiger positionierte Wiesen bewirtschaften
und mussten nicht mehr zu unseren sehr hoch gelegenen und weit entfernten Grundstücken hinaufsteigen.
Bis zum Jahr 1982 sind wir regelmäßig zum Bergheuen
hinaufgestiegen und im Jahr 1984 war unsere Familie

die letzte von vielen Generationen, die unserem Heuberg ein paar wertvolle Gräser abgerungen hat.

Die Grundstücksgrenzen der Bergmähder waren durch „Marchgräser" erkenntlich. Diese deutlich sichtbaren, aus Graswülsten bestehenden Linien sind im Laufe der Zeit dadurch entstanden, weil man an den Grundgrenzen immer einen circa 15 Zentimeter breiten Streifen nicht gemäht hatte. Das in diesem üppig wachsende und im Herbst abgestorbene Gras bildete im Laufe der Zeit einen Humuswulst, der auch nach den Lawinenabgängen erkennbar bleibt. Marchsteine oder Pfähle zur Kennzeichnung der Eigentumsgrenzen hätten die Lawinen mitgerissen. Selbst nach dem Ende der Bewirtschaftung blieben diese effizienten Grenzmarkierungslinien auf den Bergwiesen noch viele Jahre lang auch vom Tal aus sichtbar.

Auch wenn man jeden Sommer auf den Berg ging, um Heu zu machen, mähte man die einzelnen Bergmähder in der Regel nur alle zwei Jahre. Weil man diese kargen Wiesen nicht mit Mist düngen konnte, versorgte das nicht geerntete Gras jedes zweite Jahr die mageren Böden mit Nährstoffen. Hätte man die gleichen Flächen jedes Jahr gemäht, wäre der Ertrag unter ein rentables Minimum gesunken.

Gemäht wurde auf den Bergwiesen ausschließlich mit der Sense, meistens in der Früh oder am Vormittag, solange das Gras noch feucht war, oder an Regentagen. Gras bei Trockenheit zu mähen war trotz gekonnter Mähtechnik viel mühsamer und wurde so gut es ging vermieden. Eine gute Schneide zu haben war absolut wesentlich, um effizient zu sein und sich nicht zu sehr plagen zu müssen. Das Beherrschen einer guten Wetztechnik mit einem Mailänder Wetzstein, der im wassergefüllten,

hölzernen Behälter (Kumpf), am Hüftgürtel (der Hosen-
gürtel war dazu nicht geeignet) hinter dem Allerwertes-
ten hängend, mitgetragen wurde, war Voraussetzung für
das perfekte Schärfen der Sensen.

*Papa beim Dengeln der Sense (Foto: Familienarchiv
Friedl)*

Alle ein bis zwei Stunden wurden die Sensen mit unserem Stubai-Dengelbock gedengelt. Dieses auf einer recht unhandlichen Holzbank befestigte Gerät musste von uns Kindern schon in jüngsten Jahren laufend nachgetragen werden, damit der Papa möglichst ohne Zeitverlust Mamas und seine Sense wieder schärfen konnte. Manch anderer Bauer hat damals die Sense noch mit Hammer und Amboss, der in einen Holzklotz eingeschlagen war, gedengelt. Das diese Tätigkeit verursachende Klopfen war weithin zu hören und war manches Mal Anlass zu einer zynischen Bemerkung, dass dieser Bauer heute keine gute Schneid hätte und daher besonders oft dengeln müsse.

Die Bergmähder wurden in horizontalen, immer höher steigenden Zeilen von rechts nach links gemäht. Die Grasmahden hat man beim Zurückgehen mit dem Sensenrücken gerodet. Roden nannte man das möglichst gleichmäßige Verteilen des Grases auf der ganzen Fläche, um rasches Trocknen zu ermöglichen.

Effizientes Mähen, Wetzen und Dengeln habe auch ich noch von Grund auf erlernen und viele Jahre hindurch ausführen müssen.

Ein aus dreieckigen Planen zusammengeknüpftes, altes Militärzelt, das mein Großonkel Gottlieb aus dem Ersten Weltkrieg mitgebracht hatte, diente der Familie während der Heuernte auf den Bergwiesen viele Jahrzehnte lang zum Schutz vor Regen und Wind. Auch die Marende, Regenmäntel und Jacken sowie die Arbeitsgeräte wurden in dieses eingelagert. Möglichst trockenes Heu verwendete man im Zelt als Sitz- und Liegeunterlage, wenn ein Gewitter oder ein Regenschauer abgewartet werden musste. Ebenso verzog man sich bei kühlem, windigem Wetter zum Marenden in die schützende Behausung.

Noch gut erinnern kann ich mich an die angsteinflößenden Geräusche, als Starkregen und Hagelkörner an die Zeltplanen prasselten und diese im Gewittersturm so heftig flatterten, dass Papa den hölzernen, in der Mitte stehenden Zeltmast mit beiden Händen festhalten musste. Laufend zuckten helle, auch im Zelt wahrnehmbare Blitze, deren furchterregende Donnerschläge sich nahezu pausenlos überlagerten. Unserem Papa und dem lieben Gott vertrauend saßen wir, meine Eltern, Bruno, Rosi, Markus und ich, dicht beieinander und warteten sehnsüchtig auf das Ende dieses Infernos.

Unsere nützliche, Geborgenheit vermittelnde Unterkunft wurde während der ganzen Heuperiode auf dem Berg von Station zu Station weitergetragen und meist in der Nähe des jeweiligen Schoberplatzes aufgestellt. Gab es in meinen frühen Kinderjahren noch zehn bis zwölf verschiedene, über den gesamten Heuberg verteilte Plätze, an denen wir Mähder bewirtschafteten und Schober errichteten, waren es später noch sechs bis acht und zuletzt, Anfang der 1980er-Jahre, nur noch drei bis vier. (Bill, Stock, Stöckle, Brandle, Huarig, Wånne, Pleis, Kehle, Spitzbichl, Stroaf, Hühnerspiel, Garten, Marchstein, Blattjoch und Såge nannte man die einzelnen Stationen)

Vom Papa wurden wir immer wieder ermahnt und angewiesen, Kleidungsstücke, Rucksack oder Heu im Zelt vor dem Aufheben sorgfältig auszuschütteln, um einen Biss durch eine Kreuzotter (19.5) zu vermeiden. Auch im Freien musste man bei allen Tätigkeiten ständig auf diese Schlangen achten. Die zur Gattung der Vipern gehörenden, auf dem Rücken mit einem Zick-Zack-Muster gezeichneten Giftschlangen begegneten uns nicht nur auf den Feldern bei Pfafflar, sondern auch auf den Weiden und ganz besonders beim Bergheuen. Es gab sie in den verschiedensten Braun-, Beige- und Grautönen bis gänzlich schwarz sowie auch kupferfarbig. Sie wurden von unserer Familie sehr gefürchtet, weil mein Großonkel Theodor als Jugendlicher beim Barfußgehen mangels Schuhen innerhalb von drei Wochen zweimal von einer solchen gebissen wurde und daran gestorben ist. Auch Onkel Anton wurde beim Zäunen im Frühjahr und Onkel Alois (der Bruder meiner Mama und mein Firmpate aus Bschlabs), beim Heuen von einer Kreuzotter gebissen. Beide erzählten, dass ihnen einige Zeit nach dem Biss schwarz vor den Augen wurde. Anton wurde von Helmut zum Doktor Bauer nach Elbigenalp gebracht, Alois erholte sich nach körperlicher Schonung ohne ärztliche Behandlung.

Damals wurde noch jede Kreuzotter, der man begegnete und die nicht rasch genug flüchten konnte, erschlagen. Heutzutage stehen diese sehr scheuen Reptilien unter Naturschutz und werden von allen mir bekannten Menschen nicht mehr verfolgt.

Da ich Schlangen überhaupt nicht mag, sehe ich diese zum Glück nur noch selten, obwohl ich recht oft auch im von Schlangen bevorzugten Gelände unterwegs bin. Mit etwas Vorsicht und Aufmerksamkeit besteht nur eine sehr geringe Gefahr, von einer Kreuzotter gebissen zu werden.

Als ich mit zwölf Jahren, am Morgen des 22. Augustes 1968, beim Beladen unseres Autos die aufgeregten Diskussionen von Einheimischen und Gästen über den Einmarsch der russischen Truppen in die Tschechoslowakei mitbekam, machte ich mir große Sorgen. Ich höre noch heute einen vor unserem Haus stehenden Mann sagen: „Gestern Prag – heute Wien!" Gleich danach brachte ich Mama und meine Geschwister mit unserem Wirtschaftsauto nach Pfafflar und wir stiegen zum „Stöckle" auf den Heuberg hinauf, wo Papa bereits viel gemäht hatte. Den ganzen Tag hatte ich Angst und immense Bedenken, am Abend hören zu müssen, dass die Russen nun auch in Österreich einmarschiert sind. Zum Glück und zu meiner großen Erleichterung war es dann doch nicht so und wir durften weiterhin in einem freien Land leben und zufrieden arbeiten.

Beim Zusammenrechen des getrockneten Grases mussten wir Kinder schon sehr früh tatkräftig mithelfen. Dabei wurde vor allem von Mama sehr darauf geachtet, dass wir sehr sauber rechen und möglichst nichts vom wertvollen Heu liegen lassen, so ihre immer wieder ermahnenden Worte. Jeder Grashalm war kostbar! Die angesammelten „Heuwuzeln" wurden mit dem Rechen zu „Rechenschlägen" gebündelt und auf zwei ausgelegte Seilstränge, das „Tragseil" gelegt. Um das Verrutschen der Seilstränge beim Beladen zu vermeiden, hat man den in der Seilmitte des Tragseiles fest eingeknüpften „Spålen", den hölzernen, mit einer Ausnehmung und einer Spitze versehenen Seilverschluss, in den Boden gesteckt. Von diesem Fixpunkt ausgehend konnte man die beiden einen halben Meter A-förmig auseinander verlaufenden Seilstränge circa 2,5 Meter nach unten strecken. Durch das bewusste zentrierte Auflegen und gekonnte Zusammenbinden von mehreren „Rechenschlägen" (mit dem Rechen hergestellte, kompakte, handliche Heupakete mit längs gerichteten Gräsern und Kräutern) entstand ein „Schochen".

Mein Bruder Bruno und mein Papa beim
Schochentragen am Heuberg 1962 (Foto:
Familienarchiv Friedl)

Mit einem speziellen im „Spålen" gelegten Reibungsknoten konnte der Schochen sehr schnell gebunden und auch wieder geöffnet werden. In eher seltenen Fällen konnte man die Schochen in der Falllinie zum „Schoberstall" (Schoberplatz) hinunterziehen. Meist aber mussten die straff gebundenen Schochen auf Kopf, Schultern und Rücken ruhend, zu den „Schoberställen" getragen werden. Damit der Druck auf den Kopf des meist zwischen 60 bis 90 Kilogramm(!)

schweren Heubündels nicht zu groß war, formte man vor dem Aufnehmen eine Ausnehmung, ein „Kopfloch", ins Heu. Zum Schutz vor Heustaub, juckenden Heublumen und Kratzern zog man ein Kopftuch über, bevor man seinen Kopf in diese Heumulde steckte und die oft grenzwertig schwere Heuansammlung mit Hilfe einer zweiten Person behutsam auf die Schultern und den Rücken rollte. Dabei war es wichtig, den Schochen erst kniend auszubalancieren und danach vorsichtig aufzustehen. Im steilen Gelände war das Aufnehmen einfacher als im Flachen.

In ungünstigen Lagen hatte man mit der schweren Heulast auf dem Rücken, mit Steigeisen an den Schuhen und manches Mal auch mit einem Bergstock in einer Hand einen weiten Weg bis zum lawinensicheren Schoberplatz zu überwinden. Erfahrene Heuträger waren imstande, den Schochen derart perfekt auszubalancieren, dass sie diesen nicht festhalten mussten und die Hände frei hatten, um eventuell noch einen Rechen mitzutragen oder auch einen Bergstock zum sicheren Gehen verwenden zu können. Die Belastung für den Rücken und die Fußgelenke beim Überwinden und Queren der abschüssigen Hänge war enorm. Ein Ausrutscher musste in jedem Fall vermieden werden, denn das hätte eine ernsthafte Verletzung und den Absturz des Schochens zur Folge haben können. Bei großer Sommerhitze und Windstille hatte man das Gefühl, mit dem tief im Schochen steckenden Kopf und durch das vor dem Gesicht hängende, würzig riechende Heu, nur wenig Luft zu bekommen und wenn man dann noch aufwärts tragen musste, kam der Kreislauf an die absolute Belastungsgrenze. Das häufige Tragen von Heu und sonstigen schweren Gütern formte bei vielen Bauern eine gekrümmte Wirbelsäule.

Viele trübe Regentage, die es im Nordstau der Lechtaler Alpen häufig gab, verbrachte man mit Mähen. Kam dann endlich eine längst herbeigesehnte Schönwetterperiode, musste diese Chance um jeden Preis genutzt werden. Der morgendliche Aufstieg auf den Berg, das tagesfüllende, lückenlose, harte Arbeiten sowie am Abend das Hinuntereilen nach Pfafflar, um die vom Hirten zurückgebrachten Kühe rechtzeitig im Stall anzuketten und von Hand zu melken, führte immer wieder zur totalen körperlichen Ermüdung, teilweise zur völligen Erschöpfung.

Nichts mehr in meinem weiteren Leben, nicht den Hausbau, nicht das Holzen, nicht die langen Märsche beim Bundesheer, keine Berg- oder Schitour und auch kein Erklimmen von Viertausendern in den Westalpen empfand ich nur annähernd so anstrengend wie das Überstehen einer intensiven Heuperiode!

Auf den Schoberställen hat man mit ausgelegten Latschenzweigen verhindert, dass die Bodenfeuchtigkeit ins Heu eindringen kann. Das Hacken der dafür benötigten Latschen mit einer kleinen Axt, einem „Peichel", und das oft beschwerliche Heran- oder Herauftragen der Latschenbündel war auch meist die Aufgabe von uns Kindern. Neben Spitz- und Dachschober (19.6) errichtete man für größere Heumengen stabile „Säulenschober". Dabei wurde das Heu zwischen vier geschlitzten, im Abstand von circa 1,7 x 1,7 Metern quadratisch angeordneten und in den Boden eingegrabenen Holzsäulen eingelagert. Das Dach bestand aus Deck- und Kluftbrettern, die mit gehobelten Wasserrillen versehen waren. Diese wurden auf die sogenannten säulenverbindenden Zangen aufgelegt, die in den Schlitzen der Säulen höhenverstellbar waren und somit der jeweiligen Heustockhöhe angepasst werden konnten. Die gewünschte Dachneigung und das jeweils ideale Dachniveau, das sich aus der Füllhöhe und der Setzbewegung des Heues ergab, wurden mittels Holzsstiften in den mit Bohrungen versehenen Säulen fixiert. An günstig gelegenen und exponierten Geländerücken, auf denen die Schober von mehreren Bauern meist standen, war zwar die Lawinengefahr geringer, aber Sturmböen konnten dort umso heftiger angreifen. Daher wurde das Bretterdach mit mehreren Steinen beschwert.

Eine bedrohlich herannahende Gewitterfront veranlasste uns beim Einbringen von schönem Heu am Joch auf 2 100 Meter Höhe und dem Errichten des Schobers beim Marchstein, so heißt der markante, auch vom Tal aus erkennbare Felsenzacken in der Nähe des Grates am Habart, zu hektischem Werkeln. Windböen haben meine zweijährige Schwester Rosi in ihrem luftigen Kleidchen immer wieder in Richtung der steilen Abgründe bei den Gartenköpfen geblasen. Da das zarte Mädchen Papas Anweisung nicht befolgte und nicht in der geschützten Mulde sitzen blieb, wurde sie mit dem Reserveheuseil an einer Säule des Schobers mit nur kurzer Laufleine festgebunden. Auch das herangetragene Heu wurde von Papa mit Brettern und Steinen beschwert und somit vor dem Fortgeblasen-Werden bewahrt.

Als ich mit circa 14 Jahren mitten im Sommer an Windpocken, auch „Schafblattern" genannt, erkrankte, mein ganzer Körper von roten Punkten übersät war, durfte und konnte ich nicht daheimbleiben, weil sehr schönes Wetter war und es sehr viel Heu auf den Bergwiesen zum Einbringen gab. Zuerst brachte ich meine Familie mit dem Auto nach

Pfafflar. Nur ganz langsam und mühsam schaffte ich an diesem Tag den Aufstieg mit Mama, Rosi und Markus zur „Kehle", hoch über Pfafflar. Dort endlich angekommen, bemerkte mein Papa, dass ich heute wirklich nicht fähig war, am bevorstehenden harten Heutag eine Hilfe zu sein. Er schickte mich daher auf das Hahntennjoch, um das Jungvieh zu hüten. Ich sollte dort meinen Bruder Bruno ablösen, der an diesem Tag für diese Tätigkeit eingeteilt war.

So ging ich langsam von der „Kehle" über den „Spitzbichl", querte die Mähder im „Lahner" und das „Lahnertal", folgte danach dem „Lahnersteig" bis „Guglatsch". Nach dem Weg durch die Lichtungen in den Latschenfeldern erreichte ich den „Kreuzbrunnen" und schon bald danach das Hahntennjoch.

Als ich Bruno in der primitiven Hirtenhütte, einer von uns selbst gezimmerten Bretterbude, mit meinem Auftrag überraschte, war er ganz und gar nicht erfreut. Dennoch ging er nach etwas Murren und Schimpfen den langen Weg zurück, auf dem ich gekommen war, und half den ganzen Tag beim Heuen. Während das Jungvieh an diesem schönen Tag sehr ruhig war und lange Zeit in der Sonne lag, konnte ich mich an einer schattigen Stelle hinter Latschen auf einem Lodenmantel liegend schonen, auch wenn meine Haut dabei fast unerträglich juckte.

Nach dem Bergheuen, meist zu Schulbeginn im September, war es höchste Zeit, das Grummet, den zweiten Schnitt, auf den Feldern in Dorfnähe einzubringen. Um das am Boden liegende Grummet in den bereits länger gewordenen, kühleren Nächten nicht zu sehr der Feuchtigkeit durch Taubildung auszusetzen, wurde es rechtzeitig vor Sonnenuntergang „gewuzelt". Mit schlangenförmigen Heustreifen verzierte Felder boten einen besonderen Anblick. Die mit dem Rechen gebildeten Mahden wurden am nächsten Tag, nachdem der Boden wieder trocken war, mit der Gabel auseinandergebreitet. Sonnenschein und etwas Wind waren die besten Helfer beim Trocken. Die alten Bauern hörte ich immer wieder sagen: „Heuen tut's Wetter, die Leute helfen nur mit!"

Wegen der aufwendigen Futterbeschaffungsarbeiten gab es bei schönem Wetter den gesamten Sommer lang niemals einen freien Tag.

In meinen jungen Jahren, zumindest bis zum Ende der Schulpflicht, war ich daher äußerst froh, wenn die mühsame, anstrengende, drei Monate lang durchgehende – manches Mal nahezu unerträgliche – Beschäftigung mit dem Heu endlich zu Ende war. Je älter ich wurde, desto besser hat mir diese Tätigkeit gefallen. Irgendwann ist der „Heusinn" meiner Eltern auf mich übergesprungen und auch ich sah an schönen, trockenen Tagen beim Einbringen von gutem, duftendem Heu eine Tätigkeit, die so erfüllend und zufriedenstellend ist wie keine andere Arbeit. Voller Motivation entwickelte ich dabei höchstmöglichen Tatendrang und Einsatzfreude. Das hatte zur Folge, dass ich auch nach Jahrzehnten immer noch ein unbehagliches Gefühl, ein schlechtes Gewissen bekomme, wenn ich im Sommer bei trockenem Wetter nicht im Heu sein kann. Nur das Besteigen hoher, interessanter Berge ist imstande, mich davon abzulenken.

Die Heugewinnung als jahrhundertelange Überlebensgrundlage der Vorfahren ist auch in mein Innerstes – in jede Zelle meines Körpers – vorgedrungen. Das wird wohl der Grund dafür sein, dass ich bisher ohne Unterbrechung mehr als sechzig Sommer lang – so gut es irgendwie ging – immer beim Heuen mitgeholfen habe.

3.6.2 Heuziehen (Haziacha)

Nachdem der sich Sommer für Sommer wiederholende Heumarathon endlich ein Ende hatte und die Kartoffeln („Eardepfl") im Keller waren, begann man an schönen Herbsttagen mit dem Heuziehen, dem „Haziachâ". Da während der Ernte – wegen Platzmangels und zu großer Entfernung – nur eine kleine Teilmenge des benötigen Heufutters in den Städeln bei den Höfen eingelagert werden konnte, mussten im Herbst und Winter große Mengen an Heu von den Feldstädeln, „Billen" und Schobern zum Hof gebracht werden. In Abhängigkeit von Lage und Lawinengefährdung des externen Heuvorrates sowie unter Berücksichtigung des aktuellen Bedarfes und des verfügbaren Lagerplatzes am Hof, erstreckte sich die Tätigkeit des Heuziehens über mehrere Monate, meist von Anfang Oktober bis Ende März.

Papa beim Aufstieg mit den „Hilfsmitteln" zum Heuziehen

Papa beim Heuziehen

Zum Heuziehen wurde das Heu mit speziellen Heuzieherseilen nach einem ausgeklügelten System zu „Bürd" („Burd" = Einzahl, „Bürd" = Mehrzahl) zusammengebunden und diese meist mehr als 100 Kilogramm schweren Heubündel über goldbraune Wiesen oder bereits auf Schnee nach unten in die Städel gezogen. Zum effizienten Hinunterziehen erstellte man eine Kombination von zwei Bürd, wobei die hintere Burd huckepack zur Hälfte auf die vordere aufgelegt und festgebunden wurde. Um den Verlust von wertvollem Heu und den Verschleiß der Bindeseile zu vermeiden, hat man bei der hinteren Burd im Bereich ihrer Auflagefläche Latschenzweige ins Heu eingebunden. Hatte man im Schnee ein schönes, gängiges „Haries", so nannte man die präparierte Bahn zum Heuziehen, dann konnte man im ideal geneigten Gelände auch mehrere solcher Kombinationen zusammenhängen und mit einer ganzen Burd-Kolonne große Mengen an Heu auf einmal Richtung Tal bewegen. Zum erforderlichen Bremsen eines derartigen Gespanns steckte man einen starken, mit einer Stahlspitze versehenen Bergstock an der Vorderseite der ersten Burd schräg durch das Heu Richtung Untergrund. Mit mehr oder weniger Druck auf diesen Stock konnte man die Geschwindigkeit zumindest ein wenig dosieren. Selbst erlebt und gut funktioniert haben solche Herausforderungen beim Heuziehen vom Bill mit dem Heu der „Stockmähder" nach Boden, sowie vom „Hühnerspiel" und von der „Pleis" Richtung Pfafflar herunter. Das Heu eines kompletten Schobers ergab zwischen 6 und 12 Bürd. Diese zu binden und nach Hause zu befördern war meist eine tagesfüllende Aufgabe und bedurfte öfters der Mithilfe von Nachbarn.

Zum Transportieren einer Burd im flachen Gelände musste diese auf einen Heuschlitten geladen werden. Mittels einer gekonnten Kipp-Schwung-Technik war es sogar einer Einzelperson möglich, auch eine deutlich mehr als 100 Kilogramm schwere Burd allein auf den Schlitten zu bringen.

Ganz besonders fasziniert hat mich das Herunterlassen der Bürd über die Heuseile. Bei dieser aufregenden Tätigkeit musste ich einfach immer dabei sein. Da das Heuziehen vor allem von den hinteren, Richtung Hahntennjoch liegenden Bergwiesen sehr aufwendig und mühsam war, hat man zur Erleichterung dieser Arbeit in den Jahren 1957 und 1958 vier circa 12 Millimeter dicke, talüberspannende und mehrere Hundert Höhenmeter überwindende Drahtseile gespannt. Das erste Seil überbrückte die Strecke vom „Streif" zum spitzigen Stein am „Hinterfeld", das zweite verlief von den „Garten" zum „Oberebele", das dritte vom „Goasgstell" und das vierte vom „Blattjoch", jeweils zum „Sumpfegg". Wie mein Papa öfters erzählte, mussten beim Aufziehen der Seile durch unwegsames, teilweise felsdurchsetztes Gelände und nahezu undurchdringliche Latschenfelder alle verfügbaren Kräfte im Dorf mithelfen. Teilweise konnte zur Erleichterung eine mit einem luftgekühlten Benzinmotor angetriebene Seilwinde verwendet werden. Aber auch diese musste vor ihrer Verwendung beschwerlich zu ihren Einsatzorten hinaufgeschleppt werden.

Die am Schoberplatz „gefassten" Bürd – „Bürd fassen" nannte man das Zusammenbinden des Heus zu transportablen, gut 100 Kilogramm schweren Heubündeln – wurden mit speziellen Haken am Drahtseil eingehängt und glitten dann in schneller Fahrt mit einem markanten, surrend-heulenden Geräusch zur talseitigen Seilverankerung. Im Normalfall verwendete man für jede Burd zwei Haken, vorne einen aus Stahl, einen „Eisenhoangå" und hinten einen Bremshaken aus Holz, einen „Holzhoangå". Wenn der „Holzhoangå" zu stark bremste, blieb die Burd am Seil stecken, was vor allem am eher flachen „Blattjochseil" öfters der Fall war. Zum Weiterbefördern einer hängen gebliebenen Burd wurde eine zweite, wenn nötig auch eine dritte, an schnelleren Haken hängende, nachgeschickt. Die nachfolgende Burd prallte mit voller Wucht und großer Heustaubaufwirbelung auf die Steckengebliebene. Meistens haben dann zwei oder drei Heugebilde die Talstation gemeinsam erreicht. Um das Hängenbleiben grundsätzlich zu vermeiden, hat man am „Blattjoch" gleich zwei Eisenhoangå, oder sogar eine Rolle in Kombination mit einem Eisenhoangå verwendet. Zu schnell durfte eine Burd aber auch nicht werden, weil sie dann am talseitigen Sockel zerschellte und wertvolles Heu verloren ging. Für den weiteren, mehrere Kilometer langen Transport vom „Sumpfegg" nach Pfafflar oder Boden musste immer wieder einmal eine beschädigte Burd neu gebunden werden.

Seile, Hoangå, Rollen, Seilbahnen, Räder und Fahrzeuge aller Art haben mich als Kind ganz besonders fasziniert und in ihren Bann gezogen. Oft haben wir, meine Brüder und ich, weil es kein gekauftes Spielzeug gab, mit einfachsten Mitteln versucht Heuseile, Seilbahnen und sonstige Karren selbst zu bauen und damit zu spielen.

Den Vorteil der mit großem Aufwand errichteten Heuseile hat man nur circa 15 bis zwanzig Jahre lang genutzt. Besonders das harte, aufwendige Bewirtschaften der weit entfernten und hoch liegenden Bergmähder, für welche die große Erleichterung bringenden Heuseile gespannt wurden, hat man nach und nach und in den 1970er-Jahren gänzlich aufgelassen.

Weil die vier das Hahntennental überspannende Stahlseile gefährliche Flughindernisse darstellten und nicht mehr gebraucht wurden, mussten diese abgetragen werden. Um das „Stroafseil", das letzte Heuseil, auf unserem Heuberg zu entfernen, bin ich am 22. August 1979 mit einer Eisensäge im Rucksack aufgestiegen, um das schon etwas rostige Drahtseil möglichst nahe der bergseitigen Verankerung durchzuschneiden. Mit einem leisen Zischgeräusch schnellte das Seil Richtung Tal. Dort haben Gebhard Perl (6.3), mein Papa, mein Bruder Markus und ich es dann zu einem Ring aufgerollt und für einen eventuellen sonstigen Gebrauch gelagert.

Die mehrere Jahrhunderte andauernde und zur wesentlichen Lebensgrundlage des Tales gehörende Epoche, wo jeden Sommer auf den steilen Südhängen von Ahörnle, Habart, Goasgstell, Hochpleis, Blattjoch und Sågenjoch große Mengen an duftendem Heu aus wertvollen Gräsern, Kräutern und vielen bunten Blumen gewonnen wurde, war somit fast zu Ende. Nur noch ein paar Jahre lang hat unsere Familie Bergwiesen in Talnähe weiter bewirtschaftet, wofür man kein, mich immer faszinierendes Heuseil mehr brauchte.

3.7 Der Herbst in Pfafflar

Die Bewohner, die seit der Besiedelung in den drei Weilern Haag, Ebele und Unterhaus wohnten, zogen im Laufe der Zeit in den um 200 bis 250 Meter tiefer liegenden Ort Boden hinunter, wo die klimatischen Verhältnisse etwas besser waren und sich das ganzjährige Überleben ein wenig einfacher gestaltete als in den primitiven Holzbauten in Pfafflar.

Im Herbst 1894 verließen die letzten zwei Familien den Weiler Unterhaus; somit war Pfafflar als Dauersiedlung aufgelassen. In den folgenden hundert Jahren zogen die Bauern von Boden, jeweils im Sommer und Herbst wieder in die im Winter verlassenen Objekte hinauf, weil die wesentlichen Weiden, Felder und Bergwiesen von dort aus leichter zu bewirtschaften waren.

Diese von meinem Papa als aufwendig und umständlich bezeichnete „doppelte Wirtschaft" musste auch unsere Familie führen, weil es dazu keine praktikable Alternative gab.

Das alte Pfafflar, Weiler Haag (Hâg)
(Foto: Familienarchiv Friedl)

So übersiedelte die ganze Familie jeden Herbst für etwa
zwei Monate nach Pfafflar (1 620 m). Auch das Vieh, unsere Rinder, Kühe und Schafe waren nach dem Ende das
Almsommers dort oben in verschiedenen Ställen unter-
gebracht, um das vor Ort gewonnene Heu aufzufüttern
und die umliegenden Felder mit dem anfallenden Mist
wieder düngen zu können.

Das alte Blockhaus in Pfafflar – Haag, Hausnummer
2 – in dem wir wohnten, wurde ganz aus Holzstämmen,
ursprünglich ohne Säge und ohne einen Nagel aus Eisen
errichtet und soll laut alter Überlieferung aus dem 13.
oder 14. Jahrhundert stammen und somit circa 700 Jahre alt sein. Die Baumstämme und auch die Dielen für die
Zwischenböden wurden ausschließlich mit der Axt be-
arbeitet, was heute noch erkennbar ist.

Als meine Schwester Rosi und ihr damaliger Mann Peter Lechleitner vor einigen Jahren Reparaturarbeiten an diesem alten Bauwerk durchführten, mussten die bodennahen Holzblöcke auf der Nordseite des Hauses ausgetauscht werden, weil diese teilweise faul und modrig waren. An noch gesunden Stellen von drei Baumstämmen, einer Fichte, einer Lärche und einer Zirbe, habe ich mit der Motorsäge jeweils eine circa 4 Zentimeter dicke Scheibe herausgeschnitten und zur Altersbestimmung an die Universität nach Innsbruck gesandt. Ein Professor vom Institut für Hochgebirgsforschung hat nach der Jahresringmethode, auch Dendrochronologie genannt, festgestellt, dass alle drei Proben von Bäumen stammen, die im Spätherbst des Jahres 1612 gefällt wurden. An der „Waldkante" der Proben – so wird der zuletzt gewachsene Jahresring direkt unter der Rinde genannt – wurden noch ganz wenige nicht ausgereifte Holzzellen gefunden; dies lässt darauf schließen, dass das Fällen dieser Bäume im Spätherbst erfolgte.

Wenn man davon ausgeht, dass diese bodennahen Baumstämme, die sehr stark dem Wetter und der Bodenfeuchtigkeit ausgesetzt sind, bereits einmal ausgetauscht wurden, dann könnte das von unseren Vorfahren überlieferte Alter der Hütte, welches immer mit circa 700 Jahren beziffert wurde, schon stimmen. Aus meiner Sicht wird es eher so sein, dass dieses Holzgebäude irgendwann einmal umgestaltet wurde. Denn an einigen im Haus verbauten Stämmen sind Spuren aus einer früheren Verwendung sichtbar, die darauf schließen lassen, dass diese Bestandteile eines noch älteren Bauwerkes waren.

Ob dieses nun Maria Magdalena Lechleitner, der Tochter meiner Schwester Rosi gehörende Haus, oder das Objekt der Familie Pischl, Hausnummer 1, auf der gegenüberliegenden Bachseite, das älteste Gebäude in Pfafflar ist, darüber seien sich die alten Bauern nie einig gewesen, so die Aussage meines Vaters. Auf jeden Fall soll Pfafflar die älteste noch erhaltene Höhensiedlung Tirols sein.

Eine Besonderheit in diesem Hause war das gänzlich aus Holz gefertigte Schloss, mit dem man das kleine Zimmer neben der Stube, den „Gåden", absperren konnte. Der in der Ausnehmung eines halbierten und mit starken Holzdübeln an der Wand befestigten Holzblockes verschiebbare Riegel war mit Schlitzen versehen. In Verschlussposition fielen mehrere Holzplättchen in diese Schlitze, die den Riegel gegen das Verschieben sicherten. Mit einem hölzernen Schlüssel, den man von außen durch eine Wandöffnung ins Schlüsselloch steckte, konnte man diese Blättchen anheben und die Blockade lösen. Leider sind Riegel und Schlüssel sowie alle beweglichen, in den alten Hütten ohnedies spärlich vorhandenen erhaltenswerten Utensilien von Souvenir- oder Antiquitätenjägern entwendet worden.

Das ganz aus Holz gefertigte Schloss

Über den steinigen Fußweg zur Schule nach Boden hinunterzulaufen, machte uns Kindern in der Früh meist viel Spaß. Oft waren wir zu Beginn des Unterrichtes noch außer Atem, verschwitzt und hatten einen roten Kopf. Weniger Freude hatten wir allerdings nach der Schule, wenn wir ungefähr eine halbe Stunde lang, circa 250 Höhenmeter mit der Schultasche auf dem Rücken aufwärts gehen mussten. Besonders bei Schnee und in der Abenddämmerung schien der Weg oft mühsam und lang.

Ansonsten hat es uns in Pfafflar meist sehr gut gefallen. Es gab auch im Herbst sehr viele Arbeiten, die während der Zeit in der Sommersiedlung zu verrichten waren und bei denen wir mithelfen mussten.

Erdäpfeln graben, Heu ziehen, Holz abschneiden und einlagern, Zäune an lawinengefährdeten Stellen ablegen, Mist mit der Seilwinde auf den „Buidbichl" hinaufziehen, Schafe scheren, Wolle waschen und trocknen, damit waren die Tage in Pfafflar lückenlos ausgefüllt. Strahlend schöne und milde Herbsttage vor dem ersten Schnee mit tiefblauem Himmel über goldfarbigen Wiesen und gelb gewordenen Lärchen haben wir sehr geschätzt. Solch kostbare Tage vor dem langen Winter haben die Arbeiten leicht von der Hand gehen lassen und mussten bestmöglich genutzt werden.

Zu dieser Zeit bekamen die Kühe meistens ihre Kälber und die Schafe ihre Lämmer, was ebenfalls zusätzliche Aufmerksamkeit erforderte und auch freudige Ereignisse waren.

Nach dem Erledigen der Hausaufgaben für die Schule und der Stallarbeit gab es das Abendessen in der Stube, das im Herbst meistens aus „Schölfeler", Erdäpfeln in der Schale, mit Milch oder Buttermilch und etwas Butter bestand. Immer wieder gab es gekochte „Buana", selbst angebaute Schweinbohnen, die wir sehr gerne mochten.

War am Abend die Arbeit getan, freuten wir uns über den Besuch von Nachbarn. Besonders oft kam Wendelin Perl, der im Herbst mit seiner Schwester Agnes in Pfafflar-Ebele 10 wohnte, auf einen „Huagart" zu uns in die Stube. Den Erzählungen über die tägliche Arbeit, über aktuelle und vergangene Ereignisse, über Geschichten von Gespenstern, von Begebenheiten auf den langen Fußmärschen über das Hahntennjoch nach Imst sowie von Erlebnissen im Zweiten Weltkrieg, der damals noch recht frisch in Erinnerung war, und vielem anderen hörten wir mit großem Interesse, stillschweigend und gespannt zu. Meist viel zu früh für uns wurden wir ins Bett beordert. Meine Brüder und ich kletterten dann durch die mit einer Holzklappe verschlossene Öffnung (Kammerloch) über dem warmen Stubenofen in die Schlafkammer hinauf und unsere Schwester Rosi verzog sich durch die niedere Tür in den Gåden, wo auch das Bett unserer Eltern stand.

Das Röhrenradio, das wir in Boden hatten, nahm Papa auch mit nach Pfafflar, wo er beim Frühstück und am Abend vor allem die Nachrichten verfolgte. Weil das Sendernetz des heimischen Rundfunks noch nicht entsprechend ausgebaut war, konnten wir in Boden und in Pfafflar die österreichischen Kanäle nur sehr schlecht, meist gar nicht empfangen. Somit war der Südfunk Stuttgart viele Jahre hindurch der einzige Sender, den wir gut hören konnten. Mir haben die bedrohlich klingenden Nachrichten über Kriege und Unstimmigkeiten auf der Welt immer Angst gemacht, denn so ein schrecklicher Krieg, den die älteren Leute hautnah erlebten und viel darüber erzählten, sollte nie mehr ausbrechen.

Weil wir keinen Fernseher hatten, von Computern und Handys nichts wussten, habe ich auch während der Zeiten in Pfafflar viel gelesen. Im Lehrmittelraum der Volksschule in Boden standen einige interessante Bücher, die man sich ausleihen durfte.

Ende November oder Anfang Dezember, abhängig vom noch verbliebenen Heuvorrat sowie auch von Wetter und Schneelage, wurde in Pfafflar alles zusammengepackt, die Familie und alles Vieh übersiedelte wieder nach Boden. Wir Kinder waren dann sehr froh, im nur ein paar Meter entfernten Nachbarhaus in die Schu-

le gehen zu können und nicht mehr täglich den langen
Weg von Pfafflar herunter und wieder hinauf bewältigen zu müssen.

3.8 Nebenerwerb durch Zimmervermietung

„Boden, das kleine Dorf für die große Erholung, inmitten der Lechtaler Alpen gelegen, ist der ideale Ort für Ihren Urlaub im Gebirge. Unvergleichbar reichhaltige Flora
und Fauna ermöglichen einen unvergesslichen Aufenthalt, bei dem jeder auf seine Rechnung kommen kann
als Mensch, der die unverfälschte Natur und die Ruhe
der Berge liebt!“ In etwa mit diesen Worten wurde in den
ersten Prospekten des 1968 gegründeten Fremdenverkehrsverbandes Boden-Bschlabs um Gäste geworben.

Ob es dieser Werbung, der idyllischen Lage des Dorfes, der Gastfreundschaft der Einheimischen oder dem
Trend des 6. bis 9. Jahrzehntes des 20. Jahrhunderts
oder allen Fakten gemeinsam zu verdanken ist, dass der
Fremdenverkehr zu jener Zeit florierte, sei offengelassen.

Auf jeden Fall strömten damals sehr viele Gäste, besonders aus Deutschland, Belgien und den Niederlanden
nach Boden und füllten die Betten in den drei Gasthäusern Bergheimat, Edelweiß und Stern sowie auch in den
Privatzimmern, die es fast in jedem Haus gab.

Die Wirte von der Bergheimat, Walter Lechleitner,
und vom Edelweiß, Otto Perl, haben mit ihren VW-Bus-
sen T1 auch Taxi- und Ausflugsfahrten angeboten. Bevor
das Hahntennjoch befahrbar war, war die „Drei-Pässe-
Fahrt“ über Flexen-, Arlberg- und Fernpass bei den Gästen sehr beliebt und wurde oft gemacht.

Weil auch drei leerstehende Häuser in Boden und ein Haus in Brandegg an den belgischen Reiseveranstalter Sankt-Paulus-Reisen für Schüler- und Jugendgruppen vermietet waren, bevölkerten und belebten vor allem in den Sommermonaten sehr viele Gäste unser Dorf. Auf der Straße durch den Ort sah man an schönen Abenden große Menschenmengen beim Spazierengehen oder gemütlich auf den Bänken vor den Häusern und den Gastlokalen sitzen.

Einige Jahrzehnte später haben mich die abendlichen Spaziergänge mit meiner Familie im Urlaub durch die lebhaften Fußgängerzonen von Lignano oder Jesolo an ähnliche Verhältnisse in meinem alpinen Heimatort zu längst vergangenen Zeiten erinnert.

Weil die Zimmervermietung neben dem Bauernhof ein wichtiges Nebeneinkommen ermöglichte, musste jedes nur mögliche Bett für diesen Zweck bereitgestellt werden. Daher baute mein Papa den großen Raum unter dem Dachgiebel unseres Hauses zur Schlafstätte für die gesamte Familie aus.

Im Sommer schliefen meine Eltern und wir fünf Kinder alle gemeinsam in diesem dachabgeschrägten Zimmer. Wenn die Sonne tagsüber auf das Hausdach schien, war es in der Nacht im Schlafraum viel zu warm und das Offenlassen des einzigen kleinen Fensters brachte nur wenig Abkühlung.

Dass Papa nicht nur im Auto, sondern manches Mal, wenn er wegen Übermüdung nicht schlafen konnte, auch in unserem Schlafzimmer geraucht hatte, ist gewiss einer der Hauptgründe dafür, dass ich Zigarettengeruch hasse und überzeugter Nichtraucher geblieben bin.

Im Winter hat Mama im Holzofen aus Eisen, der neben dem durch den Raum führenden Rauchfang stand, ein Feuer gemacht, um die im Dachgeschoss herrschende Kälte etwas zu mildern. In den Wintermonaten, wenn keine Gäste da waren, durfte ich gemeinsam mit meinen Brüdern in ein eigenes Zimmer übersiedeln, worüber wir uns immer sehr freuten. Später habe ich dann gemeinsam mit Markus die alte Rumpelkammer ausgeräumt und für mich und ihn ein nettes Zimmer errichtet, aus dem wir nicht mehr ausziehen mussten.

Über viele Jahre hinweg haben wir im Alltag fast nur gebrauchte Kleidungstücke getragen, die uns die Urlauber mitgebracht und geschenkt hatten. Somit musste nur selten teures Gewand im Geschäft gekauft werden.

Die Gäste haben sich in unserem ganzen Haus, auch in der Küche und in der Stube aufgehalten. Das Frühstück musste Mama in den privaten Räumen verabreichen, weil es für die Urlauber keinen eigenen Raum gab. Wenn ich in der Früh keine fremden Leute sehen wollte, habe ich mir oft am Küchenherd stehende aufgewärmte Milch geholt, in der Speisekammer Kakao dazugegeben, ein Marmeladenbrot gemacht und im Futtergang gegessen. Das war mir manches Mal lieber, als mich zu unbekannten, fremden Leuten an den Küchentisch zu setzen. Da unsere Familie auf die Einnahmen aus der Zimmervermietung angewiesen war, war es selbstverständlich, auf die Gäste Rücksicht zu nehmen.

Dennoch haben wir uns mit vielen unserer Gäste angefreundet, haben sie geschätzt und gemocht und freuten uns auf ihr Wiederkommen. So sind viele Erholungssuchende zu treuen Stammgästen und Freunden geworden, die auch nach fünfzig Jahren noch immer zu uns kommen. Von manchen leider inzwischen verstorbenen Urlaubern kommen jetzt deren Kinder und Enkelkinder zu uns.

Seit mehr als einem halben Jahrhundert verbringen persönlich bekannte Angehörige der Familien Allinger aus Augsburg, Grün aus Saarbrücken, Munk und Scholl aus Stuttgart, Scharf aus Bremerhaven, Norbert Schmitz-Kremer aus Kevelaer und Welker aus Mannheim regelmäßig Urlaubstage in unserem Tal.

Durch den Umgang mit verschiedenartigsten Menschen aus unterschiedlichsten Regionen wurde unsere Akzeptanz geschult, jeden so zu nehmen, wie er eben ist. Mit sozialen, politischen oder religiösen Eigenheiten unserer Gäste haben wir uns meist überhaupt nicht beschäftigt.

Auch wenn ich als Kind sehr schüchtern und zurückhaltend war, habe ich den Kontakt zu den Gästen und deren Kindern, nach anfänglichem Zögern und vorsichtigem Herantasten meist gesucht und gefördert. Die Kinder aus der Stadt brachten Abwechslung in unseren Alltag, sie schienen für uns interessant, sie kannten tolle Spiele, wussten viel zu erzählen und gingen gerne mit uns aufs Feld, in den Stall oder zum Hüten des Jungviehs auf das Hahntennjoch. Am Ende des Urlaubes fiel uns der Abschied meist schwer, wir freuten uns auf ein baldiges Wiedersehen und wir schrieben uns in der Zwischenzeit immer wieder einmal einen Brief.

Im Gegensatz dazu haben meine Kinder eine Generation später den Kontakt zu den Gästen und deren Kindern eher vermieden. Die Gästekinder hatten die gleichen Spiele, kannten die gleichen Sendungen im Fernsehen, hatten die gleichen Handys, Konsolen und Nintendos wie unsere und somit versprach das Kennenlernen kurzzeitiger Spielgefährten nichts Interessantes hervorzubringen.

Im Laufe der Jahre ist es immer wieder vorgekommen, dass Gäste in unserem Tal von Straßensperren wegen abgegangener Lawinen überrascht wurden. Meist nur eine kurze Zeit freuten sich so manche über die erzwungene Urlaubsverlängerung. Schon bald aber verwandelte sich der romantische Eindruck vom Eingeschneit-sein zu einer besorgniserregenden Realität. Sich im kleinen Dorf nur zwischen den im Schnee versinkenden Häusern ein wenig bewegen zu dürfen, war ein beengender, unerträglicher Zustand. Kam es dabei neben anhaltenden Schneefällen und Winterstürmen auch noch zum Stromausfall, erreichte die nervliche Anspannung ihre Grenze. Die Einheimischen unternahmen mit größtem Einsatz und höchster Risikobereitschaft alles in ihrer Macht Stehende, um den Eingesperrten ein baldiges Entkommen aus der winterlichen Gefangenschaft zu ermöglichen.

Es war motivierend und wir schätzten es sehr, wenn wir von so manchem Gast für unser Tun und Handeln bewundert und gelobt wurden. Es machte uns stolz, wenn unsere Ausdauer, unsere Kraft und die Gewandtheit, mit der wir die Arbeiten am Berg verrichteten, die temporären Betrachter faszinierten. Wir fühlten uns überlegen, wenn „Flachländer" am Versuch, es uns gleich zu tun erfolglos scheiterten.

Aber auch Unverständnis und Kritik an unserem Werkeln wurde uns entgegengebracht. Der Einsatz von landwirtschaftlichen Maschinen und Geräten, auch der Bau von Wirtschaftswegen und Straßen hat manchem nicht gefallen. Dass ich an unserem Haus auch Balkone angebracht hatte, sei störend und unpassend, weil an den alten Häusern und Hütten keine vorhanden waren.

Diese Art von Urlaubern, die ausschließlich während der schönsten Tage des Jahres gelegentlich zu uns kamen, erwarteten hier alles so vorzufinden, wie es vor vielen Jahrzehnten war. Es hätte ihnen gefallen, hätten wir in unserer idyllischen Bergwelt die Zeit angehalten und als gesellschaftliche Außenseiter in einem stationären Museum gelebt.

Was es bedeutet, hier in diesem entlegenen Tal das ganze Jahr zu leben und den Lebensunterhalt zu erwirtschaften, darüber haben sich diese Menschen keine Gedanken gemacht.

Im Spätherbst vor wenigen Jahren verbrachte ein Herr mittleren Alters, ein einzelner Gast aus Köln, ein paar Tage in unserer Ferienwohnung. Eines regnerischen Tages klopfte er an unsere Tür und fragte: „Frau Friedl, erklären Sie mir, was Sie hier in dieser gottverlassenen Gegend das ganze Jahr machen? Wie halten Sie das hier aus? Sie leben am Leben vorbei; Sie versäumen das Leben!"

Dieser Mann konnte die viele Natur und die nach der Sommersaison in unser Tal zurückgekehrte Ruhe und Einsamkeit nicht ertragen; er reiste ab.

Die meisten Gäste jedoch, die zu uns kommen, würden genau das suchen und schätzen, womit dieser Kölner nichts anzufangen wusste.

4   Meine Familie

Unsere Familie mit Oma Gertraud
(Foto: Familienarchiv Friedl)

So wie es vermutlich auch bei anderen Leuten der Fall sein wird, empfand ich unsere Familie immer als eine außergewöhnliche. Wenn ich im Nachhinein auf meine Kindheit und Jugendzeit zurückblicke, waren wir in so mancher Hinsicht ganz gewiss nicht alltäglich!

Unsere Eltern waren mit uns Kindern sehr streng. Sie taten aus ihrer Sicht alles, damit wir gesund und unfallfrei blieben, dass aus ihrem Nachwuchs möglichst tüchtige Menschen würden, die im Leben bestehen können. Sie haben uns gefördert und geschult, bestmöglich beschützt, fürsorglich auf uns aufgepasst, versucht, alle schlechten Einflüsse von uns fernzuhalten, ihre Zöglinge mit strenger Hand zu folgsamen, braven und ordentlichen Menschen erzogen. Fehlverhalten wurde sofort reklamiert und bei Bedarf auch bestraft. Auf der anderen Seite haben wir für fleißiges Arbeiten, gutes Folgen, angenehmes Verhalten und für erfolgreiches Lernen in der Schule großes Lob erhalten. Sie haben es bestens verstanden, uns durch ihre Beachtung und Anerkennung zu Höchstleistungen zu motivieren.

Ohne Zweifel haben sie immer nur das Beste für ihre Kinder gewollt und alles in ihrer Macht Stehende für uns getan. Als Gegenleistung haben sie bedingungsloses Gehorchen und einen Arbeitseinsatz gefordert, der uns oft an die Grenzen unserer körperlichen und nervlichen Belastbarkeit brachte.

Unsere Eltern waren sehr fleißig und verantwortungsbewusst. Mit Sparsamkeit, Ernsthaftigkeit und großem Einsatz ist es ihnen gelungen, ihre Familie mit fünf Kindern aus dem Ertrag des Hofes mit ein paar Einnahmen aus der Zimmervermietung ernähren zu können. Nebenher auf die Arbeit gehen, so wie es viele andere taten, wollte Papa nicht. Der Betrieb würde darunter leiden.

Aus diesem Grund waren wir die letzte Familie im Tal, die zur Heugewinnung auch auf die Bergmähder ging.

Außer in der Schule waren wir fast immer mit unseren Eltern beisammen und standen ständig in deren Blickfeld. Wir waren von jung auf bei all ihren Tätigkeiten auf dem Hof dabei und in ihren täglichen Arbeitsablauf einbezogen.

Neben anderen gehörte es zu unseren täglichen Aufgaben im Haus Holz für den Küchenherd vom Stadel herunterzuholen und in die in einem selbst gebauten Möbelstück untergebrachte Holzkiste zu füllen, damit der Vorrat wieder für einen Tag reichte. Da der Küchenherd nicht nur zum Kochen für die Familie und zu Heizzwecken diente, sondern darauf auch die Kartoffeln für die Schweine gekocht und Wasser für den Bedarf im Haushalt und im Stall erhitzt wurden, benötigte man jeden Tag sehr viel gescheitetes Holz.

Auch hatten wir täglich die Zentrifuge zusammenzubauen und wenn die Milch aus dem Stall kam diese auch zu „zentrifugieren". Die Handkurbel der Zentrifuge musste dabei mit einer solchen Drehzahl gedreht werden, dass die an der Nabe angebrachte Klingel nicht klingelte. Durch das Zentrifugieren wurde die frische, kuhwarme Milch in Rahm und Magermilch getrennt. Aus der Magermilch wurde zu bestimmten Zeiten im Jahr Graukäse gemacht, ansonsten hat man diese den Kälbern und Schweinen gefüttert.

Mama beim „Buttertreiben" im Haus in Pfafflar

Während der Zeit, die wir im Herbst in Pfafflar verbrachten, mussten wir auch Butter „treiben". Dazu wurde der Rahm, den man zuvor absichtlich etwas sauer werden ließ, in den Butterkübel geschüttet. Dieser bestand aus einem schlanken, runden Holzbehälter, der mit einem hölzernen Deckel verschlossen wurde. Durch das Loch im Deckel ragte der Holzstiel ins Freie, an dessen unterem Ende ein rundes gelöchertes Holzbrett befestigt war. Durch das Auf-und-ab-Bewegen dieses „Stampfers" musste der Rahm so lange gequirlt werden, bis sich Butter und Buttermilch voneinander trennten. Wenn der Rahm nicht die richtige Temperatur hatte, dauerte dieser Vorgang oft recht lang und war mühsam. Umso besser schmeckte danach die frische Butter auf selbst gebackenem Brot. Auch die frische Buttermilch, die einen etwas säuerlichen Geschmack hatte, wurde gerne getrunken.

Bevor der Hahntennenbach im Zuge des Straßenbaues zwischen den Hütten von Pfafflar in einen Kanal gelegt wurde, hat man zum Buttertreiben ein durch ein Wasserrad angetriebenes, spezielles Butterfass verwendet. Diese effiziente Möglichkeit der Buttergewinnung hatte den großen Vorteil, dass man nebenher andere Arbeiten verrichten konnte und den Zeitpunkt der Butterbildung nicht genau beobachten musste. Sobald die Butter in diesem Fass fertig war, blieb diese auch im weiter rotierenden Fass, getrennt von der Buttermilch, als Klumpen liegen. Im Haus in Boden hatten wir schon bald einen mit einem Elektromotor betriebenen Butterkübel, dabei durfte man es aber nicht versäumen, den Antrieb genau dann auszuschalten, wenn die Butter fertig war. Hat man diesen Zeitpunkt, auch nur um wenige Minuten versäumt, wurde die Buttermilch wieder in die Butter gerührt. Es bildete sich eine cremig weiße Emulsion, die nicht gut schmeckte und schnell ranzig wurde.

Zu Zeiten, in denen die Kühe viel Milch gaben, wurde der Überschuss an Butter zu Butterschmalz ausgekocht. Mehrere „Butterweggen" wurden im großen Kessel auf dem Herd so lange gekocht, bis das flüssige Butterfett klar wurde. Dieses hat man in verschließbare Töpfe gegossen, wo es erstarrte und in fester Form lange haltbar war. Die beim Kochen entstandene Schlacke, eine braune Substanz, „Flone" genannt, setzte sich am Kesselboden ab und durfte das saubere Fett nicht mehr verunreinigen. Die in einer kleinen Schüssel abgekühlte Flone wurde den Hühnern zum Picken hingestellt. Butterschmalz wurde in Ergänzung zu Schweineschmalz zum Kochen verwendet. Über andere Fette oder Öle verfügte man in meiner Kindheit nicht.

Als kleine Kinder mussten wir nur abends mit in den Stall gehen, um beim Ausmisten, Kälbertränken, „Rungeln", das sind Zuckerrüben oder Kohlrabi, für die Milchkühe schneiden sowie beim Viehputzen zu helfen.

Jeden Samstagabend wurden wir vor dem Zubettgehen in der warmen Küche gebadet. Dazu hat Mama einen großen Holzzuber, etwas später dann ein großes Blechschaff vor den warmen Herd gestellt und das im großen Kessel erwärmte Wasser eingefüllt. Jeder wollte möglichst früh an die Reihe kommen, denn das Badewasser wurde von Kind zu Kind dunkler. Dennoch fühlten wir uns nach dem wohltuenden Bad und in frischer Wäsche alle wie neugeboren.

Freizeit für uns Kinder gab es vor allem an schönen Sommertagen überhaupt nie. Obwohl ich in Summe 17 Jahre lang in die Schule ging, gab es daheim in allen Sommerferien nie einen freien Tag, an dem das Wetter schön war. Diese wertvollen Tage mussten immer, und wenn ich hier „immer" schreibe, dann meine ich auch wirklich „immer", zum Heuen verwendet werden. Einmal habe ich mir erlaubt, ohne Genehmigung vom Papa, anstatt die Heuarbeit zu erledigen mit interessierten Gästen zum Knappenloch (19.14) am oberen Ende des Rainwaldes hinaufzugehen. In diesem noch begehbaren Stollen soll vor Jahrhunderten (circa 1580) Galmei, das ist Zinkerz, abgebaut worden sein. Ebenso hat es daheim Probleme gegeben, als ich einmal mit meiner damaligen, aus Fulpmes stammenden Freundin Gabi zu den Edelweiß-Standplätzen am Habart hinaufging, anstatt beim Heuen zu helfen. Selbst das Mitnehmen von schweren Salzsteinen für unsere Schafe am Sågejoch war als Begründung für das Fernbleiben von der sommerfüllenden Tätigkeit nicht nützlich.

Unsere Eltern, besonders die Mama, haben sehr darauf geachtet, dass wir immer klar und deutlich reden. Mit den Lehrpersonen in der Schule und mit dem Pfarrer in der Kirche als Ministranten mussten wir schriftdeutsch reden. Auch mit den Gästen aus Deutschland, Belgien und den Niederlanden haben wir nie im Dialekt gesprochen, damit wir möglichst gut verstanden werden. Weil ich dann in der landwirtschaftlichen Schule in Imst, in der HTL in Fulpmes, in der Handelsakademie in Innsbruck und auch beim Bundesheer immer mit Menschen aus verschiedensten Tiroler Gegenden zu tun hatte und später auch im Betrieb von einer allgemeinen Umgangssprache umgeben war, habe ich den Bodener Dialekt auch daheim nie wirklich gesprochen. Meine Kinder finden es nun schade, dass sie die alte heimatliche Mundart nicht richtig von uns lernen konnten.

Da ich der Älteste war, haben meine Eltern auf mich immer besonders gut aufgepasst. Ich durfte lange Zeit überhaupt nicht ohne Papa oder Onkel Anton fortgehen. Die Mama blieb ohnedies immer daheim. Wenn ich einmal allein fortging, musste ich schon sehr früh wieder daheim sein. Als ich mit 18 Jahren Schilehrer für eine Jugendgruppe aus Belgien war, gab es nach der Preisverteilung des Abschlussrennens im Gasthof Bergheimat eine kleine, nette Tanzveranstaltung. Noch vor Mitternacht sagte die Bedienung, ich möge nach draußen kommen. Dort stand meine Mama und holte mich heim. Das wären doch keine Zustände, die halbe Nacht unterwegs zu sein und außerdem sollte ich dringend ins Bett, um in der Früh in den Stall gehen zu können, meinte sie. Wortlos ging ich heim, schnell ins Bett und schon um 06:00 Uhr war ich wie jeden Tag planmäßig im Stall. Bei meinen jüngeren Geschwistern hat man dann nicht mehr so genau aufgepasst, ob sie rechtzeitig daheim waren. Zum Glück kam ich mit 18 Jahren, im Herbst 1974, in die HTL nach Fulpmes, wo ich der zu sehr besorgten Obhut meiner Eltern dann besser entfliehen konnte.

Öfters in meinen jungen Jahren habe ich mir vorgenommen und fest eingeprägt, dass ich mit meinen Kindern, die ich einmal zu haben hoffte, nicht so streng sein würde, wie es meine Eltern mit mir waren. Auch so früh und so viel arbeiten, wie ich es musste, sollten sie nicht müssen.

Eine Generation später hat sich das Pendel – fast zu viel – ganz auf die andere Seite bewegt. Da ich neben meiner Arbeit im Metallwerk auch Bürgermeister war und sonstigen Verpflichtungen nachzukommen hatte, haben mich meine heranwachsenden Kinder meist nur kurz am Abend und an den Wochenenden gesehen. Zur Mitarbeit bei meinen Aufgaben konnten sie auch nicht mehr eingeteilt werden.

4.1   Schwester Edeltraud

Meine Schwester Edeltraud, am 28. April 1957 geboren, schien sich als Baby ganz normal zu entwickeln. Leider hat sie nie angefangen zu gehen. Sie ist zwar ganz flink und gewandt überall umhergekrabbelt, aber aufstehen konnte sie einfach nicht! Sie ist sogar öfters abgehauen und auf der Straße auf allen Vieren bis zur Kirche gekrochen. Als sie mit zwei Jahren immer noch nicht gehen konnte, machten sich vor allem meine Eltern sehr große Sorgen wegen ihr. Die Besuche bei vielen Ärzten und Heilpraktikern brachten keine Besserung. Ein Arzt aus Deutschland machte dann den Vorschlag, dass Edeltraud in München an den Knien operiert werden müsse, um ihre zu schwachen Muskeln und Sehnen zu stärken. Edeltraud war dann ein halbes Jahr lang in der Klinik in München. Ich kann mich noch gut daran erinnern, dass ich ihr – mit Hilfe von Mama – am 3. März 1963 einen langen Brief schrieb. Ich war damals in der ersten Klasse der Volksschule und schrieb den ganzen 1,5-seitigen Brief nur in großen Blockbuchstaben. Damals lernte man in der Schule zuerst nur die großen Blockbuchstaben. Im Sommer hat Papa einmal das Auto seines Bruders, unseres Onkels Anton, einen Steyer Daimler Puch 700 C, ausgeliehen, mit dem wir nach München fuhren, um Edeltraud zu besuchen. Der Straßenverkehr im Zentrum sowie das Zurechtfinden in der Großstadt brachten meinen Papa an die Grenzen seines Fahrkönnens, weil er ja kaum Fahrpraxis hatte und zuvor noch nie in einer so großen Stadt Auto gefahren war.

Edeltraud nach der Operation absolut hilflos und bewegungsunfähig in einem weißen Gitterbett liegen zu sehen hat uns alle sehr, sehr traurig gemacht und bedrückt. Nach dem Besuch im Krankenhaus gingen wir noch in den Tierpark Hellabrunn. Markus, als eineinhalbjähriges Kind auf dem Arm von Mama, hat mit seinen Fingerlein auf die verschiedenen Tiere gezeigt und laufend „luag oan" gesagt. Mama, am Vortag noch beim Bergheuen in den „Garten" am Habart auf über 2 000 Metern, hat die heiße, dicke, schwüle, drückende Stadtluft kaum ertragen und fühlte sich gar nicht wohl.

Um den Aufenthalt und die Behandlungen in der Klinik in München bezahlen zu können, musste Papa mehrere Rinder verkaufen, weil wir damals keine Krankenversicherung hatten. Als Edeltraud nach langen Monaten wieder heimkam, musste sie über Nacht in eine Körperform-Gipsschale gelegt werden und täglich das Gelbe von einem Ei essen. Alles nützte jedoch nichts! Leider waren die Füße unserer netten Schwester nach der Behandlung in München völlig kraftlos, sie konnte auch nicht mehr krabbeln und war von da an gänzlich auf fremde Hilfe angewiesen. Eine gewisse Zeit lang haben wir Edeltraud täglich in die Schule getragen, aber dann kam sie bald in das Behindertenheim Elisabethinum nach Innsbruck. Geistig war unsere liebe und auch gutaussehende Schwester absolut auf der Höhe. Sie konnte gut lernen und auch geschickt Handarbeiten, wie Stricken, Sticken und Häkeln, verrichten. Nur ihre Füße waren und blieben lahm. Täglich beim Zu-Bett-Gehen beteten wir alle mit Mama dafür, dass Edeltraud gesund werden möge. Je größer und schwerer Edeltraud wurde, desto mühsamer wurde es, sie in den Rollstuhl, aufs WC oder ins Bett zu heben. Mama hat darunter sehr gelitten und oft geweint, was uns alle immer sehr traurig und nachdenklich gestimmt hat. Dennoch haben wir in den Ferien mit ihr im Rollstuhl oft die tollkühnsten Ausflüge gemacht und sie auch im Gelände zu den entlegensten Plätzen geschoben, was ihr sehr gefallen hat.

Als Edeltraud zwölf Jahre alt war, ist sie ganz plötzlich, am 20. März 1969, an einem starken Infekt in der Klinik in Innsbruck gestorben. Weil ihr Körper nie gefordert wurde, war er zu schwach, um sich gegen die Grippeviren zu wehren. Sie wurde heimgebracht und im Zimmer oberhalb der Speisekammer zwei Tage lang aufgebahrt. Sie lag friedlich und schön wie ein Engelein auf weißen Tüchern. Unsere Oma Gertraud sagte: „Der Himmelpapa hat sie nun erlöst und für immer zu sich heimgeholt."

Der Glaube und die feste Überzeugung, dass unsere Schwester Edeltraud nun als Engelein im Himmel eine Fürsprecherin für unsere Familie ist, ließ uns schon bald die Trauer ablegen und mit ihrem Fortgehen Frieden schließen.

4.2   Bruder Bruno

Mein Bruder Bruno wurde am 4. Mai 1959 geboren. Er war ein blondes, starkes und sehr mutiges Kind. Er war auch nicht so sensibel wie vor allem Markus und ich es waren. Er hatte deutlich weniger Berührungsängste gegenüber Erwachsenen als ich und setzte sich deutlich besser durch.

Bruno war bereits von frühester Kindheit an ein kräftiger und sehr fleißiger Bub. Er war schon immer sehr geschickt, kreativ und gesellig. Er wusste immer, was er wollte, und setzte seine Vorstellungen bei unseren Eltern und auch bei uns Geschwistern fast immer mit Nachdruck durch. Mit drei Jahren versank Bruno beim Versteckenspielen so tief in einem Mistloch, dass nur noch der blonde Haarschopf aus der schwarzen Jauche herausragte. Gott sei Dank hat unsere Schwester Rosi das bemerkt und Mama konnte ihn gerade noch rechtzeitig vor dem gänzlichen Untergang retten. Er wurde dann im hölzernen Wasserschaff wieder sauber gewaschen. Bruno hat die meisten Sachen zum Spielen mit einfachsten Mitteln sehr geschickt und mit viel Ideenreichtum selbst gebastelt. Er baute Hütten, Heuschober und Fahrzeuge in Miniaturgröße sehr detailliert nach und spielte damit das reale Leben der Bergbauern nach. Fürs Spielen und Basteln blieb aber meist nur wenig Zeit, denn auch er musste schon sehr früh bei der nicht endenden Bergbauernarbeit mithelfen und die Eltern tatkräftig unterstützen.

Sehr gefreut hat sich die ganze Familie über den ersten Pokal, den Bruno bei der Schivereinsmeisterschaft in Häselgehr gewonnen hat und als er Lechtaler Schülermeister wurde. Viele und schöne Erfolge konnte er nachfolgend viele Jahre hindurch bei Schi- und Figlrennen (14.1.2) für sich verbuchen.

Bereits mit neun Jahren erklärte sich Bruno, vermutlich um der mühsamen Heuernte zu entkommen, bereit, das Jungvieh am Hahntennjoch zu hüten. Ich war damals zwölf Jahre alt und hätte es nicht gewagt, diese verantwortungsvolle Aufgabe zu übernehmen und dachte mir, dass mein Bruder mit dieser Zusage zu mutig war und diese Herausforderung nicht lange schaffen würde. Bruno aber hat den ganzen Sommer, auch bei Regen, Kälte und Schnee durchgehalten und allein sehr pflichtbewusst auf achtzig Rinder und Kälber aufgepasst. Damals musste das gesamte Jungvieh täglich am späteren Nachmittag bei gutem Wetter ins Hahntennenkar hinauf- und bei schlechtem Wetter in die Neder hinausgetrieben werden, um die wertvollen Weideböden am Hahntennjoch während der Nachtstunden zu schonen. Welcher Mühen und Laufarbeit es bedarf, dieser täglichen Verpflichtung nachzukommen, kann nur der abschätzen, der es selbst mitgemacht hat. Die meist weit zerstreuten Tiere von verschiedenen, bis zu den Bergmähdern hinaufführenden „Rinnen" herunterzuholen und aus weit auseinanderliegenden Plätzen zusammenzubringen, sie auf den Ebenen des Hahntennjochs zu sammeln und dann allein ins Kar hinauf- oder in die Neder hinauszutreiben, erfordert Geschick, Schnelligkeit und ein Laufpensum, das man normalerweise nur einem sehr guten Hirtenhund zumuten kann.

Damals in den 1960er-Jahren war die Hahntennjochstraße im Bau und Bruno durfte in der Früh mit den Bauarbeitern, die mit einem VW-Bus vom Lechtal hereinkamen, von Boden bis zur Baustelle hinauffahren, was den Fußweg zum Hahntennjoch verkürzte. Eine kleine Bretterhütte mit einem einfachen Ofen bot dem kleinen Hirtenbuben Schutz vor Regen, Kälte und Wind, wenn zwischen dem Beaufsichtigen der Tiere etwas Zeit blieb. Bruno war meist den ganzen Tag allein beim Vieh, nur ab und zu begleitete ihn unsere achtjährige Schwester Rosi. Er hatte seine Marende im Rucksack und kam erst abends wieder heim. Die Baumaschinen für den Straßenbau boten neben dem Hüten gelegentlich eine willkommene Abwechslung und mit den Bauarbeitern gab es immer wieder einmal eine lustige Unterhaltung.

Während vieler folgender Jahre haben Bruno, Rosi, Markus und ich abwechselnd das Jungvieh am Hahntennjoch beaufsichtigt. Bei Schönwetter war das Hüten eine sehr beliebte Tätigkeit, denn man blieb vor dem Heuen verschont. Bei schlechtem Wetter wäre man lieber daheimgeblieben, aber irgendjemand von uns musste auf die Alm, egal ob es schön war, regnete oder stürmte. Bei immer wieder vorgekommenen Schneefällen war die Anspannung groß, gemeinsam mit mehreren Bauern die Tiere in tiefere Lagen, manches Mal bis nach Boden herunter oder sogar in die Ställe zu treiben und somit in Sicherheit zu bringen.

Bruno beim Mähen in Brandegg

Da Bruno der Kräftigste von uns war, sich gerne mit dem Vieh und den bäuerlichen Aufgaben beschäftigte, sich dabei auch gut auskannte und fleißig arbeitete, dachte unser Papa, dass Bruno der ideale Bauer wäre und irgendwann den Hof übernehmen sollte. Doch als er nach neun Jahren Pflichtschule in Boden an der Landeslehranstalt in Imst die Ausbildung zum landwirtschaftlichen Facharbeiter absolvierte, ließ sein Interesse an der Landwirtschaft nach, weil er inzwischen gesehen hatte, dass diese in unserer extremen Lage nicht rentabel ist.

Als die Eltern bereits im Bett waren, Bruno und ich gemeinsam mit den jugendlichen Kindern unserer Gäste zu später Stunde in der Küche saßen, wurde ich gebeten mit Papas Auto – ohne ihn zu fragen – in ein Lokal ins Lechtal zu fahren. Als wir lange nach Mitternacht heimkamen, hat uns Papa nicht gerade freundlich empfangen. Nach lautstarker Belehrung über unser Fehlverhalten sagte er: „Iaz åber sofort is Bett und zmårges zeitig auf in Stoall!" – „Jetzt aber sofort ins Bett und dann rechtzeitig auf in den Stall!" Spontan kam Brunos Antwort: „Heint koanscht d'r deine Böck salber malchå!" – „Heute kannst du dir deine Böcke selber melken!"

Einige Zeit lang war Bruno als Gemeindearbeiter tätig und baute zum Beispiel gemeinsam mit Helmut Lechleitner das Gemeindehaus in Bschlabs. Später wurde er Mitarbeiter bei der Wildbach- und Lawinenverbauung. Dazwischen half er immer, so gut es ging, beim Heuen und den verschiedensten Arbeiten am elterlichen Hof mit.

In der spärlichen Freizeit haben Bruno, Markus und ich schöne Berg-, Schi- und Klettertouren gemacht, an die ich mich noch gut und gerne erinnere. Im Winter wurde Bruno Schilehrer an der Schischule in Stanzach; er absolvierte erfolgreich die Ausbildung zum staatlich geprüften Schilehrer und Schiführer. Schon bald danach übernahm Bruno die Leitung der Schischule Stanzach.

Um zur Arbeit in die Schischule zu kommen, musste Bruno oft gemeinsam mit seiner Schwester Rosi wegen Lawinen und gesperrter Straße zu Fuß ins Lechtal und wieder zurück nach Boden gehen. Öfters wurde es abends sehr spät und bei Dunkelheit war dieser Weg sehr mühsam und gefährlich. Damals gab es noch keine Lawinenverbauungen, wodurch die Straße oft von mehreren Lawinen verschüttet und an zusätzlichen Stellen von solchen bedroht war. Trotzdem war Bruno fast immer unterwegs, war immenser Gefahr ausgesetzt, worum sich unsere Eltern große Sorgen machten und viele schlaflose Nächte hatten.

1981 heiratete Bruno Elfi Weidenholzer aus Rottenbach in Oberösterreich; mit ihren Kindern Alexandra und Jürgen waren sie in den ersten Jahren noch viel bei uns in Boden. 1985 begannen beide mit dem Hausbau in Stanzach.

Schwer erschüttert wurde unsere gesamte Familie durch den tragischen Verkehrsunfall, bei dem seine Tochter Alexandra im Alter von 15 Jahren ums Leben kam. Unter Trauer und Schmerz litten wir alle sehr lange. Einige Jahre später hat sein Sohn Jürgen noch zwei gesunde Brüder bekommen, wodurch die Familie neuen Aufschwung erhielt.

31 Jahre lang war Bruno als Hüttenwirt auf der Landsberger Hütte in den Allgäuer Alpen tätig, hat zwischendurch in Stanzach das Gasthaus Jamdo gebaut, das er nun gemeinsam mit seiner Familie bewirtschaftet. (Der

Name „Jamdo" entstand aus den Vornamen der Kinder
Jürgen, Alexandra, Marcel und Dominik)

Diese Herkunft und dieser Werdegang haben Bruno
als den Menschen geprägt, als den wir ihn heute kennen.
Verantwortungsvoll, klug, strebsam, flink und sehr fleißig, aber auch gesellig, kontaktfreudig und auf seine besondere Weise humorvoll.

4.3   Schwester Rosi

Rosmarie wurde und wird immer noch Rosi genannt.
Sie wurde am 11. Mai 1960 zwischen meinen Brüdern
Bruno und Markus geboren. Sie hatte es mit ihren drei
Brüdern nicht immer einfach. Dennoch verstand sie es,
sich zu behaupten, und wuchs wie ein Bub zwischen Bu-
ben auf. Papa meinte immer wieder, Rosi sei der vierte
Knabe, den er habe.

Im Alter von zwei Jahren klemmte sie sich beim im
Betrieb befindlichen Sägewerk direkt hinter unserem
Hof zwischen der Umlenkrolle und dem Seil, das die
Transportwägen mit den Baumstämmen zum Sägegat-
ter zog, den Daumen ab. Flink, wie sie schon als Kleinkind war, ist sie in einem unbeobachteten Moment aus
dem Haus entwischt und schon war es geschehen. Mit
ihrem gekürzten Daumen lernte sie zu leben und empfand diesen Verlust selten als Behinderung.

Auch Rosi wurde, wie wir alle, schon früh zu den verschiedensten Arbeiten in Haus und Hof herangezogen.

Nach dem Besuch der Haushaltungsschule in Imst
machte sie die Schilehrerausbildung, danach war sie einige Jahre lang während der Wintermonate als Haus-

haltshilfe bei Dekan Schramm in Innsbruck tätig. In den Sommern hat sie immer daheim fleißig geholfen.

Nach dem Brand unseres Bauernhofes am 27. November 1989 kehrte sie ganzjährig heim und übernahm den elterlichen Hof, nachdem sich ihre drei Brüder anderen Ausbildungen und Broterwerben zugewandt hatten.

Ich wäre vermutlich ein recht guter Landwirt geworden, aber keinesfalls ein überzeugter Viehzüchter.

Viel mehr als ihre Brüder mochte Rosi die bäuerliche Arbeit. Sie liebt die Tiere, denen sie sich seit ihrer Kindheit eng verbunden fühlt. Ihre Empathie gegenüber allen Lebewesen auf dem Hof war und ist unvergleichbar groß; ganz bestimmt viel größer als jene von ihrem Papa und ihren Brüdern. Somit war Rosi die logische, ideale und richtige Erbin des Hofes. Mit unermüdlichem Einsatz, größtem Idealismus, unendlicher Heimatliebe und härtester Arbeit wurde der bergbäuerliche Hof zur Existenzgrundlage ihrer Familie.

Nur sie hatte die Bereitwilligkeit und war imstande, die Verantwortung für die Tiere – 24 Stunden am Tag, sieben Tage in der Woche, 52 Wochen pro Jahr und das alles über Jahrzehnte hinweg – auf sich zu nehmen.

Bestimmt war und ist Rosi eine von wenigen Frauen in unserer Zeit, die bereit sind, lebenslang so viel Arbeit, Strapazen und Mühen für wenig Lohn zu erdulden.

Vor einigen Jahren hat Rosi ihren Rinderbestand von Braunvieh auf Grauvieh umgestellt, weil die alte, inzwischen hochgezüchtete heimische Braunviehrasse, besonders nach dem Einkreuzen der amerikanischen Rasse Brown Swiss immer weniger für einen problemlosen Einsatz im Gebirge geeignet war. Auch für die Mutterkuhhaltung, zu der ihr Betrieb im Laufe der Jahre wechselte, war diese naturbelassene Rasse, auch der guten Fruchtbarkeit wegen, bestens geeignet. Als Rosi ihre diesbezügliche Entscheidung in einer Fernsehsendung unter anderem damit begründete, dass selbst die graue Farbe ihrer Tiere viel besser zu den Felsen der talumrundenden Berge passe, wurde sie von ein paar Einheimischen belächelt.

Ihre Arbeit als Bergbäuerin, ihre anschaulichen Ansichten zum bergbäuerlichen Leben sowie die sinnbildlichen und tiefgründigen Beweggründe ihres Tuns, wurden in mehreren Beiträgen von TV-Sendungen ausgestrahlt. Während meine Schwester dafür sehr viel Lob, Anerkennung und zahlreiche, positive Rückmeldungen bekam, wurde sie von einigen Leuten aus dem nahen Umfeld kritisiert, weil sie ihre Ausdrucksweise nicht verstanden. Dies wird wohl auch ein Grund dafür gewesen sein, dass sie immer weniger bereit war, sich für Fernsehaufnahmen zur Verfügung zu stellen, auch wenn sich so mancher Sendungsmacher sehr intensiv darum bemühte.

Im Lawinenwinter 1999, als es in Galtür im Paznaun zu einer der größten Lawinenkatastrophen in der Geschichte Österreichs kam, war auch die Straße in unser Tal sehr schlecht befahrbar und lange Zeit gesperrt. So kam es, dass Rosi seit fünf Wochen nicht mehr beim Einkaufen in einem Geschäft war. Um die Versorgung der Haushalte in der Gemeinde zu gewährleisten, konnte man Einkaufswünsche aufschreiben. Ein Hubschrauber würde die Sachen dann bringen. Rosi gab keine Liste ab, weil ihr nichts eingefallen war, was sie von draußen brauchen könnte. Sie hätte noch genug an eigenen Vorräten. Weizen-, Roggen-, und Maismehl, Zucker, Salz, Gewürze, Tee, Kaffee, Kakao, Nudeln, verschiedene Konserven und Äpfel hatte man immer in größeren Mengen eingelagert. Brot, Kartoffeln, Milch, Butter, Graukäse, Eier, Sauerkraut, Hauswürste, Speck und Fleisch standen aus eigener Erzeugung ständig zur Verfügung. Mehr brauchten sie und ihre Familie nicht. Seit Generationen war man es gewohnt, während der langen, harten Winterzeiten möglichst autark zu sein.

Ungleich besser, als ich es jemals imstande wäre, meine Schwester Rosi treffend und wahrhaft zu beschreiben, gehen ihre Bescheidenheit, ihr Charakter, ihre Einstellung zum Leben und ihr unerschütterlicher Idealismus als Bergbäuerin aus ihren selbst verfassten Texten hervor. Daher möchte ich mit ihrer Erlaubnis zwei ihrer schriftlichen Ausführungen, „Heimatgedanken" und „Als der weiße Tod anklopfte", an dieser Stelle wiedergeben.

4.3.1   Als der weiße Tod anklopfte (von Rosi Friedl)

Auszug aus dem Tagebuch meiner Schwester Rosi Friedl, geschrieben im Winter 1984. Dieser Text wurde bereits im „Reimmichls Volkskalender 2007" veröffentlicht.

Es hat schon beinahe so ausgesehen, als gäbe es einen schneearmen Winter. Im Bschlabertal, einem Seitental des Tiroler Lechtal, bedeutet viel Schnee: viele Gefahren, viel Schneeschaufeln, viele Schäden an Dächern, Zäunen, Feldern, Wäldern und Weiden und große Pro-

bleme für diejenigen, die täglich ins Lechtal hinaus zur Arbeit und zur Schule müssen.

Auch ich arbeite schon seit einigen Wintern in Stanzach im Lechtal draußen als Schilehrerin, muss aber jeden Abend heim, zurück nach Boden, um meiner Mama bei der Stallarbeit zu helfen, da Papa sich am 16. Dezember 1983 mit der Kreissäge drei Finger der linken Hand abgetrennt hat. Die Ärzte haben sie ihm wieder angenäht, aber er hat einen Monat lang im Krankenhaus bleiben müssen und kann auch jetzt noch nicht arbeiten.

Montag, 6. Februar 1984

Heute schneit es den ganzen Tag! Am Abend muss ich schon in Elmen die Schneeketten montieren. Es schneit so stark und nass, dass die Scheibenwischer fast stecken bleiben und ich kaum 5 Meter weit schauen kann. Ich bin diese Straße schon öfter bei ähnlichen Verhältnissen gefahren, aber noch nie mit so einem unwohlen Gefühl. Zwischen Elmen und Boden sind dreißig Lawinenstriche zu queren. Doch es geht gut und als ich um die letzte Kurve komme und die spärlichen Lichter des kleinen Dorfes sehe, fühle ich mich doch in Sicherheit: egal, wie viel es schneit.

Dienstag, 7. Februar 1984

Heute Morgen schneit es noch immer mit unverminderter Heftigkeit. Über Nacht sind 80 Zentimeter Schnee gefallen und es ist nicht mehr daran zu denken, zur

Arbeit ins Lechtal hinunterzukommen. Und so wird fast den ganzen Tag Schnee geschaufelt, damit man wenigstens zum Holzschupfen, zum Misthaufen, zum Schafstall und zur Kirche gehen kann. In Boden ist das keine ungewöhnliche Winterarbeit, wovon im Mai allerdings nichts mehr zu sehen sein wird. Heute haben die älteren Menschen im Dorf von der großen Lawine im Jahr 1935 erzählt. Auch die Schreckenstage im Winter 1951 sind den meisten Menschen hier noch in lebhafter Erinnerung. Eine Zeitung hat damals berichtet: „Am Abend des 20. Jänner 1951, als sich die Bauern von Boden und Brandegg gerade zur Stallarbeit aufmachten, ertönte die Luft von einer dumpfen Detonation. Für die Bodener das Zeichen, dass sich die gefürchtete Ahorntallahne gemeinsam mit der noch gefürchteteren Eifertallahne gelöst hatte. Das neu erbaute Jagdhaus Hubertus wurde von den Schneemassen an drei Seiten bis zum Dachstuhl 7 Meter hoch eingebettet. Unfassbar, dass dieses Haus unversehrt blieb. Die fünf Bewohner kamen mit dem Schrecken davon. Die Lawine zog ihre Spur ganz knapp an der Stadelwand von Leo Lechleitners (6.1) Anwesen vorbei und donnerte an der gegenüberliegenden Talseite hinauf, wo sie eine Gegenlawine von gewaltiger Breite auslöste, deren Luftdruck die Fenster und Wände der Häuser erzittern ließ. Die Eifertallawine brachte den entwurzelten Wald mit, verschüttete in Brandegg den Schafstall und den Tennen von Gottlieb Friedl (mein Großonkel), streifte das Bodener Sägewerk, riss die Dorfbrücke über den Fundaisbach bis auf zwei Balken mit sich und strömte in breiter Bahn, überall Spuren der Verheerung zurücklassend, am Dorfe vorbei in die Talsohle. Die verängs-

tigten Familien verließen größtenteils ihre gefährdeten Wohnstätten und verbrachten eine schlaflose Nacht im halbwegs sicheren Gasthaus Stern in Boden 29."
Obwohl inzwischen doch viele Schneestahlbrücken am Berg stehen, fühle ich heute Abend die Unberechenbarkeit der Naturgewalten.

Mittwoch, 8. Februar 1984

Wieder sind 24 Stunden vergangen und es schneit noch immer, als wäre der Himmel offen – und immer dieser Wind. Wohin wird er wohl den Schnee verfrachten? Es ist schon fast unheimlich! Es scheint, als wollten die Schneemassen uns und die Häuser begraben. Wohin mit dem ganzen Schnee? Wir sind alle schon müde vom vielen Schneeschaufeln und sehr bedrückt von der stündlich wachsenden Gefahr großer Lawinen. Heute hat man auch schon einige Dächer abschaufeln müssen. Ich gehe immer öfter in die Stube, um mich hinter den Ofen zu legen. Es scheint mir von Stunde zu Stunde immer sinnloser, gegen diese Schneemassen anzukämpfen. Der Weg durchs Dorf hinunter, der Weg zur Kirche, zum Schafstall und zum Misthaufen ist nur noch ein schmaler, 2 Meter tiefer Graben und es ist fast nicht mehr möglich, den Schnee darüber hinaufzuwerfen. Heute hat kaum noch jemand etwas gesagt, alle haben nur noch das Gleiche gedacht: „Jetzt hätten wir aber wirklich genug Schnee!" Meist bedeuten für mich der viele Schnee und die gesperrte Straße auch Ruhe und Geborgenheit, aber heute fühlt es sich gar nicht mehr nach Geborgenheit an. Was ist, wenn es noch ein paar Tage lang schneit?

Immer wieder versuche ich, einen Vergleich zu den Wintern 1980/81 und 1981/82 herzustellen: Damals sind hier in einem Winter 16 Meter Schnee gefallen, das heißt, die täglich gemessenen Neuschneemengen zusammengezählt. Achtzig Tage sind wir damals von der Außenwelt abgeschnitten gewesen. Zu Weihnachten haben die Männer mit Schaufeln über die riesigen Lawinen Wege geschaufelt und ein paar mutige Gäste sind zu Fuß zu uns hereingekommen. Das Gepäck der Gäste haben die einheimischen Männer auf Heuschlitten heraufgezogen. Am 19. März, an Josefi, unserem Kirchweihtag, sind gleich hinter der Brücke noch 2,32 Meter Schnee gelegen.

Donnerstag, 9. Februar 1984

Anton und Helmut haben sich heute noch einmal mit dem Traktor nach Bschlabs durchgewühlt. Mit dem Schneepflug haben sie einige kleinere Lawinen weggeräumt und dabei versucht, mit allen Sinnen wach zu bleiben, um nicht unter einer solchen begraben zu werden. Ich kann nicht verstehen, warum sich diese beiden so großer Gefahr aussetzen! In Bschlabs ist dann am Traktor die Achse gebrochen. Nur mit Mühe ist es ihnen gelungen, den Traktor wieder nach Boden in die Garage zu bringen. Jetzt am Abend liegt eine fast unerträgliche Spannung in der Luft, wir fühlen es alle, aber keiner wagt etwas zu sagen. Noch mehr spüren es die Tiere. Als ich am Abend die Tür zum Schafstall öffne, um die Schafe zu füttern, springen sie an die Wand und wollen mit aller Gewalt ins Freie. Auch die

Kühe sind sehr nervös und wollen die Milch nicht herunterlassen.

Es ist jetzt fast 22:00 Uhr und ich öffne gerade nochmals die Haustür mit der Hoffnung, es nicht mehr schneien zu sehen. Unsere Katze rennt ganz verschreckt die Stiege herunter an mir vorbei hinaus ins Schneegestöber, sie kommt aber sofort wieder zurück geschlichen. Es gibt auch für sie kein Weiterkommen da draußen. Der Gastwirt Otto Perl geht vorbei und meint während er mit seinen Schultern zuckt: „Kimmt d'Lahne, oder kimmt sie it?" Unten in der Garage beim Helmut brennt noch Licht. Ungefähr zehn Leute stehen herum, schauen Helmut und Anton zu, wie sie versuchen, das kaputte Teil aus dem Traktor auszubauen.

Ich lege mich ins Bett und habe nur noch einen Wunsch: „Es möge doch endlich aufhören zu schneien!" Ich kann und will mir einfach nicht vorstellen, dass die Natur uns vernichten will! Die spürbare Kraft und das Vertrauen meiner Mutter lassen mich hoffen.

Freitag, 10. Februar 1984

Eine Nacht und ein Tag gehen zu Ende, in denen der weiße Tod bei uns angeklopft hat. Kurz nach Mitternacht, um 00:25 Uhr werden wir durch einen gewaltigen Windstoß aus einem unruhigen Schlaf gerissen. Mensch und Vieh scheinen selbst schon im Schlaf den Atem anzuhalten! Doch sofort herrscht wieder Stille, eine atembeklemmende Stille – und schon schlagen Fäuste an die Haustür von Anton. Sein Nachbar Wendelin schreit: „D'Lahne, d'Lahne isch kennt, alles isch hin, kimm schnall!" Sofort wühlt sich Anton durch den tiefen Schnee von Haus zu Haus, klopft an jede Tür: „D'Lahne isch kennt – Gebhards Stall ist weck." Er läuft sofort weiter, hört meine Fragen nicht: „Stehen alle Häuser? Leben noch alle Menschen?"

Ich laufe die zwei Stiegen hinauf und informiere meine Eltern. In wenigen Minuten stehen alle Bewohner draußen, ein kleines Häufchen Menschen, vor Angst und Schrecken wie gelähmt, in fast vollkommener Dunkelheit. Was ist überhaupt geschehen? Langsam beginnt da und dort eine Taschenlampe mir unheimliche, flackernde Bilder entgegenzuwerfen. Es schneit wie verrückt! Ich sehe nur noch Schnee! Alles ist nur noch weiß, die Hauswände, die Dachgiebel und auch die Fenster. Schneestaub ist noch in der Luft. Das Atmen fällt mir schwer. Ich versuche mich auch durchs Dorf hinunterzuwühlen. Ich drehe aber bald wieder um und gehe zurück. Ich muss doch noch in unseren Stall schauen, was wird mich dort erwarten? Mit einer kleinen Taschenlampe in der Hand wage ich es kaum, die Stalltür zu öffnen: Gott sei Dank! Alles ganz! Alle Tiere stehen! Ich spüre ihre Angst, aber auch ihre Wärme, sie warten auf ein Wort von mir, aber ich kann kein Wort sagen! Was kann, was wird noch alles geschehen in den nächsten Stunden, ja sogar im nächsten Augenblick? Wieder verlasse ich das Haus und wate durchs Dorf hinunter zu Gebhards Hof. Jemand hat inzwischen eine Lampe aufgestellt. Ich versuche mich zu orientieren; was ist das da für ein Dach, das hier auf dem Weg liegt? Der Stall war doch viel weiter hinten. Ein paar graben hier mit Schaufeln. Ich möchte unbedingt wissen, wo das Vieh ist. Ich klettere über das Dach. Der Schnee ist *hier hart gepresst. Ein paar Meter weiter sind kleine Schneehaufen, ich will über einen drübersteigen und dabei bemerke ich, dass es der noch warme Körper einer toten Kuh ist, nur leicht mit Schnee bedeckt. Mir zieht es fast den Boden unter den Füßen weg. Mit meiner Taschenlampe leuchte ich herum und sehe, dass der ganze Stall weggeblasen ist und nur noch die angebundenen, leblosen Kühe am Boden liegen.*

Ich drehe um und gehe so schnell ich kann in Antons Stube hinüber. Hinter der Stubentür lasse ich mich auf einen Stuhl fallen, ich muss kämpfen, um nicht ohnmächtig zu werden, mich nicht in diesen dunklen Schlaf fallen zu lassen. Was wäre gewesen, wenn diese Lawine nur eine Stunde früher gekommen wäre? Bis zu zehn Menschen lägen nun im Schnee begraben. Bald höre ich im Dunkeln eine Stimme, die sagt: „Gott sei Dank! Alle Menschen im Dorf leben!"

Ich fühle mich bald wieder besser und gehe hinaus. Die Menschen, die da herumstehen oder -laufen, nehme ich kaum wahr. Ich bin auch nicht fähig, mit jemandem ein Wort zu reden. Ich versuche, krampfhaft klar zu denken. Kann noch eine Lawine nachkommen? Ist es in den Häusern sicher?

Unten im Gasthof ist die Lawine durch die Fenster eingedrungen, einige beginnen den Schnee hinauszuschaufeln. Anton sagt zu den Herumstehenden: „Geht lieber wieder in die Häuser, man weiß nie ...!" Ich muss meinen ganzen Mut zusammennehmen, um durchs Dorf hinauf und in unser Haus hineinzugehen! Sofort gehe ich wieder in den Stall. Diese Tiere, die bei uns stehen, die immer schon bei uns standen, liegen nun und scheinen entspannter zu sein. Das gibt mir ein we-

nig Sicherheit. Meine Eltern gehen nicht in den zweiten Stock hinauf in ihr Schlafzimmer, sie legen sich im Gåden hin. Ich lege mich in die Stube und horche angespannt in die Dunkelheit. Warte ich auf einen neuerlichen Windstoß, dass das Haus zusammenfällt? Nein! Nein, ich will warten auf einen neuen Morgen! Der Schlaf kommt nicht, alle Glieder schmerzen von der Anspannung, der Verkrampfung. Der Hof hat seine schützende Hülle verloren!

Hoffend und betend, bemüht, die Angst zu vertreiben, dem Ticken der Uhr lauschend, liege ich wach. Was müssen das erst für die Geschwister Gebhard (6.3), Wendelin und Agnes, die gemeinsam den Hof bewirtschaften, für Stunden gewesen sein? Wie knapp sind sie dem Tod entkommen, wie nahe ist er gewesen? Und ihr Vieh, der neue Stall, das neue Auto, der Schlepper, alles, was sie sich zusammengespart hatten, was zu ihrem Lebensinhalt geworden war, ist in einer Sekunde zerstört worden. Werden sie das hinnehmen können? 05:30 Uhr, endlich aufstehen. Auf zittrigen Knien verrichten wir die Stallarbeit im flackernden Kerzenschein, mehr Greifen als Sehen. Ich finde den inneren Kontakt zu den Tieren nicht – aber sie scheinen ruhig zu sein. Und immer die bangen Fragen: Was ist alles passiert? Wie knapp sind wir mit dem Leben davongekommen? Was wird noch alles passieren? Wann wird es endlich hell? Wann hört es auf zu schneien?

Es ist fast 08:00 Uhr, als wir endlich für ein paar Minuten auf den Berg hinaufsehen. Oberhalb der Stützverbauungen am Ahorngrat bis fast zum Brandskopf hinüber ist eine riesige Schneewechte gebrochen. Die mächtige Staublawine, die mit bis zu 300 km/h auf

unser Dorf zugerast ist, hat viel Schutzwald mitgenommen. Von Gebhards Wirtschaftsgebäude mit zwölf
Stück Rindern, einem Schwein und Hühnern ist fast
nichts mehr zu sehen, außer dem Dach, das zwischen
Helmuts und Gebhards Haus liegt. Eigenartig, dass dieses Dach unversehrt samt Dachplatten und Schnee hier
zwischen den Häusern abgelegt wurde. Helmuts Garage mit dem Traktor, an dem sie gestern Abend noch
gearbeitet haben, ist auch nicht mehr zu sehen. Auch
in den hinteren Teil von Helmuts und Gebhards Stadel ist die Lawine eingedrungen. Unsere Garage mit
dem Schlepper ist ebenso unter dem Schnee begraben.
Von Antons Garage am Gorenbichl fehlen der erste
Stock und das Dach. Die drei Garagentore hat der Sog
nach außen gezogen. Sonst kann man nicht viel sehen,
denn der Schnee hat von Mitternacht bis zum Morgen
wieder alles sanft zugedeckt. Wie ist es möglich, dass so
hauchzarte Schneeflocken zu so einer Gewalt werden?
Zu Mittag reißen die Wolken dann endlich auf und lassen sogar etwas Sonne durchkommen. Wie durch ein
Wunder ist die Stromleitung ganz geblieben. Nur die
Telefonleitung ist gerissen. Ein paar Männer gehen sofort daran, Strom und Telefon zu reparieren. Bis zum
Abend haben wir in den Häusern wieder Strom und bei
den Prems funktioniert sogar das Telefon. Mein Vater
geht dorthin und informiert meine Brüder. Sofort möchten sie heraufkommen, aber das ist leider unmöglich!
Ich wünsche mir so sehr, sie wären hier!
Es ist noch immer keine durchgreifende Wetterbesserung in Sicht, die extreme Lawinengefahr besteht weiterhin. Da wir aber nicht mit unserem Vieh davonlaufen können, bleibt uns nichts anderes übrig, als die

Lage hinzunehmen und mutig von einer Stunde auf die andere zu leben. Auch wissen wir jetzt, dass es wohl wieder viel schneien müsste, bis eine neue Lawine an dieser Stelle abgehen würde, die dann allerdings eine noch viel bessere Bahn vorfinden würde. Aber was ist mit der Lawine, die 1951 vom westlichen Berg heruntergekommen ist?

Immer wieder denke ich an die Geschwister Perl – wie ist es, wenn ein Bauer sein ganzes Leben lang Tag für Tag in den Stall gegangen ist, um die Tiere zu versorgen, und dann von einem Tag zum anderen nicht mehr gehen kann, weil nichts mehr da ist? Außerdem hatte Gebhard erst im Frühjahr einen Herzinfarkt, wird er das verkraften? Am Abend dieses Tages lege ich mich mit einem Gefühl ins Bett, als stünde ich mitten im schwankenden Ozean und weit und breit kein Land in Sicht.

Samstag, 11. Februar 1984

Am Morgen, mit dem ersten Blick aus der Tür, kehrt der Schrecken zurück! Es schneit wieder heftig. Stunde um Stunde fällt Schnee vom Himmel, als müsste das Weiß eines ganzen Winters an einem einzigen Tag zur Erde fallen. Mit jeder Stunde wächst dort oben auf den Bergen die Gefahr. Zum ersten Mal in meinem Leben habe ich das Gefühl, die Berge würden mich erdrücken, so nahe, hoch und steil scheinen sie mir. Immer wenn ich durch diese engen Schneegräben gehen muss, habe ich gegen eine in mir aufsteigende Panik zu kämpfen. Ich muss, muss sie einfach im Grunde ersticken. Wenn man nirgendwohin fliehen kann, dann muss man ein-

fach lernen, auszuhalten. Und trotzdem treiben mir die
inneren Bilder jener Nacht immer wieder einen kalten
Schauer über den Rücken. Wenn es nur endlich aufhören würde zu schneien, damit es nicht noch zu einer
richtigen Katastrophe kommt. Als wir um 20:00 Uhr
in die Kirche gehen, um einen Rosenkranz zu beten, reißen die Wolken auf. Es hört auf zu schneien. Gott sei
Dank! So bringt dieser unendlich lange Tag am Ende
doch noch ein wenig Hoffnung.

Sonntag, 12. Februar 1984

Ein strahlend schöner Sonntagmorgen. Gott sei Dank,
schönes Wetter! Es tut uns allen gut, blauen Himmel zu
sehen, da unsere ganze Hoffnung vom Wetter abhängt.
Ich staune, wie gefasst Gebhard und Wendelin das Unglück tragen. Ihre Tiere sind alle tot und auch ihr erst
vor wenigen Jahren neu erbauter Stall ist davongeflo-
gen. Ich kann das alles noch gar nicht begreifen und
doch ist es geschehen. Wir beschließen, um 09:00 Uhr
in die Kirche zu gehen. Gebhard erklärt sich sogar bereit, einen Wortgottesdienst zu halten. Tief ergriffen
hören wir seine einleitenden Worte: „Ihr müsst schon
entschuldigen, wenn ich heute nicht alles planmäßig
hinbekomme, aber ich bin nicht mehr am Laufenden,
und dann noch auf das Geschehene hinauf … Wir wollen heute dem Herrgott danken, dass es kein Menschenleben gekostet hat, und wir wollen ihn bitten, er möge
uns auch weiterhin davor verschonen. Das, was passiert ist, soll uns ermahnen, nicht so sehr nach materiellen Dingen zu streben, die doch so vergänglich sind.

Sondern wir sollen auch an Gottes Reich, an das Leben nach dem Tod denken und auch danach leben. Das, was hier geschehen ist, zeigt es uns doch deutlich. Da schindet, arbeitet und spart man ein Leben lang, damit man es im Alter ein bisserl leichter hat, dann ist in einer Nacht alles vernichtet, man steht wieder vor dem Nichts und glaubt, nicht mehr die Kraft zu haben, es annehmen und von vorne wieder beginnen zu können. Gott der Herr segne und behüte uns und alle Menschen, die in den vergangenen Tagen Ähnliches erlebt und sogar Tote zu beklagen haben."

Ausdehnung der Ahorntal-Lawine vom 10. Februar 1984 (Foto: Familienarchiv Friedl)

Nach dem Gottesdienst kommen ein paar Männer und Burschen aus Bschlabs und zusammen beginnen wir mit den mühsamen Aufräumungsarbeiten. Die toten Tiere müssen zuerst geborgen werden. Das ist wohl die schlimmste Arbeit. Ein Tier nach dem anderen wird aus seinem weißen Grab geschaufelt. Sie hängen noch an den Ketten nebeneinander. Auch die kleinen Kälber bringt man nach und nach heraus. Bis zum Abend liegen alle Tiere nebeneinander draußen auf dem Feld. Ein schauderhafter Anblick! Die Tiere, die eines Bauern Hab und Gut, sein Stolz und seine Freude sind, in einer Nacht zu verlieren, macht sprachlos. Armer Wendelin, er hat doch so viel Freude an ihnen gehabt!

Danach setzen wir die Arbeit fort. Von den circa 20 000 Kilogramm aus Gebhards Stadel, finden wir nur einen etwas größeren Haufen, circa 50 Meter weiter unten im Feld. Davon binden wir Bürd und ziehen diese auf Schlitten herauf in alte leerstehende Städel. Das Heu hat den Duft des Sommers! Ich würde so gerne die nächsten Tage und Wochen bis zum Frühjahr einfach überspringen.

Montag, 13. Februar 1984

Auch heute ist wieder schönes, wenn auch windiges Wetter. Nachdem im Haus das Nötigste getan ist, ziehen wir uns an, nehmen eine Schaufel und gehen wieder an die Arbeit. Der Abtransport der toten Tiere muss organisiert werden, denn man kann sie nicht auf dem Feld liegen lassen und warten, bis die Straße ins Tal wieder frei ist. Anton telefoniert so lange, bis dann um 11:30 Uhr sogar zwei Hubschrauber kommen. Einzeln werden die steifgefrorenen Tiere in der Luft baumelnd aus dem Tal geflogen.

Samstag, 18. Februar 1984

Auf eine wunderschöne Vollmondnacht folgt ein klarer, sonniger Tag. Zu Mittag kommen meine Brüder Josef und Markus zu Fuß von Elmen herauf. Ich bin sehr froh, dass sie da sind! Markus meint, es ist vielleicht gut, dass die Lawine jetzt noch gekommen ist. In diesem Ausmaß wäre es selbstverständlich nicht nötig gewesen, denn es gab bereits Überlegungen, dort, wo die Lawine ihre Schneise schlug, Häuser zu bauen – schließlich ist seit Menschengedenken an dieser Stelle am Berg keine Lawine abgegangen. Und zum anderen wurden ja vor Jahren Lawinenverbauungen errichtet. Im Sommer wird man die Lawinenverbauung stark erweitern müssen, um das Dorf wieder zu sichern.

Sonntag, 19. Februar 1984

Abends um 21:00 Uhr kommen die großen Schneeräummaschinen in Boden an! Die Straße ins Tal ist wieder frei! Nach knapp zwei Wochen, die mir wie eine Ewigkeit vorkommen.

Freitag, 2. März 1984

Das Feld von Boden sieht jetzt aus wie ein geschlagener Wald. Jeden Tag gehen wir mit Rechen auf die Lawine, um die Zweige der Bäume abzurechen, damit der Schnee besser schmelzen kann. Wir stapeln die Zweige zu Haufen und verbrennen sie. Die Aufräumungsarbeiten sind in vollem Gange. In den folgenden Wochen wird in allen Kirchen im Bezirk Geld gesammelt. Auch die Jungbauernschaft des Bezirkes sammelt, um wenigstens einen Teil des Schadens, der auf circa fünf Millionen Schilling geschätzt wird, zu decken. Von überall her wird uns Hilfe angeboten und einige Leute versprechen, uns nach der Schneeschmelze beim Aufräumen zu helfen.

Blick auf jene Stelle, wo Gebhards Stall stand
(Frühjahr 1984)

Samstag, 21. April 1984

Der Schnee schmilzt nur so dahin. So wie jedes Früh-jahr tropft das Wasser Tag und Nacht von den Dächern in einem friedlichen Rhythmus. Kaum gibt der Schnee die Erde frei, sprießen auch schon die ersten Blümchen aus dem Boden. Die Vögel singen und zwitschern schon am frühen Morgen. Der Bergfrühling will seinen Ein-zug halten – so, als wäre nichts geschehen.

Freitag, 25. Mai 1984

An den vergangenen Samstagen sind Leute aus dem ganzen Bezirk und sogar aus Füssen gekommen, um uns auf den Wiesen aufräumen zu helfen. Schulklas-sen, Jugendgruppen, das Rote Kreuz und noch viele andere freiwillige Helfer. Wir sind dafür von Herzen dankbar, da es uns sonst nicht möglich wäre, die vie-len Tonnen entwurzelter oder geknickter Bäume, Äste, schwere Steine und Erde, alles vermischt mit hartem Schnee, von den Wiesen zu entfernen, damit man im Sommer die Felder wieder mähen kann. Wochenlang brennen nun schon etliche Feuer, in denen man die Zweige und das, was nicht zu gebrauchen ist, an Ort und Stelle verbrennt. Am Wochenende kommen im-mer viele Menschen vom Lechtal und auch von weiter her. Sie kommen herauf, um zu sehen, wovon sie gehört hatten. Aber ich kann und will diese Geschichte nicht mehr ständig wiederholen.
Heute verlassen uns die zwanzig Soldaten des Bun-desheeres. Vier Tage haben sie in unserem Dorf ver-

bracht, um dabei zu helfen, die Reste der Lawine zu beseitigen. Zusammen mit ihnen haben wir es geschafft, dass es hier nun doch wieder einigermaßen normal aussieht und wir auf eine Heuernte hoffen können. Das Gras, das aus dem Boden sprießt, wird bald schon die letzten Spuren auf den Feldern verwischen. Doch die Wunden dieser Naturkatastrophe sind noch lange nicht verheilt. Ich bin so froh, dass die Angst und das so grausame, unsichere Gefühl in mir doch langsam wieder dem Vertrauen Platz machen. In unseren Herzen wird wohl für immer eine Narbe zurückbleiben.

Es ist nun höchste Zeit geworden, mit der jährlichen Frühjahrsarbeit zu beginnen – Mistbreiten, Kartoffel setzen, Zäune machen. Das Wetter ist meistens kühl und nass und unser Kampf, diesem kleinen, kargen Stückchen Land unser Auskommen abzuringen, wird weitergehen.

Mittwoch, 13. Juni 1984

Wie jedes Jahr ziehen wir mit den Kühen wieder nach Pfafflar hinauf. Heute Nachmittag kommt auch ein Lastwagen nach Pfafflar und ein Mann übergibt Gebhard und Wendelin zwei Kühe. Wir alle wünschen ihnen viel Glück mit diesen zwei sehr schönen Kühen, die in vier Monaten ihre Kälber zur Welt bringen werden.

Eigentlich war es diese Lawine, die in der Nacht vom 9. auf den 10. Februar 1984 mit voller Wucht in unser Dorf hereingebrochen ist, die mich buchstäblich in eine andere Welt geworfen hat. In dieser Nacht und in den folgenden Wochen und Monaten während des Aufräumens der Lawine bin ich wie aus einem Traum erwacht. Ich habe einfach nicht bemerkt, wie viel in den vergangenen Jahren weggebrochen ist. Wie wenig starke, tatkräftige Männer hier in diesem Dorf noch sind, die in solchen Situationen anpacken können.

Die meisten Bauernhöfe werden ja eigentlich nur noch von älteren Bauern bewirtschaftet. In schon wenigen Jahren werden sie das nicht mehr schaffen können. Es ist noch gar nicht lange her, da wurde in diesem Tal unter den Bauern um jeden Halm und um jeden Meter Grund gekämpft. In jedem Loch und bis hinauf auf die Grate wurde jeder Quadratmeter gemäht. Auch habe ich kaum bemerkt, wie wenig Bedeutung diese heimatlichen Bauerngüter noch haben. Das Geld kann einfacher verdient werden.

Herausgerissen aus einer Welt, in der meine Wurzeln so tief stecken, die so klar, einfach und so selbstverständlich war. Hin- und hergerissen stürze ich mich täglich ins Aufräumen, in der Hoffnung es werde wieder, wie es war. Ich höre Worte wie: „aufgeben", „unwirtschaftlich", „unhaltbar", „überflüssig", „nicht mehr zeitgemäß"! Diese Worte türmen sich vor mir auf! Immer mehr unterhöhlt wird meine Welt. Eine Welt, die über Jahrhunderte gewachsen war!

Unserer Familie werden immer mehr Grundstücke zur Bewirtschaftung überlassen. Deswegen brauchen wir die steilen Bergmähder oberhalb von Pfafflar nicht mehr bewirtschaften. Die Schäden des Winters zu beseitigen und die bis zu 4 000 Meter Bretterzäune, die wir zu erhalten haben, bringen uns ohnedies schon an die Grenze des Möglichen.

Denn auch auf unserem Hof stehen immer weniger Arbeitskräfte zur Verfügung, da meine Brüder in Schule, Ausbildung und Beruf stehen und sie nur noch am Wochenende und in den Ferien mithelfen können. So wird der Druck immer stärker, die Arbeitskräfte durch Maschinen zu ersetzen, deren Kosten allerdings in keinem Verhältnis zum Einkommen aus der kleinen Landwirtschaft stehen! In meinen Augen entwickelt sich die fast nicht mehr zu bewältigende Arbeit zur Bewirtschaftung unseres Hofes zu einem reißenden Wildbach und zu einem Gegen-den-Strom-Schwimmen. Und außerdem geht es plötzlich nur noch um die „Erhaltung einer Kulturlandschaft", die sogar unterstützt werden soll?! Staunend beobachte ich die Hilfe, die wir erhalten. Die allerdings auch Erwartungen erzeugt. Es gibt wirklich Menschen und sogar Politiker, die Interesse daran haben, uns beim Aufbau zu helfen und unseren Wohnraum mit unvorstellbar viel Geld zu sichern. Die zwei Kühe mit denen Gebhard und Wendelin wieder einen Anfang setzen, machen mir ein wenig Mut und ich bin unendlich dankbar für dieses Geschenk!

Ich bin nun 24 Jahre alt und nehme jede Hilfe und jeden anerkennenden Blick, der uns geschenkt wird, dankbar an! Aber die Last der Verantwortung für die nun „nur noch Erhaltung" unserer ererbten Kulturlandschaft werde ich nicht mehr los. Irgendwie habe ich das Gefühl, dass diese kleine Welt hier in der Luft hängt. Und doch will und kann ich nicht aufgeben, was mir so viel bedeutet. Was mir Sinn und Erfüllung schenkt! Die Welt in Ordnung hält! Aber wie soll das möglich sein? Durch Jahrhunderte haben die Familien hier oben überlebt, nun scheint es nicht mehr möglich zu sein? Auch

wenn sie hart ist und uns alles abverlangt, ich fühle mich
wohl in der Welt der Genügsamkeit, umgeben von der so
vertrauten Bergwelt, die meine Seele verinnerlicht hat.

4.3.2 Heimatgedanken (von Rosi Friedl)

Die Welt von uns fünf Bergbauernkindern bestand nur
aus unserem Hof, Boden, Brandegg, Unterhaus und Pfafflar, das Hahntennental und den Bergwiesen hinauf zum
Habart. In meinen Kindertagen war die Landwirtschaft,
wie sie unsere Eltern betrieben, das Selbstverständlichs-
te, die einzige Möglichkeit. Es gab nichts anderes! Alles
war ganz klar und einfach.

Die Eltern nahmen ihre Arbeit, ihr Leben ernst. Sie
sorgten mit aller Kraft für ihre Familie und ihr Vieh. Sie
lehrten uns, keine Mühe scheuend, dem Stückchen Land
abzunehmen, was es zu geben vermochte: ein wenig Gras,
Heu für das Vieh, die Kuh und das Kalb, das Schaf und
das Lamm, das Schwein und die Hühner; Kartoffeln, sie
bildeten die Hauptnahrung; ein wenig Gemüse im Garten; Mehl wurde gekauft.

Ihre große Sorge, getragen durch das ganze Jahr: Wird
es gelingen, gutes Heu zu machen – und wird es genug
sein? Davon hing so viel ab! Im Herbst, wenn das Vieh
in die Ställe zurückkehrte, wurde zuerst das Heu, das in
Pfafflar eingebracht und gelagert war, aufgefüttert. Bis
Ende November blieben wir dort oben. Die letzten Tage
vor dem Abtrieb in unser Winterheim nach Boden waren
oft von einer großen Unruhe begleitet: Man wollte und
musste vor dem Schlechtwettereinbruch noch hinunter,
denn die Gefahr, hier oben eingeschneit und festgehalten

zu werden war groß. Nicht selten musste dann tagelang ein Weg geschaufelt werden, um die Tiere nach Boden hinuntertreiben zu können. Auch der Weg zur Schule, jeden Tag hinunter nach Boden und wieder hinauf nach Pfafflar, war selbstverständlich. Oft waren wir aber auch bis kurz vor Weihnachten dort oben eingeschneit und lernten die Kälte und Härte des Winters kennen.

Wir brauchten einander! Es gab kaum einen Tag im Jahr, an dem wir Kinder nicht zur Arbeit verpflichtet waren. Als ich acht Jahre alt war, übertrugen uns die Eltern die Verantwortung für achtzig Stück Jungvieh am Hahntennjoch. Es gab noch keine Straße, sie wurde gerade gebaut. Jedes einzelne Tier war uns bekannt, ein eigenes Wesen aus sich heraus – ein Wesen und keine Sache oder sonst was. Dort oben lernten wir, auf der Hut zu sein und fühlten die Gefahren. Genauso wie wir lernten, die Einsamkeit auszuhalten, zu hören, wie die Felsen wachsen und wie der Herr des Lebens über allem wacht.

Die Eltern vermittelten uns, jegliches Leben zu achten: Ein Stück „Wasen" (Rasen) mutwillig aus der Erde zu schlagen, war wie ein Schnitt mit der Sense in den Finger. Auf jeden Halm wurde geachtet, jede Hand voll Heu im Winter dem Vieh übergeben, alles tat man mit großem Ernst.

Es war meistens die Aufgabe von uns Kindern, während der Heuarbeit auf den Feldern oder oben auf den Bergmähdern das Trinkwasser direkt von der Quelle zu holen – Quellen, die immerzu aus der Tiefe der Berge strömen, klar und rein und so erfrischend. Genauso wie wir auf die Sonne hofften, die das Gras schnell zu gutem Heu werden ließ und damit die Arbeit erleichterte und vorantrieb, genauso liebten wir den Regen, der uns in einen kleinen Heustadel oder in das kleine Zelt trieb und uns ein wenig ruhen ließ. Das Wetter und der Rhythmus der Jahreszeiten bestimmten unser Tagwerk. Selbst den Gewalten und Gefahren der Natur, die das Wenige ständig bedrohten, begegnete man mit großer Achtung. Es gab keinen Schutz außer dem Instinkt der Gefahr auszuweichen, und keine Hilfe außer der des Nachbarn und dem Gebet mit dem Vertrauen auf die Hilfe Gottes.

Doch die Jahre haben auch uns in eine andere Welt versetzt ... Unser kleines Tal, das so abgeschottet war, hat sich geöffnet. Vielleicht nicht nur das Tal – auch mein Blick? Vieles änderte sich rasend schnell. Sie blieb nicht draußen, die Welt, in der man sich alles kaufen kann. Mit jeder Maschine, die uns die Arbeit erleichtert und die Arbeitskräfte ersetzt, weil es sie nicht mehr gibt, sinkt auch das Einkommen – muss die Leistung erhöht werden. Und das Schlimmste kam fast über Nacht: „Gutes Stückchen Land! Du wirst nicht mehr gebraucht, das Bisschen, das du gibst, es ist lächerlich!" Wozu sich noch plagen mit dir? Wozu gegen den Strom und den Zeitgeist schwimmen? Es ist viel einfacher und leichter, eine Arbeitsstelle anzunehmen und mit Geld zu kaufen, was man zum Leben braucht und noch ein bisschen mehr ... Ja, die öffentlichen Bemühungen und Zuschüsse, um dich zu „erhalten", es gibt sie, Gott sei Dank, denn sonst müssten wir heute noch aufhören! Aber trotzdem bleibt die Schinderei um kargen Lohn, und oft ist es ein ungleicher Kampf gegen die Gesetze der Natur. Und die Arbeit wird immer mehr, mit jedem, der geht! Denn es sind fast alle gegangen, wenn nicht vom Hof, so doch von der Landwirtschaft. Aber mein Vater blieb ...

Oft empfinde ich die uns gebliebene Arbeit zur Erhaltung dieses uralten Siedlungsgebietes, Arbeit, wie sie von vielen Bergbauerngenerationen verrichtet wurde, wie einen reißenden Bach, der durch mich hindurchströmt – nicht zu bewältigen. Oft und oft frage ich mich: „Wie kann es sein, dass es ausgerechnet in der heutigen Zeit nicht mehr möglich sein soll, als Bergbauer zu überleben? Wie ist es möglich, dass aus den Herzen der Söhne und Töchter jegliche Bindung an ihre Heimat und an ihre Wurzeln verschwand?"

Nein, mein Bergbauernhof, eingeschlossen in das Schweigen Gottes, mir bist du noch Heimat! Meine Wurzeln stecken in dir! Ich kann nur leben, solange ich an meinen Wurzeln bleibe. Auch wenn ich sie nie ganz kennen werde ...

Ich möchte dich, das ererbte Kulturgut unserer Väter und Mütter, nicht nur erhalten. Ich möchte leben und arbeiten auf dir, in dir, mit dir und täglich neu das Atmen der Erde spüren. Ich möchte mich einreihen in die lange Kette all jener, die du über Jahrhunderte ernährt hast. Deine Werte, sie geben meinem Leben Sinn, Kraft und Freude. Und sie sind ein Ausweg aus den wahnwitzigen Irrwegen, die die Menschen in dieser heutigen Welt gehen.

Ein Bergbauer, eine Bergbäuerin ist kein Händler oder Geschäftsmann. Er ist überhaupt nicht da, um zu konsumieren, sondern um auf seinem Boden für sich zu arbeiten und davon zu leben. Zwar hart zu arbeiten und einfach zu leben, aber naturgemäß und als freier Mensch. Es ist keine Schande, Bergbauer zu sein und in vermeintlich engen Grenzen zu leben.

Ich sehe auch mit großer Dankbarkeit, wie viel für uns getan wurde, wie unvorstellbar viel Geld investiert wurde, wie sehr sich auch Menschen von draußen eingesetzt haben, die Straße ins Tal auszubauen, ihre solidarischen Bemühungen, unsere Dörfer vor Lawinen und Muren zu schützen, damit nicht noch die Letzten dieses Tal hier verlassen. In so manchem Winter war die Straße bis zu achtzig Tage wegen Lawinen oder Lawinengefahr gesperrt. Dabei war es immer ein gutes Gefühl, zu wissen, dass wir uns selbst versorgen konnten, dass wir wohlvorbereitet in den Winter gegangen waren. Schon in ein paar Jahren würde es bei normalen Schneeverhältnissen möglich sein, den ganzen Winter die Straße hinunter ins Lechtal zu benützen. Durch die großen Lawinenabgänge im vergangenen Jahrhundert, zuletzt 1984, uns allen noch zu gut in Erinnerung, die auch immer wieder Wohnhäuser bedrohten, macht sich auch heute noch nach tagelang anhaltenden Schneefällen die Angst davor in uns breit. Trotz der vielen Lawinenverbauungen, die oben auf den Bergen stehen. Dazu kommt die Sorge wegen der Folgen der „Lahnen", die auf unseren Feldern und Weiden Steine, Bäume und Schmutz zurücklassen. Wir brauchen im Frühjahr oft Tage und Wochen, um diese wieder nutzbar zu machen. Inzwischen muss unser Hof schon fast 4 000 Meter Weidezäune erhalten. Viele Meter davon gehen durch Lawinenstriche und müssen daher jeden Herbst abgelegt werden.

Es erfüllt mich mit großer Freude und Dankbarkeit, dass die Volksschule im Dorf mit nur drei Schülern wieder eröffnet wurde! Die Schule belebt unser Dorf so sehr! Es ist sehr wichtig, dass die Kinder nicht schon vom sechsten Lebensjahr an „hinaus" gefahren werden! In einer Zeit, in der so viele Kinder nicht einmal mehr in ihren Familien Geborgenheit finden. Ich empfinde es immer wieder schmerzhaft sehen zu müssen, wie viele Menschen daran leiden, dass sie keine Wurzeln mehr haben. Sie haben nicht die Kraft und finden oft keinen Sinn mehr, nach ihnen zu suchen. Es macht Sinn für sein Land zu leben und zu arbeiten, und ist es auch noch so klein und karg! Und sei es in unserer Zeit auch nur der sinnvollen Beschäftigung für Körper und Geist wegen. Einer Zeit, in der die Menschen bei uns Nahrung und Materielles im Überfluss haben und dennoch so viele an Depressionen und Sinnleere leiden. Wer es einmal bis in die Seele hinein ausgekostet hat, tagelang nur mit einer Gabel oder einem Rechen in der Hand auf seinem Feld zu arbeiten, ohne Worte, eins zu sein mit der Natur, der weiß, dass man darin dem Geist der Liebe, dem Sinn des Lebens und der Zufriedenheit ein wenig näherkommen kann.

Es ist wichtig, diese echten Ruhegebiete Tirols so zu erhalten, dass sie auch in Zukunft ihre Familien ernähren können und dass sie auch für die Urlaubsgäste wertvoll bleiben. Immer wieder kommen Menschen hierher, aus aller Welt, die uns einen anerkennenden Blick zuwerfen, den wir auch immer wieder brauchen, der uns guttut und neuen Mut macht. Menschen, die sich erfreuen an der Schönheit und an den traditionellen Werten dieses Hochgebirgstales. Sie spüren die besondere Ausstrahlung, die von diesem Ort ausgeht. Leider muss man sich im Sommer an schönen Tagen schon weit von der Straße übers Hahntennjoch entfernen, um überhaupt etwas hören zu können. Denn sie kommen mit ihren Bikes, mit ihren Maschinen und rasen durch das Tal und durch Pfafflar. Nehmen sie die Umgebung überhaupt wahr? Mich schmerzt der Lärm so sehr, mich ängstigt auch der Sinn dieses Tuns – sie machen so vieles kaputt ...! Oft wage ich es kaum noch, mit dem Auto nach Pfafflar zum Melken zu fahren. Und sie verdrängen jene Gäste, die hier Ruhe und Erholung suchen und uns einen wichtigen Nebenverdienst ermöglichen. Sie kennen keine Ehrfurcht vor den alten Häusern in Pfafflar. Sie verschwenden nicht einen Gedanken an jene Generationen von Menschen, die immer behutsam mit ihrem Grund und Boden umgingen, der ihr Leben garantierte. An all jene, die zu Fuß unten in der Schlucht über den steilen steinigen Weg hinaus oder hineingingen, meist schwere Lasten tragend, sechs bis acht Stunden waren sie unterwegs, begleitet von Gefahren und oft von „Geistern" gequält.

Eine große Gefahr sehe ich auch darin, dass Höfe, die keine Erben haben, in den letzten Jahren immer wieder an Auswärtige vererbt werden, deren Interesse nicht die Landwirtschaft ist, sondern eine bequeme Sommerresidenz in den Bergen darstellt. Sie haben kaum Verständnis für die Verpflichtungen, die dieser Besitz natürlicherweise nach sich zieht: die Arbeiten zur Aufrechterhaltung des Systems – Felder, Weide, Wald. Doch so sind wenigstens ein paar Häuser vor dem Verfall bewahrt. Es schmerzt mich unsagbar zu sehen, wie einige sehr alte Höfe in Pfafflar verfallen. In schon wenigen Jahren werden diese stummen Zeugen nicht mehr sein. Häuser und Gebäude, die Jahrhunderte überstanden und vielen Generationen als Zuhause gedient haben. Von Geburt an kenne ich das Leben in diesen Hütten. Wir lebten darin wirklich sehr arm. Und doch hatte ich als kleines Kind schon das Gefühl, eine Prinzessin in einem Schloss zu sein. Diese schiefe Burg mit den dicken, gehackten Balken und Baumstämmen, die schon viele Hundert Jahre alt waren, inmitten, umgeben von solch gewaltiger Naturschönheit. Das Leben darin ist echt und einfach! Die Werte, die sie mir vermitteln, sind für mich nicht in Worten auszudrücken, aber sind tief in mein Bewusstsein gedrungen. Das alte, mit der Natur lebende, von Natur geprägte Bauerngeschlecht gibt es nicht mehr, „Bauern durch und durch, bis in die tiefsten Fasern und Tiefen ihres Wesens", Familien, die überleben konnten von dem, was sie sich erarbeiteten, hier oben an der Waldgrenze und damit zufrieden waren. Sie gingen nach Imst hinunter, um Salz, Getreide und sonst noch Allerlei zu holen oder mit dem Mitgebrachten zu tauschen. In dieses warme, fruchtbare Imst, wo das viele Getreide stand und wunderbar schmeckendes Obst an den Bäumen hing, wo das Gras auf ebenem Boden wuchs und um ein Vielfaches höher stand, wo der Winter nicht zu fürchten war. Doch sie blieben nicht dort! Sie gingen wieder zurück übers Joch, nur das mitschleppend, was sie auf dem Rücken tragen konnten. Dorthin, wo der Schnee sechs Monate lag, meterhoch. Wo die Lawinen sie bedrohten, das Futter für ihr Vieh und die Lebensmittel für die Menschen knapp wurden, der Schmied und der Arzt einen ganzen Tag lang entfernt oder oftmals ganz unerreichbar waren. Dort hinauf, wo im Sommer der Schnee in die Ernte fällt. Hinauf in die stille Einsamkeit der schroffen Bergwelt, wo der Hauch von Leben kaum spürbar über allem dahinzieht, zurück zu den alten Höfen von Pfafflar und Boden, die so viel Wärme, Echtheit und Geheimnisvolles ausstrahlen. Wer einmal in ihnen gelebt und gearbeitet hat, den lassen sie nicht mehr los.

Wie bitter hat es so mancher Auswanderer in früherer Zeit bereut, seine Heimat verlassen zu haben. Es gab dort nur das Allernotwendigste, und die Arbeit war mühsam, eine Schinderei. Aber vielleicht ist es gerade das, was den Menschen gesund, froh und zufrieden macht. In den Wintertagen, an denen man nur zu Fuß hinaufkommt, ist es dort oben geheimnisvoll still, ernst und echt. Und ein großer Friede liegt über Pfafflar. Es ist mir, als wäre alles Leid, das dieser Ort gesehen, nicht vergessen, aber überwunden. Es ist, als wäre die Gegenwart all dieser Menschenseelen, die einmal hier gelebt und geliebt haben, zu spüren ... Immer noch ziehen wir im Herbst für ein paar Wochen hinauf in unser altes Haus in Pfafflar, um das Heu aufzufüttern. Es ist der Ort, an dem ich ganz zu Hause bin. Doch wenn sich dann im Westen über dem „Sattele" dunkel und drohend Schneewolken auftürmen, wird es Zeit mit den Tieren ins Tal zu ziehen. Dann bin ich doch froh, hinuntergehen zu können. Aber ich denke immer wieder daran, was es wohl für die Menschen bis vor hundert Jahren bedeutet hat, diese Zeichen am Himmel zu sehen und zu wissen, hier oben monatelang eingeschneit ausharren zu müssen?

Wenn im Sommer an schönen Tagen viele Motorräder und Autos durch Pfafflar rasen und lärmen, dann schweigt dieser Ort, und man könnte meinen, ich hätte nur geträumt. Aber es ist nicht so. Ich habe es erlebt und gelebt. Es ist mir ein Geschenk, hier an diesem Ort, der mir Heimat ist, als Bergbäuerin leben zu können, im Wandel der modernen Zeit. Ich bin froh, unseren Kindern die Werte ihrer Heimat vermitteln zu dürfen. Ich hoffe, dass sie diese später überzeugt weitergeben können!

4.4   Bruder Markus

Als Papa mit Mama und dem neugeborenen Markus Anfang März 1962 im Fiat 500 von seinem Bruder Anton vom Krankenhaus Kreckelmoos in Breitenwang heimkam, haben wir uns alle sehr gefreut. Es kam dann gleich von den älteren Geschwistern die Bemerkung: „Jetzt haben wir aber genug Kinder." Unsere Eltern haben das offensichtlich ernst genommen und so blieb Markus das jüngste Kind unserer Familie.

Markus war von Anfang an ein ganz liebes, nettes Poppele mit dem alle spielen, ihn betreuen, hin- und herschleppen wollten. Doch schon bald gab er eindeutig zu verstehen, was ihm gefiel und was er nicht mochte. Das mussten wir akzeptieren, ansonsten wurde er klar und deutlich!

Bereits als zweijähriges Kleinkind unternahm er Kletterversuche auf dem Heuberg. Während Papa, Mama und ich beim Zusammenrechen von dürrem Heu waren, stieg Markus auf einem Felsen, der oberhalb von uns aus dem steilen Bergmahd herausragte, umher. Die wiederholten, eindringlichen Anweisungen der Eltern, in der Mulde beim Schoberstall ruhig sitzen zu bleiben, konnte Markus einfach nicht dauerhaft befolgen. Plötzlich verlor er den Halt und stürzte sich mehrmals überschlagend ab. Nach einem kapitalen Salto landete er zum Glück unbeschadet in der dicken, flauschigen Heumahde („Hawuzel") neben unserer Mama. Somit blieb er zum Glück vor dem weiteren Absturz durch steiles Gelände verschont.

Markus (links) mit seinen Geschwistern (Foto: Familienarchiv Friedl)

Eine besondere Gewohnheit von Markus war es, Zeige- und Mittelfinger gemeinsam in den Mund zu stecken und gleichzeitig mit den Fingern der anderen Hand seine Haarlocken zu rollen.

Fast immer am Samstagabend wurden wir alle in der Küche neben dem warmen Herd in einem großen Schaff gebadet. Wenn Markus an der Reihe war, legte er ganz besonderen Wert darauf, dass die Mama mit einem großen Leintuch dafür sorgte, dass man ihn nicht unbekleidet sehen konnte.

Als Markus in die erste Klasse der Volksschule kam und wir im Herbst täglich von Pfafflar nach Boden gehen mussten, war es seine größte Sorge, dass er im vorletzten und letzten Pflichtschuljahr allein den Schulweg auf sich nehmen muss. Als es dann sieben Jahre später so weit war, war das kein Thema mehr.

Als kleines Kind wollte er von daheim abhauen, weil ihn die Geschwister und die Eltern zu sehr nervten. Da er aber nicht wusste, ob er bei der Abzweigung in Elmen rechts oder links gehen musste, gab er diesen Plan wieder auf.

Große Angst und viele Sorgen bereiteten ihm das Feuer im Herd oder wenn die Mama Butter zu Schmalz einkochte, sowie auch Blitz und Donner konnte er nicht ertragen. Er hat sich dann immer auf der Küchen- oder der Ofenbank unter einem großen Polster versteckt.

Als Markus mit seinem Cousin Karl einmal am helllichten Tag von Boden nach Pfafflar ging und beide in Unterhaus (Unterpfafflar) einen von Benedikt und Hedwig aufgestellten „Hirschenputz" (auf Feldern und Äckern positionierte, stinkende oder klappernde Skulpturen zur Abschreckung von Reh- und Rotwild) sahen, glaubten sie, einem Gespenst begegnet zu sein, und liefen so schnell sie konnten wieder nach Hause, um atemlos von ihrem aufregenden Erlebnis zu berichten. Trotz Erklärungen konnte man die beiden nicht mehr überreden, nochmals nach Pfafflar hinaufzugehen.

Wie wir alle musste auch Markus von frühester Kindheit an bei den verschiedensten Arbeiten am elterlichen Hof kräftig mithelfen. Wenig Freude hatte er jedoch beim Mistbreiten mit der Gabel. Laufend überlegte er, wie man diese mühsame und unliebsame Arbeit automatisieren könnte. Er dachte dabei an ein dem Hubschrauber ähnliches Gerät, das den Mist in der Luft verwirbelt, damit dieser gleichmäßig auf die Felder fällt. Vermutlich deswegen hat er lange an einem hölzernen Hubschrauber gebastelt, bei dem sich der Rotor durch händisches Drehen an der Welle, die durch die Kanzel ging, drehen ließ. Wenn Markus im Hubschrauber saß, er sich besonders angestrengte und ganz schnell drehte, hob sein Fluggerät fast ein wenig vom Boden ab.

Ähnlich war es beim Heinzen. Die Arbeit mit diesen sperrigen Hölzern mochte er nie besonders und er überlegte laufend und fantasievoll, wie man diese Arbeit anders lösen und ihr somit entkommen könnte. Lieber als Heinzen und Nachrechen mochte er das Hüten des Jungviehes am Hahntennjoch, besonders ab dem Zeitpunkt, als er selber mit dem Moped dort hinauffahren durfte.

So ängstlich, bekümmert, sorgenvoll und nachdenklich Markus als Klein- und Schulkind war, umso furchtloser, mutiger und abenteuerlustiger wurde er in den Folgejahren!

Die technischen Grundkenntnisse, die er in der HTL Fulpmes lernte, kombiniert mit seinem handwerklichen Geschick sowie mit seinen vielfältigen Fantasien und Wünschen, ließen interessante Fahrzeuge oder Apparate entstehen. So hat er zum Beispiel mit viel Geduld und Ausdauer aus einem alten Opel Kadett ein pistenraupenähnliches Fahrzeug („Gletscherfloh" genannt) gebaut, das funktionstauglich war. Er hat mich damit sogar einmal mit Schiern von Boden nach Pfafflar hinaufgezogen.

Ein anderer Apparat, mit viel Wissen und geheimem, kniffligem Know-how hergestellt, sollte kosmische Energie in Elektrizität umwandeln und unbegrenzt Strom liefern. Es sollte so etwas wie ein funktionierendes Perpetuum Mobile werden.

Nachdem dieser Apparat nach langem Bemühen doch nicht den gewünschten Erfolg brachte, fing er nach der

Matura bei Liebherr in Nenzing, Vorarlberg, an zu arbeiten und konstruierte Offshore-Kräne. Dort blieb er circa zwei Jahre lang, danach begann er im Metallwerk Plansee in Reutte, wo er bis zu seiner Pensionierung sehr erfolgreich tätig war.

Bereits während der Schulzeit war Markus ein sehr guter Schifahrer und war auch bei lokalen Rennen erfolgreich. Bald darauf fand er Gefallen am Firngleiten (14.1.2). Meistens mit Onkel Anton und anderen fuhr er zu Figlrennen in Tirol und ganz Österreich, in Liechtenstein, Deutschland und auch in Frankreich. Er gehörte, so wie seine Schwester Rosi, zu den besten Figlern in ganz Europa!

Bereits während der Schulausbildung machte Markus gerne Berg- und Schitouren. Viele schöne und unvergessliche Touren unternahm er gemeinsam mit Bruder Bruno und mir. Er hatte schon immer die beste Kondition von uns allen und trug deswegen stets den schwersten Rucksack. Er legte die Spur im tiefen Schnee und war dennoch meist schneller als ich.

Immer mehr zog es Markus in steile Wände und auf hohe Berge. Deswegen machte er die Ausbildung zum staatlich geprüften Berg- und Schiführer, wobei er alle Prüfungen auf Anhieb bestand. Er stieg auf unzählige Berge in nah und fern und kletterte durch schwierigste Alpenwände wie zum Beispiel im Schüsselkar oder durch die Nordwand der großen Zinne.

Schon bald waren ihm die Alpen nicht mehr groß genug und er bestieg den Aconcagua, den mit 6 962 Metern höchsten Berg Amerikas.

Im Herbst 1987 zog es ihn ins höchste Gebirge der Erde und er beteiligte sich an einer Himalaya-Expedition zum 8 481 Meter hohen Makalu. Mit circa 1,5 Tonnen Material und Verpflegung ging es mit einem Lkw von Kathmandu über die nepalesische Tiefebene Richtung Osten nach Hile. Dort wurden fünfzig Träger angeheuert und es begann ein 14-tägiger Anmarsch zum Makalu-Basislager auf circa 5 200 Meter Höhe. Während dem Einrichten der Hochlager zog sich ein Expeditionsteilnehmer ernsthafte Erfrierungen zu und musste sich mit einem Teil der Gruppe auf den Rückweg begeben. In Tumlingtar oder Kathmandu wollte man sich wieder treffen. Markus versuchte, mit zwei Kollegen weiter in die Höhe zu kommen. Eine aufziehende Schlechtwetterfront zwang ihn auf über 7 000 Metern zum Umkehren.

Der Wetterumschwung war enorm und hatte den Abbruch der Expedition zur Folge. Nach Tagen und unendlichen Nächten im tief eingeschneiten Basislager machten sie sich übereilt auf den Rückmarsch. Das Stapfen durch den tiefen Schnee, vor allem auf den flachen Moränen, erforderte den Einsatz der letzten Kraftreserven. Langsam ging es Tag für Tag weiter Richtung Zivilisation. Wegen verschiedener Pannen dauerten Rückmarsch und Rückfahrt nach Kathmandu länger als gedacht. Der Kollege mit den Erfrierungen und sein Begleiter konnten in Nepals Metropole nicht so lange warten und flogen nach Hause. Zehn Tage nach dem Verlassen des Basislagers erreichte Markus Kathmandu. Dort versuchte er öfters, ein Ferngespräch nach Hause zu bekommen, was ihm nicht gelang. Er wusste nicht, dass sich die nach Europa Zurückgekehrten bei seiner Familie meldeten. Sie konnten allerdings nicht berichten, wo sich Markus zu jener Zeit befand.

Damals machten wir uns große Sorgen um ihn. Besonders Mama, Papa und Rosi, die zu jener Zeit mit dem Vieh in Pfafflar weilten, beteten in bangen Tagen und Nächten viel und litten sehr darunter, nichts vom Verbleib von Markus zu erfahren. Gott sei Dank ist dann doch alles gut ausgegangen und der Jüngste unserer Familie kam wieder gesund nach Hause.

Irgendwann hat Markus angefangen, mit dem Paragleiter die Lüfte zu erobern. Er probierte und übte so lange, bis er schwerelos von so manchem Gipfel ins Tal fliegen konnte.

Zur Abwechslung befuhr er dann auch mit dem Snowboard Pisten und Tiefschneehänge. Zum Ausgleich gings danach zum Langlaufen auf die wunderschönen Loipen im Lechtal.

In der schneefreien Zeit erkundete er mit Fahrrad und Mountainbike Straßen und Bergwege im In- und Ausland.

Letztendlich ist er, sportlich gesehen, beim Laufen angekommen. Ich denke, für den Laufsport hat er bisher am meisten trainiert, diesen am intensivsten ausgeübt und dabei auch die größten Erfolge gefeiert. Zahlreiche Laufwettbewerbe darunter auch so manche Marathonläufe hat er mit hervorragenden Leistungen bestritten. Seine beste Zeit über die Marathondistanz von 42,2 Kilometer lag bei 2:41:11 Stunden! Am meisten beeindruckte mich Markus beim Swiss Alpin in Davos, bei einem Berglauf über 68 Kilometer und 2 600 Höhenmeter in der Zeit von sieben Stunden und einer Minute oder bei mehreren Trans-Alpin-Laufwettbewerben, bei welchen er in acht Tagen, gemeinsam mit seiner Laufpartnerin, die Alpen überquerte.

Markus half neben seiner verantwortungsvollen Arbeit bei Plansee auch viel beim Hausbauen und Heuen und war immer wieder zur Stelle, wenn man ihn irgendwo brauchte.

Trotz seiner äußerst vielfältigen, intensiven sportlichen Betätigungen, die teilweise wirklich sehr extrem und waghalsig waren, ist Markus, Gott sei Dank, immer gesund und heil geblieben.

4.5   Meine Mama

Zum letzten Mal lebend gesehen habe ich meine Mama Berta am 2. Jänner 2004, als sie auf dem Weg nach Pfafflar war, um im leerstehenden Haus nach dem Rechten zu sehen. Sie wollte sich vergewissern, ob ihr Schwiegersohn Peter, der mit anderen jungen Leuten dort oben Silvester gefeiert hatte, wohl nicht vergessen hatte, den Wasserbehälter im Holzherd zu leeren. Dieses quaderförmige, in den Herd integrierte, herausnehmbare „Wasserschaffle" aus Blech diente zur Warmwasseraufbereitung und ist schon früher einmal abgefroren, weil man es im Herbst nicht ausgeleert hat. Der gefrierende Wasserinhalt hat den Behälter aufplatzen lassen.

Ich war dabei, die Rodelbahn, wozu der untere Teil der gesperrten Hahntennjochstraße im Winter verwendet wird, für das Gästerennen herzurichten, als meine achtzigjährige Mama vorbeikam. Sie schien guter Dinge zu sein, war gut gelaunt, sprach ein paar Worte mit mir und ging zügigen Schrittes weiter.

Ein paar Minuten später hörte ich einen Mann, der gemeinsam mit der großen Familie Scholl aus Stuttgart bereits seit Jahrzehnten Urlaubsgast in unserem Tal war, recht aufgeregt und laut von weiter oben rufen, dass ich sofort kommen solle, die Mama wäre umgefallen. Unverzüglich eilte ich so schnell ich konnte entlang der Rodelbahn aufwärts. „Wir brauchen dringend einen Arzt, es ist ernst", rief mir dieser Mann zu, noch bevor ich bei der bewusstlosen Mama war. Außer Atem setzte ich im Gehen mit dem Handy den Notruf ab und bekam die Anweisung, die Mama im Rhythmus 30/2 so lange zu beatmen und mit Herzmassage zu versorgen, bis der Hubschrauber mit dem Notarzt da sei. Obwohl in verschiedenen Erste-Hilfe-Kursen immer wieder gelernt, konnte ich mir nie vorstellen, diese Maßnahmen im Ernstfall anzuwenden. Heute aber war es für mich ganz einfach und irgendwie selbstverständlich alles genauso zu tun wie an Puppen geübt, um meine im Schnee auf unseren Jacken liegende Mama nicht sterben zu lassen. Bereits 15 Minuten nach der Alarmierung landete der Hubschrauber neben uns auf der tief mit Schnee bedeckten Straße und das professionelle Rettungsteam löste mich als Ersthelfer ab. Alle lebensrettenden Maßnahmen des Notarztes und der Einsatz des Defibrillators waren jedoch vergeblich, meine Mama war tot. Sie wurde durch den plötzlichen Herztod aus ihrem bis zuletzt sehr aktiven Leben gerissen. Ihr Herz hat im Laufe ihres Lebens Übermenschliches geleistet und von einer Sekunde auf die andere aufgehört zu schlagen.

Ab diesem Zeitpunkt hatte ich das Gefühl, nicht mehr Kind, sondern endlich ein Erwachsener zu sein, was mir im Alter von 48 Jahren nicht mehr zu früh schien.

Das gesamte Leben meiner Mama bestand aus Arbeit – Arbeit war ihr Leben! Sie wurde in Bschlabs, Windegg, am 19. September 1923 geboren und hatte zehn Geschwister. Gern und oft hat sie über ihre Erlebnisse und Aufgaben erzählt. Auf dem elterlichen Bauernhof musste sie überall mithelfen, um mit dem Halten von Rindern, Schafen und Ziegen sowie mit dem Anbau von Kartoffeln, Bohnen, Gemüse, Kraut, Roggen, Gerste, Weizen und Hafer möglichst autark leben zu können.

Auch Flachs wurde angebaut, verarbeitet und aus den in Eigenregie erzeugten Fasern Fäden gesponnen. Auf dem hofeigenen Webstuhl wurden diese zu Tüchern gewoben. Damit die Leinentücher schön weiß wurden, legte man sie zum Bleichen in der Frühjahrssonne auf den Schnee.

Einmal ging ihre Mutter mit einer Kerze in der Kammer am zum Trocknen aufgehängten Flachs vorbei. Dabei entzündete sich eine Faser und das daraus entstandene Feuer zerstörte einen Großteil des Stadels. Mit großem Aufwand mussten viele Baumstämme herangeschafft werden, um diesen neu aufzubauen.

Beim Abschneiden eines Astes zum Basteln einer Maienpfeife fiel ihr Bruder Alfons im schulpflichtigen Alter von einem Baum. Dabei verursachte eine gebrochene Rippe einen tödlichen Stich ins Herz. Der zur Hilfe herbeigerufene Vater trug seinen toten Sohn nach Hause, wobei dessen Arme und Beine kraftlos nach unten hingen, so die letzte Erinnerung der Mama an ihren Bruder.

Auch in Bschlabs musste viel Bergheu gemacht werden, um im Winter genug Futter für das Vieh zu haben. Alle Flächen, auf denen wenigstens ein paar Grashalme wuchsen, wurden gemäht. Wenn man die Katasterpläne der Bergwiesen betrachtet, erkennt man einen Fleckenteppich mit unzähligen Grundstücken, die bis zu den entlegensten, steilsten und an kaum erreichbaren Stellen bewirtschaftet wurden. Wie hart die Arbeit auf den Bergwiesen über Jahrhunderte bis zur Generation meiner Eltern war, ist auch einem Bericht von Anton Spiehler aus dem Jahre 1883 zu entnehmen. Der Reallehrer aus Memmingen, der zum Erschließen der alpinen Lechtaler Bergwelt Wesentliches beigetragen hatte, schrieb darin, dass der Volksmund sage, die Bschlaber hätten während der Erntezeit Blut in den Schuhen.

Vom Bergmahd auf einer Meereshöhe von circa 2 400 Metern, knapp unterhalb der Bschlaber Kreuzspitze gelegen, hat meine Mama gemeinsam mit ihrer Mutter während der Zeit des Zweiten Weltkrieges schlecht getrocknetes und daher noch schweres Heu zu Schochen gebunden. Auf dem Rücken wurden diese fast eine halbe Stunde lang über den Grat zur Hochpleis getragen und dort geschobert. Im Herbst wurde das Heu über mehr als 1 000 Höhenmeter(!) ins Tal gezogen.

Einmal hat ihr Papa zum Heuziehen vom Hochegg am Egger Muttekopf, zwischen den benötigten Utensilien versteckt, sein Gewehr mitgenommen. Er sagte, dass er versuchen werde, eine Gams zu schießen und diese in eine Heuburd zu legen. Bevor er die Burd mit der versteckten Gams über das vom Hochegg zum Weiler Egg hinunterführende Heuseil ins Tal schickt, werde er das Ankommen der besonderen Fracht mit einem lauten Pfiff ankündigen. Genau wie am Morgen geplant kam die im Heu verborgene Gams im Tal bei Mama und Oma an. Die Burd wurde sofort auf einen Heuschlitten geladen und Richtung Stadel gezogen. Plötzlich kam der Jäger mit seinem Hund des Weges und beide Frauen befürchteten, die illegale Wildfleischbeschaffung würde auffliegen. Da das die Gams umhüllende Heu im Sommer beim Einbringen nicht trocken genug war, hat es am Schober „gwårmet", einen Erwärmungsprozess durchgemacht. Dabei wird das Heu braun und erhält einen kräftigen, an Tabak erinnernden Geruch. Dieser Duft wird es vermutlich bewirkt haben, dass der Hund des Jägers die Gams im Heu nicht wittern konnte. Trotz größter Angst konnte das Wild im hintersten Winkel des Stadels versteckt und in der Nacht zur weiteren Verwendung aufbereitet werden.

Meine Mama arbeitete immer auf dem Bauernhof, im Sommer am elterlichen Hof in Bschlabs-Windegg 46, im Winter auf dem ebenfalls der Familie gehörenden Hof im Weiler Egg 29 und nach der Heirat am 19. April 1955 mit meinem Papa in Boden 27.

Am Tag ihrer Hochzeit fuhren die frisch Vermählten, im Anschluss an die kirchliche Trauung in der Sankt Josefs Kirche in Boden, mit dem Fahrrad nach Elmen und mit dem Postauto nach Reutte, um beim Fotografen ein Hochzeitsbild aufnehmen zu lassen. Die wenigen Gäste haben daheim mit Gulasch und Kuchen ein wenig feiern dürfen. Als Papa und Mama gegen Abend zurückkamen, waren die Hochzeitsgäste bereits verschwunden. Das Hochzeitspaar musste gleich in den Stall gehen und der lebenslange „Arbeitskampf" konnte von nun an – ohne Unterbrechung bis zu ihrem Tode – gemeinsam fortgesetzt werden.

Meine Mama war immer daheim und versorgte täglich Mensch und Vieh. Vom Schulalter bis zum Sterbetag verrichtete sie neben dem Haushalt auch täglich die Stallarbeit. Mama war nie so krank, dass sie im Bett bleiben musste und nicht arbeiten konnte. Zum Doktor ging sie niemals, sie brauchte keine Medikamente, denn für alle aufkommenden Leiden hatte sie Kräuter und Hausmittel parat. Sie hatte größtes Vertrauen in die natürlichen Selbstheilungskräfte ihres Körpers. Rauchen und Alkohol waren für sie absolut tabu. Sie besaß keinen Personalausweis und auch keinen Reisepass. Öfters wollten wir der Mama beim Besorgen von Ausweispapieren behilflich sein, damit sie auch einmal mit nach Füssen, Kempten, nach Südtirol oder mit nach Samnaun zum Zuckereinkauf fahren könnte. Doch immer meinte sie, dass sie das nicht brauche, sie würde lieber daheimbleiben. Damit stand sie ganz im Gegensatz zu Papa, der sehr gerne, viel öfter als er die Möglichkeit dazu hatte, Ausflüge und Reisen machte.

Unglaubliches leisten musste meine Mama in den Sommermonaten meiner Kindheit. In der Früh die Milch mit der Seilbahn von Pfafflar herunterlassen, zentrifugieren und Butter treiben, Frühstück für Familie und Gäste richten. Fürs Mittagessen im Freien „Tearpl", das ist gekochtes Maismehl, das mit etwas Butterschmalz leicht geröstet wird, vorbereiten. Diese kräftigende Speise gab es gemeinsam mit Milch jeden Tag, den ganzen Sommer lang. Auch die Marende, Milchkaffe (Feigenkaffee) und Tee mussten hergerichtet und eingepackt werden. Dann zusehen, dass sie mit den Kindern möglichst früh aufs Feld oder auf den Berg kam, denn Papa war immer ungeduldig, wenn es zu lange dauerte, bis Mama mit den Kindern endlich bei der Arbeit war.

Mama beim Mähen in Pfafflar

Wenn die kleinen Kinder nicht laufen wollten, hat sie Mama neben dem Rucksack mit der Verpflegung auch noch bis zu den hohen Bergwiesen hinaufgetragen. Auf dem Feld, auf den Äckern oder Bergwiesen wurde den ganzen Tag lang hart gearbeitet. Anschließend mussten die Kühe in den Stall gebracht, gemolken, die Milch verarbeitet sowie die Schweine und Hühner gefüttert werden. Die Gäste hatten auch immer wieder ihre Bedürfnisse und Wünsche, die zu erfüllen waren, sodass es schwierig war, rechtzeitig das Abendessen zu kochen und die Kinder ins Bett zu bringen. Zwischendurch musste Mama die Wäsche für die Familie und auch die ganze Bettwäsche für die Gäste von Hand mit einem Waschbrett waschen. Für die Kochwäsche gab es einen speziellen Waschkessel, in dem das Wasser über einem Holzfeuer erhitzt wurde. Erst etwas später hat dann Papa die erste Waschmaschine gekauft, die für Mama eine große Erleichterung brachte. Durch das viele Arbeiten bekam Mama immer wieder schmerzende Schrunden an ihren Händen, die sie mit Melkfett zu heilen versuchte. Mama ist meistens am Tisch gleich eingeschlafen, wenn sie sich zu später Stunde noch kurz in der Küche zu den Gästen setzen wollte. Zum Umfallen müde ging sie ins Bett, damit um 05:30 Uhr der nächste Arbeitsmarathon beginnen konnte. Wie ein Mensch, im Falle meiner Mama eine eher zarte Frau mit knapp 50 Kilogramm Körpergewicht, solche Strapazen so viele Sommer lang durchhalten konnte, ist mir heute noch ein Rätsel.

Mama bei Spinnen der Schafwolle

Um bei unseren Schafen nach dem Rechten zu sehen, ging ich mit Mama auf den Berg. Im Rucksack nahm ich einige Salzsteine mit, um diese am Salzplatz am Sågejoch, das zwischen dem Falschen Kogel und der Hochpleisspitze liegt, zu hinterlegen. Da ich mit der schweren Last am Rücken nur langsam vorankam, sagte meine damals sechzigjährige Mutter: „Lass mich den Rucksack tragen, denn sonst kommen wir heute nicht mehr zum Ziel." Tatsächlich konnte sie mit diesem Gewicht auf dem Rücken schneller aufwärtsgehen als ich, ein junger Mann mit 28 Jahren!

Als in der Nacht auf den 27. November 1989 das Feuer des in Vollbrand stehenden Sägewerkes auf unseren Hof übergriff, mussten auch die Tiere sofort aus dem Stall. Alle zur Verfügung stehenden Kräfte waren hektisch damit beschäftigt, ein weiteres Übergreifen der Flammen auf die nahen Nachbarobjekte zu verhindern.

Im Feuerschein des brennenden Hofes, der den ganzen Talkessel in dunkler Nacht rötlich erleuchtete, musste Mama allein – bitterlich weinend und klagend – die Kühe und das Jungvieh nach Pfafflar hinauf in die dortigen Sommerställe treiben. Die emotionale Belastung war enorm, bei eisiger Kälte und auf Schnee mit dem Vieh wieder an jenen Platz zurückzukehren, den man erst wenige Tage zuvor verlassen hatte und dabei nicht zu wissen, wo die Familie und die Tiere einen Unterschlupf für den Winter finden würden.

Wodurch der vieles in unserer Familie und im Dorf verändernde Brand ausgelöst wurde, konnte trotz eingehender Untersuchungen von Brandermittlern nie geklärt werden. Ob einige Tage zuvor ein beim Schneiden von Nutzholz im Sägewerk aufgetretener technischer Schaden oder vorsätzliche Brandstiftung, wie von einigen Leuten vermutet, zum Inferno geführt hat, wird wohl für immer ein Geheimnis bleiben.

4.6   Mein Opa

Mein Opa väterlicherseits, Anton Josef Friedl, wurde am 13. Juni 1879 in Brandegg 18 geboren, heiratete erst im Alter von 46 Jahren, am 15. Juni 1925 meine Oma Gertraud Lang, „Fixlers Trauta" (Hof- und Rufname), aus Obergrießau und starb am 12. März 1953 daheim in Boden 27, an einem Magen-Darmleiden.

Vetter Gottlieb (rechts), daneben Oma Gertraud; Onkel Anton, Papa Josef und deren Cousin Emil Friedl mit Sohn Georg auf dem Schoß, vor den beiden sitzt Gerda, die Cousine von Georg. Die andere Frau auf dem Bild ist unbekannt. (1953) (Foto: Familienarchiv Friedl)

Mein Papa und der in etwa gleichaltrige Wendelin Perl haben als Volksschüler einmal eine bemerkenswerte Zahnbehandlung live miterlebt und öfters lebhaft davon erzählt: Mein Großvater litt unter starkem Zahnweh. Er wusste, dass der Viehdoktor aus dem Lechtal auf dem Rückweg aus Imst über das Hahntennjoch an Pfafflar vorbeigehen wird. Schmerzgeplagt wartete er aufmerksam auf dessen Vorbeikommen. Der eigentlich für das Vieh zuständige Mediziner soll immer eine Zange zum Ziehen von Menschenzähnen dabeigehabt haben. Tatsächlich kam der Doktor wie erwartet und war bereit zu helfen. Opa musste sich neben dem steinigen Fußweg auf die etwas geneigte Böschung ins Gras legen. Mit dem Knie auf der Brust fixierte der Mediziner seinen Patienten, während er den kranken Stockzahn, der, wie bei den Benjamins (Name der Familienangehörigen) üblich, an starken, gewundenen Wurzeln hing, herauszog. Opa soll dabei eigenartige Geräusche von sich gegeben und mit den Füßen gezappelt haben. Nach gelungener Aktion bedankte sich der vom schmerzenden Zahn Befreite beim Tierarzt mit einem „Vergalt's Gott tausendmål" und spülte sich das Blut am nahen Gåmpen-Bachle aus dem Mund.

Diese rustikale Zahnentfernung ohne Betäubung, ohne Schmerzmittel, ohne Antibiotikum und ohne hygienisches Umfeld kommt mir beim Zahnarzt immer wieder in den Sinn, wenn ich eine Behandlung an meinen Zähnen gerade nicht als angenehm empfinde.

Mein Opa, Anton Josef, habe es verstanden – so die Erzählungen meines Vaters – außergewöhnlich gut mit Geld umzugehen. Er soll sehr fleißig, sparsam, aber nicht geizig gewesen sein. Er erlebte drei Mal eine bittere Geldentwertung. Bis Mitte der 1920er-Jahre gab es Kronen, danach Schillinge, während der NS-Zeit wurde die Reichsmark zum offiziellen Zahlungsmittel, bevor anschließend wieder auf Schillinge umgestellt wurde. Bei jedem Währungswechsel waren die zuvor mühsam gesparten Rücklagen größtenteils verloren.

Einmal versteckte Oma den Erlös aus einem Kuhverkauf im Haus in Boden im Rauchabzug des Stubenofens. Sie wollte ein möglichst sicheres Versteck finden, weil man im Sommer in Pfafflar lebte und oft längere Zeit nicht in das Haus nach Boden hinunterkam. Während eines Wintereinbruches mitten im Sommer, den es immer wieder einmal gab, kam Oma nass und ausgekühlt nach Hause. Sie dachte nicht an das Geld im Versteck und machte ein Feuer in den Stubenofen. Dass dabei alle Geldscheine aus dem Viehverkauf im Kamin verbrannten, war sehr bitter. Trotz allem soll Opa zum Zeitpunkt seines Todes schon wieder ein paar Geldreserven in seinem sicheren, kaminfernen Gelddepot gehortet haben.

Einem anderen Verwandten wurde geraten, den Erlös aus dem Verkauf seines Hauses in die Kriegsanleihe zu investieren. Nach dem Ende des verlustreichen Weltkrieges waren diese Wertpapiere völlig wertlos und das gesamte Geld unwiederbringlich verloren.

Die Generation meiner Großeltern hatte es nicht einfach; in ihrem Leben gab es einschneidende, die Lebensqualität stark beeinträchtigende Ereignisse: Erster Weltkrieg, Ende der Monarchie, Abtrennung von Südtirol, Weltwirtschaftskrise, Arbeitslosigkeit, Inflation, Tausend-Mark-Sperre, Zeit des Nationalsozialismus, Zweiter Weltkrieg.

Manche Männer erwischte es ganz schlimm, denn sie wurden in beiden Weltkriegen zum Militärdienst eingezogen. Ihnen wurde ein großer Teil ihrer besten Jahre genommen. Dennoch waren die überlebenden Heimkehrer glücklich und dankbar, alles überstanden zu haben und in der Heimat weiterleben und arbeiten zu dürfen.

Im Vergleich dazu kann meine Generation, besonders die nach 1955 Geborenen, auf Aufschwung, Frieden, Freiheit, Sicherheit und Wohlstand im neutralen Österreich zurückblicken. Eine derart lange Epoche „guter Zeiten" hat es zuvor kaum einmal gegeben.

4.7   Mein Papa

Mein Papa Josef Hermann wurde am 17. Februar 1927 in Boden geboren. Papa hatte nur einen Bruder, den zwei Jahre jüngeren Anton (6.7).

Als Papa 13 Jahre alt war, hat sich sein Vater mit der Kreissäge seine Hand so stark verletzt, dass er von da an viele Arbeiten nicht mehr erledigen konnte. Mein Papa, sein Bruder Anton und Großonkel Gottlieb mussten dann den Großteil der harten Arbeit am Hof übernehmen.

Mit 17 Jahren wurde mein Papa knapp vor dem Ende des Zweiten Weltkrieges noch zum Arbeitsdienst nach Saalfelden am Steinernen Meer im Salzburgerland einberufen. Nach dem Zusammenbruch des Krieges machte er sich gemeinsam mit seinem Cousin Martin Friedl zu Fuß auf den Heimweg. Im heute noch erkennbaren Hohlweg am westlichen Ortsausgang in Silz wurden beide von Soldaten gefangen genommen und zu vielen anderen auf einen Lkw geladen, der sie in Gefangenschaft bringen sollte. Als dieser Lastwagen in Imst wegen der engen Straße langsam um eine Kurve fahren musste, sprangen Papa und Martin spontan von der Ladefläche herunter, verschwanden so schnell sie konnten in einer schmalen Gasse und versteckten sich in der ihnen bekannten Oberstadt von Imst. Im Schutz der Dunkelheit gelang es ihnen, nach einer als sehr heikel empfundenen und beängstigenden Kontrolle durch undefinierbare bewaffnete Soldaten im Lärchwald übers Hahntennjoch nach Hause zu kommen. Ein anderer Bekannter aus dem Lechtal, der ebenfalls mit dem Lkw aufgesammelt worden war, kam in Gefangenschaft und erst einige Monate später heim.

Drei Jahre später, im Winter 1948/49 besuchte mein Papa die landwirtschaftliche Fachschule in Imst, was für einen jungen Bergbauern unseres Tales zur damaligen Zeit etwas Außergewöhnliches war. Der Bruder seines Vaters, Onkel Martin, ist in jungen Jahren nach Imst ausgewandert, nachdem der elterliche Hof nicht zehn Kinder ernähren konnte, und wurde Lehrer. Er war es, der meinem Papa den Rat zur bäuerlichen Ausbildung gab und ihn dazu motivierte. Am Heiligen Abend konnte er in diesem Jahr auf völlig aperem Weg bei schönstem Wetter übers Hahntennjoch gehen und Weihnachten daheim mit seiner Familie verbringen. Vom Besuch dieser Schule hat mein Papa sein Leben lang profitiert und oft davon erzählt.

In den Jahren 1950 bis 1952 hat mein Papa mit seinem Bruder Anton sowie mit Vater und Onkel das Wohn- und Wirtschaftsgebäude neu gebaut, weil der im Jahre 1927 von ihrem Vater gekaufte Hof, Boden 27, äußerst baufällig war. Für die Mauern wurden neben ein paar selbst gemachten Betonziegeln vorwiegend Natursteine verwendet. Sand und Schotter zum Bauen wurden aus dem Fundaisbach geholt. Um die Schottergewinnung effizienter zu machen, staute man den Bach mit Baumstämmen auf, wodurch der Sand zurückgehalten wurde. Nach einem Gewitter brachte der Wildbach viel Geschiebe mit und lagerte große Mengen an brauchbarem Baumaterial im aufgestauten Becken ab. Papa hat dann an einem Tag neunzig Schubkarren voll Sand vom Bachbett zur Baustelle geschoben.

Um für den neuen Stall eine bessere Isolierung zu haben und im Winter übermäßiges Schwitzen der Natursteinmauern zu reduzieren, kaufte man zum Errichten einer Vormauer gebrannte Ziegel aus dem Ziegelwerk in Imst. Diese Ziegel wurden mit einem Lkw über den Fernpass nach Elmen geliefert und von dort mit dem Traktor des Frächters Wörz von Elmen nach Boden gebracht. Schon bei der ersten Fahrt ist eine der vielen Holzbrücken gebrochen und musste verstärkt werden. Es bedurfte eines großen Aufwandes und es waren viele Fuhren nötig, bis die erforderliche Menge an gebrannten Tonziegeln am Bauplatz zur Verfügung stand. Papa erzählte öfters davon und sagte, dass die Materialkosten inklusive der Fracht von Imst nach Elmen günstiger waren als die reinen Transportkosten von Elmen nach Boden, auch wenn der Frächter Wörz keinen unverschämten Preis verlangte.

Während des Aufstiegs im Schnee durch den „Sågenrinner" zum Heuschober in der „Såge" oberhalb vom Hahntennjoch, die gesamte Ausrüstung zum Heuziehen mittragend, löste sich knapp vor dem Ziel an der steilsten Stelle ein nicht beachtetes Schneebrett, das meinen

Papa und seinen Cousin Hermann Friedl den gesamten Rinner hinunterbeförderte. Papa erzählte öfters, er habe minutenlang kein Tageslicht mehr gesehen. Zum Glück blieb er unverletzt. Hermann jedoch verletzte sich am Kopf. Seine Kopfhaut wurde vom Haaransatz ausgehend mehrere Zentimeter nach hinten geschoben – die Lawine hatte ihn skalpiert! Hermann fasste sich im Schrecken an die Haare und zog an diesen die Kopfhaut wieder an die richtige Stelle. Er setzte seine Kappe auf und der Aufstieg zum Schober begann aufs Neue. Auch wenn es unglaublich klingen mag, die Kopfhaut soll ohne Arbeitsunterbrechung und ohne ärztliche Behandlung wieder angewachsen sein.

So wie die meisten Bauern stieg Papa niemals des Bergsteigens wegen auf einen Berg. Berg, das bedeutete Arbeit und von dieser hatte er ohnedies mehr als genug. Der Sonntag diente neben der täglich zu erbringenden Stallarbeit zum Kirchgang und zur körperlichen Regeneration. Nur zum Einbringen von dürrem Heu nach langen Regenperioden durfte die Sonntagsruhe, früher erst nach Erlaubnis durch den Pfarrer, der diese während der Sonntagsmesse am Vormittag erteilte, ausnahmsweise unterbrochen werden. Nachdem im Laufe der Zeit immer mehr Bauern einem Nebenerwerb nachgingen, wurde es allgemein üblich, abhängig vom Wetter, auch am Sonntag auf dem Feld zu arbeiten. Andere Arbeiten, außer im Heu, im Stall und im Haushalt, hat man am „Tag des Herrn" vermieden.

Unser Papa war ein Diplomat. Nur einige Jahre lang war er Mitglied im Gemeinderat. Ansonsten hat er immer unauffällig aus dem Hintergrund agiert und Kontakte geknüpft. Mit dem Briefträger und Bürgermeister unterhielt er sich oft lange. Immer wieder schrieb er Briefe an Ämter, Behörden und verschiedene Politiker. Auch dem Landeshauptmann, dem Bundeskanzler oder dem Bundespräsidenten hat er seine Sicht der Dinge kundgetan sowie konstruktive Kritik, Vorschläge und Bitten vorgebracht. Seinen guten Kontakten zu einflussreichen Leuten war es zu verdanken, dass wir Kinder zu kostengünstigen, in Kufstein erzeugten Schiern der Marke Kneissl gekommen sind.

Papa legte großen Wert darauf, dass wir gut Schifahren lernten, er sorgte für passende Ausrüstung und förderte das Training. Im Frühjahr brachte er uns an vielen Sonntagen zum Schifahren nach Warth, um unsere Fertigkeiten auf den zwei Brettern zu verbessern. Weil damals die Pisten nicht laufend präpariert wurden, gab es häufig Buckelpisten. Einmal waren die Gräben im meist schneereichen Arlberggebiet zwischen den Buckeln so tief, dass unser damals noch kleiner Bruder Markus zwischen diesen verschwand. Große Freude hatte Papa, wenn wir bei lokalen Rennen erfolgreich waren. So kam es, dass sich im Laufe der Zeit in Stube und Hausgang unseres Elternhauses mehrere Hundert Pokale ansammelten, die meine Geschwister und ich gewonnen hatten.

Dass in der Nacht zum 27. November 1989 sein Lebenswerk, der Hof Boden 27, abbrannte, verlangte meinem Papa enorme mentale und physische Kräfte ab. Er hat sich sein ganzes Leben lang mit großem Einsatz darum bemüht, diese Heimstätte für seine Familie und das Vieh zu bauen, zu erhalten und zu verbessern. Anstatt sich im Alter im mühsam Geschaffenen etwas ausruhen zu dürfen, musste er wieder von vorne beginnen. Nochmals versuchte er, alle seine geistigen und körperlichen Kräfte zu mobilisieren, um den Hof wieder aufzubauen. Wir sind aufs äußerste dankbar, dass der bedingungslose Einsatz der gesamten Familie durch viele selbstlose, externe Helfer großartig unterstützt wurde. Somit konnten Haus und Hof erfreulicherweise nach zwei Jahren Bautätigkeit wieder fertiggestellt werden. Dennoch hat dieses Ereignis meinem Papa so viel Energie genommen, dass er vermutlich deswegen schon bald danach krank wurde und nach einem schweren, ein halbes Jahr andauernden Leiden, nach einem bitteren „Martyrium", so wie er es selbst nannte, am 17. September 1993 an Schilddrüsenkrebs starb.

Steine auf dem Feld bei Unterhaus erschweren die Bewirtschaftung

„Freund, wo meine Wiege stand,
liegt der Acker voller Steine,
wenn der Winter dort vergeht,
fordert schon der Herbst das Seine."

Mit diesem passenden, von meinem Papa gerne und oft vorgetragenen Spruch wollte er auf die beschwerliche Arbeit zwischen den vielen Steinen, die nach dem Abschmelzen der Gletscher auf den Feldern liegen blieben sowie auf die kurze Vegetationsperiode in seinem Heimatort hinweisen.

4.8   Meine Frau Gabi

Ich betrachte es als großes Glück, dass ich Gabriela Antonia Fuchs, das ruhige, zurückhaltende, eher schüchterne Mädchen aus Namlos kennenlernen durfte. Mit der kirchlichen Hochzeit am 6. Mai 1989 begann unser gemeinsamer Lebensweg, auf dem wir seit 34 Jahren glücklich unterwegs sind.

Gabi wurde am 11. November 1964 geboren, ist das jüngste Kind von Maria und Liebhard Fuchs und hat vier Geschwister, Edith, Ingrid, Erwin und Erich. Sie akzeptierte meine Tätigkeiten in der Gemeinde, das ständige Mithelfen am elterlichen Bauernhof, den zeitaufwendigen Einsatz beim Wiederaufbau des abgebrannten Hofes, meine vielfältigen Verpflichtungen, meine Hobbys und auch mein Bestreben, jedes Wochenende und jeden Urlaub in Boden mit Arbeiten zu verbringen und irgendwann ganz dort zu bleiben.

Ich weiß nicht, woran es lag, dass ich so egoistisch, verbissen und beharrlich an meinem Heimatort festgehalten habe und mich kompromisslos verpflichtet fühlte, alles in meiner Macht Stehende für das Elternhaus, das Dorf und die Gemeinde zu tun. Darauf habe ich keine plausible Antwort, aber ich konnte nicht anders. Auch wenn das wie eine leichtfertige Entschuldigung meines Verhaltens klingen mag, gab es für mich keine Alternative. Ich wollte, ich musste einfach in meiner Heimat auf den bereits sichtlich verblassenden Spuren meiner Ahnen eine gangbare Möglichkeit für mich finden.

Wegen der selbstlosen Bereitschaft meiner Frau, mit mir alle Wege zu gehen, haben sich viele meiner Probleme mit einem Schlag gelöst und nachdem auch ein passender Bauplatz in Aussicht stand, wurde der bislang undurchsichtige, komplizierte Weg in die Zukunft plötzlich klar und begehbar.

Gabi mit Familie

Für unsere vier gesunden Kinder, David, geb. am 3. Februar 1990; Elisa, geb. am 3. August 1991; Theresa, geb. am 18. Dezember 1992 und Katharina, geb. am 18. Dezember 1999, war und ist Gabi eine wunderbare Mama. Mit viel Liebe, Güte, Geduld und Empathie ließ sie unseren Nachwuchs in Geborgenheit heranwachsen. Ein Psychologe hat während eines Seminares bei der Firma Plansee erwähnt, dass Frauen mit jenen Charaktereigenschaften, die meine Frau auszeichnen, die idealen Mütter wären. Kinder dürfen glücklich sein, unter einer derartigen Obhut langsam erwachsen zu werden, so dessen Aussagen.

Gabi verzagte selbst im Februar 1999 nicht, als sie mit unseren drei Kindern 16 Tage lang eingeschneit war. An manchen Tagen durfte sie wegen der von der Ahorntallawine (19.3) ausgehenden Gefahr nicht einmal ins Dorf hinunter gehen, um Milch bei Oma zu holen. Ich konnte wegen der vielen abgegangenen Lawinen einmal elf und das zweite Mal fünf Tage lang nicht nach Hause kommen.

Unsere Kinder, Theresa, David, Katharina und Elisa

Gabi war und blieb gern daheim und sorgte dafür, dass das Basislager, das „Base Camp" unserer Familie möglichst immer besetzt war und ist. Egal, wann und wer nach Hause kommt, jeder findet immer eine warme Stube, bekommt etwas zu essen und Gabi hat immer ein offenes Ohr für alle Anliegen. Sie ist das Zentrum unserer Familie und hält diese zusammen.

Es ist eindeutig ihr Verdienst, dass sich auch die Urlaubsgäste in unserem Haus wohlfühlen und viele von ihnen zu treuen Stammgästen geworden sind.

Gabi konnte von Anfang an hervorragend kochen und backen; meistens übertrifft sie sogar die geschätzten Kochkünste meiner Mama. Seit ich mit Gabi im gleichen Haushalt lebe, gibt es – ohne Ausnahme – jeden Tag ein mit Liebe selbst gekochtes, sehr gutes und gesundes Essen.

Es ist nicht selbstverständlich und deswegen schätze ich es sehr, dass mir meine Ehefrau viele Freiheiten gewährt. Ohne ihr Einverständnis und ihre uneigennützige Bereitschaft, während meiner Abwesenheit Familie, Haus, Garten und Gäste zu managen, wäre für mich vieles nicht machbar. Dass ich neben den zeitaufwendigen beruflichen und sonstigen Verpflichtungen auch an den jährlichen Schiwochen mit meinen Kollegen teilnehmen durfte und unzählige Berge in nah und fern erklimmen konnte, habe ich meiner lieben Frau zu verdanken. Ich fühle mich mit meiner Frau mit einer langen Laufleine angenehm verbunden – niemals festgebunden oder angekettet.

Welch wertvollen Schatz ich mit meiner Frau an meiner Seite habe, wurde mir bewusst in Erinnerung gerufen, als ich sie bei einer Schitour am 27. März 2021 fast verloren hätte. Meine nette und fröhliche Partnerin habe ich schon immer sehr geschätzt, aber seit diesem äußerst heiklen Ereignis muss ich oft daran denken, wie unvorstellbar es wäre, hätten wir, vor allem unsere Kinder und ich, sie nicht mehr.

Während des Aufstiegs auf gutem Harsch von unserem Haus zum Habart begann es zu schneien. Wie

Bettfedern taumelten große Schneeflocken aus den gipfelverhüllenden Wolken auf den harten Untergrund. Bei einer harmlosen Spitzkehre auf einer Meereshöhe von circa 2 100 Metern, in einer nur leicht geneigten Geländemulde unterhalb des „Marchsteines" am westlichen Rand der „Gartenköpfe", stürzte Gabi vermutlich wegen beginnender Stollenbildung an den Fellen. Auf 2 bis 3 Zentimeter feuchtem Neuschnee fing sie ganz langsam zu rutschen an. Die zu Beginn nicht bedenklich aussehende Talfahrt mit den eingeklappten Tourenschiern auf dem Boden liegend, konnte Gabi auch im laufend flacher werdenden Hang, der nachgemessen keine 25 Grad steil war, nicht stoppen. Daher hoffte ich, dass sie die vom Wind freigeblasenen Grasbüschel an der Geländekante am unteren Rand der Mulde aufhalten würden.

Wegen der großen, stelzenartigen Schneestollen an meinen alten, stark verschlissenen Fellen, die ich nur noch für einfache Touren in Hausnähe verwendete, war meine Bewegungsfreiheit eingeschränkt und es mir nicht möglich, meine Frau entlang ihrer Rutschbahn abzubremsen.

Gott sei Dank erzeugte das feuchte Gras gerade noch so viel Bremswirkung, dass Gabi, mit dem Kopf und einer Schulter bereits schräg über dem totalen Abgrund hängend, liegen blieb. Dem lieben Gott und allen Schutzengeln habe ich dafür mindestens tausendmal gedankt. Um nicht weiter zu rutschen, wagte sie nicht die geringste Bewegung. Der Versuch, sie von oben zu halten und etwas heraufzuziehen schien sehr riskant. Daher musste ich möglichst rasch versuchen, mich Gabi von unten zu nähern. Auf den mit meinen Schuhen hektisch in die steil abfallende, harte Schneefläche geschlagenen Stufen erreichte ich meine wehrlose Frau. Ich konnte sie sichern und aus der lebensbedrohlichen Lage befreien. Nur wenige Zentimeter und ein paar braune von den Winterstürmen ausgepeitschte Grashalme bewahrten Gabi vor dem katastrophalen Absturz über mehrere Hundert Höhenmeter! Gerade noch eine Haaresbreite trennte sie vom Absturz über einen sehr steilen Hang, über eine senkrechte Felswand, in weiterer Folge über die abschüssigen Bergmähder in den „Garten" und durch die felsdurchsetzte Rinne, das sogenannte „Gartenloch", bis hinunter ins „Spitzbichl-Tal".

In diesem unscheinbaren Bereich haben wir beim Aufstieg den Ernst der Lage nicht erkannt. Auch wenn ich wusste, dass das Gelände unterhalb der eher flachen Stelle, an der wir uns befanden, sehr steil abfällt, hätte ich es nicht für möglich gehalten, einen Ausrutscher hier nicht in den Griff zu kriegen. Da ich derartige problematische Situationen im Laufe der Zeit schon öfters erlebt habe, muss die Absturzgefahr auf hartem Schnee auch in vermeintlich flachen Hängen umfassend beachtet werden, sofern diese in der Falllinie in steilere Passagen übergehen. Auf dem Boden auf glatten Kleidungsstücken liegend kann eine Rutschpartie meist nicht gestoppt werden. Die Tourenschi, die im Aufstiegsmodus nur vorne mit den Schuhen gelenkartig verbunden sind, schränken die Handlungsfähigkeit dramatisch ein. Diese Tatsache ist sehr gefährlich und wird von vielen unterschätzt.

Gemeinsam mit den zahlreichen anderen heiklen Ereignissen (15.11), die ich in den letzten Jahren erlebt und miterlebt habe und die zum Glück alle glimpflich ausgegangen sind, soll auch dieser Zwischenfall dazu beitragen, in Zukunft noch defensiver und vorsichtiger in den Bergen unterwegs zu sein.

Gabi war und ist im Gebirge auf ausgesetzten Pfaden, im steilen Gras sowie im felsigen Gelände sehr gewandt und trittsicher. Sie beherrscht bei Schitouren die Spitzkehrentechnik, kann gut schifahren und klettern und hat keine Höhenangst. Dennoch bin ich seit dem schockierenden Erlebnis am Habart nicht nur um meine Frau, sondern um alle meine Begleiterinnen und Begleiter noch besorgter als bisher, wenn wir uns im Absturzgelände bewegen.

5 Der Kampf meiner Vorfahren

Über Jahrhunderte hinweg bevor es in unserem Tal weder eine Straße noch Autos gab, erfolgte der Austausch mit der Außenwelt oftmals entlang von Fußwegen und Pfaden über die Jöcher. Über das Hahntennjoch (5.6) gelangten die Bewohner unserer Gemeinde nach Imst und ins Inntal, über die Dremelscharte (2 434 m) nach Zams und übers Sattele (2 097 m) nach Gramais. Über die Bortigscharte (2 089 m) und über den Sattel (2 043 m) führten die kürzesten Wege von Bschlabs nach Fallerschein und Namlos. Der Bemerkung eines Historikers, wonach Jöcher verbindend und Schluchten eher trennend wirkten, wurden somit auch die Gepflogenheiten in unserem Tal gerecht.

Wie den Geschichtsbüchern glaubhaft zu entnehmen ist, erfolgte auch die ursprüngliche Besiedelung der südlichen Seitentäler des Lechtals über die Jöcher aus dem Inn- und dem Stanzertal. Erst später sollen die Verbindungswege entlang der Schluchten ins Lechtal errichtet und an Bedeutung gewonnen haben.

5.1   Meine Ahnentafel

Aus der von Pfarrer Dr. Otto Walch (geboren in Steeg, Pfarrer in Elbigenalp und Leiter des Seelsorgeraumes Mittleres Lechtal sowie Matriken- und Familienforscher) von meinen Vorfahren erstellten Ahnentafel geht hervor, dass acht(!) Generationen meiner männlichen Vorfahren Bergbauern in Boden und Pfafflar waren. Pfarrer Otto hat diese Erkenntnis aus über 30 000 Daten aus den Geburts-, Heirats- und Sterbebüchern unter Zuhilfenahme eines digitalen Programmes gewonnen. Die auf mich bezogene, auf 22 Stück A3-Blättern ausgedruckte Ahnentafel hat nebeneinander gelegt eine Länge von 8,6 Metern. Betrachtet man diese genauer, so erkennt man, dass in unserem Tal innerhalb der zwölf Weiler der Gemeinde Pfafflar ständig hin- und hergeheiratet wurde. Ich denke, es ist ein Vorteil für meine Familie, dass unsere männlichen Vorfahren, die lückenlos bis zu Oswald Friedl, geboren 1664, verheiratet am 14. Februar 1696 und gestorben am 13. Mai 1715, zurück verfolgbar sind, wenigstens zweimal eine auswärtige Frau überzeugen konnten, in dieses ärmliche und beschwerliche Tal zu gehen.

So hat sich mein am 1. September 1830 geborener Urgroßvater I väterlicher Seite, Benjamin Friedl (Namensgeber für zukünftige Familienangehörige), am 16. Jänner 1865 mit Creszenz Perle aus Imst verehelicht. Wendelin Perl hat jedoch erwähnt, dass Creszenz nur deswegen Benjamin heiratete, weil ihr von Pfafflar nach Imst ausgewanderter Vater, Alois Perle, Maurer, geb. 1809, gest. nach 1879, sie eindringlich darum gebeten hatte. Benjamin hätte ansonsten keine Frau gefunden. Dank ihrer aus Imst stammenden Mutter Elisabeth Kirschner ist aber trotzdem etwas frisches Blut übers Hahntennjoch herübergekommen.

Die Eheleute Benjamin und Creszenz, die zuerst im Hof Brandegg 18 (dieses Gebäude das „Hintere Haus" genannt, wurde in den 1960er-Jahren von Papa und Onkel Anton und der Stadel in den 2000er-Jahren von mir abgerissen) und später in Brandegg 20 lebten, brachten 13 Kinder hervor:

Martin, 17. November 1865–29. Jänner 1937, Oberlehrer in Imst, sechs Kinder;
Vinzenz, 18. April 1867–4. April 1916, ledig, gefallen im Ersten Weltkrieg;
Theodor, 8. Mai 1868–10. August 1874, ledig, gestorben nach einem zweiten Kreuzotterbiss;
Gottlieb, 30. Mai 1869–1870, im Säuglingsalter gestorben;
Josef, 13. Juli 1870–1870, im Säuglingsalter gestorben;
Jakob (Jaggl), 25. Juli 1871–2. März 1937, Bauer in Boden 23, vier Kinder;
Anna Maria, 15. November 1872–9. Dezember 1950, ledig;
Gottlieb 18. Dezember 1874–20. März 1958, ledig, Bauer, letzter Bewohner vom Weiler Brandegg;
Theodor, 31. August 1875–14. August 1897, ledig;
Pius, geb. 21. Juni 1877–21. Juli 1942, hat nach Häselgehr geheiratet, zwei Kinder;
Josef Anton, 13. Juni 1879–12. März 1953, mein Großvater, Bauer in Boden 27, er heiratete am 16. Mai 1925 meine Großmutter, Gertraud Lang aus Obergrießau.
Angela, 31. Mai 1880–24. September 1880, im Säuglingsalter gestorben;
Benedikta 31. Mai 1880–26. Oktober 1880, im Säuglingsalter gestorben.

Mein Urgroßvater II väterlicher Seite, Nikolaus Hermann Lang, 29. Mai 1861–11. April 1928, Bauer und Schuster, Grießau, heiratete am 14. April 1890 Susanne Schedler, 14. März 1861–16. Februar 1939, aus Unterbach. Diese Ehe brachte zwölf Kinder hervor:

Anna Ludovika, Martha Ludovika und Paula Hermine starben im Säuglings- beziehungsweise im Kleinkindalter. Georg und Cäcilia Pauline sind noch vor dem 25. Lebensjahr ledig verstorben. Die weiteren Kinder waren:

Ferdinand Georg 20. Februar 1891–28. Juli 1968 Häselgehr, acht Kinder;

Gertraud Wilhelmine 24. April 1893–18. Februar 1974, meine Großmutter, Boden, zwei Kinder;

Hermann Eduard, 8. Dezember 1894–24. April 1972, Weißenbach, sieben Kinder;

Arthur Nikolaus, 18. Dezember 1895–20. Dezember 1970, Obergrießau, sechs Kinder;

Anna Susanna 24. November 1896–19. Jänner 1940, Häselgehr, drei Kinder;

Laura Maria 23. Jänner 1898–15. März 1921 Häselgehr, ein Kind;

Eduard Eugen 12. November 1903–26. November 1974, Mathematikprofessor, Innsbruck, zwei Kinder.

Mein Urgroßvater I mütterlicher Seite, Peter Paul Perl, 28. Juni 1851–28. März 1892, Brandegg 19, und meine Urgroßmutter I, Leopoldina Krabacher, 1. August 1855–28. März 1892, aus Bschlabs, haben am 25. April 1881 geheiratet. Ihrer Ehe entstammten sieben Kinder:

Fridolin, 8. Februar 1882–14. Februar 1954, ledig, Bauer, Brandegg 19;

Josef, geb. 29. Dezember 1882, hat nach Obtarrenz geheiratet, ein Kind;

Maria, 15. November 1883–16. Mai 1949, ledig, Absam;

Anselm (5.3), 27. März 1885–7. Juli 1965, Bauer in Boden, vier Kinder.

Anonyma, 16. Juli 1886–16. Juli 1886, bei der Geburt gestorben
Berta, 29. September 1887–3. November 1959, ledig
Alfons, 23. Jänner 1892–22. Juni 1955, Bschlabs-Windegg 46, Bauer, mein Großvater, zehn Kinder.

Mein Urgroßvater II mütterlicher Seite, Johann Perl, 24. März 1854–9. Juli 1920, Bschlabs-Aschlen, und meine Urgroßmutter II, Maria Lucia Lechleitner, 12. Dezember 1867–26. Mai 1903, Bschlabs-Zwieslen 41, haben am 6. Mai 1889 geheiratet. Ihrer Ehe entstammten neun Kinder:

Josefa, 13. Februar 1890–7. Oktober 1914, ledig;
Josef, 11. Mai 1891–Okt. 1914, ledig, gefallen im Ersten Weltkrieg in Galizien
Anna, 31. Oktober 1892–15. Jänner 1897, im Kindesalter gestorben;
Alois, 14. August 1894–25. Juni 1935, Bschlabs, Bauer, sechs Kinder.
Anna, 29. April 1897–10. April 1983, Bschlabs, sechs Kinder.
Maria, 17. Jänner 1896–20. Februar 1971, Bschlabs Windegg 46, meine Großmutter, zehn Kinder;
Franziskus Xaverius 18. Juli 1898–7. August 1927;
Magdalena, 13. Jänner 1900–21. April 1900, im Säuglingsalter gestorben;
Rosa, 23. Dezember 1901–1. Juli 1970, Bschlabs, zehn Kinder.

Auch bei oberflächlicher Betrachtung der Ahnentafel fällt auf, dass meine Vorfahren meist aus kinderreichen Familien stammten. Im Vergleich zu heute war damals die Sterblichkeitsrate bei der Geburt, im Säuglings- und Kleinkindalter sowie auch im jugendlichen Alter um vieles höher. Aus wirtschaftlichen Gründen, wegen nicht verfügbarer Hofstellen, nicht vorhandener Erwerbsmöglichkeiten sowie aus Mangel an geeigneten Partner:innen im engen Tal waren immer wieder Personen gezwungen, ledig zu bleiben.

Dennoch hatten meine Eltern, Josef Hermann und Berta, zehn Geschwister, 37 Onkeln und Tanten sowie 66 Cousinen und Cousins. Somit haben meine Geschwister und ich eine große Anzahl an Cousinen und Cousins und eine nicht überschaubare, weit verstreute Anzahl an Großcousinen und Großcousins.

5.2   Maria Schuler

Gebhard (6.3) und sein Bruder Wendelin Perl (Cousins meiner Mama) haben die Geschichte ihrer Großmutter öfters erzählt:

Die Mutter von Maria Schuler durfte – nach zuerst vergeblich erscheinendem Bitten – nur deswegen nach Starkenbach heiraten, weil sie einwilligte ihr erstes Kind zwei alten, kinderlosen „Basen" (Tanten) in Boden zu überlassen. Die junge Mutter löste ihr Versprechen ein und trug ihr wenige Wochen altes Töchterlein von Starkenbach (771 m), einem Ortsteil der Gemeinde Schönwies im Inntal, über die westliche Dremelscharte (2 434 m) auf dem kürzesten Verbindungsweg nach Boden. Maria wuchs heran und heiratete zuerst Christian Friedl und nach dessen frühem Tod Johann Lechleitner. Aus dieser zweiten Ehe gingen Maria und Pauline Lechleitner hervor. Pauline ging mit 19 Jahren nach Neurur in der Gemeinde St. Leonhard im Pitztal. Maria Lechleitner blieb in Boden und verehelichte sich mit Anselm Perl (5.3). Maria und Anselm sind die Eltern von Gebhard, Wendelin, Agnes und Maria Perl. Maria Perl heiratete nach Milders bei Neustift im Stubaital. Die drei Geschwister Gebhard, Wendelin und Agnes, mit denen wir zeitlebens viel und gerne zu tun hatten und die uns sehr vertraut waren, blieben in Boden, ledig und kinderlos. Sie bewirtschafteten ihren Bauernhof ein Leben lang gemeinsam.

Das Opfer, das die Mutter von Maria Schuler durch das Abgeben ihres Kindes erbrachte, hat den Fortbestand einer Familie über drei Generationen gesichert.

Meine Urgroßeltern auf der mütterlichen Seite (5.1), die Eheleute Peter Paul Perl, Bauer, Brandegg 19, und Leopoldine, geb. Krabacher aus Bschlabs-Egg sind im Winter 1892 an Grippe gestorben. Sie haben trotz einer akuten Erkrankung Steine zum Stallbau mit einem Schlitten aus dem Gufelwald zum Hof gezogen, um im Frühjahr mit der Stallerneuerung beginnen zu können. Eine zu spät hinzugezogene ärztliche Behandlung konnte beide nicht mehr retten.

Ihre sechs Kinder waren Anselm (5.3), 27. März 1885–7. Juli 1965, der wie oben bereits erwähnt, die Tochter von Maria Schuler heiratete; Fridolin, 1883–1955, blieb ledig, Bauer, Brandegg 19; Josef, Seppl genannt, ging nach Tarrenz; Berta; Maria und Alfons, 23. Jänner 1892–22. Juni 1955, mein Großvater mütterlicherseits.

Die noch schulpflichtigen Kinder wurden nach dem tragischen Tod ihrer Eltern auf verschiedene Familien innerhalb der Gemeinde verteilt. Fridolin, Anselm und Josef haben dann später als junge Männer in Brandegg

19 weitergewirtschaftet und das Haus in Pfafflar-Ebele 10 gekauft. Das jüngste Kind, Alfons, mein Opa, war zum Zeitpunkt des Todes seiner Eltern gerade einmal neun Wochen alt und wurde von einer kinderlosen Familie in Bschlabs, Windegg 46, aufgenommen. Dort wuchs er auf, erbte den Hof und heiratete am 5. Mai 1919 meine Oma, Maria Perl, 17. Jänner 1896–20. Februar 1971, aus Bschlabs. Diese Ehe brachte zehn Kinder hervor; als Viertes wurde meine Mama Berta am 19. September 1923 geboren. Sie heiratete am 19. April 1955 meinen Papa Josef Hermann Friedl.

5.3 Zum Nachdenken – Anselms Unfall vor hundert Jahren

Mein Opa Anton Josef hat den Unfall von Anselm Perl (27. März 1885–7. Juli 1965) miterlebt. Gebhard und Wendelin, die beiden Söhne des Verunglückten, und mein Papa haben öfters darüber geredet. Auch in der Chronik ist dieser Vorfall erwähnt:

Am Hohen Frauentag, am 15. August 1923 zerstörte der nach einem schweren Hagelunwetter aus dem Fundaistal strömende Wildbach am Schluchtausgang das Holzwehr für das am orografisch rechten Ufer stehende Sägewerk, die Gemeinschaftsgetreidemühle am linken Ufer, die Brücke beim Dorf und auch die untere Brücke über den Streimbach (19.13). Über diese Brücke, die unmittelbar nach dem Zusammenfluss von Fundais- und Angerlebach stand, führte damals der Fußweg nach Bschlabs und ins Lechtal.

Im April 1924 musste das Wehr von den Dorfbewohnern mit schweren Baumstämmen erneuert werden, um die mit Wasserkraft betriebene Säge wieder in Betrieb nehmen zu können. Anselm Perl, der Bruder meines Opas Alfons, erlitt bei dieser Tätigkeit einen schweren Unfall. Der Knochen seines Unterschenkels wurde zwischen Baumstämmen zertrümmert. Erst am nächsten Tag kam der durch einen Boten verständigte Sprengelarzt Dr. Epp zu Fuß aus Elbigenalp. Dieser sah keine andere Möglichkeit, als den schwerverletzten Unterschenkel zu amputieren. Anselm flehte ihn an, er möge alles Menschenmögliche unternehmen, damit er seinen Fuß behalten könne, denn ohne funktionstüchtige Beine wäre er als Familienvater und Bergbauer verloren. Am dritten Tag nach dem Unfall wurde der 39-Jährige von den Männern aus Boden mit einer Tragbahre und einem Heuschlitten während einer dramatischen und viele Stunden dauernden Rettungsaktion übers Hahntennjoch transportiert. In Imst fuhr ihn der Müller Gasser mit einem eisenbereiften Leiterwagen auf holprigem Weg zum Bahnhof. Die dabei vom Verletzten erduldeten Schmerzen wären unerträglich gewesen.

Mit enormem Überlebenswillen und unerschütterlichem Glauben an die Heilung klang während des sechsmonatigen Aufenthalts in der Klinik in Innsbruck die lebensbedrohliche Entzündung ab. Mittels eines Streckverbandes konnte der zersplitterte Unterschenkel gerettet werden. Das tägliche Trinken von Milch hat die Kallusbildung begünstigt. Sein beschädigter Fuß war danach zwar um 6 Zentimeter kürzer als der gesunde, aber Anselm konnte nahezu wieder alle Arbeiten am Hof erledigen und gemeinsam mit seiner Frau Maria (Anselms

Mariale, 11. August 1890 – 29. Oktober 1964), vier Kinder versorgen.

Als Kind in der Volksschule kann ich mich noch daran erinnern, wie der bereits sichtlich gealterte Anselm täglich von seinem Haus, Boden 32, mit einem Stock und humpelndem Gang, meist eine Blechkanne mit Hühnerfutter mittragend, durchs Dorf zum Stall im Hof Boden 25 ging. Nach einem erfüllenden und arbeitsintensiven Leben starb Anselm im Alter von achtzig Jahren.

35 Jahre nach seinem Tod wurde sein Grab ausgehoben, um Platz für einen neuen Sarg zu schaffen. An den sorgfältig vom Erdreich befreiten Gebeinen, die unter morschen Sargbrettern hervorkamen, waren die verletzte Stelle und der Unterschied zum nicht beschädigten Knochen deutlich erkennbar.

Seit Menschengedenken bis zuletzt war es in Boden üblich, dass die jeweils entferntesten Verwandten das Ausheben und Schließen des Grabes zur Beerdigung eines verstorbenen Dorfbewohners unentgeltlich übernahmen. Selbstverständlich wurden alle bei den Grabungsarbeiten hervorkommenden, nicht verwesten Schädel und sonstige Knochen sorgfältig separiert, unterhalb der Standfläche des neuen Sarges eingegraben und in der geweihten Friedhofserde belassen.

5.4   Aberglaube und Gespenster

Immer wieder herumkursierende abergläubische Begebenheiten, wonach bestimmte Zeichen in der Natur oder Verhaltensweisen in der Tierwelt Unheil und Unglück verheißen, beziehungsweise Rituale zu Fragestellungen an das Jenseits habe ich zwar klar und deutlich mitbekommen, aber unsere Eltern haben diesen – zumindest vor uns Kindern – keine besondere Bedeutung zugemessen. Wie das vonstattenging und welche Beobachtungen welche negativen Auswirkungen versprachen, möchte ich nicht im Detail wiedergeben, damit diese aus meiner Sicht unnötigen Verunsicherungen endlich ein Ende haben. Auch wenn ich nie wirklich an diese abergläubischen Aussagen und Handlungen geglaubt habe, bleibt so manches im Unterbewusstsein erhalten und kommt bei entsprechenden Anlässen wieder zum Vorschein. Diesen beharrlich aus dunkler Vergangenheit durchdringenden, entbehrlichen Vorgängen möchte ich keinen erneuten Schwung verleihen, sondern möglichst zu deren Vergessenwerden beitragen.

Viel mehr als vom Aberglauben wurde besonders während der langen Abende in den Hütten von Pfafflar über Geistergeschichten geredet. Bestimmt müssen auch diese einer gewissen abergläubischen Ausprägung zugeordnet werden, dennoch möchte ich ein wenig darauf eingehen. Viele waren der Überzeugung, dass Menschen, die während ihres Lebens Unrecht taten, nach ihrem Tod die Sünden als Gespenster büßen müssten. Es soll aber auch Geister gegeben haben, die die Lebenden geplagt und erschreckt haben. So sei es immer wieder vorgekommen, dass nicht zur Ruhe gekommene Seelen Personen, die mit schwerer Last auf dem Rücken übers Hahntennjoch (5.6) unterwegs waren am Fortkommen behinderten. So mancher kam nicht mehr weiter und musste dann zum Beispiel in der Maldon-Almhütte übernachten und zur mitternächtlichen Stunde mit dem dort aktiven Gespenst ein aus Asche gekochtes Mus essen. Viele, die auf dem Weg übers Hahntennjoch waren, hatten besonders bei Dunkelheit Angst, von einem geistigen Wesen geplagt zu werden.

Um der überhandnehmenden Geisterplage auf dem beschwerlichen, fünf- bis siebenstündigen Weg (abhängig vom Gewicht der zu tragenden Last) von Imst nach Pfafflar Herr zu werden, wurde der Bischof aus Brixen herbeigebeten, um die Geister in die Salvesenschlucht zu verbannen. Ein am alten Fußweg nahe der Brücke über den Salvesenbach in die Felswand gemeißeltes Kreuz mit der Jahreszahl 1850 besiegelte dieses Prozedere. Danach soll sich der Spuk auf dem Weg übers Hahntennjoch deutlich reduziert haben. Bestimmte Leute waren aber noch Generationen später der festen Überzeugung, dass gewisse Verstorbene sich weiterhin als Geister bemerkbar machten.

Dass der alleinige nächtliche Besuch einer leerstehenden Hütte in Pfafflar immer wieder Unbehagen verursachte, ist entweder auf die zahlreichen Spuk-Geschichten, auf fantasievolle Einbildung oder auf die Tatsache zurückzuführen, dass zu früheren Zeiten im Winter Verstorbene auf dem Dachboden eingefroren wurden, bevor sie nach der Schneeschmelze zur letzten Ruhestätte nach Dormitz bei Nassereith, später nach Imst auf den Friedhof getragen werden konnten. So haben es einige mir noch bekannte Personen im Winter, wo die Sommersiedlung von Menschen und Haustieren monatelang verlassen war, bestimmt nicht gewagt, allein in der Nacht, nur mit einer Petroleumlampe ausgestattet, durch den tiefen Schnee nach Pfafflar zu stapfen und im Dachboden einer alten Hütte nach dem Rechten zu sehen.

Obwohl ich nicht an Gespenster glaube und mich auch nicht vor ihnen fürchte, möchte ich von einem persönlichen Erlebnis in diesem Zusammenhang erzählen: Mein geschätzter Onkel Anton fragte mich in den 1990er-Jahren, ob ich mit ihm und seinem Sohn Georg auf Schi entlang der Straße übers Joch nach Imst auf ein Bier gehen möchte.

Anton hatte öfters den Wunsch, abhängig vom Zustand des Weges, zu Fuß, mit Schi, mit dem Traktor oder mit dem Auto übers Hahntennjoch nach Imst zu gelangen. Offensichtlich wirkte die Sehnsucht nach dem Flair dieser Stadt in ihm fort, welche die alten Bewohner unseres Tales schon immer hatten. Denn dort gab es quirliges Leben und all das zu kaufen oder zu tauschen, was im kargen Pfafflar nicht verfügbar war. Mir hat Antons Vorschlag gleich gefallen und so entschied ich mich, mitzugehen. Zuvor aber mussten wir noch bei einem vom Sportverein Pfafflar veranstalteten Rodelrennen auf dem unteren Teil der im Winter gesperrten Hahntennjochstraße mithelfen. Wir beeilten uns nach dem Rennen beim Aufräumen der benötigten Sachen, um möglichst noch bei Tageslicht ans Ziel zu kommen. Bei den „Teilwiesen" oberhalb von Imst, in der Nähe der Abzweigung zum Hotel Linserhof, war die Schiabfahrt wegen fehlender Schneeauflage zu Ende. Da ich die langwierige Rückfahrt mit einer bereits organisierten Fahrgelegenheit über den Fernpass vermeiden wollte, beschloss ich mit den Tourenschi übers Hahntennjoch zurückzugehen. Meine Begleiter freuten sich auf die Einkehr im Gasthof Hirschen und entfernten sich mit geschulterten Schiern in Richtung Stadt.

Ich zog die Felle auf und begann am späten Nachmittag die lange Schitour entlang der im Sommer viel frequentierten, aber jetzt mitten im Winter absolut einsamen Passstraße nach Hause. Gleich nach dem Losgehen wurde es dämmerig und schon bald erhob sich der volle Mond über dem Bergrücken, der sich vom Tschirgant, einem Hausberg der Imster, nach Osten erstreckt. Da es ein schneearmer Winter war, lagen nur wenige und kleine, leicht überwindbare Lawinenkegel auf der Fahrbahn. Auch wenn ich versuchte, möglichst unseren bei der Abfahrt hinterlassenen, für den Aufstieg nicht ideal angelegten Spuren zu folgen, war es mühsam, im lockeren, kalten Pulverschnee zügig voranzukommen. Es galt bis zum Joch ungefähr 1 000 Höhenmeter und 10 Kilometer zu überwinden, wobei sich weniger die Höhenmeter, als die lange Wegstrecke bemerkbar machten. Da ich damals noch keine speziellen Tourenschuhe hatte, sondern mit harten, geschäumten Pistenschischuhen unterwegs war, bekam ich schon nach kurzer Zeit Blasen an den Fersen, die ich gleich mit Pflaster versorgte.

Nach zwei, drei Stunden monotonen Gehens auf der für Tourenverhältnisse nur leicht ansteigenden Straße bekam ich das Gefühl, nicht mehr allein unterwegs zu sein. Im Bereich der Maldon-Alm hatte ich den Eindruck, von jemandem verfolgt zu werden, und ich wagte es beinahe nicht, mich umzudrehen. Obwohl der besonders groß wirkende Trabant unseres Planeten die weiße Winterlandschaft fast taghell ausleuchtete und absolut niemand – nicht der geringste verdächtige Schatten – zu sehen war, wurde ich dieses ungute, schaurige und immer stärker werdende Empfinden nicht los. Plötzlich kamen mir auch noch die zahlreichen Geistergeschich-

222

ten meiner Vorfahren in den Sinn, was meine Unruhe und Aufregung weiter verstärkte. Obwohl ich wegen des Hitzestaus unter dem Rucksack nassgeschwitzt war, liefen mir fröstelnde, kalte Schauer über den Rücken und irgendwie gestresst, ja fast panikartig versuchte ich, so schnell ich nur konnte weiterzukommen. Ich geriet außer Atem, war ausgelaugt und hatte großen Durst, dennoch traute ich mich nicht, bei der nahe an der Straße gelegenen Kühlbrunnen-Quelle eine Rast zu machen und dringend benötigtes Wasser zu trinken. Erst am Hahntennjoch nach dem Abziehen der Felle und zu Beginn der Abfahrt Richtung Pfafflar wurde dieses unerkläriliche Unbehagen zum Glück wieder leichter.

Durch dieses mir auch viele Jahre danach noch immer rätselhaft erscheinende Erlebnis habe ich Verständnis für die überzeugenden Berichte aus alten Zeiten gewonnen. Es werden bestimmt nicht die Geister meiner Vorfahren gewesen sein, die mir während der nächtlichen Tour auf den Spuren der Vergangenheit Angst und Schrecken eingejagt haben. Ich denke, dass die Seelen der Toten in Frieden ruhen und – wenn überhaupt – mir nur Gutes und nie etwas Schlechtes antun wollen. Es könnten vielmehr meine im Alltag stark strapazierten Nerven, Einbildung, Fantasiegedanken oder schlummernde Themen gewesen sein, welche die stundenlange, einsame und meditativ wirkende Nachtwanderung aus dem Unterbewusstsein hervorgeholt haben.

Auf jeden Fall werde ich wegen des selbst Erfahrenen diese alten Geschichten aus der Vergangenheit weder belächeln noch verurteilen, sondern diese ganz ohne Wertung einfach so stehen lassen. Weder vor noch nach dieser bemerkenswerten Hahntennjoch-Traverse hatte ich bei einer meiner zahlreichen Berg- und Schitouren ein nur annähernd vergleichbares Erlebnis; auch dann nicht, wenn ich bei Dunkelheit und Nebel, ganz alleine zu einsamen, schwierigen und entlegenen Zielen unterwegs war.

5.5   Davids Hütte erzählt

Der Weiler Pfafflar-Ebele

Der Weiler Pfafflar-Ebele, in dem sich Davids Hütte befindet, liegt auf der orografisch rechten Seitenmoräne, die der Fundais-Gletscher während der letzten Eiszeit gebildet hat, und nahe der linken, vom Inntalgletscher erzeugten Seitenmoräne. Ein Glaziologe hat meinem Papa erklärt, dass sich im Bereich des Weilers Ebele die beiden Gletscher – klar erkennbar – vereinigt hätten. Ein Teil des Inntalgletschers sei vom Tschirgant-Massiv bei Imst nicht nur über den Fernpass, sondern auch über das Hahntennjoch umgeleitet worden, so dessen für mich interessante Ausführungen.

Das Objekt Ebele 9, eine mehrere Hundert Jahre alte, äußerst baufällige Hofstelle hat meine Schwester Rosi um die Jahrtausendwende von den Geschwistern Gebhard (6.3) und Wendelin Perl günstig erworben, um diese vor dem akut drohenden Zerfall zu bewahren. Mit Peter Lechleitner, ihrem damaligen Ehemann und dem Vater ihrer beiden Kinder Maria und Christoph, haben sie den Dachstuhl erneuert und das Dach – um dem Denkmalschutz gerecht zu werden – mit neuen Lärchenschindeln eingedeckt. Somit war die hölzerne Bausubstanz im Trockenen und konnte wenigstens keinen weiteren Schaden mehr nehmen. Nachdem die Ehe meiner Schwester auseinandergegangen war und sie neben der vielen Arbeit auch selbst das alte Haus Pfafflar-Haag 2, in dem unsere Familie jeden Herbst bis zum Jahre 2002 wohnte, zu erhalten hatte, blieben weder Zeit noch Geld, um auch Ebele 9 zu renovieren.

Mit dem Schenkungsvertrag vom 28. September 2008 hat meine Schwester dieses Gebäude meinem Sohn David mit der Hoffnung überschrieben, dass dieser das Objekt retten und erhalten werde. Inzwischen sind 15 Jahre vergangen, in denen meist David und ich, immer nur in den schneefreien Monaten, versucht haben, das Gebäude in unzähligen Arbeitsstunden so gut es ging zu revitalisieren. Erst jetzt sieht man langsam Licht am Ende des Tunnels, auch wenn das nur gut zwanzig Jahre alte Lärchen-Schindeldach gewiss nicht wie erwartet mindestens vierzig Jahre halten wird, sondern auch schon bald wieder erneuert werden muss.

Während der Renovierungsarbeiten, bei denen wir fast alle Grundmauern ersetzen oder unterfangen, faule und morsche Hölzer tauschen, Zwischenböden erneuern, Wände vor dem Täfeln geradestellen und vieles andere richten mussten, sind meine Gedanken immer wieder bei den Menschen hängen geblieben, die in dieser primitiven Behausung jahrhundertelang ums nackte Überleben kämpfen mussten.

Es ist für uns heute nicht mehr vorstellbar, wie man auf einer Meereshöhe von über 1 600 Metern vor allem die langen Winter in einer derart einfachen Unterkunft überstehen konnte. Es gab nur eine kleine Stube mit einem gemauerten Ofen und eine Schlafkammer über der Stube, die nur durch eine Luke in der Decke über dem Stubenofen oder durch eine sehr niedere Tür aus dem sich über dem Stall befindlichen Heustadel erreicht werden konnte. Mensch und Vieh lebten auf engstem Raum beieinander. Gekocht wurde im Vorraum, zwischen der Haus- und der Stalltüre, auf der offenen Feuerstelle, die sich auf einem Sockel aus Steinen und Schotter befand. Der Rauch suchte sich durch die großen Zwischenräume im Gebälk des Dachstuhles den Weg ins Freie. Dicke, schwarze, verharzte Rußablagerungen an den Baumstämmen über der Feuerstelle geben Zeugnis davon.

Vermutlich deswegen, damit es an windigen Tagen beim Kochen in der luftigen „Küche" nicht zu sehr zog und der Schneesturm nicht zu viel Schnee hereinwehen konnte, hat man später über der Feuerstelle eine Zwischendecke eingezogen. Diese war in Form einer sich an den Seitenwänden abgestützten, zeltähnlichen Pyramide mit einem Loch am oberen Ende ausgeführt, durch das der Rauch aufstieg, bevor er sich im Dachstuhl keinem Zwang mehr unterziehen musste. Mit dieser Maßnahme wurde der Vorraum ein wenig mehr zu etwas, was man im Entferntesten als Raum bezeichnen darf. Neben der Feuerstelle führte eine kleine Tür in ein mit Natursteinen ohne Mörtel ausgemauertes Erdloch, in den Keller.

Wie David und ich bei den Renovierungsarbeiten immer wieder beobachten konnten, mussten die damaligen Erbauer alle nur irgendwie verwertbaren Holzteile verwenden. Selbst krumme, knorrige und verwundene Stämme, die heutzutage von den meisten nicht einmal mehr zu Brennholz aufarbeitet werden, wurden damals durch mühsames Zurechtrichten mittels Hacke und Säge zu Baumaterial. Weil es in Haag, Ebele und Unterhaus, also in ganz Pfafflar nahe der Waldgrenze nach heutigem Wissen ungefähr 15 Häuser mit Ställen gab, war Bauholz äußerst knapp. Außerdem brauchte man zum Kochen und Heizen zusätzlich hölzernes Brennmaterial. Da man Holz auch zur Errichtung von Zäunen, für Heuschober, Feldstädel und „Bille" brauchte und man die Felder, Wiesen, Weiden und Bergmähder von allem Bewuchs, außer Gras, freigehalten hatte, wurden die Schutzwälder kleiner, die Schneerutschbahnen immer breiter und glatter und die Bedrohung durch Lawinen immer größer. Der frühere Gebietsbauleiter der Wildbach- und Lawinenverbauung Außerfern, Dr. Dragositzs, sagte einmal: „Viele Lawinenstriche haben sich die Bauern selber gemacht!"

Ebenso war Material für Mauerwerk äußerst knapp oder gar nicht vorhanden. Bindematerialien wie Gips, Kalk oder Zement hätte man auf einem mehrstündigen

Weg aus Imst oder dem Lechtal herantragen müssen. Für
den Bau der Kirche in Boden hatte man zwar einige Jahre
lang Kalk gebrannt, aber diese Tätigkeit danach wieder
eingestellt. Natursteine, die man von weit her bringen
musste, wurden meist ohne Mörtel nur mit Zwischen-
lagen aus Lehm und Sand aufeinandergestapelt. Derart
einfach hergestellte Haus-, Zwischen- oder Grundmauern kamen für die Erhaltung im Zuge der Sanierung –
auch bei bestem Willen – für uns nicht infrage. Sie zer-
fielen beim Hinschauen und konnten mit Pickel und
Schaufel, ohne großen Kraftaufwand, entfernt werden.

Die einfachste und primitivste Bauweise der Objekte in Pfafflar, wovon Davids Hütte am untersten Ende
der Skala einzureihen ist, zeugt davon, dass sich die damaligen Bewohner auf das absolut Wesentlichste konzentrieren mussten. Im ständigen Kampf ums Überleben, in der Anstrengung, während der kurzen Sommer
genug Futter fürs Vieh in den Stadel zu bringen, blieb
keine Zeit, kein Geld und keine Energie, um sich für
eine schöne, gemütliche Ausgestaltung von Haus und
Hof zu kümmern. So gibt es keine Verzierungen, keine
Balkone oder sonstige Annehmlichkeiten an und in den
Gebäuden zu finden. Manches Mal hatte ich den Eindruck, dass die Erbauer dachten, das Geschaffene muss
nur als Zwischenlösung dienen. Dass es dann aber für
viele Generationen zur nicht austauschbaren Heimat
werden musste, haben sie vielleicht am Anfang der Besiedelung nicht bedacht.

Wasser für die Tiere wurde in Kübeln vom circa 100 Meter entfernten Hahntennenbach heraufgetragen. Möglichst sauberes Trinkwasser für die Menschen holte man

vom noch etwas weiter entfernten Gåmpen-Bachle, das von der Quelle im Brunnholz-Wald herunterkommt.

Weil die Errichtung einer Wasserversorgung für den Weiler Ebele große Erleichterung brachte und eine beachtliche Errungenschaft war, die nur mit enormem Aufwand hergestellt werden konnte, haben es Gebhard und Wendelin Perl öfters erzählt:

Der Bruder von Leo (6.1) Josef Lechleitner, Boden 35, und Gebhard Perl, Boden 32, haben im Herbst 1935 in Eigenregie im Brunnholz eine Brunnenstube errichtet, was für die beiden Familien einen fast nicht zu bewältigenden Aufwand darstellte. Mit Lokomotivrohren, die von der Arlbergbahn gekauft und mit selbstgebastelten Karren auf dem Fußweg von Imst übers Hahntennjoch gezogen wurden, konnte das saubere Quellwasser in die Höfe nach Ebele geleitet werden. Leider stellte sich nach dem mühsamen Verlegen der Rohre im händisch ausgehobenen Graben heraus, dass die gebrauchten Leitungen undicht waren und an vielen Stellen gelötet werden mussten. Die damals mit Beton und Natursteinen privat errichtete Quellfassung ist heute noch immer für die gemeindeeigene Wasserversorgung für alle zu Boden gehörenden Weiler in Verwendung.

Um wertvolle Grünflächen in Hofnähe zu sparen und Lawinenstrichen auszuweichen, baute man auch die Gebäude in Ebele sehr dicht aneinander. So kam es, dass sich die ohnedies spärlich dimensionierten Vordächer der Häuser 8 und 9 überlappen, was besonders aus Feuerschutzgründen recht problematisch ist. Schlechter, weicher Untergrund und unzureichende Fundamente haben dazu geführt, dass Davids Hütte im Laufe ihres

Bestehens deutlich erkennbar auf der Nordostseite eingesunken ist, was die Sanierung zusätzlich erschwerte.

Mehrere deutliche Spuren und Abnützungserscheinungen am Gebäude, in Stall, Stadel und Wohnbereich sind der Beweis dafür, dass dieses Objekt lange in Verwendung gewesen sein muss und auch einmal umgebaut wurde. Wann die ganzjährige Bewohnung, bestimmt noch vor 1880, aufgegeben wurde, ist nicht mehr nachvollziehbar. Fridolin Perl, der älteste und ledige Bruder von Alfons – meinem Opa mütterlicherseits – wohnte auf jeden Fall jeweils im Sommer bis zur Mitte der 1940er-Jahre mit zuletzt noch einer einzigen Kuh in dieser armseligen Behausung. Otto Perl (17. Juli 1933–23. Juli 2023), der damalige Hirte und spätere Gastwirt im Gasthaus Edelweiß in Boden 24, konnte sich noch persönlich daran erinnern und hat uns davon erzählt. Fridolin Perl übersiedelte jeweils im Winter nach Brandegg 19 in sein Elternhaus, wo er als vorletzter Bewohner dieses Weilers bis zu seinem Tode im Jahre 1955 blieb. (Mein Großonkel Gottlieb Friedl war bis zu seinem Ableben im Jahre 1958, wie schon einmal erwähnt, der letzte dauerhafte Bewohner von Brandegg, des circa 150 Höhenmeter über Boden liegenden Weilers.)

An einem wunderschönen, klaren, ruhigen Spätherbsttag war ich in Davids Hütte – wie oftmals – ganz allein am Werkeln. Dabei fielen meine Blicke auf die Fugen zwischen den Baumstämmen der Außenwände, die mit Steinen, Moos und Lehm abgedichtet sind. Die damaligen Bewohner, die den ganzen Winter hier oben ausharren mussten, versuchten mit einfachsten Mitteln, die Wände möglichst dicht zu machen, um die Wärme drinnen,

Wind, Schnee und Kälte draußen zu lassen. Beim Sinnieren über die frühere Lebensweise meiner Vorfahren in diesem Gebäude in Pfafflar verspürte ich kalte Schauer auf dem Rücken: Die damaligen Einwohner hatten keine andere Wahl, als mit größten Entbehrungen, härtester Arbeit, genügsamstem Leben in Großfamilien auf engstem Raum mit dem Vieh, fernab von ärztlicher oder sozialer Versorgung, nur auf sich selbst und Gott vertrauend, über Jahrhunderte hinweg ihr karges Dasein zu fristen. In der heutigen Zeit haben wir im Vergleich zu früher den absoluten Wohlstand, verfügen über eine (fast) wintersichere Zufahrtstraße, über Strom, Heizung, Radio, TV, Telefon, Handy, Internet und Nahrungsmittel im Überfluss.

Dennoch glauben viele, es hier nicht mehr aushalten zu können, auswandern und die Heimat der Vorfahren verlassen zu müssen. Das ist nicht zu verstehen!

Aber es liegt einfach in der Natur des Menschen, egal wie gut es ihm geht, er strebt immer danach, es noch besser zu haben.

5.6 Das Hahntennjoch

Dessen selbsterklärender Name setzt sich zusammen aus „Hahn", weil dort oben seit eh und je viele Birkhähne, auch Spielhähne genannt, leben, weiters aus „Tennen", aufgrund der vorhandenen ebenen Flächen und aus „Joch", als Bezeichnung einer Gebirgseinsattelung. Zu früheren Zeiten und in alten Dokumenten wurde dieses auch mit „Hochtennen" bezeichnet. Im heimischen Dialekt sagt man „Håntenna".

Dieser markante Gebirgseinschnitt, der das Muttekopf-Massiv und die Heiterwand voneinander trennt, ist mit einer Meereshöhe von 1 884 Metern einer der tiefsten im Hauptkamm der Lechtaler Alpen, die sich mit einer Länge von 65 Kilometern vom Arlberg- bis zum Fernpassgebiet erstrecken.

Seit dem Beginn der ersten Besiedelung der Gemeinden Pfafflar und Gramais im 13. Jahrhundert, die über das Hahntennjoch und nicht vom Lechtal aus erfolgte, hat dieser Übergang eine große Bedeutung. Über Jahrhunderte hinweg haben die Bewohner von Pfafflar alle lebensnotwendigen, vor Ort nicht vorhandenen Güter, auf einem beschwerlichen und viele Stunden dauernden Fußmarsch von Imst übers Hahntennjoch getragen. Die zu erduldenden Strapazen waren enorm, um 37,5 Kilogramm schwere Mehlsäcke oder andere Lasten über eine Strecke von 16 Kilometern und 1 100 Höhenmeter im Auf- und 700 Höhenmeter im Abstieg (115 Meter Höhenverlust in der Salvesenschlucht) auf dem Rücken von Imst nach Boden zu schleppen. Nur selten, weil kaum verfügbar, sollen Tragtiere wie Esel oder Mulis zum Einsatz gekommen sein.

Amerikanische Besatzungssoldaten sind laut Arthur Haid (6.6.) die ersten gewesen, die mit einem geländegängigen Kraftfahrzeug auf dem alten Weg durch das Salvesental die Maldon-Alm erreicht haben. Arthur Haid ist es gelungen, mit seinem ersten Auto, einem Puch 500, ebenfalls dorthin zu gelangen. Mehrere Helfer mussten das Fahrzeug beim Hinauffahren schieben und beim Hinunterfahren bremsen, um den steilen Sparketbichl zu überwinden.

Auch überregional wurde das Hahntennjoch als kurze Verbindung vom Lechtal ins Inntal häufig genutzt.

Nicht nur wertvolle Weideflächen für das Vieh der Bauern in der Gemeinde Pfafflar befinden sich am Hahntennjoch, sondern wesentliche Almen der Stadtgemeinde Imst waren und sind praktisch nur auf dem Weg über das Hahntennjoch erreichbar. Direkt am alten Fußweg liegt die Melkalm Maldon. Um die zu Imst gehörenden Weideflächen Plötzigtal, Kreuzjoch, Sommerberg, Obernamloskar, Kesselwald, Faselfeil und Rudig zu erreichen, wurde das Jungvieh ursprünglich vom Hahntennjoch über das Sågejoch und das Sågekar getrieben, bevor der weniger absturzgefährdete Weg über das Steinjöchl, in Kooperation mit den Erbauern der Anhalter Hütte, aus den Felsen herausgesprengt wurde. Ebenso erfolgte das Bestoßen der Imster Almen im Angerletal, Satteltal, Parzinn und in der Alpeil über den wichtigen Hahntennjoch-Übergang.

Unser Nachbar aus Boden 26, Benedikt Perl (02. August 1905 – 20. Juni 1994), hat in seiner Jugend noch erlebt, dass auch im Fundaistal Jungvieh aufgetrieben und die Grasflächen zwischen dem „Unteren Berg" und dem Galtseitejoch (Fundaisalpe) mit Rindern beweidet wurden. Er konnte sich noch an diesbezügliche Viehtriebe entlang der Zäune unterhalb der Felder in Unterhaus erinnern und hat mehrmals darüber berichtet. Als Schafweiden dienten damals die hoch über dem Angerletal gelegenen und ebenfalls zu Imst gehörenden Kare, das Bock- und das Wildkar. Bis in die heutige Zeit verbringen Schafe aus der Gegend um Imst den Almsommer im Fundaistal.

Für die Imster war und ist das Erreichen mehrerer Weide- und Jagdflächen, welche die Gemeinde Pfafflar an drei Seiten umklammern, am leichtesten über das

Hahntennjoch mit Durchgang durch das Gemeindegebiet von Pfafflar möglich.

Viele Jahre meines Lebens musste auch ich in jedem Frühjahr beim Aufräumen des von den Lawinen mitgebrachten Unrates auf den Weiden und beim Zäunen helfen. Jeder Bauer war verpflichtet, für jedes aufgetriebene Rind eine halbe Tagschicht zu leisten. Bei der mühsamen, jährlichen Instandsetzung des Grenzzaunes (19.7) zur Maldon-Alm auf der Passhöhe am Hahntennjoch wurde von den anwesenden Bauern bestimmt jedes Mal wehmütig eine alte Geschichte in Erinnerung gerufen:

Ursprünglich sollen die Imster für die Errichtung und Erhaltung dieses Grenzzaunes zuständig gewesen sein. Die Bauern aus Pfafflar traten mit denen aus Imst immer näher in Kontakt, weil sie deren mitgebrachten Schnaps („Obstler") schätzten. Um mehr davon zu kriegen, halfen die Pfafflarer den Imster beim Zäunen. Für immer mehr Schnaps hätten sie immer mehr Zaunarbeit übernommen. Irgendwann wurde nur noch eine vereinbarte Menge an Schnaps mittels Boten zugestellt und die gesamte Arbeitsleistung von den Pfafflarern verrichtet. Später sollen dann die Schnapslieferungen ausgeblieben, aber die harte Arbeit bis zum heutigen Tag geblieben sein. Um zu verhindern, dass die Kühe der Maldon-Alm die eigenen wertvollen Weiden abgrasen, blieb den Pfafflarern nichts anderes übrig, als den Zaun selber instand zu halten.

Mehrere Gedenktafeln an der Kirchenmauer in Boden erinnern an tragische Unfälle, die sich auf dem Weg von und nach Imst ereignet haben. In Lawinen, Schneestürmen, Muren, wegen Ermattung oder Erfrierung kamen immer wieder Menschen zu Schaden, die in lebensnotwendiger Mission unterwegs waren.

Katastrophal für das Dorf war das Ereignis am 2. Februar 1856, als fünf starke Männer aus Boden in erdrückenden Schneemassen am Hahntennjoch gleichzeitig den Tod fanden. Sie versuchten, mitten im Winter nach Imst durchzukommen und lösten an einer unscheinbaren, höchstens 20 Meter hohen Böschung unmittelbar nach dem Grenzzaun östlich der Passhöhe ein Schneebrett aus, das die Männer unter sich begrub. Als die Mannschaft nicht wie erwartet zurückkam, fand man die fünf in der flachen Mulde unter dem Schnee in einer Reihe auf der Seite liegend. Jeder Einzelne soll eine große Atemhöhle gehabt haben, keiner jedoch konnte sich befreien. Hätten die Männer nur wenige Meter Abstand zu diesem mit Triebschnee beladenen Hang eingehalten, wäre nichts passiert. So wurde es mir zumindest bei vielen Erzählungen glaubhaft vermittelt. Auch das Einhalten von Sicherheitsabständen, so wie es heutzutage bei Schitouren empfohlen wird, hätte bewirkt, dass nicht die gesamte Gruppe verschüttet worden wäre.

Ebenfalls tragisch war laut den Erzählungen von Wendelin Perl, als zwei Männer beim Aufstieg von der Brücke im Salvesental zum Sankt-Antoni–Marterl von einer Nassschneelawine mit in die Schlucht gerissen wurden. Erst als der Lawinenkegel beim Salvesenbach im späten Frühjahr geschmolzen war, fand man die Verunglückten. Die Butterwecken in ihren Rucksäcken, die als Tauschware in Imst dienen sollten, seien auch nach vielen Wochen noch so frisch gewesen, dass man sie verzehren konnte. Diese zwei von zahlreichen Unglücksfällen sollen auf die Tragödien entlang dieses schicksalsreichen Weges hinweisen.

Nachdem die in den 1960er-Jahren hoch über der Salvesenschlucht in die Felsen gebaute, neue Straße bis zur Maldon-Alm benutzbar war, wurde der alte Weg kaum mehr begangen und auch nicht mehr gepflegt. Somit kann man diesen heutzutage im schluchtartigen Salvesental nur noch an wenigen Stellen deutlich erkennen. Viele Murenabgänge, Hangrutsche, Überflutungen durch den Salvesenbach und Überwucherungen mit Latschen und Gestrüpp machen es einem nicht leicht, will man versuchen dem alten Pfad zu folgen. Im Sommer 2023, beim Begehen dieser engen, vom Wildbach durchflossenen, immer wieder von hohen Felswänden besäumten Schlucht und beim Hineinfühlen in die erduldeten Mühen der alten Passanten konnte ich mir vorstellen, dass sich dort so mancher von einem Gespenst (5.4) beeinträchtigt fühlte.

Erwähnenswert sind auch die im Bereich des Hahntennjochs vorhandenen Zirbenbestände (Karbonat-Zirben), weil diese in den Kalkalpen eher selten anzutreffen sind. Zirben (Silikat-Zirben) kommen vorwiegend im kristallinen Gestein vor und meiden kalkhaltige Böden.

Die mit Kraftfahrzeugen befahrbare Schotterstraße über das Hahntennjoch wurde am 13. Oktober 1969 mit einem Festakt auf der Passhöhe vom damaligen Landeshauptmann Eduard Wallnöfer feierlich eröffnet. Als Initiator zum Bau der Straße über das Hahntennjoch gilt Hr. Josef Koch, damaliger Bürgermeister der Stadtgemeinde Imst. Er hatte den langgehegten Wunsch, über diesen Übergang eine Straße zu bauen, maßgeblich initiiert und unterstützt. Bereits bei den anfangs im Vordergrund stehenden Erschließungen der Almen von Maldon und Pfafflar hatte Herr Koch immer mit viel Verhandlungsgeschick und Diplomatie auf die Errichtung einer den Pass überschreitenden Verbindungsstraße hingearbeitet.

Zur Erinnerung, als Dank und zur Ehre von Altbürgermeister Josef Koch wurde auf der Passhöhe eine Gedenktafel errichtet. Im Rahmen einer Fahrzeugweihe wurde diese am 29. Juni 2003 enthüllt. Beim Festakt durfte ich als Bürgermeister der Gemeinde Pfafflar Herrn Pfarrer Geistlichen Rat Martin Schautzgy, den Bürgermeister der Stadtgemeinde Imst Herrn Nationalrat Reheis, die Leiter der Baubezirksämter Reutte und Imst, Herrn Hofrat Aste und Herrn Hepke, die Leiter der ÖAMTC Bezirksgruppen Reutte und Imst Herrn Hans Koch und Herrn G. Klotz, die Familie Koch sowie auch Herrn Walter Lechleitner (6.8), der viele Jahre der Obmann des Tourismusverbandes Boden-Bschlabs war und besonders auch die Musikkapelle Bschlabs unter der Leitung von Kapellmeister Johann Ostermann (6.4) mit dem Dank für die musikalische Umrahmung herzlich begrüßen.

Selbstverständlich galt der Dank auch all denjenigen, die diesen Straßenbau durch ihre finanzielle, politische und ideelle Unterstützung ermöglichten.

War das Überwinden des Hahntennjochs für viele Generationen eine beschwerliche, mühsame und mehrere Stunden dauernde Angelegenheit, so ist dies auf der seit 1972 asphaltierten Fahrbahn in wenigen Minuten möglich. Seit der Eröffnung dieser Straße ist unsere Gemeinde und auch das Lechtal der Stadt Imst und dem Inntal im Sommer um vieles näher gerückt. Immer wieder sagen einige Bodener: „Solange die Straße zu ist, leben wir am Ende der Welt, ist die Straße offen, gehören wir zur Welt!"

Weil die Wintersperre ohnedies meist ein halbes Jahr in Anspruch nimmt und es auch im Sommer immer wieder berechtigte Gründe für Straßensperren wegen Muren, Gewittergefahr, Instandhaltungsmaßnahmen, Viehtrieben und Holzfällerarbeiten gibt, schätzen wir jene Zeiten, die freie Fahrt ermöglichen ganz besonders.

Als Ausflugsstraße hatte das Hahntennjoch schon bald einen hohen Bekanntheitsgrad erreicht. Besonders beliebt sind die zahlreichen Kurven, die entlang von steilen Berghängen und oberhalb tiefer Abgründe durch eine wunderbare Bergwelt führen, bei den Motorrad- und Sportwagenfahrern.

Leider gibt es neben denjenigen, die eine Fahrt übers Joch als ein Erlebnis in Natur und Bergwelt sehen, auch viele andere, die diese Straße missbrauchen. Diese Gruppe ist durch ihr rücksichtsloses Verhalten dafür verantwortlich, dass sich auf dieser Straße Einheimische und Gäste oft gefährdet und belästigt fühlen. Diese sind auch dafür verantwortlich, dass Stimmen laut wurden und laufend Überlegungen angestellt werden, wie man der gefährdenden und lärmenden Raserei auf dieser wunderschönen Straße beikommen könnte.

Diese gut ausgebaute circa 19 Kilometer lange Landesstraße, die von den Baubezirksämtern Reutte und Imst vorbildlich erhalten und gepflegt wird, führt durch eine wunderbare, eindrucksvolle Landschaft. Die kurze Straßenverbindung zwischen dem Lech- und dem Inntal ist ein Aushängeschild des Landes Tirol und sollte für alle Verkehrsteilnehmer:innen, die sich ordentlich verhalten, auch zum Wohle von uns allen, zu möglichst vielen Zeiten befahrbar sein.

Es ist nämlich ganz besonders wichtig, dass diese Straße das bleibt, wofür sie Herr Josef Koch und alle Förderer gebaut haben. Diese Straße soll dazu dienen, dass sich die Menschen auf beiden Seiten der Lechtaler Alpen näherkommen, dass vielen Menschen ein hautnahes Erleben von Natur und Bergen ermöglicht wird und die Hürden in Gesellschaft, Wirtschaft, Tourismus und Landwirtschaft verkleinert werden.

Das Hahntennjoch war und ist ein verbindender Übergang und sollte dies mit größtmöglicher Rücksichtnahme und gegenseitigem Verständnis aller Beteiligten auch in Zukunft bleiben!

5.7 Auszug aus der Geschichte der Gemeinde Pfafflar

Beitrag von Bürgermeister Josef Friedl für das Buch „Der Bezirk Reutte – Das Außerfern", Koch Buchverlag, Edition Artpress 2010

Die ersten Siedler in unserer Gemeinde waren Rätoromanen aus dem Engadin. Diese kamen mit ihrem Vieh über das Hahntennjoch und haben sich um circa 1280 in Pfafflar und Bschlabs ganzjährig niedergelassen. Die starke Bevölkerungszunahme im 13. Jahrhundert führte auch hier dazu, dass ursprünglich nur im Sommer besiedelte Almen winterfest gemacht wurden. Erstmals urkundlich erwähnt werden 1284 vier Schwaighöfe hinter der

Maldon. Die Namen Bschlabs und Pfafflar sind rätoromanischen Ursprungs:

Bschlabs: *Bislafes* (1284) und *Pislaves* (1300) wird von *pos l'aves* abgeleitet, was „hinter den Wassern" bedeutet (Zusammenfluss von Streimbach und Plötzigbach)

Pfafflar: *Pavelaers* (1284) wird von *Pabulariu* abgeleitet, was „Futterstadel" bedeutet. Die Bewohner kultivierten Wiesen, Weiden und Ackerland, um mit Viehzucht (Rinder, Schafe und Ziegen) und Ackerbau (Kartoffeln, Getreide, Bohnen und Flachs) möglichst autark von der Außenwelt zu sein. In einem harten Kampf mit der Natur überlebten die Bewohner auch klimatisch äußerst ungünstige Perioden. (In der Volksschule haben wir gelernt, dass damals noch wilde Tiere wie Braunbär, Wolf und Luchs in den heimischen Wäldern lebten und eine große Gefahr für Menschen und Haustiere darstellten. Während der langen, wohltuenden Abwesenheit der großen Beutegreifer hatte es kaum jemand für möglich gehalten, dass diese nun langsam wieder in unsere Regionen zurückdrängen.)

Auf Bergwiesen, die bis auf einer Meereshöhe von 2 300 bis 2 450 Metern liegen, wurde Heu geerntet, um das Vieh durch den langen Winter zu bringen. Keine Aufzeichnungen und wenige mündliche Überlieferungen gibt es über den Bergbau, der oberhalb von Boden am Fuße des Rotkopfes gegen Ende des 16. Jahrhunderts betrieben wurde. Abgebaut wurden „Galmei" (Zinkerz) und Blei.

Um 1840 wurde in der Gemeinde Pfafflar der Einwohnerhöchststand mit mehr als 320 Einwohnern erreicht, die sich größtenteils aus dem Ertrag der kargen Landwirtschaft ernähren mussten. 1894 wurden die Weiler Unterhaus, Haag und Ebele, im Sammelbegriff mit Pfafflar bezeichnet, als Dauersiedlung aufgelassen. Die Bauern übersiedelten im Winter in das um 250 Meter tiefer gelegene Boden. Pfafflar wurde dann als Sommersiedlung genutzt, wo die Bauern vom Frühjahr bis zum Spätherbst blieben, um näher bei den Feldern, Bergmähdern und den Almflächen zu sein und das vor Ort gewonnene Heu aufzufüttern sowie den Dünger an Ort und Stelle zu haben. Im Jahre 2002 ist zum letzten Mal eine Bauernfamilie aus Boden im Herbst für ein paar Wochen nach Pfafflar gezogen, um dort nach dem Ende des Almsommers das Vieh nach alter Tradition zu versorgen. 1930 wurde begonnen, einen Güterweg von Elmen nach Bschlabs und 1935 von Boden Richtung Bschlabs zu bauen. Bis Bschlabs konnte das erste Auto 1937 und bis Boden 1950 fahren. 1938 wurde die Gemeinde Pfafflar dem Bezirk Reutte zugeordnet, zuvor gehörte sie dem Bezirk Imst an. Mit der Eröffnung der Hahntennjochstraße im Jahre 1969 wurde der seit Jahrhunderten bedeutende Übergang vom Lechtal ins Inntal während der Sommermonate dem Verkehr erschlossen.

Mit Strom aus dem Lechtal wurde die Gemeinde in den Jahren 1954 (Bschlabs), 1955 (Boden) und 1956 (Pfafflar) erschlossen. 1960 wurde begonnen, mit aufwendigen Lawinenschutzverbauungen (Stahlschneebrücken, Aufforstungen, Lawinengalerien und Untertunnelungen) Siedlungsraum und Zufahrtsstraße vor den zahlreichen Lawinen zu schützen. Die Gemeinde Pfafflar hatte vor den Lawinenverbauungsmaßnahmen die lawinengefährdetste Zufahrtsstraße aller Gemeinden in Österreich (zum Beispiel achtzig Sperrtage im Winter 1981/82).

Die Kirchen in unserer Gemeinde:

Kaplaneikirche in Bschlabs „Unsere Liebe Frau Maria-Schnee", Patrozinium am 5. August.

Diese wurde ab dem Jahr 1639 erbaut und 1648 geweiht. Bis zur Einweihung der Kirche mit Friedhof in Bschlabs wurden die in der Gemeinde Verstorbenen zur Beerdigung über das Hahntennjoch nach Dormitz bei Nassereith, später dann nach Imst getragen. Im Winter Verstorbene wurden laut Überlieferung im Dachboden eingefroren und erst bei günstigen Wetterverhältnissen zur letzten Ruhestätte gebracht.

Kaplaneikirche in Boden Heiliger Josef – Nährvater, Patrozinium am 19. März.

Die erste Kapelle in Boden wird 1742 erstmals urkundlich erwähnt, 1808 Kaplanei, 1838 erfolgt der Kirchenneubau nach den Plänen von Anton Falger, Weihe 1864. Der Turm mit Zeltdach war 1843 eingestürzt und wurde 1845 wieder aufgebaut.

6 Charismatische Wegbegleiter

Kurze Streifzüge durch die Lebensgeschichten mir gut bekannter und geschätzter Personen ergänzen und bestätigen meine Empfindungen zur früheren Lebensweise, zum vielfältigen Leben in der Vergangenheit, zu den raschen Entwicklungen und den einschneidenden Veränderungen in unserer exponierten Heimat. Die bedingungslose Bereitschaft zur Übernahme von ehrenamtlichen Aufgaben zum Wohle der Gesellschaft darf bei den in der Folge beschriebenen Menschen besonders hervorgehoben werden.

6.1   Vetter Lee

Leo Lechleitner (13. Jänner 1903–16. Juli 1986), von vielen „Vetter Lee" genannt, war der ledige Bruder von Walter (6.8.) und Helmut Lechleitners Mutter, der Großonkel von Peter Lechleitner, der Urgroßonkel von Christoph Lechleitner – meinem Neffen – und somit der Ururgroßonkel von Emil (das erste Enkelkind von meiner Schwester Rosi).

Leo war ein ausgeglichener, in sich ruhender und zufriedener Mann, der ohne Hektik und Stress viel und fleißig arbeitete. Sein handwerkliches Geschick war bewundernswert. Mit einfachsten Werkzeugen und spärlich vorhandenen Materialien schuf er nützliche Gebrauchsgegenstände. Sein allzeit kreatives, geduldiges und beharrliches Tun faszinierte mich ebenso wie die von ihm geschaffenen Werke.

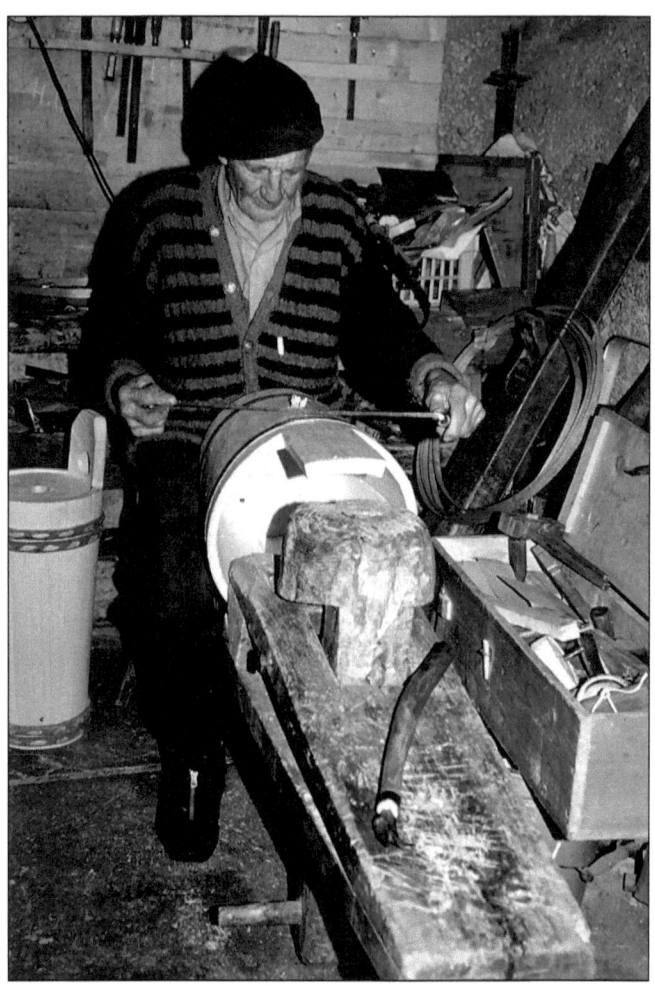

Leo Lechleitner

Meisterleistungen vollbrachte er beim Anfertigen von Behältern aus Holz (Schaffle, Maltera, Zuber, Kübel, Wannen) für verschiedenste Anwendungen, wie man sie zum Beispiel zum Tränken der Kälber, zum Buttertreiben, zum Suren (Pöckeln) von Speck, zum Einstampfen von

Kraut, zum Waschen der Wäsche oder zum Baden der Kinder benötigte. Aus der Länge nach gespalteten Fichtenästen fertigte er mit einem geschnitzten Verschluss (einer in sich greifende Verzahnung) versehene Reifen, welche die einzelnen Holzteile der Behälter zusammenhielten. Diese Fertigungstechnik beherrschte Leo als einer der allerletzten weit und breit. Meist aber nietete er diese Reifen aus verzinktem Bandeisen zusammen, was einfacher und schneller zum gewünschten Erfolg führte. Dass seine Behältnisse mit den Holzböden, die in den Nuten der Seitenwände ihren Halt fanden, nach der Fertigstellung vollkommen wasserdicht waren, war erstaunlich und nur seiner sorgfältigen und präzisen, ausschließlich manuellen Arbeitsweise zu verdanken.

Auch beim Schmieden mittels einer Esse, die mit einem fußbetriebenen Gebläse für die nötige Hitze sorgte, sahen wir Kinder dem Vetter Lee gerne zu. Eindrucksvoll schlug er mit dem schweren Hammer auf gelb glühendes, Funken sprühendes, auf dem Amboss liegendes Eisen und formte es nach seinen Vorstellungen. Einmal baute er ein effizientes Werkzeug zum Stanzen der Ausnehmungen für die „Schwingen" (Querhölzer) in den Heinzenpfahl. Diese praktische Vorrichtung wurde von mehreren Bauern jeweils in den Wintermonaten zur Herstellung der zahlreich benötigten Heinzen verwendet. Ebenso war er beim Bau von Bauernöfen aus ausgewählten, hitzeresistenten Steinen aus dem Bachbett ein gefragter Fachmann.

Nach jahrzehntelanger Arbeit beim Straßenbau hütete er als Rentner die Milchkühe der Bauern aus unserem Dorf. Bei schlechtem und kühlem Wetter wurden die Kühe auf die Waldweiden in der Umgebung von Pfafflar getrieben und bei schönem, warmem Wetter durften sie auf den üppigen, blumenreichen Flächen zwischen Pfafflar und dem Hahntennjoch grasen. Während dieser Zeit trafen wir, meine Geschwister und ich beim Beaufsichtigen des Jungviehes, öfters mit Leo zusammen. Es musste sowohl von ihm als auch von uns darauf geachtet werden, dass sich Milchkühe und Rinder nicht durchmischten, um das aufwendige Trennen der Herden am Abend zu vermeiden.

Gerne erzählte Leo Geschichten aus seinem Leben und besonders davon, wie er in den 1920er-Jahren, bevor es Arbeit beim Straßenbau gab, auch schon als Hirte am Hahntennjoch im Einsatz war. Dabei erlebte er den tödlichen Absturz eines Burschen aus Imst über die senkrechte Felswand unterhalb des Falschen Kogels. Offensichtlich hatte dieser beim Pflücken von Edelweiß im steilen Grasgelände an der Kante zum Abgrund, wo meistens die schönsten „weißen Sterne" blühen, den Halt verloren. Dieser tragische Vorfall kam mir jedes Mal in den Sinn, wenn ich versuchte, auch zu diesen exponierten Edelweißstandplätzen hinaufzusteigen.

Ebenfalls beim Hüten in den 1920er-Jahren bemerkte Leo eine gut genährte Gams, die sich im Hahntennenkar während mehrerer Tage immer wieder zeigte. Sehr gerne hätte er diese mit dem in einem Versteck bereitgelegten Gewehr erlegt, um das Nahrungsangebot seiner Familie wieder einmal mit frischem Fleisch aufzubessern. Da aber zu jener Zeit mehrere Bauern bei der Heuernte auf der gegenüberliegenden Talseite auf den Bergmähdern beim Blatt- und Sågejoch im Einsatz waren, wagte er nicht zu schießen. Der Mündungsknall des Schusses hätte sein verbotenes Tun verraten. Ein eines Tages heraufziehendes Gewitter brachte ihn auf eine umsetzbare Idee: Während die Bauern hektisch versuchten, das Heu vor dem herannahenden Regen auf die Schober zu bringen, nutzte Leo den einem zuckenden Blitz folgenden Donner zu einem treffsicheren Schuss, dessen Knall im Donnergrollen unterging und von niemandem bemerkt wurde. Teile des zerwirkten Wildbrets trug er unauffällig in seinem Rucksack, während er an den folgenden Abenden die Kühe zum Melken in die Ställe trieb.

6.2   Bürgermeister Alois Köck

Auszug aus dem von Alois Köck selbst geschriebenen, mir zur Verfügung gestellten Lebenslauf, seinen Erzählungen und mir bekannten Ereignissen.

Als mein Vorgänger übte Alois Köck aus Bschlabs Nr. 32 dieses Amt 28 Jahre lang aus. Er wurde am 11. April 1921 als Sohn meiner Großtante Anna, einer Schwester meiner Oma Maria, in Bschlabs geboren. Nach der Volksschule besuchte er während zweier Winter die landwirtschaftliche Fortbildungsschule, half am elterlichen Bauernhof und beim Güterwegebau mit. Am 1. Februar 1941 wurde er zur deutschen Wehrmacht eingezogen. Beim Fronteinsatz in Nordafrika und in Russland wurde er zweimal verwundet. Dankbar und zufrieden durfte er am 19. Mai 1945 aus dem Krieg heimkehren. 1949 heiratete er Susanne Kathrein.

Als Familienvater von vier Kindern und neben der Tätigkeit als Bürgermeister war er auch Bergbauer, führte gemeinsam mit seiner Familie ein kleines Gemischtwarengeschäft in Bschlabs und war Briefträger für unsere Gemeinde. Es ist erwähnenswert, dass Alois als Postbote sehr gewissenhaft war und weder Mühen noch Gefahren scheute, um die Post täglich zu allen Haushalten im Tal zu bringen. Auch wenn die Straße wegen Lawinengefahr und abgegangener Lawinen gesperrt war, was während eines Winters häufig der Fall war, machte er sich zu Fuß auf den Weg von Bschlabs nach Elmen, holte die Post, ging zurück, verteilte diese zuerst in den Häusern in Bschlabs und dann in Boden. Dass er dafür von morgens bis abends brauchte, 25 Kilometer mühsamen Fußmarsches im tiefen Schnee zurückzulegen hatte, über Lawinenkegel steigen musste und sich größter Gefahr aussetzte, ließ ihn nicht von seiner Pflichterfüllung abbringen.

In einem von vielen schneereichen Wintern wartete man nach einem großen Neuschneezuwachs auf den Abgang der Kanzertallawine, um die gesperrte Straße wieder räumen und freigeben zu können. Als sich im ausgedehnten Anbruch-Gebiet dieses gefürchteten Lawinenstriches zwei Wochen lang nichts rührte, schien es für die Lawinenkommission verantwortbar zu sein, die Straße endlich wieder aufzumachen. Die Bauamt-Schneefräse und der Schneepflug von Hartmann Köck aus Elmen befreiten die Fahrbahn von den blockierenden Schneemassen. Bei der anschließenden Einkehr im Gasthaus Gemütlichkeit mit den Straßenarbeitern, dem Fräsen- und dem Pflugfahrer sowie auch mit dem Bürgermeister freute man sich, endlich wieder die Freiheit zum Verlassen des Tales erlangt zu haben.

Am Beginn der Abenddämmerung, als sich die Räummannschaft gerade wieder Richtung Lechtal verabschiedet hatte und Alois Köck sich noch im Freien neben seinem Haus befand, begann plötzlich ein heftiges Rauschen und Grollen und sogleich sah man auch schon die gigantische Staubwolke einer riesigen Lawine im Kanzertal, das sich zwischen den Weilern Windegg und Sack befindet. Kreidebleich und starr vor Schock befürchtete der Bürgermeister das Schlimmste. Zum Glück stellte sich bald heraus, dass die mit ihren Geräten Talausfahrenden den gefährdeten Straßenabschnitt noch knapp vor den herabkommenden, zerstörerischen Schneemassen passieren konnten.

Für seine besonderen Verdienste und den unermüdlichen Einsatz zum Wohle der Gemeinde hat Alois zahlreiche Auszeichnungen des Bundes und des Landes Tirol erhalten.

6.3   Ortsbauernobmann Gebhard Perl

Trauerrede von Bürgermeister Josef Friedl am 29. März 2001 auf dem Friedhof in Boden:

Liebe Angehörige! Liebe Trauergemeinde!
Voll Trauer sind wir heute zusammengekommen, um Abschied zu nehmen von Gebhard Perl, einem Mitbürger, der durch sein Verhalten, sein Leben und Arbeiten unser Dorf und unsere Gemeinde positiv geprägt hat. Seine Freude am kleinen Bergdorf, seine Freude an der Natur und an den Tieren, seine Freude am Leben als einfacher Bergbauer – in karger Umgebung – hat er uns vermittelt und diese Freude wird in uns bestehen bleiben. Mit selbstlosem und friedliebendem Einsatz hat

er sein ganzes Leben zum Wohle der Bewohner unserer Gemeinde gewirkt.

Sein Arbeiten begann zu einer Zeit, in der das Betreiben der Berglandwirtschaft den zentralen Mittelpunkt im Leben der Bewohner dieses Tales darstellte. Der technischen Entwicklung unseres Tales, die sich fast zur Gänze während seiner Schaffenszeit vollzogen hat, stand er immer offen und fördernd gegenüber.

1945 wurde er zum Fraktionsvorsteher von Boden bestellt und war dreißig Jahre lang Vizebürgermeister der Gemeinde Pfafflar. 54 Jahre lang – mehr als ein halbes Jahrhundert – war er Obmann des örtlichen Braunviehzuchtverbandes. Auch die Funktion als Ortsbauernobmann in unserer Gemeinde führte er gewissenhaft und korrekt mehr als 49 Jahre lang aus. Dreißig Jahre hindurch vertrat er die Interessen unseres Tales im Bezirks-Bauernvorstand.

Er hat beim Bau der Materialseilbahn von Boden nach Pfafflar entscheidend mitgewirkt. Diese Seilbahn, die 1952 in Betrieb genommen wurde, war von großer Bedeutung für die Bewohner von Boden und Pfafflar und brachte mehrere Jahrzehnte lang viel Erleichterung bei der harten Bergbauernarbeit. Während der gesamten Betriebszeit war Gebhard Obmann der Seilweggenossenschaft.

Gebhard war langjähriges Mitglied bei der Grundverkehrs- und Höfekommission. Auch bei der Grundzusammenlegung in Boden, die den Einsatz von geländetauglichen landwirtschaftlichen Maschinen erst ermöglichte, spielte er eine wesentliche Rolle. Ebenso arbeitete er bei der Entwicklung des Tourismus wohlwollend mit. Er war Gründungsmitglied der freiwilligen Feuerwehr Boden im Jahre 1958 und bemühte sich zeitlebens um deren Erhalt.

Gebhard hat sich Jahrzehnte hindurch – ständig – für die Errichtung von Wildbach- und Lawinenverbauungsprojekten zur Sicherung des Siedlungsraumes und der Zufahrtsstraße eingesetzt. Ohne sein bedeutendes Mitwirken hätten wir heute sicher nicht so viele realisierte Schutzbauten in unserem Tal, die einen großen Sicherheitszuwachs und viel Erleichterung gebracht haben.

Sein ganzes Leben lang hat er Aufzeichnungen und Daten für die Chronik unserer Gemeinde gesammelt. Es war ihm ein Anliegen, die Ereignisse der Vergangenheit für die Nachwelt zu erhalten.

Bei der Gestaltung und Renovierung der Kirche sowie als Pfarrgemeinderat, als Leiter von Wortgottesdiensten, als Kommunionhelfer, Lektor und Vorbeter hat er aus Überzeugung das religiöse Leben mitgestaltet. Für viele seiner Arbeiten wurde er mit zahlreichen öffentlichen Ehrungen und Auszeichnungen gewürdigt.

In Demut hat er die persönlichen Schicksalsschläge in seinem Leben hingenommen und immer wieder neue Hoffnung und neuen Mut gefasst. Gebhard hat immer versucht – und es ist ihm auch gelungen – alles in Frieden und in Gemeinsamkeit zu erledigen.

Es ist mir eine Ehre, im Namen der Gemeinde und auch persönlich, Hr. Gebhard Perl für seinen unermüdlichen Einsatz zum Wohle von uns allen von Herzen zu danken. Gott der Herr möge ihm alles reichlich vergelten – wofür er sich im irdischen Leben geplagt und bemüht hat. Gebhard – Ruhe in Frieden und Freude!

6.4   Nachruf für Lehrer Johann Ostermann

Trauerrede von Bürgermeister Josef Friedl am 22. März 2002 auf dem Friedhof in Bschlabs:

Liebe Angehörige, liebe Trauergemeinde!
Schweren Herzens sind wir heute zusammengekommen, um Abschied zu nehmen von Lehrer Johann Ostermann. Er wird uns sehr fehlen, denn dieser Abschied bedeutet einen großen Verlust für unsere Gemeinde. Johann Ostermann hat neben seiner Tätigkeit als Lehrer und seiner Aufgabe als Familienvater sehr viele Aufgaben im Gemeindeleben erfüllt. Er hat das musikalische Leben in unserer Gemeinde ein halbes Jahrhundert lang geprägt.
Er wurde am 15. März 1932 geboren, kam als junger Lehrer aus Kematen bei Innsbruck in unsere Gemeinde und war während seiner gesamten vierzigjährigen Dienstzeit von 1952 bis 1992 als Lehrer und Schulleiter in Bschlabs tätig. Er hat gemeinsam mit seiner Frau Bernarda, die er in Bschlabs kennengelernt und geheiratet hat, sieben Kinder großgezogen.
Als Lehrer hat er mit viel Geduld und Einfühlungsvermögen sehr vielen von uns hier Anwesenden jenes Wissen beigebracht, das eine gute Grundlage für die weitere Entwicklung bildete.
Ich erinnere mich noch gut und gerne an den anschaulichen und gut verständlichen Unterricht von Lehrer Ostermann, der es verstanden hat, durch spannende Darbietung Interesse und Aufmerksamkeit bei seinen Schülern zu wecken.

Als Kapellmeister hat er 1962 die Musikkapelle Bschlabs neu aktiviert und diese unter ständigem Bemühen bis heute aufrechterhalten. Er hat auch die laufende und oft mühsame Ausbildung der Nachwuchskräfte erfolgreich durchgeführt. Durch unzählige Proben hat er erreicht, dass die Musikkapelle Bschlabs stets auf hohem musikalischem Niveau spielte und immer wieder bei Wettbewerben ausgezeichnet wurde.

Bei vielen Festen, Konzerten und Prozessionen hat der Auftritt der Musikkapelle den feierlichen oder unterhaltsamen Rahmen gegeben und Einheimische sowie Gäste erfreut. Er hat dafür vom Tiroler Musikbund die Auszeichnung „55 Jahre aktiver Musikant" erhalten und wäre in wenigen Wochen für „40 Jahre Kapellmeister" geehrt worden. Als Organist in der Kirche sowie als Leiter des Kirchenchores hat er bewirkt, dass viele Gottesdienste und Andachten feierlich gestaltet wurden.

Von 1962 bis 1968 war er als Gemeinderat in unserer Gemeinde tätig und viele Jahre hindurch war er bei der Wahlkommission. Lange Zeit erfüllte er die Aufgabe als Pfarrgemeinderat. Bei der Schützengilde Bschlabs war er mehr als vierzig Jahre Mitglied, davon dreißig Jahre als Kassier. Er war ein sehr guter Schütze und dies mit Begeisterung. Ebenso war er Mitglied bei der Freiwilligen Feuerwehr Bschlabs und hat sich auch beim Sportverein Pfafflar aktiv als Zeitnehmer beteiligt.

Als Liebhaber der Natur und der Berge hat er gerne Wanderungen und Schitouren gemacht. Seine künstlerische Begabung brachte er auch oft durch die Gestaltung von Wurzeln und Schnitzfiguren zum Ausdruck.

Auch die Wegweiser aus Holz für den Tourismusverband hat er geschnitzt. Seine Freude an Gemeinschaft und Geselligkeit zeigte er unter anderem auch beim Kartenspielen und Eisstockschießen. Er war immer ein ruhiger, Diskrepanzen ausgleichender und friedliebender Mensch.

Als Vertreter aller Bürger unserer Gemeinde möchte ich Herrn Johann Ostermann für alle seine Tätigkeiten zum Wohle von uns allen von Herzen aufrichtig danken. Wir danken dafür, dass er unseren Lebensweg begleitet und reicher gemacht hat.

Gott der Herr möge ihm alles reichlich vergelten! Er ruhe in Frieden und Freude!

6.5   Meine Schwiegermama Maria Fuchs

Nachruf für Frau Maria Ida Fuchs, geb. Grässle von Josef Friedl bei ihrer Verabschiedung in der St. Martinskirche in Namlos am 1. September 2016.

Drei Jahre nach dem Ende des Ersten Weltkrieges, am 29. September 1921, wurde Maria Ida Grässle in Namlos geboren. Ihr ganzes langes Leben verbrachte sie in ihrem Heimatort!

Sie war das Zweitälteste von insgesamt vier Kindern. Auch ihre Geschwister Paul, Ella und Zita blieben Namlos lebenslang treu. Am 14. November 1955 heiratete sie Liebhard Fuchs. Aus dieser glücklichen Ehe gingen fünf Kinder hervor: Edith, Ingrid, Erich, Erwin und Gabi. Ihre Töchter und Söhne haben dafür gesorgt, dass sie 14-fache Oma und siebenfache Uroma werden durfte.

Ihre Kindheit und Jugendzeit waren geprägt vom sehr einfachen, arbeitsreichen und harten bergbäuerlichen Leben. Damals wurde noch Ackerbau betrieben und auf den steilen, kargen Bergwiesen hoch über Namlos Heu gemacht.

Von ihrem Vater Johann Grässle übernahm sie die Tabaktrafik und führte sie weiter. Später eröffnete sie dann gemeinsam mit ihrem Mann auch ein Gemischtwarengeschäft. Dieses wurde von Maria betreut. Damit stellte sie die Nahversorgung für Gemeindebürger und Gäste über viele, viele Jahre hinweg sicher. Bei den Öffnungszeiten ihres Ladens sowie bei den Stundungen des Rechnungsbetrages war sie sehr tolerant und äußerst – fast zu – kundenfreundlich.

So wie sie öfters erzählte, musste sie im Winter über Lawinen steigen, um zu Fuß nach Stanzach (acht Kilometer entfernt) zu gelangen. Von dort fuhr sie mit dem Postauto nach Reutte, um Tabak nachzufassen und andere Waren zu kaufen.

Mit ihrem kleinen Töchterlein an der Hand ist sie einmal beim Überklettern eines vereisten Lawinenkegels ausgerutscht. In der Folge ist Tochter Edith zum Mühlbach hinuntergestürzt und in einen Tümpel gefallen. Nur mit Mühe konnte sie ihr Kind aus dem eiskalten Wasser retten. Ihre Bemühungen und Sorgen um Familie, Landwirtschaft, Geschäft und Privatzimmervermietung füllten ihr Leben. Für Freizeit und Urlaub blieben weder Zeit noch Geld.

Kummer und Angst hatte sie, wenn ihr Mann als Briefträger oder Schilehrer auch bei großer Lawinengefahr versuchte, seinen beruflichen Pflichten nachzukommen; sowie auch dann, wenn ihre Töchter und Söhne zu nächtlicher Stunde auf der von Lawinen bedrohten Straße unterwegs waren.

Maria war genügsam, bescheiden, stets zufrieden und lebte sehr gerne in Namlos. Die große weite Welt brauchte sie nicht. Ihr Bergdorf Namlos, ihr Daheim und ihre Familie waren ihre Welt in Geborgenheit. Diese Geborgenheit gab sie ihrer Familie zurück!

Maria liebte den Frieden und die Eintracht. Sie konzentrierte sich auf ihren Bereich, mischte sich nicht in die Angelegenheiten anderer ein und ließ dem äußeren Umfeld seinen Lauf. Sie freute sich und war glücklich, wenn alle Angehörigen gesund und froh waren und es ihnen gut ging. In ihr tägliches Gebet schloss sie die jeweils Hilfe Brauchenden ein.

Am Heiligen Abend 1996 verstarb ihr Mann Liebhard im Alter von 67 Jahren plötzlich und unerwartet. Erst kürzlich sagte sie: „Ich hoffe sehr, dass mich Liebhard noch kennt, wenn er im Himmel so lange auf mich warten muss!" Sie überlebte ihren Ehemann um zwanzig Jahre und wurde 28 Jahre älter als er. Nach dem viel zu frühen Tod ihres Mannes wirkte sie als äußerst starkes Bindeglied in ihrer Großfamilie.

Zu vielen Anlässen und Feiertagen trafen sich ihre Kinder mit ihren Familien sehr oft und gerne in Namlos bei Mama, Oma und Uroma, wo es immer sehr gemütlich und nett war. Über direkten Kontakt sowie durch regelmäßige Telefongespräche war Maria bis zuletzt immer über alle Vorkommnisse in ihrer großen Nachkommenschaft bestens informiert. Dem Wohlergehen ihrer Lieben galt ihre ganze Aufmerksamkeit!

Bis zum April dieses Jahres konnte Maria mit Unterstützung ihrer Angehörigen im Großen und Ganzen allein in ihrem Haushalt leben und gut zurechtkommen. Eine Grippe im Frühjahr verursachte dann den Wendepunkt. Obwohl Maria für ihr hohes Alter noch sehr interessiert, geistig wach und fit war, schwanden ihre Kräfte von Woche zu Woche. In den letzten fünf Monaten wurde sie von ihren Kindern abwechselnd betreut und gepflegt.

Maria war äußerst froh und dankbar, in häuslicher familiärer Pflege bleiben zu dürfen! Vielleicht konnten ihre Kinder durch diese Fürsorge sich bei ihrer lieben Mama ein wenig für ihr lebenslanges Mühen und Sorgen revanchieren? Ihr großer Wunsch, in einem Monat ihren 95. Geburtstag im Kreise der Großfamilie in Namlos zu begehen, ging leider nicht mehr in Erfüllung. Ihre Kraft ging zu Ende und am 29. August 2016 gegen Mittag hat sie im Beisein ihrer Verwandten die irdische Welt verlassen.

Glücklich, zufrieden und dankbar dürfen wir sein – und wir sind es auch – dass wir Maria so viele Jahrzehnte hindurch als freundliche Frau, als liebe und gütige Schwester, Mama, Oma, Uroma, Tante und Schwiegermama haben durften.

Mögen ihre Bescheidenheit, ihre Dankbarkeit und ihr innerer Frieden Vorbild für uns Hinterbliebenen sein und nachhaltig in uns weiterwirken!

6.6   Zum achtzigsten Geburtstag von Arthur Haid

Vorgetragen am 8. Juli 2017 von Josef Friedl anlässlich der Geburtstagsfeier im „Basislager" – Feldstadel im Schwarzwald bei Boden.

Lieber Arthur, liebe Geburtstagsgäste!
Es steht mir nicht zu, dennoch möchte ich und erlaube ich mir ein paar Worte und Gedanken zum achtzigsten Geburtstag (am 04. Juli 2017) von Arthur zu sagen: Obwohl ich dich – Arthur – erst seit circa zehn Jahren persönlich kenne und somit nur das letzte Jahrzehnt deines bisherigen vielfältigen Lebens live mitbekommen habe, hast du mich sehr beeindruckt! Ich bin zur Überzeugung gelangt, dass du ein ganz besonderer Mensch bist!
Fleiß, Arbeitsfreude, Ordnungsliebe, Hilfsbereitschaft, Geradlinigkeit, Organisationstalent, Durchsetzungsvermögen, Geselligkeit, Willensstärke und die Härte dir selbst gegenüber, sind ein paar deiner Charaktereigenschaften, die kaum in einer Einzelperson alle gemeinsam – so wie bei dir – vereint sind. Ich habe den Eindruck gewonnen, dass du im ganzen Land bekannt bist und zumindest auch das halbe Land kennst!
Seine Lebensgeschichte war gewiss nicht immer einfach, ist sehr lang, sehr abwechslungsreich, interessant und spannend! Arthur hat jede Lebenslage bestmöglich gemeistert! Neben seinen vielen Tätigkeiten im Laufe seines Lebens, zum Beispiel als Hirte in der Kindheit und Jugend, als Bahnbediensteter, Spengler, Buschauffeur, Bergführer, Bergretter, Flugret-

ter, Expeditionsteilnehmer und Expeditionsleiter zu fast allen Gebirgen der Welt hat mich besonders seine grundsätzliche Einstellung zum Bergsteigen fasziniert. Seine diesbezügliche Denkweise hat auch meine nachhaltig verändert und dazu beigetragen, dass ich in den letzten Jahren Bergtouren erleben durfte, die mir vorher nicht machbar erschienen, an die ich mich vorher nie herangewagt habe. Aufgrund seiner vielen Erzählungen und Berichte von seinen schwierigen Touren in Europa, Afrika, Amerika und Asien habe ich einige Hürden und Grenzen in meinem Kopf überwunden!

Gemeinsam mit ihm habe ich schöne Berg- und Schitouren erleben dürfen. Als ich zum Beispiel mit dem 71-jährigen Arthur einmal bei tiefem Neuschnee eine Schitour aufs Sattele machte, hatte ich Mühe, ihm zu folgen, obwohl er die Spurarbeit übernahm. Seine Kondition und Ausdauer faszinierten mich immer wieder! Unvergesslich bleibt auch die gemeinsame Überschreitung des Ortlers im Jahre 2009. Vormittags haben wir vier Stunden lang die große Hostig-Wiese oberhalb von Pfafflar gemäht. Am Nachmittag sind wir nach Sulden gefahren und zur Hintergrathütte aufgestiegen. Nach zwei Litern gemeinsam vertilgten roten Weines, viel Spaß mit anderen Bergsteigern und einer kurzen Nachtruhe sind wir am frühen Morgen noch bei Dunkelheit aufgebrochen. Vermutlich bin ich im Lichtkegel der Stirnlampe auf dem rauen Moränengeröll mehr gestolpert und hatte mehr Probleme mit dem Gleichgewicht als Arthur trotz seiner frostgeschädigten Füße. Über den Hintergrat stiegen wir auf den höchsten Berg Südtirols.

Mit Arthur Haid auf dem Ortler (2009)

Beim Gipfelkreuz am Ortler, unter strahlend blauem Himmel und totaler Fernsicht, trafen wir Reinhold Messner. Reinhold erkannte Arthur sofort. Beide er- innerten sich an die gemeinsam gekochten Knödel in einem Lager irgendwo im Himalaya. Nach dem langen Abstieg über die Payerhütte sind wir am Abend wieder nach Sulden gelangt und heimgefahren. Am nächsten Tag konnte gutes Heu von der Hostig in den Stadel gebracht werden.

Ebenso verdanke ich es Arthur, dass ich mit ihm die Große Zinne in den weltberühmten Sextener Dolomiten erklimmen durfte. Während des Abstiegs beim Abseilen kam, ganz plötzlich und unerwartet, ein heftiges Gewitter auf uns zu. Ich bekam schreckliche Angst, diesem inmitten der Wand hilflos ausgesetzt zu sein! Auf Vorschlag von Arthur drängten wir uns unter einen überhängenden Felsvorsprung, wo wir Blitz und Donner sowie starken Regen mit Hagel unbehelligt vorüberziehen lassen konnten. Sein souveränes Ruhebewahren hat mich beeindruckt und mir Sicherheit vermittelt. Auch dieses gemeinsame Erlebnis bleibt unvergessen.

Aus Anlass seines 75. Geburtstages plante Arthur gemeinsam mit mir die Matterhornbesteigung. Wegen einer Magenverstimmung, die er sich über Nacht auf der Hörnlihütte zugezogen hatte, konnten wir am frühen Morgen leider nicht wie geplant auf's Matterhorn klettern. Zufällig durfte ich gemeinsam mit einem anderen Alleingänger diesen grandiosen Aufstieg doch noch genießen. Auch auf diesem markanten und berühmten Gipfel wäre ich ohne die zielstrebige Initiative von Arthur wohl bisher nicht gewesen.

Das Überschreiten der gesamten Heiterwand (14.3) war für mich lange Zeit ein unerreichbares Ziel. Viele Male bin ich von der Südseite an verschiedenen Stellen zu diesem langen, brüchigen und ausgesetzten Grat aufgestiegen, wagte es aber nicht, mich auf diesem zu bewegen. Erst als mir Arthur erzählte, dass er diese Überschreitung bereits 24-mal gemacht hat und nichts

Außergewöhnliches dabei fand, versuchte ich es auch. Ich freue mich, dass mir diese Überschreitung inzwischen schon fünfmal gelungen ist.

Für meine Schwester Rosi ist es ein großes Glück, dass Arthur im Jahr 2008 zu ihr auf den Hof kam. Er ist seither ihre mentale Stütze, er gibt ihr Kraft und baut sie auf, wenn die viele Arbeit sie zu erdrücken droht. Er hat ihr bereits sehr viel geholfen, er unterstützt sie ständig im Stall und im Haushalt. Sehr vieles in Haus und Hof hat er in Ordnung gebracht, hat Haus und Stall in Pfafflar renoviert und somit Wesentliches dazu beigetragen, dass die alten, wertvollen Holzbauten wieder ansehnlich dastehen und vor dem Zerfall bewahrt bleiben.

Sehr viel geleistet, vorbildlichen und unentgeltlichen Einsatz gezeigt hat Arthur auch bei der Renovierung der Hirtenhütte, bei der Weidepflege und beim Aufpassen auf das Jungvieh auf der Hahntennjoch-Alm. Auf Feldern und Weiden, in Haus und Hof und auch beim Erscheinungsbild von Pfafflar sind die von ihm hinterlassenen Spuren deutlich erkennbar und werden es ganz sicher noch lange sein! Dafür dürfen ihm nicht nur die Familienmitglieder sehr dankbar sein, sondern es profitiert das gesamte Dorf von seinem unermüdlichen Einsatz.

Trotz seines Handicaps der massiv eingeschränkten Beweglichkeit, das aus Unfall, Erfrierungen und vielen Operationen resultiert und der damit zusammenhängenden Schmerzen ist Arthur noch immer täglich bei der Arbeit! Man staunt nicht schlecht und glaubt es kaum, wenn man ihn mit Krücken sowie mit Pickel und Schaufel „bewaffnet", in steiles, unwegsames Gelände ausrücken sieht! Mit den gleichen Beschwerden würden sich die meisten anderen vermutlich nur noch im Rollstuhl bewegen und im Pflegeheim auf ständige Hilfe angewiesen sein.

Nachdem du, Arthur, in deinem bisherigen erfüllten Leben so unermüdlich gearbeitet hast, sehr vieles bewirken konntest und Großartiges organisieren und erleben durftest, darfst du nun entspannt und gelassen etwas zurückstecken, dich mehr schonen und besonders auf deine Gesundheit achten!

Lieber Arthur, zu deinem runden Geburtstag möchte ich dir, auch im Namen meiner Familie, von Herzen gratulieren! Ich wünsche dir alles, alles Gute und vor allem Gesundheit für das neue Lebensjahrzehnt.

Ich bin froh, dankbar und zufrieden, dir begegnet zu sein! Diese Begegnung hat mich bereichert und geprägt und besonders meine Einstellung zu den Bergen nachhaltig verändert!

Ich hoffe und freue mich, wenn ich mit dir – am Abend bei einem gemütlichen Bier in der Stube – noch oft über die fesselnden Berge sowie über Gott und die Welt reden darf!

Die von mir anlässlich der Geburtstagsfeier gebastelte Dekoration auf den Tischen, wo passend geformte Steine deine bezwungenen Berge symbolisieren und als Blumenvasen dienen, soll heute ein Sinnbild für dich sein: „Auf den vielen wunderbaren Gipfeln deines erfüllten Lebens mögen nun die bunten Blumen der Erinnerung blühen! Mögest du dich noch lange farbenfroh und dankbar daran erfreuen dürfen!"

Nochmals von Herzen alles Gute und Gottes Segen sowie vielen, vielen Dank für alles!

6.7 Mein Onkel und Taufpate Anton Friedl

Den folgenden Text über meinen geschätzten Onkel habe ich für das Buch „Lechtaler Originale", das vom Kulturverein Lechtal im Jahr 2020 herausgegeben wurde, geschrieben.

Anton wurde am 2. März 1929 in Boden geboren. Sein Bruder Josef Hermann, mein Vater, kam zwei Jahre früher als erstes Kind der Bergbauern Anton Josef und Gertraud, geb. Lang („Fixlers Trauta") aus Obergrießau, zur Welt. Bevor der Hof Boden Nr. 27 im Jahre 1925 gekauft wurde, lebten die Benjamins, (so wurden die Familienangehörigen genannt) in Brandegg, einem Weiler oberhalb des Dorfes sowie im Sommer und Herbst in Pfafflar. Das sich jährlich wiederholende Übersiedeln von Brandegg, später von Boden nach Pfafflar und wieder zurück war eine aufwendige Notwendigkeit, die sich aus der ungünstigen Lage der Felder, Bergmähder und Weideflächen zueinander ergab. Im Sommer wurden die Kühe von Pfafflar aus auf die Weiden am Hahntennjoch getrieben und im Herbst wurde das in Pfafflar und auf den Bergwiesen gewonnene Heu aufgefüttert, um sich den mühsamen Transport nach Boden hinunter wenigstens teilweise zu ersparen. In Antons Kinder- und Jugendzeit gab es noch keine Straße nach Boden. In schweren Wintern war das Dorf oft über Wochen von der Außenwelt abgeschnitten. Anton erzählte, dass es einmal sieben zusammenhängende Wochen waren, wo es überhaupt keine Verbindung nach draußen gab. „Wenn die Welt damals

untergegangen wäre, wir hätten es nicht einmal ge-
wusst", so meinte er.

Erst im Jahre 1950 war ein schmaler Fahrweg bis Boden mit kleinen Fahrzeugen auf abenteuerliche Weise zu befahren. Auch Strom und Telefon gab es bis zur
Mitte der 1950er-Jahre noch nicht. So wie seit Jahrhunderten üblich, mussten alle nicht selbst erzeugba-
ren Lebensmittel und erforderlichen Güter auf langen,
beschwerlichen Wegen zu Fuß von Imst übers Hahntennjoch herüber oder vom Lechtal hereingetragen werden. Alle land- und forstwirtschaftlichen sowie auch
alle anderen handwerklichen Tätigkeiten waren reine
Handarbeit. Um genügend Heu für Rinder und Schafe während der langen Wintermonate zu haben, mussten die Bergwiesen am Habartkamm oberhalb von Boden bis zum Hahntennjoch gemäht werden. Da damals
noch zehn Bauern im Dorf größtenteils vom Ertrag der
Viehhaltung leben mussten, wurde um jeden Quadratmeter Grasfläche, ja fast um jeden Grashalm bis hinauf zu den Graten gerungen. Auf den günstig gelegenen Flächen in Hofnähe wurden zur Selbstversorgung
von Mensch und Vieh Kartoffeln, Saubohnen, Roggen,
Gerste und Hafer sowie nach dem Zweiten Weltkrieg
eine Zeit lang sogar Weizen angebaut.

Als Anton elf Jahre alt war, zog sich sein Vater eine
schwere Handverletzung zu. Von da an musste er mit
seinem Bruder noch mehr harte Arbeiten am Hof übernehmen.

Bald leiteten Straße und Strom im Tal eine rasante
Entwicklung ein, der Anton sehr aufgeschlossen ge-
genüberstand.

Alles, was er sich an Fahrzeugen und Geräten nur irgendwie leisten konnte, wurde zur Fortbewegung und Arbeitserleichterung nicht nur für sich und seine Familie angeschafft, sondern ganz besonders auch in der selbstlosen Nachbarschaftshilfe eingesetzt.

Immer wenn sich eine Notwendigkeit ergab, jemand aus dem Dorf, ein Gast oder sonst irgendwer, mit einer Bitte auf Anton zukam, ließ er seine Arbeit unverzüglich liegen und half, den Wunsch zu erfüllen. Egal, ob es sich um eine Fahrt irgendwohin, um das Mithelfen beim Heuziehen, beim Holzrichten, einen Einsatz mit Seilwinde oder Frontlader, beim Schweine schlachten, einen Auftrag als Sprengmeister, das Helfen beim Hausbau, um den Viehtrieb nach Wintereinbrüchen im Sommer, ein Bedürfnis der Hanauer Hütte, um das Markieren von Wanderwegen oder eine Suchaktion eines vermissten Bergsteigers handelte, Anton war immer zur Stelle, mit bestem Wissen und vollstem Einsatz dabei. Um anderen zu helfen, für das Wohlergehen eines Einzelnen oder der Allgemeinheit versuchte er immer alles nur irgendwie Mögliche, ab und zu sogar das Unmögliche, zu tun!

In Antons Lebenszeit fielen unglaublich viele einschneidende, die Lebensweise verändernde und Anpassung erforderliche Veränderungen, die erwähnenswert sind: Von der offenen Feuerstelle zum Kochen in der Jahrhunderte alten Hütte in Pfafflar bis zum Mikrowellenherd; von stundenlangen Fußmärschen auf steinigen Pfaden übers Hahntennjoch oder ins Lechtal hinaus bis zur Fahrt mit dem Pkw auf asphaltierter Straße; vom Tragen der schweren Heuschochen auf dem Rücken bis zum geländegängigen Ladewagen; vom Nach-

stellen der Taschenuhr an der Kirchturmuhr in Imst bis zur funkgesteuerten Quarzuhr; vom Überbringen von Informationen durch Boten bis zum Mobiltelefon; vom gelegentlichen Lesen einer Zeitung, bis zum Satellitenfernsehen, alle diese intensiven Veränderungsprozesse innerhalb einer relativ kurzen Zeit hat er forciert und mitgetragen. Den damit verbundenen Wertewandel, den andere nicht wahrhaben wollten und nicht so rasch nachvollziehen konnten, hat Anton gelebt.

Aus der Ehe mit Helene, geb. Kathrein aus Bschlabs, die er 1960 heiratete, gingen fünf Kinder hervor. Sein Leben lang bewirtschaftete er mit seiner Familie den Bauernhof in Boden. Im Nebenerwerb versuchte er für kurze Zeit als Wirt im Gasthaus Stern, als Zimmervermieter und später als Pendler zu einem Industriebetrieb in Reutte zu einem Zusatzeinkommen zu gelangen. Danach bemühte er sich als Straßenwärter über Jahrzehnte hinweg bis zu seiner Pensionierung, die Zufahrtsstraße in unser Tal in Schuss zu halten. Auch bei der Schneeräumung und ganz besonders beim Aufmachen der Straße nach unzähligen Lawinenabgängen war Anton immer an vorderster Front. Zum Dank dafür, dass die Staublawine, die am 10. Februar 1984 auf Boden niederging, keine Menschenopfer gefordert hatte, stellte Anton auf dem Heuberg über der Lawinen-Abbruchstelle ein großes Gipfelkreuz auf. Beim Aufräumen und Beseitigen der massiven Lawinenschäden im Jahre 1984 spielte er mit seinem Traktor eine wesentliche Rolle.

Neben seinem aktiven Mitwirken bei der Bergwacht Elmen-Pfafflar und bei der Musikkapelle Bschlabs

waren Bergsteigen, vor allem aber Schifahren und
Firngleiten (14.1.2) ganz besondere Leidenschaften
meines Onkels.

Helmut Lechleitner, Onkel Anton und ich mit den
Firngleitern auf dem Muttekopf (1979)

Bei den Veranstaltungen des Sportvereins Häselgehr,
beim Figlclub Boden und ab 1987 beim Sportverein
Pfafflar war er stets ein unermüdlicher Helfer und be-
geisterter Akteur. Um möglichst kein Rennen zu ver-
säumen, nahm er sogar lange Fußmärsche auf geschlos-
sener Straße und über viele Lawinenkegel auf sich.
Bei vielen Figlrennen in ganz Österreich und auch in
Liechtenstein war Anton als „Figlopa" ein weitum be-

kannter und sehr gern gesehener Teilnehmer. Er war immer bestrebt, nicht nur selbst mit seinen Kindern zum Schifahren oder Figeln zu kommen, sondern motivierte auch möglichst viele andere Teilnehmer, die er mit seinem VW-Bus zu zahlreichen Veranstaltungen mitnahm.

Anton war ein außergewöhnlich selbstloser, kollegialer, freundlicher und meist gut gelaunter Mensch. Er ging immer auf alle bekannten und unbekannten Leute aus nah und fern zu, sprach sie an und machte Scherze. Er suchte immer das Gemeinsame, das gute Einvernehmen in den Vordergrund zu stellen und vermied Streit und böse Worte. Bevor das Fernsehen kam, war die Küche bei Anton sehr häufig ein beliebter Treffpunkt für Dorfbewohner.

Beim Sturz von einem hochbeladenen Heuwagen brach sich Anton den Oberschenkel. Bereits drei Wochen danach war er – seinem unermüdlichen Tatendrang folgend – schon wieder beim Holzen im Wald. Bei dieser Arbeit brach bei einem erneuten Sturz eine der Schrauben, die seine Knochen zusammenhalten sollten. Den Röntgenarzt im Krankenhaus, der diesen Schaden mit Entsetzen feststellte, fragte Anton: „Kann man den nicht wieder zusammenschweißen?"

Eine neuerliche Operation brachte dann die große Wende in sein äußerst aktives Leben. Vier Jahre lang wurde er – ans Bett gefesselt – von seiner Frau Helene aufopfernd, liebevoll und mit unermüdlichem Einsatz daheim gepflegt, bevor er am 10. Februar 2010 im Alter von 81 Jahren verstarb.

Viele, die ihn kannten, bleiben mit diesem großartigen Menschen in ewiger Dankbarkeit für die gemeinsame

Zeit verbunden. Wegen seiner selbstlosen Hilfsbereit-
schaft und Nächstenliebe sowie wegen seines frieden-
stiftenden Einsatzes für Gemeinschaft und Zusammen-
halt sollte er uns für immer ein Vorbild sein!

6.8   Walter Lechleitner, Gastwirt in Boden.

Diesen Nachruf habe ich im Auftrag seiner Angehörigen
während meiner Corona-Quarantäne, am Ersten Adventsonntag des Jahres 2021, geschrieben. Vorgetragen wurde er von Pfarrer Martin Schautzgy, während der Toten-
messe in der Kirche in Boden.

Nach einem sehr langen, aktiven, vielfältigen und reich-
haltigen Leben hat Walter im 91. Lebensjahr, am 27.
November 2021 die irdische Welt verlassen. Er wurde
am 20. Juni 1931 als erstes Kind von Maria Lechleit-
ner in Boden 35 geboren, 1939 kam Bruder Helmut
dazu. Walter besuchte die Volksschule im Dorf. Schon
als Kind und Jugendlicher war er an den verschiedens-
ten Themen interessiert und versuchte sich in Eigen-
regie so viel Wissen wie nur irgendwie möglich anzu-
eignen. Dieses in der Jugend begonnene Bestreben zog
sich durch seinen gesamten Lebenslauf.
Mit großem Eifer erlernte er auch beachtliche Sprach-
kenntnisse in Italienisch, Französisch und Englisch.
Auch in Sachen Elektrotechnik, Elektronik, Hoch- und
Tiefbau, bei Schlosserarbeiten, bei medizinischen Fra-
gen sowie in vielen anderen Bereichen wie Geschichte,
Kultur und Wissenschaft – überall wusste sich Walter
selbst zu helfen und konnte Ratschläge erteilen. Dem

Computerzeitalter stand er von Anfang an mit größtem Interesse gegenüber, er beschäftigte sich intensiv mit verschiedensten Programmen. Des Öfteren war es für so manchen Akademiker verwunderlich und nicht nachvollziehbar, dass Walter in seinem offiziellen Bildungsweg nur auf eine einklassige Volksschule verweisen konnte.

Da Walter im Betreiben des kleinen Bauernhofes, den seine Mutter gemeinsam mit seinen Onkeln und Tanten bewirtschaftete, keine Zukunft für sich sah, suchte er bereits in jungen Jahren nach einer Alternative, sich im Dorf eine Existenzgrundlage zu schaffen. Seine Heimat Boden war ihm stets ein Anliegen, diese wollte er niemals verlassen. Mit viel Begeisterung und enormem Tatendrang, aber leider mit kaum vorhandenen materiellen und finanziellen Mitteln fasste er im Winter 1952/53 den Beschluss, ein Gasthaus zu bauen. Es gab damals noch keinen Strom und kein Telefon im Dorf und im Winter war Boden, wenn überhaupt, nur mit einem Fuhrwerk zu erreichen. Der ideale Standort für sein Vorhaben auf dem hofeigenen Feld war bald gefunden und zum Namen Bergheimat habe ihn ein Kinofilm inspiriert, wie er selbst erzählte.

Mit Schotter aus dem Bett des Fundaisbaches und einer selbstgebauten Mischmaschine aus Holz, zu deren Antrieb ein umfunktioniertes Motorrad diente, wurde Beton hergestellt. Mit großem Fleiß, viel Handarbeit, der Mithilfe des ganzen Familienverbundes und vieler Dorfbewohner konnte bereits am 26. Juli 1957 ein bescheidener Gastbetrieb provisorisch eröffnet werden. Das Geschäft florierte von Anfang an hervorragend, es kamen laufend mehr Gäste und somit genug Geld herein, um den Betrieb in den folgenden Jahren immer weiter auszubauen und zu verbessern. Zur Versorgung des Betriebes und für den Gästetransport kaufte sich Walter 1958 einen gebrauchten VW-Bus, dieser war das erste Auto in der Gemeinde Pfafflar.

Nicht nur für Walter, sondern für das ganze Dorf war es ein großes Glück, dass 1956 seine Verlobte Midi, die Witwe Maria Tagwerker, mit ihren drei Kindern Adelheid, Liselotte und Hans von Imst nach Boden übersiedelte. Dadurch konnte der stillgelegte Schulbetrieb wieder eröffnet werden. Ab Mai 1957 bereicherte Tochter Elfi die Familie.

Zur Freude vieler Gäste und Einheimischen baute Walter 1965 ein Freibad neben seinen Gastbetrieb.

In den Wintermonaten beschäftigte sich Walter intensiv mit dem Bau von Modellflugzeugen. Seine mehr oder weniger erfolgreichen Flugversuche boten für uns Kinder im Dorf eine interessante und spannende Abwechslung. 1967 erfüllte sich Gastwirt Walter einen großen Traum: Er machte den Flugschein für Kleinflugzeuge und durfte nun selbst fliegen. Von da an unternahm er ein halbes Jahrhundert hindurch viele Flüge, um Gästen und Freunden die Welt von oben zu zeigen oder sie rasch an bestimmte Orte zu bringen.

Viele Schutzengel sind ihm beigestanden, als er bei einer Bruchlandung in Höfen mit seinem Flugzeug nur mit dem Schrecken, aber ohne gesundheitlichen Schaden davonkam. Im Flugsportverein Höfen war er stets ein aktives Mitglied und übte verschiedene Funktionen aus. Selbst im Alter von über achtzig Jahren absolvierte er erfolgreiche Aus- und Weiterbildungen zum Erhalt der Fliegerlizenz. Bevor er erst vor wenigen Jahren seinen Flugschein abgab, war er der zweitälteste Pilot Österreichs.

1968 war Walter mit dem damaligen Bürgermeister Alois Köck (6.2) der Initiator bei der Gründung des Fremdenverkehrsverbandes Bschlabs-Boden, bei dem er dreißig Jahre lang als Obmann wirkte. Im gleichen Jahr gründete er auch die Schiliftgesellschaft Boden und veranlasste den Bau des kleinen Pendelschlepp- liftes „Hinter der Leite". Seit 1972 gibt es den kleinen „Anlagelift", der heuer zum fünfzigsten Mal – erstmals ohne Mithilfe von Walter – aufgestellt wurde.

1968 ist Hanni Pichler von einem Bergbauernhof in Südtirol zur Unterstützung des Familienbetriebes in die Bergheimat gekommen, wo sie bis heute ihre neue Heimat fand. Ebenso verrichtete das Ehepaar Vulic und Milo aus Serbien ab dem Jahr 1972 viele Jahrzehnte lang wertvolle Arbeiten im Gasthof; sie sind zu Einhei- mischen geworden.

Inmitten der 1970er-Jahren wurde von Walter das Haus in Pfafflar-Ebele gebaut, das als Feriendomizil und zur Erholung dienen sollte.

Ab 1982 konnte Walter durch den Betrieb eines klei- nen Kraftwerkes den Strombedarf für sein Haus de- cken, den überschüssigen Strom ins Netz abgeben und die Notstromversorgung für Boden sicherstellen.

In der Nacht vom 9. zum 10. Februar 1984 drückte die gewaltige Ahorntallawine (20.3), nachdem sie Antons Gebäude am Gorenbichl, den Stall von Gebhard mit zwölf Stück Vieh und Helmuts Garage zerstört hatte, auch die Haustüre, die Gaststubenfenster und das Ve- randafenster der Bergheimat ein und füllte die Räume bis zur Decke mit Schnee.

Um der steigenden Gästenachfrage gerecht zu werden, wurde der Gasthof in den folgenden Jahren nochmals wesentlich erweitert sowie ein Hallenbad eingebaut, das mit der Abwärme des Kraftwerkes geheizt wird. Aus Anlass der Fertigstellung der größten Erweiterung seines Betriebes wurde am 7. Juni 1987 im Rahmen eines großen Dorffestes das dreißigjährige Bestehen der Bergheimat gefeiert.

Für unzählige Gäste aus den verschiedensten Ländern ist Walters Gasthof im Urlaub zu einer äußerst geschätzten und beliebten Heimat in den Bergen geworden! Großartige Feste zu allerlei Anlässen wurden veranstaltet und das Dorf war in jener Epoche so quirlig und belebt, wie man es vorher nie kannte.

1994 zogen die langjährigen Gäste Erich und Gabi Goth aus Heilbronn nach Boden in die Bergheimat, um Walter und Midi im Gasthof zu unterstützen. Im November 1994 wurde Tochter Silke geboren.

In den Jahren von 1998 bis 2010 war Walter auch zwölf Jahre lang Mitglied des Gemeinderates der Gemeinde Pfafflar.

Zur Erweiterung seines ohnedies großen Bekanntheitsgrades hat die Veröffentlichung seiner zwei selbst geschriebenen historischen Romane beigetragen. Eine dieser Geschichten wurde sogar als Theaterstück auf der Heimatbühne in Stams aufgeführt, worüber sich Walter sehr freute.

2014, also bereits vor sieben Jahren, musste Walter von seiner Frau Midi Abschied nehmen. Sie hat mit ihrem unermüdlichen Arbeiten und selbstlosem Sorgen ganz Wesentliches zum Gelingen des Gasthofes beigetragen und ist Walter in guten und schweren Zeiten immer zur Seite gestanden!

Zeitlebens, von frühester Jugend an bis ins hohe Alter, bis zuletzt, hat Walter nie aufgegeben, nie lockergelassen, sondern immer für seine Bergheimat und seinen Heimatort Boden gekämpft. Bedeutendes hat er für den touristischen Werdegang – von den bescheidenen Anfängen in den 1950er und 60er-Jahren bis zu den großartigen Blütenzeiten des „Kleinen Dorfes für die große Erholung" in den 1970er und 80er-Jahren – geleistet und beigetragen.

Selbst als er in den letzten Jahren eine Stagnation und einen touristischen Rückgang hinnehmen musste, blickte Walter immer positiv, zuversichtlich und unermüdlich nach vorne.

Wie Walter erst noch vor ein paar Tagen, bereits mit geschwächter Stimme, in seiner Stube sagte, sei es traurig und bedenklich, wenn die Einwohnerzahl in Boden laufend zurückgehe und immer mehr Häuser leer stehen. Das alte Boden gäbe es nicht mehr! Es werde ein neues Boden geben müssen und es wird ein neues Boden geben! Boden werde immer etwas ganz Besonderes sein! So seine Überzeugung und seine letzten Worte zu mir, einem seiner letzten Besucher! Dazu könne er aber nichts mehr beitragen – das müssten nun andere in die Hand nehmen. Er gab auch den Spruch von sich: „Wenn du glaubst es geht nicht mehr, kommt irgendwo ein Lichtlein her!"

In diesem, seinem Sinne möge Gottes großartige Hilfe beitragen, dass sein Lebenswerk Bergheimat und *sein geliebter Heimatort Boden in eine gute Zukunft blicken dürfen. Möge dieser wunderbare Ort inmitten der Berge auch weiterhin eine lebenswerte und friedliche Heimat für Bewohner und Gäste sein! Möge der liebe Gott dem Walter –alles, was er für seine Familie und die Gemeinschaft geleistet hat, reichlich vergelten!*

6.9   Schmerzliche Verluste

Ida und Margit

Einen schockierenden Schicksalsschlag erlitt das ganze Dorf am 12. März 1972, als Margit Perl und Ida Maria Reinstadler, die in unserer direkten Nachbarschaft aufwuchsen, bei zwei voneinander unabhängigen Autounfällen ums Leben kamen. Ida verunglückte auf der Lechtaler Straße bei Weißenbach und Margit zur gleichen Zeit in Kärnten. Ich erfuhr von diesen tragischen, schrecklichen Unfällen in der landwirtschaftlichen Schule in Imst. Mit Ida und Margit, die drei Jahre älter als ich waren, spielte ich als Kind und besuchte einige Jahre lang gemeinsam die Volksschule in Boden (9.1). Dass die beiden gleichaltrigen Mädchen aus unserem kleinen Ort, die beste Freundinnen waren und während ihrer Kindheit und Schulzeit alles gemeinsam taten, nahezu zur selben Stunde ihr junges Leben verloren, warf Fragen auf, auf die es keine Antworten gibt.

Ernst Krabacher

Leider wurde der Kontakt zu meinem geschätzten Kollegen Ernst aus Bschlabs (12.1) wegen meines Schulbesuches in Fulpmes immer spärlicher. Dennoch erzählte er mir zwischendurch von seinen nicht umsetzbaren Träumen, Wünschen und Plänen. Vermutlich weil sich diese mit den Erfordernissen auf dem elterlichen Bauernhof und den Vorstellungen seiner Eltern nicht in Einklang bringen ließen, kam es zur Resignation. Am 21. Juni 1980 stürzte er mit seinem Auto von der Landesstraße beim „Kleinen Gröben" in die Streimbachschlucht. Dass dieser nette, sehr kollegiale und gefühlvolle Mann so früh aus seinem Leben schied, verursachte viel Schmerz, Betroffenheit und Trauer!

Elias Feineler

Elias, der Sohn meiner Großcousine Bettina aus Weißenbach, war ein ganz besonderer Mensch. Er stellte allerhöchste Ansprüche an sich selbst und größte Erwartungen an die ihm Nahestehenden. Seine Disziplin, seine Konsequenz und sein Durchhaltevermögen, mit denen er seine Ziele verfolgte, lagen auf außergewöhnlich hohem Niveau. Körper und Geist trainierte er unter Einhaltung aller verfügbaren wissenschaftlichen, sportmedizinischen, ernährungstechnischen und mentalen Erkenntnisse bis an den Rand der physischen und psychischen Grenzen. Dieser Lebensstil bewirkte, dass er nicht nur beruflich erfolgreich war, sondern im Spitzensport unvorstellbare Leistungen abrufen konnte. Vor allem bei Trailruns, Bergläufen und auch beim Schibergsteigen durfte er großartige Erfolge feiern.

Elias war aber nicht nur der außergewöhnlichste Sportler, dem ich jemals begegnet bin, sondern auch ein sehr netter, geselliger und kollegialer Mensch, mit dem ich auch gemütliche Stunden erlebte.

Nur weil er sich während seiner Trainingspausen und Ruhephasen bei Berg- und Schitouren gelegentlich unserer Gruppe anschloss, traf ich mit Elias zusammen und lernte ihn kennen. Ausschließlich während seiner Regenerationszeiten war es mir möglich, mit ihm schöne Touren zu machen und auch 18-mal auf einem großen Berg in den Westalpen zu stehen. Im Belastungsmodus jedoch erreichte sein Leistungsvermögen gigantische Dimensionen, absolut jenseits des für mich vorstellbaren Bereiches! Dass er am 6. Oktober 2022, wenige Tage nach seinem 28. Geburtstag, im Karakorum in Pakistan beim Bergsteigen sein junges Leben verlor, machte mich nachdenklich, betroffen und sehr traurig.

7 Das Universum und ich

„Die Erde fliegt derzeit durch die Perseiden, deshalb werden heute Nacht viele Sternschnuppen zu sehen sein!" Das kündigte der ZIB-2-Moderator am Ende der Nachrichten im August 1993 an. Obwohl ich nach dem Betonieren der zweiten Geschossdecke unseres sich im Bau befindlichen Hauses schon sehr müde war, zog ich mich warm an und ging zu später Stunde mit Decken und Fernglas ausgestattet zum nahen Spitzbichel. Dieser markante, zugespitzte Grashügel inmitten der Bodener Felder scheint nach der letzten Eiszeit als Rest einer Mittelmoräne zwischen den Gletschern aus dem Fundais-, dem Angerletal und jenem vom Hahntennjoch übrig geblieben zu sein. An dessen Abhängen konnte ich mich an einem gut geeigneten Platz auf die Wiese legen und bequem in nordöstliche Richtung zum Firmament blicken, wo sich das Hauptgeschehen des versprochenen Meteoritenstroms abspielen sollte.

Tatsächlich konnte ich wegen der außergewöhnlich klaren Nacht häufig Sternschnuppen sehen, die von einem gemeinsamen Zentrum ausgehend mit mehr oder weniger hellen sowie mit längeren und kürzeren Spuren in alle Richtungen zogen. Zwischendurch blickte ich mit dem Fernglas wahllos in das Sternenmeer, sah den Großen und Kleinen Wagen, den Orion und auch den Polarstern. Dabei bekam ich einen faszinierenden Eindruck von der dreidimensionalen Lage der unzähligen Sterne zueinander. In Kombination mit den immer wieder deutlich sichtbaren Meteoritenstaubspuren konnte ich mit Gänsehaut auf dem Rücken die Bewegung der Erde durch die Weiten des Weltalls spüren. Dabei fiel mir ein, dass der blaue Planet die circa 150 Millionen Kilometer entfernte Sonne in einem Jahr umrundet und dabei 940 Millionen Kilometer zurücklegt. Das bedeutet, dass wir als Passagiere auf der Erde mit circa 107 000 km/h durch den Weltraum unterwegs sind. Diese im Kopf überschlagsmäßig festgestellte unglaubliche Geschwindigkeit habe ich daheim mit dem Taschenrechner präzisiert und bestätigt. Mir wurde bei meiner nächtlichen Beobachtung auch bewusst, dass die Geschwindigkeit eines Punktes auf der Erdoberfläche, die sich aus der Rotation der Erde um die eigene Achse ergibt, ebenfalls beachtlich ist. Am Äquator legt ein Punkt auf der Erdoberfläche circa 40 000 Kilometer in einem Tag zurück, was circa 1 660 km/h sind. Für den 47. Breitengrad, auf dem wir uns hier in Tirol ungefähr befinden, bedeutet das immer noch mehr als 1 100 km/h, die sich aus der Drehung der Erde um die eigene Achse ergeben.

Nicht nur wegen meiner eindrucksvollen nächtlichen Beobachtung und der mir dabei gemachten Gedanken zum Sternenhimmel hat mich das Thema Universum immer wieder beschäftigt.

Unser Sonnensystem mit den bekannten Planeten Merkur, Venus, Erde, Mars, Jupiter, Saturn, Uranus und Neptun, welche die Sonne umkreisen, gehört zur Galaxie der Milchstraße. Wie ich es im Buch „Unser Kosmos" vom bekannten Astronomen Carl Sagan schon vor langer Zeit einmal gelesen habe, soll es im gesamten Universum mehrere hundert Milliarden solcher Galaxien geben. Jede einzelne dieser Galaxien bestünde aus mehreren hundert Milliarden Sonnen. Somit gäbe es in Summe mehr Sonnen, also leuchtende Sterne, als Sandkörner an allen Stränden der Erde. Unglaublich! Somit ist es gewiss auch nicht falsch, wenn ich bei meinen Bergtouren beim mühsamen Erklimmen von nicht enden wollenden Schotterhalden gelegentlich behaupte, dass es im Universum weit mehr Sonnen gibt als Steine in den Alpen.

Einen weiteren, ganz kleinen Eindruck über die Größen und Weiten des Alls habe ich über einen Zeitungsartikel erhalten. Dort gab es zu lesen, dass die Raumsonde Voyager 1, die 1977 zur Erkundung der Planeten und deren Monde auf die Reise geschickt wurde, noch immer Daten sendet. 45 Jahre später sei Voyager 1 dabei, die Grenzen unseres Sonnensystems zu verlassen, nachdem sie seit dem Start mit ungefähr 60 000 km/h an den zu unserer Sonne gehörenden Planeten vorbeigeflogen ist. Wenn Voyager mit der gleichen Geschwindigkeit zum derzeit 4,2 Lichtjahre entfernten Stern Proxima Centauri, das ist jener Stern, der unserer Sonne am nächsten ist, weiterfliegt, würde sie zur Überwindung dieser Entfernung weitere 75 000 Jahre brauchen. Dieser Wert dient aber nur zur theoretischen Anschauung der Größenverhältnisse, denn die Entfernungen der Sonnen zueinander verändern sich im Laufe der Zeit und in 75 000 Jahren wird Proxima Centauri ganz woanders sein.

Tatsächlich bräuchte man mit einem von Menschen gebauten Raumschiff zur Überwindung einer Strecke von 4,2 Lichtjahren circa 75 000 Jahre und dann wäre man erst beim ersten Stern, der von unserer Sonne – der Mutter allen Lebens auf der Erde – am wenigsten weit entfernt ist. Man kann mit diesem Vergleich ein wenig erkennen, wie unendlich groß das Universum sein muss, wenn die Astronomen wissen, dass viele Sterne und Galaxien Milliarden von Lichtjahren entfernt sind!

Wo fängt das Universum an, wo hört es auf? Das sind Fragen, die nicht nur mich seit meiner Jugendzeit beschäftigen. Auch wenn es noch so groß ist und ständig weiter expandiert, was ist außerhalb des Universums? Vermutlich nichts! Aber was ist Nichts?

Meine persönliche Antwort darauf, mit der ich gut leben kann, habe ich schon vor Jahren gefunden. Das derzeitige Wissen der Menschheit, auch wenn es noch so umfangreich und tiefgründig ist, wir schon so viel erforscht haben und weit ins Universum hinausblicken können, ist noch immer viel zu klein und begrenzt, um das Große und Ganze zu durchschauen.

Ich vergleiche dabei die Menschen mit den Ameisen. Sie bauen ihre Ameisenhaufen und Straßen zum nächsten Ameisenstaat. Im Wald kann man diese emsigen, fleißigen Tierchen häufig beobachten und verfolgen, mit welchem Aufwand, mit welcher Beharrlichkeit sie ihr Ziel verfolgen, um für den jeweiligen Staat eine sichere Heimat zu schaffen und zu erhalten. Würden die Ameisen denken können – vielleicht können sie das auch –, dann würden sie vielleicht wissen, dass es neben den Nestern, mit denen sie durch Straßen und laufenden Austausch verbunden sind, noch weitere Kolonien gibt. Es scheint im Bereich des Möglichen, dass so manche Ameise im Laufe ihres Lebens im Bergwald fremde Staaten besuchen könnte und im Austausch mit diesen die Erkenntnis gewinnen würde, dass es für die kleinen Lebewesen im riesigen Heimatwald viele Kolonien gibt. Ob es jedoch für die Ameisen überschaubar ist, dass es neben ihrem Wald noch andere, durch Bäche, Flüsse, Schluchten, Täler oder Straßen abgetrennte Wälder gibt, in denen ebenfalls Artgenossen leben, halte ich für äußerst fraglich. Unvorstellbar ist es für mich, dass die in meiner Heimatgemeinde lebenden Ameisen jemals erfahren werden, dass es auch in Vorarlberg oder Salzburg, in Deutschland oder Italien, in Amerika oder Australien ebenfalls Verwandte gibt.

Noch unmöglicher und aussichtsloser wird es wohl für die Hausstaubmilben sein, wenigstens ein wenig von der Größe der irdischen Welt, geschweige denn von den Weiten des Alls zu erkennen. Für diese durchschnittlich nur circa 0,3 Millimeter großen, mit freiem Auge nicht sichtbaren und vorwiegend in Matratzen lebenden Parasiten wird wohl an den Wänden eines Schlafzimmers, oder spätestens an den Hausmauern ihr „Universum" enden.

So wie es für die Ameisen oder die Hausstaubmilben wegen ihrer körperlichen und intellektuellen Fähigkeiten Grenzen ihres Wirkungs- und Erkenntnisbereiches gibt, ist auch der Mensch, trotz all seiner – im Vergleich zu den Tierchen – gigantischen Errungenschaften noch lange nicht in der Lage, die unendlichen Wunder der Welt und die Ausmaße des Universums zu durchschauen.

Zwischen Himmel und Erde gibt es für mich trotz all der enormen Fortschritte in Technik und Wissenschaft noch Dinge, die wir Menschen nicht erkennen.

Nicht nur die unendliche Größe des Alls, sondern auch das faszinierende Zusammenspiel der Natur auf der Erde lässt mich immer wieder staunen und in Ehrfurcht verharren. So genial und perfekt, wie alles Leben auf die vier Elemente Erde, Wasser, Feuer und Luft abgestimmt ist, wie sich alles ergänzt, ist einfach nur etwas Großartiges!

Beim Bewegen in der Natur, beim Wandern oder Bergsteigen kann man der gegenseitigen Ergänzung und Abhängigkeit von Flora und Fauna immer wieder begegnen, wenn man seine Augen nur ein wenig offenhält.

Niemals möchte ich einen kleinen unscheinbaren Käfer zertreten, der zufällig meinen Pfad quert, denn vor der Ganzheit des ewigen Universums ist mein Leben kaum dauerhafter, wichtiger und bedeutender als jenes dieses kleinen Insektes. Die Naturgewalten können mein Leben genauso gefährden wie ein Fußtritt den kleinen Käfer. Nur die gebührende Achtung und der defensive Respekt gegenüber der Natur, unserer Umwelt, von der wir Menschen ein Teil sind, wird der Menschheit eine lebenswerte Zukunft, das Überleben auf diesem Planeten, ermöglichen.

Für mich ist es nicht begreifbar, wie in einem winzigen Samenkorn, in einer noch so kleinen Keimzelle alle Informationen und das gesamte Programm gespeichert sind, um daraus eine Pflanze, ein Tier und auch die Krönung der Schöpfung, einen Menschen wachsen zu lassen. Wenn aus der Liebe zweier Menschen neues Leben hervorgeht, ein Kind geboren wird, ist das für mich ein Wunder!

Die hunderte Millionen Jahre alten Felsen der Berge, die Zacken und Türme lassen die Kleinheit, die Verletzlichkeit und Vergänglichkeit des eigenen Lebens erkennen. Im Vergleich zu all dem ist ein Menschenleben nicht einmal einen Wimpernschlag lang. Selbst wenn wir hundert Jahre alt werden, ist es nur ein kurzes Blitzlicht, das uns den Blick auf unsere bezaubernde Welt erleuchtet.

Das Betrachten der Sterne in den Weiten des Alls, das Bewundern der grandiosen Zusammenhänge in der Natur und die Vermutung, dass alles mit Allem verbunden ist, lassen die Bezeichnungen, allmächtig, unendlich und ewig angemessen erscheinen.

Ich persönlich bringe diese drei Eigenschaften der Superlative mit einer geistigen Energie – mit Gott – in Zusammenhang. Wie auch immer man diese nennen mag, für mich wurde die Evolution auf der Erde durch eine geistige Kraft geformt. Alles, was auf der Erde geworden ist, ist derart wunderbar – mit Worten nicht zu beschreiben –, dass es kein reiner Zufall sein kann.

Je älter ich werde, desto mehr versetzt mich die geniale Natur beim tiefgründigen Betrachten – mit meinem bescheidenen Wissenspotenzial – in demütiges und ehrfürchtiges Staunen. Jeder mag darüber seine persönlichen Gedanken haben. Für mich kann das alles keine zufällige, unbewusste Komposition von Sternenstaub sein!

Es wird nicht nur von verschiedenen Religionen gelehrt, sondern auch der Wissenschaft ist es inzwischen bekannt, dass Gedanken, Gebete, emotionale Kräfte, geistige Energien imstande sind, Materie zu beeinflussen.

8 Der Sinn des Lebens

„Was ist der Sinn des Lebens?" – „Was ist der Sinn meines Lebens?" Für manche Menschen ist diese Frage essenziell, für andere hat sie kaum eine Bedeutung, wiederum andere stellen sich dieser nicht. Die Suche nach dem Sinn kann einfach, fordernd oder vergebens sein. Weil die Frage nach dem Sinn des Lebens eine ganz persönliche ist, würde es unzählige Antworten geben.

Mich hat diese im Laufe meines Lebens besonders in schweren, trüben Zeiten öfters tangiert, an frohen, glücklichen Tagen jedoch gab es kaum einmal einen Anlass, mich damit zu beschäftigen. Nach vielen mir dazu gemachten Gedanken war mir klar, dass mein Leben auf jeden Fall etwas Positives, Nützliches, Erfreuliches und Bereicherndes hervorbringen sollte, um nicht umsonst zu sein. Dabei sollte es in erster Linie nicht um mich, sondern um meine Familie, meine Freunde, meine Wegbegleiter, um mein Umfeld gehen. Mir ist bewusst, dass ich für andere nur dann einen positiven Beitrag leisten kann, wenn es mir selber gut geht, wenn ich gesund und glücklich bin. Auf mein Wohlergehen, auf meine Gesundheit zu achten ist auch deswegen sehr wichtig, um möglichst keine Belastung für meine Mitmenschen im Speziellen und das Gesundheitssystem im Allgemeinen zu sein.

Am Ende meiner Tage sollte ich zufrieden zurückblicken und mit Genugtuung sagen dürfen, dass all mein Tun, mein Handeln, mein Bemühen für andere, für meine Mitmenschen, für die Gesellschaft hilfreich und wertvoll war. Ich möchte mit liebevollem Agieren zu Freude und Frieden unter den Menschen beigetragen haben. Es wäre schön, wenn ich sagen könnte, dass ich so manchen Streit schlichten und Hass vermeiden konnte.

Zu unvergesslich schönen, bereichernden Erlebnissen möchte ich beigetragen haben. Mein Mitwirken sollte zu so mancher Problemlösung einen Beitrag geleistet haben. Das Positive sollte ich in den Vordergrund, das Negative in den Hintergrund gestellt haben. Niemanden möchte ich auf seinem Lebensweg eingeschränkt oder behindert haben. Für meine Fehler, begangenes Unrecht und für die verursachten Probleme, für all das, was mir passiert ist, was ich falsch gemacht habe und was ich nicht verhindern konnte, möchte ich umfassend um Verzeihung gebeten haben!

Würde ich mir irgendwann eingestehen müssen, dass mir nichts von meinen guten Absichten zum Wohle der Mitmenschen gelungen ist, dann hätte ich versagt. Ich hätte auf unserem Planeten nur Ressourcen verbraucht, die Umwelt belastet und die Klimaveränderung beschleunigt. Der Sinn meines Lebens hätte sich nicht erfüllt. Ich hätte umsonst gelebt. Alle Sorgen, Mühen und Plagen wären vergeblich gewesen, hätte ich sie nur meinetwegen für mich erduldet. Der Spaß und die Freude, die ich in eigennütziger Weise nur für mich gesucht hatte, könnten meine Bilanz nicht verbessern. Von mir würde nichts bleiben! So weit darf es niemals kommen.

Daher möchte ich mich jeden Tag mit Freude und Dankbarkeit bemühen, dass mein Leben nicht nur für mich selbst, sondern auch für mein Umfeld wertvoll ist. Dann werde ich mir irgendwann sagen dürfen: „Der Sinn meines Lebens hat sich erfüllt!"

9   Prägende Erinnerungen

9.1   Wenn ich eine Blume wäre

„Wenn ich eine Blume wäre, welche möchte ich sein und warum?" Diese Frage stellte Pater Ferdinand Bachmann aus Bruneck, der während des Winters als Aushilfspfarrer in unserer Gemeinde tätig war, in irgendeiner Religionsstunde an uns Schüler in der Volksschule Boden.

Wir sollten diese Frage schriftlich beantworten und das Resultat am Ende der Stunde vorlesen. Dabei kamen verschiedene Blumenwünsche zum Vorschein. Ein Mädchen wollte eine rote Rose zum Verschenken, ein anderes eine Nelke für ein Grabgesteck sein und ein Bub wäre gerne eine gelbe Narzisse im Frühling gewesen.

An das, was ich geschrieben und vorgelesen hatte, kann ich mich noch gut erinnern, obwohl seither mehr als ein halbes Jahrhundert vergangen ist: „Ich möchte ein prächtiges Edelweiß sein, das in einer steilen Felswand, hoch über dem Abgrund, mit freiem Ausblick über das ganze Tal blüht. Nur die wagemutigsten und kühnsten Bergsteiger wären in der Lage, meinen schwindelerregenden Standplatz zu erklimmen und mich zu sehen. Sie wären erfreut, an dieser exponierten Stelle eine so schöne und wertvolle Blume zu finden und würden mich mit großem Respekt bewundern und nicht pflücken!"

Am Ende der Stunde rief mich Pater Ferdinand zu sich und meinte, dass ich darüber nachdenken sollte, ob es nicht besser wäre von der Felswand herunterzusteigen und mich auch anderen Menschen zu nähern.

Im Laufe meines Lebens ist mir diese Begebenheit immer wieder eingefallen und ich denke, es war und ist sehr wichtig, nicht völlig abgehoben und einsam in großer Höhe, sondern weiter unten inmitten von Menschen zu leben. Ein Sprichwort, das ich einmal gehört und mir seither gemerkt habe, aber dessen Urheber ich nicht kenne, sagt: „Letztendlich sind es die Kontakte, die Beziehungen zu den Menschen, die das Leben lebenswert machen!"

Schüler der Volksschule Boden im Jahr 1964: 1.Reihe: meine Schwester Edeltraud (4.1), Elfie Lechleitner, die Tochter von Walter (6.8); 2.Reihe: Josef Friedl, Reinhold Perl; 3. Reihe: Helga Perl, Margit Perl und Ida Maria Reinstadler (6.9) (Foto: Familienarchiv Friedl)

Alle neun Pflichtschuljahre absolvierte ich an der Volksschule Boden im gleichen Klassenraum. Nur eine Lehrperson und ein Pfarrer für Religion unterrichteten damals
in einem Raum sechs bis neun Schüler in verschiedenen
Schulstufen. Als ich gemeinsam mit Reinhold Perl die erste Klasse besuchte, war Hans Tagwerker bereits in der
achten Schulstufe. Dazwischen gab es mehrere Kinder
unterschiedlichen Alters. Die Schüler waren in verschiedene Ausbildungsabteilungen eingeteilt. Der Lehrer beschäftigte sich immer mit einer Abteilung, während die
anderen mit dem Abarbeiten von Aufgaben in Stillarbeit
beauftragt waren. Wenn man dabei eine Frage hatte oder
nicht weiterkam, durfte man die Lehrperson jederzeit
mittels Handaufzeigen zur Hilfeleistung herbeibitten.

9.2 Die interkontinentale Kirchtagstorte

Am 19. März, am Josefitag, ist das Patrozinium der Sankt-
Josefs-Kirche in Boden und auch mein Namenstag. In
früheren Zeiten kannte ich mehrere Männer mit dem
Namen Josef. Viele Jahrzehnte hindurch wurden neue
Erdenbürger aber kaum mehr auf diesen Namen getauft.
Heutzutage hört man ab und zu davon, dass Eltern ihren Söhnen wieder diesen aus dem Hebräischen stammenden Namen geben, der „Gott möge Vermehrung geben" bedeutet.
Es war alter Brauch, dass die Bschlaber zu Josefi nach
Boden kamen, hier das Hochamt in der Kirche besuchten und zu Mittag bei den Verwandten oder guten Bekannten zum Essen eingeladen wurden. Im Gegenzug
gingen die Bodener in gleicher Weise am 5. August zum

Patrozinium Maria Schnee nach Bschlabs, um den dortigen Kirchtag mit Prozession mitzufeiern. Dieser Feiertag mitten im Sommer wurde von den Bodenern auch deswegen immer mitgefeiert und eingehalten, um vor Hagelunwettern verschont zu bleiben.

Am Vorabend des Josefitages im Jahre 1986 saß ich in der Küche und sah, wie meine Mama und meine Freundin Gabi, die drei Jahre später meine Frau wurde, neben Essen auch Kuchen für den Kirchtag vorbereiteten, um der Familie und den Besuchern aus Bschlabs am nächsten Tag ein Festmahl anbieten zu können. Neben anderen Kuchen in Arbeit wurden auch zwei frisch gebackene Biskuit-Tortenböden mit verschiedenen Obstsorten belegt, was meine Aufmerksamkeit plötzlich auf die Tätigkeit der Frauen lenkte: Es gab Erdbeeren aus Spanien, Bananen aus Mittelamerika, Kiwi aus Neuseeland, Weintrauben aus Südafrika und Pfirsiche aus der Dose, die laut Etikett aus China stammten.

Somit haben unbewusst eingekaufte Früchte aus allen fünf Kontinenten der Erde auf einer Obsttorte mitten im Winter bei einfachen Bauern im abgelegenen Bergdorf zusammengefunden. Was heutzutage zur Selbstverständlichkeit geworden ist, das ist mir vor 37 Jahren noch als etwas Besonderes aufgefallen und wäre für meine Vorfahren – in all den vergangenen Zeiten – undenkbar gewesen. Unglaublich, welch gigantische Wegstrecken diese Früchte – vermutlich an Land, auf dem Wasser und in der Luft – zurückgelegt hatten, bevor sie am Kirchtag in Boden zusammentrafen und gemeinsam verzehrt wurden.

9.3 Mein Kompliment für eine ganz besondere Person

Du bist meine Sonne, die über den Bergen strahlt!
Du bist der Mond, der die Dunkelheit erhellt,
mein funkelnder Stern in kristallklarer Nacht.
Du bist der liebliche Duft der blühenden Wiese,
die bunte Blume an meinem Weg,
die Farbe in meiner vielfältigen Welt!
Du bist erfrischendes Wasser aus der Quelle,
du bist das Blau des weiten Meeres,
das sanfte Rauschen der Wellen.
Du bist meine Spur, die mich zum Gipfel führt.
Du bist mein sicherer Halt am Felsen,
mein Seil in der steilen Wand
und du reichst mir bei Bedarf deine Hand.
Du bist meine Orientierung auf wirren Pfaden.
Du bist die Musik in meinem Leben,
der Sound in meinen Ohren,
der Rhythmus in meinem Blut.
Du bist der Inhalt meiner Träume
das Ziel meiner Sehnsüchte,
der Wunsch meines Begehrens.
Du bist meine große Liebe,
egal, was auch geschieht,
jetzt und für immer!

Josef Friedl

9.4   Der Gedanke

Geschrieben während des Grundwehrdienstes beim Bundesheer im Lager Walchen im Februar 1981:

Es sind meine kalten Füße, die mich in die Wirklichkeit zurücktreiben. Ich sollte die Heizung einschalten und meine Zehen bewegen, damit der unbehagliche Schmerz wieder nachlässt.

Hätten mich meine kalten Füße nicht aus meinem ziellosen Traum geweckt, wäre ich noch immer in einer Welt, die es für mich nicht mehr geben darf. Diese Welt muss aus meiner Seele entweichen – sie darf es nicht mehr geben! Sie ist vorbei, vorbei für alle Zeiten. Ich weiß genau, wie es um diese nur mich betreffende Angelegenheit steht, aber immer wieder, wieder und wieder, zum hundertsten und tausendsten Mal versinke ich ohne rettendes Ufer in diesen Traum. Einen Traum, der in mir keine Berechtigung mehr hat!

Dieser Gedanke wird zu einer endlos scheinenden Qual. Er überfällt mich jederzeit und überall! Unmöglich ist es, ihm zu entkommen. Wie in einem reißenden Fluss werde ich mitgerissen. Keine Kraft, zu wenig Kraft, um ihm zu entkommen. Kaum habe ich einen festen Griff erwischt, der mir Halt zu geben scheint, ist auch dieser schon wieder von der Strömung unterspült und kann für mich keine Rettung bedeuten. Immer weiter werde ich abgetrieben, immer mehr Angst kommt in mir auf, der Strömung nicht mehr zu entkommen und in ihr zu ertrinken! Ja, dieser Gedanke bedeutet Qualen, er ist Schmerz, er ist Kälte und Realität – Wirklichkeit ohne Hoffnung!

Ich fange an, diesen Gedanken, der mich Tag für Tag und Nacht für Nacht in seinen Fesseln hält, zu hassen. Ich hasse weniger die Ursache, die diesen Gedanken auslöst, sondern vielmehr den Gedanken selbst! Ich verdamme ihn, ich versuche ihn zu verdrängen, ihn abzuschieben, ihm auszuweichen, ihn zu überlisten – ihm eine Falle zu stellen, um ihm endlich zu entkommen. Doch es ist alles umsonst, vergebens, aussichtslos! Er ist da. Er ist nicht sichtbar wie ein Gegenstand, aber er ist genauso Materie wie ein Haus, ein Baum, ein Berg. Materie hat Raum und Abgrenzung. Doch der Gedanke ist grenzenlos, endlos, ohne Anfang, ohne Ende! Es gibt kein Entkommen – ich muss mit ihm leben und ihn als Begleiter akzeptieren, lernen mit ihm zu sein. Er gibt mich nicht frei – er ist erbarmungslos mit mir, er hat kein Mitleid; er ist brutal! Wenn er doch loslassen würde, um anderen Gedanken Platz zu machen. Doch er tut es nicht, er will mich ganz besitzen, jeden Tag, jede Stunde. Er will mich fertigmachen, zugrunde richten, umbringen! Wie lange habe ich noch die Kraft mit ihm zu kämpfen? Kämpfen auf Leben und Verderben – auf Weiterbestand oder Untergang. Wer wird der Sieger sein?

O weh, meine Füße sind noch viel kälter geworden, ich spüre sie nicht mehr. Nur wenn ich versuche, meine Zehen zu bewegen, ist es, als ob sich Nadeln ins Fleisch bohren. Jetzt muss ich aber etwas unternehmen, um meine Füße aufzutauen. Jetzt gleich, sofort, ohne Zögern, noch bevor ich wieder dem Gedanken ausgeliefert und handlungsunfähig bin. Jetzt ist der Zeitpunkt gekommen! Ich versuche mich aufzurichten und einige Bewegungen zu machen. Meine Glieder sind kalt und starr, ein Frösteln erstreckt sich über meinen ganzen Körper. Warum lässt er mich nicht los? Was will er von mir? Hat er mir nicht schon genug von meinem jugendlichen Optimismus genommen? Warum nimmt er kein Ende – er, der furchtbare Gedanke? Wenn er mich wenigstens einmal für ein paar Stunden verlassen würde, wäre ich ihm dankbar. Aber er tut es nicht – er geht keine Kompromisse ein. Er lässt nicht mit sich reden, er tut es nicht!

Nun reicht es aber! Ich schalte die Standheizung ein und langsam, ganz langsam, aber stetig wird es wärmer. Doch meine Füße bleiben kalt, kalt wie der tiefe Schnee, der die umliegende Bergwelt zudeckt. Es ist nur ein Gedanke, der mich laufend überfällt, egal was ich tue, wo ich bin, wie spät es ist. Sicher sind auch andere Gedanken da, die mich im gleichen Zusammenhang belasten. Aber dieser eine Gedanke ist der größte, der stärkste, der mächtigste! Er hat gewaltige Ausmaße angenommen. Ich kann ihn kaum mehr unter Kontrolle halten. Er ist oft wie ein großes, wildes Ungeheuer, das brüllend auf mich losgeht und mein Leben in Gefahr bringt. Dieses Ungeheuer lässt nicht von mir ab, es verfolgt mich auf Schritt und Tritt. Ach, wenn es doch müde und einmal schlafen würde, wie wäre ich froh und glücklich! Wenigstens für kurze Zeit wieder ich selbst sein zu dürfen wäre eine erquickende Wohltat. Keinem Menschen kann ich davon erzählen, ganz allein muss ich es ertragen. Auch wenn ich mit anderen beisammen bin, in Gesellschaft, mit Kollegen, mit Vorgesetzten, überfällt mich der Gedanke, der mich wie ein scharfer Stich ins Herz trifft! Keiner, der in meiner Nähe ist, bemerkt, was sich in meinem Innersten ab-

spielt. In meinem Gesicht steht ein leichtes Lächeln –
eine Maske, die den Zustand der Seele verdeckt. Ich
kann ihn niemandem anvertrauen – meinen Gedan-
ken. Ich muss ihn verbergen!
Plötzlich geht die Tür des Sanitäts-Pinzgauers auf und
mein Fahrzeugkommandant steigt in das geländegängi-
ge, dreiachsige Rettungsauto mit Schneeketten an den
Rädern. Der harte Schlag, den die Tür auslöst, wenn
sie unsanft geschlossen wird, lässt mich aus meinem
Sinnieren erwachen. Die langen Stunden des War-
tens haben ein Ende genommen. Vor acht Stunden bin
ich mit dem Sanitätsauto hier heraufgefahren. Dann
musste ich warten, nichts tun, nur warten, um bereit
zu sein, falls bei der Militärübung etwas passiert. Ich
bekomme die Anweisung, mit dem allradgetriebenen
Fahrzeug auf der engen Straße, die von hohen Schnee-
wänden begrenzt ist, weiter nach oben zu fahren. Es
ist inzwischen dämmrig. Einige Sterne sind bereits am
wolkenlosen Himmel zu sehen. Es wird eine bitterkal-
te Nacht, vermutlich die kälteste Nacht im Februar
1981, werden.
Dann sehe ich einige Soldaten, die auf einem Akja den
Verletzten durch den tiefen Schnee zum Weg schlep-
pen. Die groben Schneekristalle sind stark gefroren
und rauschen, wenn sie durch die Schier bewegt wer-
den. Der Verletzte wird auf die Tragbare gelegt und in
mein Fahrzeug gehoben. Danach fahre ich langsam auf
dem schmalen, steilen und schneebedeckten Weg zum
Lager Walchen hinunter. Der Verletze wird bald wieder
gesund werden. Seine Schmerzen werden nachlassen
und die ärztliche Behandlung wird Erfolg haben. Doch
was wird aus mir und meinem Gedanken?

Der Gedanke, dass sich mein liebster Mensch – meine beste Freundin, mit der ich meine Zukunft geplant hatte – einem anderen Mann zuwendet, macht mich verrückt! Werde ich jemals wieder einem Mädchen mein Vertrauen schenken und es grenzenlos lieben können?

9.5 Die Dornenrose

Es war einmal an einem wunderschönen Sommermorgen vor vielen Jahren, als mir eine besondere Rose erstmals bewusst auffiel. Im hellen Sonnenlicht verbreitete ein mildes Lüftchen ihren süßlichen Duft. Dazu blauer Himmel, angenehme Wärme und ein arbeitsfreier Tag ließen pures Summerfeeling aufkommen.

Ruhig und gelassen hatte ich Zeit, dieses Wunder der Natur näher zu betrachten. Sie war die auffallendste Blüte in einem Rosenstrauch, der sich in einem fremden, sehr gepflegten Garten befand. Auf sauberem Rasen standen noch viele andere Blumen und Sträucher, aber meine Aufmerksamkeit, meine Bewunderung galt nur dieser einen Rose. Das Gartentor stand einladend offen und weil es niemand bemerkte, erlaubte ich mir, mich auf einem schmalen, mit hellgrauen Steinchen gepflasterten Weg dieser Blume zu nähern. Auf ihren samtigen Blütenblättern in zartem Rosa lag noch ein Tautropfen, der in der Sonne glitzerte. Die äußeren Blätter dieser üppigen Pracht waren bereits voll geöffnet, jene in der Mitte entfalteten sich gerade aus der Knospe. Es war der beste Zeitpunkt dieser noch jungen Blüte zu begegnen.

Seitdem fielen meine bewundernden Blicke jedes Mal sofort auf die besonders faszinierende Farbenpracht,

wenn ich an diesem Garten mit dem Rosenstrauch vorbeikam. Manches Mal nahm ich sogar einen Umweg
in Kauf, um diese einzigartige Pflanze zu sehen. Da
ich in diesem Garten nie einem Menschen begegnete,
wagte ich es immer mehr, der verehrten Rose näher-
zutreten, auch wenn ich wusste, mich auf einem fremden Grundstück zu befinden. Die Sommertage nahmen
ihren Lauf und die Blüte hatte sich inzwischen zu ihrer vollsten Pracht geöffnet. Die Sonne stand auf dem
Zenit des Jahres und meine Blüte befand sich auf dem
Zenit ihres Daseins.

Beim ersten Versuch, diese Rose zu berühren, verhed-
derte sich mein Hemd an einem der zahlreichen Dornen
an ihrem braunen Stängel. Nun erkannte ich auch ihre
Stacheln, die bisher vom sattgrün schimmernden Laub
verdeckt im Verborgenen lagen. Vorsichtig probierte ich
mein Kleidungsstück zu befreien, dabei verhakten sich
jedoch noch mehr Dornen in meinem Gewand. Meine
Rose schien mich festhalten zu wollen.

Plötzlich hörte ich eine energische Stimme aus dem
Fenster des nahegelegenen Hauses rufen: „Was suchen
Sie in meinem Garten?" Völlig erschrocken drehte ich
mich zur Seite, geriet dadurch noch fester in die Dor-
nen-Umklammerung und konnte mich nur noch mit
Gewalt aus den Fängen des Rosenbusches befreien. Dabei zerriss mein Hemd und auch meine Hose. Die Dornen ritzten viele tiefe Kratzer in meine Haut, die beim
fluchtartigen Davonlaufen zu bluten begannen. Zu meinem großen Glück konnte ich unerkannt entkommen
und war froh, dass auch sonst niemand meine ernst-
haften Verletzungen bemerkte. Die sichtbaren Wunden
an den Händen, die sich nicht von den Hemdärmel ver-

bergen ließen, konnte ich glaubhaft mit einem anderen Missgeschick erklären. Von nun an war das Gartentor geschlossen und nur durch den Zaun konnte ich meine Blume im zerzausten Rosenbusch sehen. Leider hat dieser und auch die Rose selbst durch meine hektischen Befreiungsschläge sichtbaren Schaden genommen.

Um nicht doch noch erkannt zu werden, hielt ich immer größeren Abstand zum verhängnisvollen Garten. Auch wenn meine Wunden lange Zeit Schmerzen verursachten, nur langsam verheilten und mich wehmütig an die wundersame Blume erinnerten, versuchte ich nicht mehr in ihre Nähe zu kommen. Irgendwann blieben von den Wunden nur noch deutlich sichtbare Narben zurück; aber auch diese führten meine Gedanken immer wieder zurück zu den unvergesslichen Sommertagen im Rosengarten.

Tage, Wochen, Monate und Jahre zogen ins Land und irgendwann konnte ich sagen: „Das, was vor langer Zeit begonnen hat zu werden, hat nun langsam aufgehört zu sein!" Die Zeit der Dornenrose ist nun endgültig vorüber. Trotz der Schmerzen, Kummer und Sorgen war die „Dekade der Rose" eine der intensivsten Epochen meines Lebens. Ich habe gelacht und geweint, geliebt und gelebt, war glücklich und traurig, habe gearbeitet, getanzt und gefeiert, durchlebte Höhen und Tiefen wie niemals zuvor.

Meine geliebten Berge brachten mich auf den Boden der Realität zurück. Ich erkannte meine Welt in den Gipfeln, Felsen und Zinnen, in den Tälern, Wiesen und Wäldern, in den Bächen, Flüssen und Seen, in den Menschen, Tieren und Pflanzen der Alpen. Das respektvolle Betrachten der geschützten Bergblumen war Balsam für meine strapazierte Seele. Es verblassten die Gedanken an die

Rose. Durch sie fand ich meinen wahren Weg, den ich nie mehr zu verlassen gedenke. Dafür werde ich der Dornenrose für immer dankbar sein!

9.6   Corona – Lockdown

„Liebe Bergfreunde, gestern am Sonntag auf dem Gipfel der Holzgauer Wetterspitze haben wir erfahren, dass über das ganze Land der totale Lockdown verhängt wurde, damit sich die beängstigende Pandemie nicht zu sehr verbreitet.
Heute, am 16.März 2020, am Vormittag sitze ich mit meiner Frau vor dem Haus auf der Bank in der wärmenden Sonne und blicke hinauf auf die weiß leuchtenden Berge. Perfektes, wolkenloses Wetter, kein Wind, völlig durchgehärtete Schneedecke, vom Haus weg bis zu den höchsten Gipfeln in meiner Umgebung noch ausreichend Schnee und Lawinenwarnstufe 1! Vollkommener könnten die Bedingungen für eine Schitour nicht sein.
Dennoch: Unser blauer Planet, Mutter Erde scheint die Kupplung zu drücken, scheint den Atem anzuhalten! Das nicht für möglich gehaltene Zurückschalten aller Aktivitäten auf ein Minimum lässt uns mitten in der Fastenzeit darüber nachdenken, ob wir Menschen in Summe den Bogen zuletzt nicht überspannt haben. Es wird uns die Zerbrechlichkeit und Vergänglichkeit aller unserer Errungenschaften bewusst gemacht.
Ich wünsche uns allen, dass wir gesund und frohen Mutes bleiben und die Krise gut überstehen. Mögen wir danach noch bewusster, rücksichtsvoller und dankba-

rer leben und dadurch in eine gute Zukunft blicken dürfen! Alles Gute und liebe Grüße aus dem absolut ruhigen Ort Boden, von Josef."

Im totalen Lockdown war es auch zwei, drei Wochen später verboten Berg- oder Schitouren zu machen, um wegen der potenziellen Unfallgefahr nicht Rettungskräfte und die für Corona-Kranke benötigten Krankenhauskapazitäten zusätzlich zu belasten.

Dennoch konnte ich eines Tages bei traumhaften Verhältnissen der Verlockung zu einer Schitour aufzubrechen, nicht widerstehen. Die Bedingungen waren einfach zu perfekt. In der ersten Morgendämmerung versuchte ich mit den am Rucksack befestigten Schiern unerkannt nach Unterhaus zu gelangen und über braune Wiesen, auf denen die ersten Krokusse das Frühlingserwachen ankündigten, ins Fundaistal zu gehen. Vom Bachbett unterhalb der Ebene bis zum Schidepot kam ich auf gutem Harsch zügig voran. Als ich dann nach vier Stunden Aufstieg allein neben dem Gipfelkreuz auf der Großen Schlenkerspitze saß, umgab mich eine völlige, in dieser besonderen Weise zuvor noch nie wahrgenommene Ruhe, kein Luftzug war zu spüren und kein Laut zu hören. Kein Mensch war weit und breit zu sehen, keine Schispur im Gelände erkennbar, weder Flugzeuge noch Kondensstreifen am wolkenlosen Himmel auszumachen. Den Bergen, die mich zahlreich umgaben, schienen die Probleme der Menschen egal zu sein. Allein, einsam und verlassen in dieser rauen Gebirgswelt unterwegs, wurde mir bewusst, gegen die geltenden Regeln verstoßen zu haben. Obwohl ich deswegen die Abfahrt aus Sicherheitsgründen äußerst konzentriert und vorsichtig in Angriff nahm, wäre ich an einer ausgesetzten Stelle fast gestürzt, was um ein Haar fatale Folgen hätte haben können.

Weil ich auf dem Heimweg die Straßenarbeiter beim Säubern der Wasserkanäle auf der Hahntennjochstraße bemerkte, machte ich einen Umweg durch den Gufelwald, um unerkannt zu bleiben. Als ich an anderer Stelle wieder auf die Straße gehen wollte, waren die Arbeiter auch wieder da. Ich musste nochmals weit in den Wald hinaufsteigen, um nicht gesehen zu werden. Meine vom Rucksack nach oben stehenden Schier blieben im Geäst der Bäume immer wieder hängen und wie ein Wilderer oder ein Dieb auf der Flucht beobachtete ich die Straßenarbeiter aus dem Dickicht. Als ich beim dritten Versuch, den Bautrupp zu umgehen, wieder auf diesen stoß, war ich mir sicher, dass mich die Leute bemerkt hatten, mich abfangen wollten und mir absichtlich den Weg versperrten. Ich musste lange regungslos im Versteck verweilen, bis die Arbeiter in die Mittagspause verschwanden und ich endlich heimgehen konnte.

Der erste Lockdown wurde noch sehr ernst genommen und größtenteils befolgt, beim zweiten Lockdown im November 2020 erlaubte man sich schon viel mehr Freiheiten und beim dritten ließ man sich beim gewohnten Tagesablauf kaum noch stören.

10 Die Wende in meinem Leben

Das enorme Tempo, mit dem ich einige jahrzehntelang pausenlos durchs Leben hetzte, hätte ich bestimmt nicht dauerhaft durchhalten können. In den ersten zwanzig Jahren im Beruf gab es neun Tage wirklichen Urlaub. Im Jahr unserer Hochzeit, im September 1989, sind Gabi – im vierten Monat schwanger – und ich entlang der kroatischen Küstenstraße bis nach Dubrovnik gefahren, was in einer traumhaft schönen Herbstwoche ein unvergessliches Erlebnis war. Mehr als zwölf Jahre habe ich von dieser wunderbaren Reise gezehrt, bevor ich mich dann mit meiner Frau und unseren Kindern wenigstens ab und zu einmal für ein paar nette Tage an der oberen Adria freimachen konnte.

Aufgrund meiner Motivation, meinen Fähigkeiten und Interessen habe ich mich mit vielfältigen Themen beschäftigt. Oft verglich ich meine zahlreichen Talente, die ich – so denke ich zumindest – auf meinem Lebensweg dankenswerterweise mitbekommen habe, mit einem bunten Malkasten. Mit diesem könnte man auf einer großen Leinwand das eine oder andere geniale Bild malen. Ich jedoch habe mit den bunten Farben auf sehr vielen, zu vielen verschiedenen Unterlagen nur wenig auffallende, wenig beachtete Werke geschaffen. In den aktivsten Zeiten meines Lebens hätte ich mindestens zwölf Funktionen gehabt. Ich sage bewusst „hätte", weil ich alle mir aufgetragenen und zugemuteten Aufgaben, die ich natürlich selbst angenommen habe, nie zu meiner und zur Zufriedenheit aller Beteiligten erledigen konnte.

Es war nicht möglich neben meinem fordernden Beruf, neben der Familie, neben den Funktionen in der Gemeinde als Bürgermeister, Stellvertreter oder Gemeinderat, auch als Obmann der Agrargemeinschaft Boden, im Pfarrgemeinderat, als Lektor, im Kirchenrat, bei den Aufgaben für den Tourismusverband, bei der Feuerwehr, beim Sportverein, bei der Heuernte, als Betriebsleiter bei der Liftgesellschaft, im Jagdausschuss, bei der Lawinenkommission, als Legalisator, als Delegierter der Mitglieder unserer Gemeinde für die Raiffeisenbank sowie als Tourenführer beim Alpenverein allen Erfordernissen und Erwartungen nur annähernd gerecht zu werden.

Es war weder Großtuerei noch übertriebene Geltungssucht, weswegen ich alle diese Tätigkeiten auf mich laden wollte, sondern vielmehr der sich aus der Notwendigkeit ergebende Versuch, das gesellschaftliche Leben in der Gemeinde aufrecht zu erhalten. Da immer mehr Einwohner das Tal verließen, mussten die Verbleibenden immer noch mehr zum Erhalt des gewohnten Ablaufes beitragen.

Resigniert kam ich zur Einsicht, dass einschneidende Veränderungen unausweichlich auf uns zukommen würden. Es schien aussichtslos, wenn sich nur noch ein paar wenige, zu wenige, um den Erhalt des Erreichten bemühten.

10.1 Späte Erkenntnisse zum Nachdenken

Dankbar bin ich, dass mich drei Personen am Ende ihrer Tage durch ihren mir vertrauensvoll offenbarten Rückblick auf ihr arbeitsvolles und entbehrungsreiches Leben zum Nachdenken über das eigene gebracht haben.

Einen alten Mann besuchte ich daheim in seiner Stube. Er saß mit gesenktem Haupt auf der Bank neben dem warmen Ofen, machte einen recht kranken und gebrechlichen Eindruck und erzählte mir wehmütig Geschichten aus seinem Leben. Mit Tränen in den Augen berichtete er darüber, dass er sein ganzes Leben nur arbeitete und sparte, um es im Alter einmal leichter und besser zu haben. Als er vor Jahrzehnten seine Frau heiratete, fuhr er nach der Hochzeit mit ihr im Zug nach Salzburg. Sie haben die Stadt angesehen, gut gegessen und dort übernachtet. Schon am nächsten Tag ging es wieder heim, um keine Zeit zu verlieren. Alle Jahre danach waren ausgefüllt mit Arbeiten als Bergbauer, vielen Nebentätigkeiten und ehrenamtlichen Aufgaben sowie mit dem Sorgen für die Familie. Sehr gerne wäre er mit seiner Frau wenigstens noch einmal im Leben nach Salzburg gefahren, musste diesen Wunsch wegen vermeintlicher Unabkömmlichkeit immer wieder und wieder auf später verschieben. Leider wurde seine geliebte Frau viel zu früh krank und verstarb schon vor ein paar Jahren. Er spüre, dass es auch mit ihm nun abwärts gehe und es das erhoffte gute Leben im Alter, sowohl gemeinsam mit seiner Frau als auch allein, leider nicht mehr geben wird.

Ein anderer Mann bewirtschaftete gemeinsam mit Bruder und Schwester den elterlichen Bauernhof. Sein intensives Bestreben lag darin, Haus und Hof bestmöglich in Ordnung zu halten, um eine gute Basis für eine Familiengründung zu haben. Durch Arbeit, Sparsamkeit und vorbildlichster Disziplin wären die wirtschaftlichen Voraussetzungen für eine Heirat geschaffen gewesen. Wegen der hohen Ansprüche, die auch die Eltern an zukünftige

Partner:innen stellten und mangels ausreichender Auswahlmöglichkeiten im kleinräumigen Umfeld, das man nicht zu verlassen wagte, blieben alle drei Geschwister ledig. Das ständige Hinarbeiten auf eine glückliche Zukunft wurde somit nicht belohnt. Von der Nichterfüllung seiner lebenslangen Wünsche und Träume hat mir dieser Mann nur wenige Wochen vor seinem Ableben – mit großer Wehmut – erzählt.

Auch mein Papa erhoffte sich nach vielen von harter Arbeit geprägten Jahren, die er äußerst strebsam mit Fleiß und Sparsamkeit zum Wohle der Familie verbrachte, es später einmal leichter zu haben. Sehr gern hätte er sich öfters auf eine Reise begeben, um ein wenig mehr von der Welt zu sehen als nur sein enges Heimattal. Auf die herbstlichen Lehrfahrten mit dem Absolventenverein der Landeslehranstalt Imst, an denen er gelegentlich teilnehmen konnte, freute er sich sehr und zehrte danach lange von den dabei gewonnenen Eindrücken. Als er bereits im Alter von 66 Jahren an Schilddrüsenkrebs erkrankte, die beiden Operationen, Bestrahlungen und Chemotherapien nicht erfolgreich helfen konnten, musste er leider schweren Herzens erkennen, dass auch sein erhofftes leichtes und schönes Leben in späteren Jahren nicht mehr kommen wird. Von seinen unerfüllten Erwartungen und der verlorenen Hoffnung auf einen angenehmeren Lebensabend hat er mir im Krankenhaus in Ehenbichl erzählt. Er befürchtete, dass es mir ähnlich ergehen würde und ich ins gleiche Fahrwasser geraten könnte. Weiters meinte er, dass man im Leben nicht nur arbeiten und auf lückenlose Pflichterfüllung achten müsse, sondern es sich auch einmal gut gehen lassen dürfe. Solche Worte habe ich vorher von meinen Eltern nie gehört, aber die auf dem Sterbebett von meinem Vater gesprochenen sehr wohl in mir aufgenommen!

Für meinen Papa und die beiden anderen Männer kamen diese Erkenntnisse zu spät, für mich jedoch waren und sind sie sehr hilfreich.

10.2 Seminar im Schloss Lauterach in Memmingen

Im schneereichen Februar 1999, wenige Tage vor dem tragischen Lawinenunglück in Galtür, durfte ich vom Betrieb aus an einem Seminar zur Persönlichkeitsentwicklung im Schloss Lauterach in Memmingen teilnehmen. Meiner Dienstgeberfirma Plansee Tizit und später dann Ceratizit bin ich noch immer sehr dankbar, dass ich im Laufe meines Berufslebens viele wertvolle Seminare, Kurse und Vorträge zur fachlichen und persönlichen Weiterentwicklung besuchen durfte.

Besonders auch die mehrere Tage dauernde Bildungsveranstaltung im Schloss Lauterach mit einer sehr kompetenten Referentin in einem würdigen Ambiente hat bei mir ein Umdenken ausgelöst. Im Verlauf des Seminars sollten wir uns einmal für ein paar Stunden einzeln zurückziehen und eine Metapher, ein Gedankenbild zur Thematisierung unserer persönlichen Situation ausdenken. Erst wusste ich lange nicht, wie ich mein hektisches, turbulentes und anstrengendes Leben prägnant in sinnbildlicher Form beschreiben sollte. Beim langen Spaziergang durch den winterlichen Wald und beim anschließenden Sitzen in einer barocken Kirche kristallisierte sich folgendes Szenarium heraus:

Ich fühle mich wie ein Fuhrmann, der für seinen Auftraggeber drei äußerst wertvolle Schätze zu einem weit entfernten Ort bringen muss. Die drei Schätze, die mit schwerem Gewicht auf meinem Fuhrwerk lasten, sind meine Familie, meine Abteilung in der Firma und die Gemeinde, deren Bürgermeister ich bin. Die Fahrt verläuft mühsam entlang von schmalen Wegen durchs Gebirge, steil hinauf und auch wieder hinunter und führt bei Wind und Wetter, auch bei Nacht und Nebel, an gefährlichen Abgründen vorbei. Ich darf die Fracht niemals unbeaufsichtigt lassen. Bin ich dann endlich mit dem kostbaren Ladegut am vermeintlichen Ziel, werde ich vom Auftraggeber unverzüglich weitergeschickt. Die anstrengende Reise hört nie auf. Es ist nicht das verantwortungsvolle und Konzentration fordernde Transportieren der Schätze, das mich belastet und ermüdet, sondern es sind die fehlenden Rastplätze und Einkehrmöglichkeiten entlang der langen Wege und die nicht ermöglichten Pausen am Ende einer Etappe.

Die freundliche Referentin nahm sich die Zeit, mein persönliches Gedankenbild gemeinsam mit der Gruppe ausführlich aufzuarbeiten. An dieses Seminar habe ich mich in den folgenden Jahren oft erinnert. Es hat dazu beigetragen, mich nicht selbst laufend unter Druck zu setzen, Verantwortung abzugeben und mir wenigstens ab und zu mal einen Rastplatz an der Sonne zu gönnen.

10.3 Du solltest mit uns schifahren gehen!

Auch die folgende Begebenheit hat zu einer Veränderung in meinem ruhelosen Leben geführt und zum Umdenken beigetragen. Im Herbst 2000 besuchte ich im Gemeindesaal in Elmen den Abendkurs unter der Leitung von Charly Perl zum Thema „Richtiges Wachsen von Alpinski". Obwohl ich müde war und kaum Zeit dafür aufbringen konnte, wollte ich mich an diesem Abend wieder einmal über die neuesten Erkenntnisse zur optimalen Schipräparation informieren.

Nach den erkenntnisreichen Darbietungen von Charly kam ich mit Hermann Lechleitner ins Gespräch. Er war viele Jahre lang mein Bankberater und auch sonst ein guter Bekannter, weil man im kleinräumigen Lechtal immer wieder aufeinandertraf. Auf seine Frage, wie es mir gehe, musste ich sagen, dass ich mich gestresst, ausgelaugt und überlastet fühle und ich nicht wisse, wie ich alle meine Arbeiten und Aufgaben unter einen Hut bringen solle. Obwohl ich sehr viel arbeitete, sah ich mich an allen Fronten laufend im Verzug mit meinen Erledigungen und somit hatte ich auch viel zu wenig Zeit für meine Frau, die vier Kinder und unser Haus.

Plötzlich sagte Hermann: „Du solltest mit uns schifahren gehen!" „Wie meinst du das?", fragte ich. Er erzählte mir, dass er schon seit vielen Jahren mit seinen Kollegen jährlich in der dritten Woche im Jänner schifahren gehe, und zwar dorthin, wo viel Schnee liege und das Wetter gut zu sein scheine. Sie wären schon in den verschiedensten Schigebieten gewesen und sie hätten es fast immer bestens getroffen. Ich würde zur Gruppe passen und es würde mir gewiss gefallen und guttun. Seine begeistert klingende Erzählung von tollen Schierlebnissen hörte ich mir zwar an, aber es kam für mich überhaupt nicht infrage, eine Woche lang aus meinem Dauerkampf mit Terminen, Arbeiten und Verpflichtungen auszusteigen.

Zufällig traf ich Hermann nach ein paar Tagen wieder und er fragte mich nochmals, ob ich es mir überlegt hätte, mitzufahren. Meine derzeitige Situation ließ mich nicht einmal daran denken, mitten im Jänner eine Woche nichts zu tun. Urlaubstage vom Betrieb und auch die meisten Wochenenden musste ich für das Abarbeiten von liegen gebliebenen Bürgermeister-Aufgaben verwenden. Wieder ein paar Tage später kam unser Gespräch in der Raiffeisenbank in Reutte nochmals auf den von Hermann mit seinen Kollegen geplanten Schiurlaub zurück. „Diesmal wird es nach St. Christina in Gröden gehen", sagte er. Noch immer war es unvorstellbar, mich aus meinem dauerhaft bedrückenden Tumult herauszulösen und mit der mir teilweise bekannten Männerrunde nach Südtirol zu fahren.

Nach einem langen und anstrengenden Arbeitstag im Betrieb, nach einem Termin in der Bezirkshauptmannschaft, einem kurzen Einkauf von Lebensmitteln für die Familie und nach den Amtsstunden im Gemeindehaus, die ich wöchentlich am Dienstag und am Freitag jeweils von 18:00 bis 20:00 Uhr absolvierte, war ich sehr müde und erschöpft. Morgens um 06:00 Uhr bin ich daheim losgefahren und stand in meiner Abteilung ganztags unter Strom. Während der Amtsstunden konnte ich die mir vorgenommenen Arbeiten leider auch nicht erledigen, weil mir beim nicht enden wollenden Besuch eines mit der Gemeindeführung unzufriedenen Bürgers beinahe der letzte Nerv geraubt wurde. Frustriert fuhr ich heim, um wenigstens noch ein dringendes Schreiben an eine ungeduldige Behörde zu verfassen. Als ich nach fast 15 Konzentration fordernden Stunden gegen 21:00 Uhr heimkam, waren die Kinder bereits im Bett. Mit meiner Frau wechselte ich schlecht gelaunt nur ein paar kurze Worte und als ich dann vor dem PC saß, um das dringende Schriftstück fertig zu machen und es in der Früh mit nach Reutte nehmen zu können, kamen mir folgende Gedanken: „Josef, was machst du falsch? Irgendetwas stimmt bei dir nicht! Du arbeitest gewissenhaft und ständig, dennoch wirst du nie fertig, bist immer zu spät dran und die Umwelt ist kaum einmal mit dir zufrieden".

Hermann und einige andere, die ich kenne, haben auch eine Familie, deren Frauen und Kinder haben genug zu essen und sind gut angezogen, haben auch ein schönes Haus und ein tolles Auto. Sie fahren auch im Sommer in den Urlaub, was ich mit meiner Familie nie mache, weil wir beim Heuen unabkömmlich sind, und gehen sogar im Jänner noch eine Woche gepflegt schifahren. Diese Gedanken ließen mich danach nicht mehr los und als mich Hermann am Telefon dann zum vierten Mal fragte – wofür ich ihm heute, 23 Jahre später, immer noch dankbar bin –, ob ich nicht doch mit nach Gröden möchte, sagte ich ihm, ich würde mit meiner Frau reden, denn unsere jüngste Tochter Katharina war noch nicht einmal ein Jahr alt und die drei größeren Kinder, David, Elisa und Theresa forderten als Pflichtschüler in Volks- und Hauptschule auch einiges an täglicher Betreuung. Als ich dann am Wochenende meiner Frau von den Gesprächen mit Hermann erzählte, meinte sie nur: „Wenn du es brauchst und wirklich willst, dann tue es!" Sie werde mit den Kindern und dem Haushalt gewiss zurechtkommen, denn sie sei es ja gewohnt, daheim alles ohne mich meistern zu müssen.

So kam es, dass ich in der Kalenderwoche 3 im Jahr 2001 erstmals mit meinen Kollegen eine traumhaft schöne, eine unvergesslich grandiose Schiwoche in den Dolomiten erleben durfte. Bis zum Jahr 2020 habe ich mit den schibegeisterten Freunden zwanzig wunderbare Wochen in verschiedensten Destinationen verbringen dürfen (14.1.1). Am Ende jeden Jahres hatte ich gefühlsmäßig die gleichen Arbeiten erledigt und auch scheinbar gleich viel Geld, als wenn ich daheim pausenlos weitergewerkelt hätte.

11 Urlaub

Wirklichen Urlaub im Sinne von Urlaub, wo man irgendwohin fährt und es sich gut gehen lässt, gab es früher nie und später nur selten. Freie Tage, die ich nicht im Betrieb arbeiten musste, nutzte ich zum Einsatz in der Landwirtschaft, zum Bauen oder zum Erledigen von sonstigen Verpflichtungen. Dennoch habe ich über ein paar nette Urlaubserlebnisse Berichte geschrieben.

11.1 Silberhochzeit 2014

Am Mittwoch, 30. April 2014, ließ ich mir nach der Arbeit erstmals meine Haare sehr kurz schneiden. Der Maschinenschnitt mit 10 Millimeter ist zwar ungewohnt kurz, aber sehr billig und praktisch. Vom 1. bis 3. Mai habe ich daheim verschiedene Arbeiten erledigt, mit David die Garage aufgeräumt und den Holz-Heizkessel gereinigt. Am Samstag musste ich einer Musikgruppe aus Schwangau Pfafflar zeigen und in der Hütte von Rosi vieles aus vergangenen Tagen erzählen. Diese sehr interessierte Gruppe hat danach die Abendmesse in der Kirche in Boden sehr schön musikalisch gestaltet. Anschließend waren wir mit Arthur (6.6) in Elbigenalp beim Frühjahrskonzert der Musikkapelle Elmen, das ich wieder sehr gut fand. Celina Perl hat das Solo „One Moment in time" absolut professionell und sehr ergreifend gesungen.

Am Sonntag sehr früh fuhren Gabi und ich mit unserem VW-Bus zum Gauder Fest nach Zell am Ziller. Dieses hielt uns dann mehr als zwölf Stunden in seinem Bann. Zuerst die feierliche Feldmesse mit allem Drum und Dran sowie mit Böllern und Schützen, mit Chören und Musikkapellen, mit vielen Vereinen und unzähligen Trachten in allen Farben und Ausführungen war ein beeindruckendes Erlebnis. Dann schien der grandiose Umzug mit circa 2 800 Teilnehmern kein Ende zu nehmen. Es war leider sehr kalt und ungemütlich, weil wir nicht entsprechend winterlich angezogen waren.

Danach war bei den Zillertaler Haderlumpen im Park die Hölle los! Es war kein Sitzplatz zu finden und schon das erste Bier im Stehen schien einem den Boden zu entziehen. Dieser „Gauder-Bock" schmeckte sehr gut, war aber viel zu stark. 7,5–8 % Alkohol soll er enthalten; Insider behaupteten, dass er in diesem Jahr auf fast 9 % komme! Dies hatte eine heitere Stimmung zur Folge. Viele wankten und vor allem einige Frauen schienen sehr locker zu sein. Gabi wollte kein solches Bier trinken und meinte, es wäre gut, dass sie dabei sei, denn ansonsten könnte es heute ein schlimmes Ende mit mir nehmen. Zu sehr hätte mir das ausgelassene Treiben und die frechen Mädels in den feschen Trachten gefallen. Nachdem ich im Laufe des Tages mehr als genug von diesem Bier abbekommen hatte, bekam ich während der Nacht in einem Gasthaus, direkt im Zentrum von Zell am Ziller, Kopfweh und schlief nicht gut. Dennoch sind wir sehr früh aufgestanden und versuchten bereits vor 07:00 Uhr zu frühstücken. Danach fuhren wir bei wunderbarem Wetter nach Hintertux, kauften Tageskarten für die Gletscherbahn und stiegen vom Tuxer Fernerhaus mit den Tourenschi auf den Hohen Riffler. Sehr schöner Schnee, strahlende Sonne, aber leider sehr kalt. Die Abfahrt im frischen Pulverschnee über 1 000 Höhenmeter war perfekt und einfach super! Nach dem Verstauen des nicht benötigten Gepäcks in einem Schließfach bei der Liftstation fuhren wir noch den ganzen Nachmittag mit wenigen Leuten auf herrlichen Pisten in der angenehmen Sonne Schi.

Da das Wetter noch gut sein sollte, sind wir am nächsten Morgen, genau 25 Jahre nach unserer kirchlichen Hochzeit, vom Zillertal ins Stubaital gefahren, um wiederum mit Hilfe der dortigen Gletscherbahn auf das Zuckerhütl zu steigen. Wegen des sehr steilen Gipfels musste ich Steigeisen, Seil, Sitzgurte mit Zubehör – alles in zweifacher Ausführung – in meinen Rucksack packen, damit Gabi nur ihre leichten Sachen tragen musste. Obwohl es dringend notwendig gewesen wäre, verzichtete Gabi auf das Sichern mit Seil und wir stiegen nur mit Steigeisen an den Schuhen auf die Spitze des höchsten Gipfels der Stubaier Alpen. Als wir von der Tour ins Schigebiet zurückkehren wollten, war der Lift, der uns von der Ötztaler wieder auf die Stubaier Seite befördern sollte, wegen Getriebeölwechsels geschlossen und wir mussten nochmals die Felle aufziehen und einen neuerlichen Aufstieg zu Fuß in Angriff nehmen. Zum Glück nahm uns nach der halben Strecke eine Pistenraupe mit. Es war schon etwas ärgerlich, bereits müde und mit einer gültigen Tageskarte in der Tasche zu Fuß, mit Fellen an den Schi, neben einem Lift aufsteigen zu müssen. Nach der Rückkehr auf die Stubaier Seite konnten wir auf wiederum perfekten Pisten nur noch ganz kurz unsere Liftkarte ausnutzen, weil der Betriebsschluss schon nahe war. Außerdem konnte ich mit meinem sehr großen und schweren Rucksack das Schifahren nicht wirklich genießen.

Da unsere Töchter in Innsbruck keine Zeit für uns hatten, fuhren wir im Anschluss an den anstrengenden Tag auf dem Gletscher direkt über Brenner, Bozen und Meran ins Dorf Tirol. Beim Abendessen in einer Pizzeria im Zentrum des schönen Dorfes meinte Gabi, es wäre schon etwas viel und auch verrückt, was wir heute seit dem Frühstück im Zillertal alles gemacht und erlebt hätten. Laut Tageskilometerzähler im Auto sind es vom Parkplatz der Stubaier Gletscherbahn bis nach Dorf Tirol 158 Kilometer. Auf der Wanderkarte stellten wir fest, dass das am Vormittag bestiegene Zuckerhütl nur circa 30 Kilometer Luftlinie von Dorf Tirol entfernt ist.

Am Mittwoch war ein Regentag angesagt. Diesen zwar eher trüben, aber kaum regnerischen Tag nutzten wir mit dem Besuch der Gärten von Schloss Trauttmansdorff in Meran. Die Besichtigung dieser Gärten (die meistbesuchte Sehenswürdigkeit Südtirols und neben dem Ötzi-Museum in Bozen die einzige, die keine Verluste schreibt) ist sehr lohnend und man sollte sich den ganzen Tag Zeit dafür nehmen. Alles grünt und blüht und erfreut das Gemüt. Unter Orangen- und Zitronenbäumen sowie unter Palmen spazieren zu gehen war ein großer Kontrast zu den alpinen Touren der vorangegangenen Tage. Am Nachmittag entspannten wir uns im Thermalbad und nachher unternahmen wir einen Rundgang durch die Altstadt von Meran. Abends gab es noch eine Wanderung zum Schloss Tirol, bevor wir uns zum Abendessen in einem Lokal in Dorf Tirol einfanden.

Für Donnerstag war wieder ein sonniger Tag angekündigt. Daher standen drei Pläne zur Auswahl: Eine Schitour im Ortlergebiet, eine Wanderung auf Waalwegen oder eine Bergtour auf die Mutspitze.

Nachdem Gabi nicht wieder zurück in den Winter, in Kälte, Eis und Schnee wollte und unsere Gastgeberin meinte, auf Waalwegen könnten wir auch dann noch gehen, wenn wir einmal nicht mehr so fit seien, bereiteten wir uns auf die Bergtour in den vorderen Bereich der Texelgruppe vor. Mit der Hochmuth-Gondelbahn fuhren wir zu den Muthöfen, die waghalsig an sehr steilen Hängen kleben. Von dort ging es weiter über den Mutkopf zur Mutspitze. Von unten bis oben bietet diese Tour an sehr vielen Stellen grandiose, atemraubende Ausblicke auf Meran, die umliegenden Dörfer, über den Vinschgau, über das Etschtal sowie auf die noch weiße, die Landschaft umrahmende Bergwelt. Der gewaltige Kontrast zwischen der fast mediterranen Vegetation im Tal zum teilweise noch schneebedeckten Hochgebirge ist faszinierend. Von Meran aus erhebt sich die Texelgruppe sehr steil und hoch in den Himmel. Deswegen macht man auf kurzen Distanzen auf meist perfekten Wanderwegen sehr viele Höhenmeter. Am Gipfel befindet man sich circa 2 000 Höhenmeter über dem Etschtal, was fast den Eindruck erweckt, man wäre im Flieger! Kaum eine Bergtour der letzten Jahre hat mich so sehr fasziniert und begeistert wie diese im Grunde doch recht einfache und leichte Tour. Allen, die leichte und sichere Bergtouren ohne Kletterpassagen mögen, kann ich diese Wanderung bei gutem Wetter aus Überzeugung empfehlen. Weil es so interessant war, wählten wir beim Abstieg nicht die Route zur Gondelbahn, sondern stiegen die gesamten 1 700 Höhenmeter zu Fuß bis zum Parkplatz der Seilbahn ab.

Die Gegend im Bereich von Meran bis zum Reschenpass – im Grunde der ganze Vinschgau – ist so schön, so vielfältig und so reichhaltig, dass ich sie unbedingt noch viel weiter und tiefer erkunden möchte. Zwischen den Palmen in Meran und dem Gipfel des Ortlers liegt so viel Interessantes, Aufregendes und Spannendes, dass es besser nicht sein könnte! Zudem ist diese Gegend vom Lechtal aus so rasch und leicht erreichbar. Man muss nicht weiß Gott wohin fahren, um Neues zu erleben. Verschiedenste Menschen mit verschiedensten Interessen und Möglichkeiten könnten dort voll auf ihre Rechnung kommen.

Am späteren Nachmittag fuhren wir dann durchs Passeiertal und über den Jaufenpass, wo neben der Straße noch sehr, sehr viel Schnee lag, nach Sterzing und über den Brenner nach Innsbruck zu unseren Töchtern. Mit Elisa und Theresa spazierten wir dann in die Altstadt zum Abendessen. Am Freitag shoppten wir vormittags im DEZ und nach dem Mittagessen besuchten wir am Bergisel das Rundgemälde „Panorama Tirol" sowie das Kaiserjägermuseum und fuhren anschließend mit dem Lift ganz nach oben auf den Anlaufturm der Sprungschanze. Gerade das Riesenrundgemälde am neuen Platz, das ich seit meiner Volksschulzeit nicht mehr gesehen hatte, beeindruckte mich sehr. Bald darauf fuhren wir heim, um die Feuerwehrprobe um 19:00 Uhr nicht zu verpassen, auch wenn ich diese nach den vielfältigen Eindrücken der vergangenen Tage lieber geschwänzt hätte.

Am Samstag in der Früh musste ich Arthur helfen, am alten Stadel in Pfafflar einen auf der Grundmauer liegenden faulen Baumstamm durch einen neuen zu ersetzen. Gleich nach dem Mittagessen holte ich unsere Tochter Katharina und ihre Schulkolleginnen vom Flughafen in Innsbruck ab. Somit war unsere Urlaubswoche zur Silberhochzeit von der ersten bis zur letzten Minute lückenlos und wunderbar ausgefüllt.

11.2 Mallorca 2015

Weil der Sommer außergewöhnlich warm und schön war, hatte ich in den letzten Wochen gar nicht das Bedürfnis, in den Süden zu fliegen. Da man hier auch viel Schönes und Interessantes unternehmen könnte, war der Wunsch nach noch mehr Wärme und Sonne nicht wirklich vorhanden. Der Urlaub auf Mallorca war jedoch schon lange gebucht und bezahlt. Gabi, Elisa und Katharina freuten sich sehr auf die Woche am Meer und auch ich war nun gespannt, was uns auf der größten der Baleareninseln wohl erwarten würde. Am Samstag, 29. August, Vormittag war ich noch mit Holzarbeiten im Wald beschäftigt, nach dem Mittagessen wurde zusammengepackt und um 14:30 Uhr fuhren wir zum Flughafen nach Innsbruck. Elisa und Katharina brachten unser Auto in die Tiefgarage ihrer Studentenwohnung in der Hallerstraße.

Nach einem schönen, planmäßigen Flug und einem kurzen Transfer kamen wir um 19:30 Uhr im Hotel Fontanellas playa in Can Pastilla an. Das Hotel war nicht gerade das Neueste, in manchen Bereichen vielleicht auch etwas erneuerungsbedürftig, aber dennoch voll funktionstüchtig, recht nett, sehr sauber und das Personal sehr freundlich und zuvorkommend. Rein intuitiv fand ich dieses im Internet und habe aus jetziger Sicht fast einen Volltreffer gelandet. Die Lage direkt am Strand war perfekt. Das internationale, familienfreundliche Publikum entsprach unseren Vorstellungen. Die öffentliche

Bushaltestelle war ganz in der Nähe. Der Sandstrand war in diesem Bereich sehr sauber, nett und nicht überlaufen. Die nahe Lage zum Flughafen hatte allerdings den Nachteil, dass das Starten und Landen der vielen Flugzeuge bei Tag und Nacht zu hören war.

Gleich nach dem Ablegen des Gepäcks in unseren netten Zimmern konnten wir uns am überraschend großen, vielfältigen und sehr schmackhaften Buffet stärken. Während der ganzen Woche haben uns sowohl Frühstücks- als auch Abendbuffet einfach nur begeistert! Für den ersten Tag mieteten wir Liegestühle unter den Strohdach-Sonnenschirmen direkt am Strand und konnten trotz Schatten und Sonnencreme kaum einen Sonnenbrand vermeiden. Auch danach waren wir jeden Tag mehr oder weniger lang an unserem oder an einem anderen Strand und im Wasser. Luft- und Wassertemperaturen waren immer sehr angenehm warm. Beim Wetter erlebten wir von wolkenlosem Himmel bis zu Schauern und Gewittern alles. Obwohl der Kälteeinbruch in den Alpen bis Mallorca zu spüren war, hatten wir nie das Gefühl, eine Jacke, Socken oder eine lange Hose zu brauchen. Dass wir während der ganzen Woche keine Mücke sahen und überhaupt keinen Insektenstich abbekamen, war auffallend positiv.

Am Montag fuhren wir mit dem Bus nach Palma, besichtigten die riesige Kathedrale und machten mit einer Pferdekutsche eine nette Rundfahrt durch die Altstadt. Am Dienstag waren wir im Aquarium, das ebenfalls sehr schön und interessant war, und am Mittwoch unternahmen wir einen langen Ausflug mit einem Mietwagen in das Gebirge im Norden über steile Bergstraßen und in idyllische, malerische Bergdörfer (circa 175 Kilometer).

Ganz besonders haben uns die Besuche von La Calobra, Soller und der Spaziergang durch Valldemossa gefallen. Am Donnerstag besuchten wir den Wochenmarkt und den Palmenstrand in Arenal, für den Freitag buchten wir einen Badetag am angeblich schönsten Strand mit weißem Sand von Es Trenc.

Da es bei der Ankunft am verheißungsvollen Strand Gewitter gab, stürmte und in Strömen regnete, durften wir nicht aussteigen, sondern traten die für 18:00 Uhr geplante Rückreise sofort an. Somit haben wir den schönen, weißen Strand leider nicht erlebt und zu Mittag waren wir wieder im Hotel. Am Nachmittag schliefen wir gründlich aus und danach gingen sich vor dem Abendessen, das bis 21:30 Uhr möglich ist, noch gut zwei Stunden am Strand aus.

Jeden Abend unternahmen wir einen ausgiebigen Spaziergang entlang der langen Strandpromenade. Das ist dort ähnlich unterhaltend und vielfältig wie in Italien, aber das Flair ist doch irgendwie anders. Dabei gerieten wir, ohne es wirklich geplant und gewollt zu haben, auch in das Zentrum des Ballermanns!

Wenn du es nicht selbst gesehen und erlebt hast, wirst du nicht glauben, was sich dort abspielt: Unzählige, mehr oder weniger ausgeflippte Menschen jeden Alters, laute Musik, Stimmung am Kochen, Party total, Alkohol ohne Ende! In Summe besuchten wir dieses verrufene Unterhaltungsmekka auf der schönen Insel dreimal. In der Bierstraße, beim Oberbayern, im Megapark und beim Bierkönig in der Schinkenstraße haben wir etwas getrunken, auch Sangria probiert und das ausgelassene Geschehen staunend beobachtet. Weil unsere Töchter einen Gutschein für die Megaarena erhielten, wollten sie diesen unbedingt dort einlösen. Wir machten uns Sorgen, unsere beiden jungen Mädels allein bis 03:30 Uhr in diesem wilden Tumult, der täglich Tausende – vor allem Deutsche – anzieht, zu wissen. Nett und besonders stimmungsvoll empfanden wir es, als in der ganzen Bierstraße um 23:00 Uhr alle Lichter gelöscht und während des Abbrennens der zuvor verteilten Wunderkerzen gemeinsam „Sierra Madre" gesungen wurde.

Wie wir es selbst erlebten, geht die Party bei Tag am Strand weiter. Verschiedene Gruppen haben ihre Bereiche markiert, lassen laute Musik spielen und an Getränken verschiedenster Art fehlt es nicht – einfach ein wilder Trubel in dichtem Gedränge. Offensichtlich hört das Feiern am Ballermann für viele niemals auf.

Den Samstagvormittag konnten wir bei strahlendem Wetter noch am Strand und im Wasser verbringen, bevor wir um 12:15 Uhr vom Flughafentransfer abgeholt wurden. Von den Wetterkapriolen am Vortag verursacht, hatte unser Flieger eine Stunde Verspätung.

Bei unserer Ankunft in Innsbruck zeigte das Thermometer nur noch 12 °C und als wir am Hahntennjoch einem gestürzten Radfahrer halfen und auf die Rettung warteten, schneite es leicht und hatte nur noch 2 °C. In unserer leichten Sommerbekleidung erfroren wir dabei fast. Als ich am nächsten Tag, am Sonntag, 6. September, am späteren Nachmittag durchnässt, bei Nebel, eisigem Nordwind und Schneetreiben, mit Kappe und Handschuhen ausgestattet, auf dem Gratrücken durch schuhtiefen Schnee zum Habart (2 295 m) stapfte, sehnte ich mich zurück in den Sommer, nach Wärme, Sonne, Strand und Meer. Ich konnte mich dabei selbst nicht verstehen, dass ich mich noch vor zehn

Tagen nicht wirklich auf den Urlaub in Spanien freu-
en wollte. Uns allen hat der Urlaub 2015 auf Mallorca
wirklich sehr gefallen und gutgetan.

11.3   25 Jahre „MARGA-Team"

Zu sechst, Wolfgang Loinger, Klaus Rissbacher, Karlheinz
Scheiber, Reinhard Schlichtherle, Christoph Wachter und
ich, damals waren wir noch alle Mitarbeiter bei Plansee
beziehungsweise bei Plansee Tizit, nahmen wir im Jahr
1990 an einem Unternehmensplanspiel teil und waren
recht erfolgreich. Seither treffen wir uns jährlich ein paar
Mal zu einem netten Abend in Innsbruck, zu einer gemeinsamen Bergtour beziehungsweise zum Grillen oder
zum gemeinsamen Schifahren mit unseren Familien.

Das 25-jährige Jubiläum sollte ein besonders Ereignis werden und vom 23. bis 26. September 2015 gebührend gefeiert werden. Die Pläne dazu reiften bereits in
den Jahren davor.

Zuerst fuhren wir mit meinem VW-Bus nach Lazise.
Dies ist ein sehr netter und beschaulicher Ort am Gardasee mit gemütlichen Lokalen und Gastgärten an der
Promenade, der sich in Kombination mit dem zentrums-
nahen, schönen und gut geführten Hotel Giulietta Ro-
meo ganz besonders für einen (romantischen) (Kurz-)
Urlaub eignet. Kollege Christoph war schon öfters dort,
weshalb wir von seinen Erfahrungen profitieren konnten.

Der 60 Hektar große Garten „Parco Girardino Sigurt",
ganz in der Nähe, ist wunderschön. Wenn man in der
Gegend ist, sollte man diesen unbedingt besuchen. Vor
allem im Frühjahr, wenn alles grünt und blüht, wird der

Kontrast zum Außerfern besonders überwältigend sein. In diesem eindrucksvollen, sehenswerten Garten haben wir auch den „Stein der Jugend" gefunden, der besonders für mich, einem der Ältesten der Gruppe, eine wertvolle Bedeutung hat. Daher möchte ich den auf diesem Stein verewigten Text hier wiedergeben:

Die Jugend ist nicht ein Abschnitt des Lebens,
sie ist ein Zustand der Seele,
der in einer bestimmten Form des Willens besteht,
in einer Bereitschaft zur Phantasie,
in einer gefühlsmäßigen Kraft;
im Überwiegen des Mutes über die Zaghaftigkeit
und der Abenteuerlust über die Liebe zur Bequemlichkeit.
Man wird nicht alt wegen der einfachen Tatsache,
dass man eine bestimmte Zahl von Jahren gelebt hat,
sondern nur, wenn man sein eigenes Ideal aufgibt.
Wenn die Jahre ihre Spuren auf den Körper zeichnen,
so zeichnet der Verzicht auf die Begeisterung sie auf die Seele.
Der Abscheu, der Zweifel, das Fehlen von Sicherheit,
die Furcht und das Misstrauen
sind lange Jahre, die das Haupt beugen
und den Geist zum Tode führen.
Jung sein bedeutet, mit sechzig oder siebzig Jahren
die Liebe zum Wunderbaren zu bewahren,
das Erstaunen für die leuchtenden Dinge
und die strahlenden Gedanken;
den kühnen Glauben,
den man den Ereignissen entgegenbringt,
den unstillbaren Wunsch des Kindes für alles, was neu ist,
den Sinn für die angenehmen und fröhlichen Seiten des Daseins.
Ihr werdet so lange jung sein, wie euer Herz die Botschaft

der Schönheit, der Kühnheit, und des Mutes aufnehmen wird;
die Botschaft der Größe und der Stärke,
die euch von der Welt, von einem Menschen
oder von der Unendlichkeit geschenkt werden.
Wenn alle Fasern eures Herzens zerrissen sein werden,
und wenn sich auf ihnen der Schnee des Pessimismus
und das Eis des Zynismus gehäuft haben werden,
erst dann werdet ihr alt sein,
und dann möge sich Gott eurer Seele erbarmen.

Dieses Zitat soll, wie einer Internet-Seite zu entnehmen ist, von keinem geringeren als dem römischen Kaiser und Philosophen Marcus Aurelius (121–180 n. Chr.) stammen.

Ebenso ist der Besuch der Innenstadt von Verona sehr lohnend. Wir haben neben der antiken Arena, in der ich im Sommer gerne einmal eine Oper sehen möchte, Pizza gegessen und sind ein wenig gebummelt. Dabei kamen wir auch am Denkmal der Giulietta vorbei. Leider war die Glück und Liebe verheißende Berührung ihres sichtlich abgegriffenen, glänzenden Busens nicht möglich, weil die Statue aus Bronze am späteren Abend nur durch ein versperrtes Eingangstor zu sehen ist beziehungsweise uns der Zutritt wegen einer geschlossenen Veranstaltung verwehrt wurde.

Die Fahrt zum und die Wanderung auf den Monte Pasubio auf einem Militärweg durch 52 Tunnels auf circa 7 Kilometer und 700 Höhenmetern ist mit Einkehr am Gipfel und Abstieg über die Militärstraße tagesfüllend, sehr beeindruckend und interessant. Tolle Aussichten und Blicke in die Tiefe faszinieren, die unzähligen Hinweise und die Erinnerungen an den tragischen Krieg machen betroffen!

Die bekannten Weinorte Bardolino, Chianti und Valpolicella sind ganz in der Nähe. Auch deren lokalen Weine haben wir ausreichend verkostet.

Unsere Jubiläumsreise führte uns weiter zur Weltausstellung nach Mailand. Mailand ist eine verrückte Stadt mit viel Flair und vielen Anziehungspunkten. Ich bin fasziniert! Nie in meinem Leben zuvor habe ich an einem Tag so viele Menschen gesehen. Mit dem Auto in die Innenstadt zu fahren ist ein Wagnis! Mit zwei(!) Navis und einem Stadtplan haben mich meine erfahrenen Kollegen auf dem bestem Weg zu unserer Unterkunft irgendwo inmitten der Stadt gelotst. Weil die Verkehrsteilnehmer dort ständig fast auf Tuch-(Blech-)fühlung gehen, erschrickt man laufend und es ist fast ein Wunder, ohne Delle oder Kratzer am Auto wieder herauszukommen!

Sehenswert sind der Dom, die drittgrößte Kirche der Welt, sowohl außen als auch innen und die Skala sowie die vielen Lokale am Kanal, alles irgendwie total ausgeflippt. Im Getümmel aufgefallen sind auch immer wieder wunderschöne Frauen in makellosen Outfits, die nicht im Geringsten ihre Mine verziehen.

Die Expo 2015 ist ein Wahnsinn! Erst dachten wir es seien heute viele Leute da. Vielleicht 10 000, dann 30 000? Später schätzten wir circa 50 000. Da wir in die gewünschten Pavillons nicht hineinkamen (zum Beispiel Wartezeit bei Deutschland zweieinhalb Stunden, die Schweiz gab gar keine Karten mehr aus und so weiter), dachten wir an 70 000! Danach erfuhren wir aus verlässlicher Quelle, dass täglich bis zu 200 000 Menschen dort wären. Im Österreich-Pavillon wurden an zwei

Tagen 45 000 Menschen durch den „Wald" geschleust, der zwar nicht wirklich Österreich verkörpert, aber im Sommer in Mailand eine willkommene Erfrischung mit Schatten, Wasser und Rastmöglichkeit bot. Somit konnten wir nur die Ausstellungen von Ländern wie Uganda, Weißrussland oder Malaysia und Ähnliche anschauen, wo es kaum Wartezeiten gab. Es war schon interessant, das einmal alles zu erleben, aber nach Kasachstan werde ich 2017 wegen der Expo vermutlich nicht reisen.

Die kürzeste Rückfahrt von Mailand über den Malojapass und das Engadin zum schmackhaften Mittagessen in Zams, zu dem uns Karoline, die Frau von Christoph, dankenswerterweise eingeladen hatte, war bei klarem Wetter auch ein schönes Erlebnis.

In Summe war es ein cooles, gelungenes und unvergessliches „Megaerlebnis" mit sehr netten und fröhlichen Kollegen!

11.4   Die Fahrt nach Rom

Als großen Kontrast zum Alltag, zur Arbeit und den Bergen erlebten Gabi und ich die von der Diözese Innsbruck veranstaltete Fahrt nach Rom. Mit großer Begeisterung habe ich dort am Morgen vor der Heimfahrt für meine Kontakte auf WhatsApp folgenden Text geschrieben:

„Die nun zu Ende gehende Pilgerfahrt 2022 der Diözese Innsbruck nach Rom mit 400 Tiroler:innen in acht Bussen, dem Bischof, hochrangigen Kirchenvertretern, dem zeitweise anwesenden Landeshauptmann und weiteren Landespolitikern, Musikkapellen und Schützen

war einfach nur großartig, sie übertrifft alle Erwartungen! Meine Fotos sind keineswegs imstande, die erlebten Impressionen und Dimensionen zu vermitteln. Selbst der kleine Streifzug durch die 3 000-jährige Geschichte der Ewigen Stadt von der Antike durch alle Epochen des Mittelalters bis herauf in die Neuzeit macht betroffen, ist überwältigend. In Rom, im Mittelpunkt des römischen Weltreiches und in Folge im Zentrum des Christentums, wurden unglaubliche Bauten und genialste Kunstwerke geschaffen, die mich in Demut und Staunen versetzen.

Gänsehautfeeling lassen die Eindrücke bei den ergreifenden heiligen Messen mit feierlicher musikalischer Gestaltung in den überdimensionalen Kirchen, wunderschönen Basiliken und im gigantisch-bombastischen Petersdom aufkommen. Die Audienz beim Pontifex Maximus mit 8 000 begeisterten Besuchern aus der ganzen Welt vermittelte das Gefühl, dass das Christentum lebt und gewiss nicht am Ende ist, so wie man es bei uns daheim in den Kirchen oft meinen könnte. Unvergessen bleiben auch das gemeinschaftliche Beten und Singen von Taizé-Liedern im Bus während der Fahrt bei Sonnenaufgang durch Oleander besäumte Alleen.

Professionelle Stadtführerinnen haben uns Spannendes zu genialen Kunstwerken, historischen Bauten, architektonischen Meisterleistungen und archäologischen Besonderheiten eindrucksvoll nähergebracht. Wir erfuhren von Aufstiegen und Niedergängen, von Siegen und Verlusten, von Belagerungen und Befreiungen, von Plünderung, Ausbeutung und Gräueltaten in dieser einzigartigen Stadt auf ihrem bewegten Weg durch die Zeiten. Mit großer Dankbarkeit und reich beschenkt mit wunderbaren Eindrücken, ergreifenden persönlichen Momenten, eingebunden in die harmonische, fröhliche Gemeinschaft Gleichgesinnter begeben wir uns auf die Reise zurück in die Heimat."

12 Ausbildung und Beruf

12.1 Bildungsweg

So klar mein Weg durch meine Kindheit und die Pflicht-schulzeit in der Volksschule Boden mangels Alternativen auch war, so beschäftigte mich die Frage, was aus mir einmal werden könnte und werden wird, schon sehr früh und intensiv. Als im Sommer 1971, nach dem Ende mei-nes neunten Schuljahres, der Lehrer Josef Frischmann von der landwirtschaftlichen Landeslehranstalt in Imst völlig unerwartet zu uns aufs Feld kam und meinem Papa den Vorschlag unterbreitete, mir – seinem ältesten Sohn – eine landwirtschaftliche Ausbildung zukommen zu lassen, war innerhalb weniger Minuten auch der Ver-lauf meiner nächsten zwei Jahre vorgegeben.

Wie ich beim fünfzigjährigen Klassentreffen im April 2023 erneut feststellen konnte, bietet diese land-wirtschaftlich geprägte Bildungsstätte in Imst ein breit gefächertes Ausbildungsspektrum über zahlreiche Fach-bereiche. Für viele junge Menschen ist diese praktische „Schule fürs Leben" eine Basis oder eine wertvolle Orien-tierungshilfe auf dem Weg zu einem erfüllenden Beruf. Die Ausbildung in Imst habe ich nach zwei Schuljahren mit der Prüfung zum „Landwirtschaftlichen Facharbei-ter" erfolgreich abgeschlossen.

Neben der Mitarbeit am elterlichen Hof war ich im darauffolgenden Winter als Hilfsschilehrer in der Schi-schule in Stanzach tätig. Es machte mir zwar Spaß, den vielen Schulkindern aus Belgien die ersten Schwünge auf dem Schnee beizubringen, aber wegen nur vier Stunden Schikurs pro Tag war ich mit Ernst Krabacher (6.9.), einem netten Kollegen aus Bschlabs, meistens bis weit in die Nacht hinein unterwegs. Nach getaner Pflicht gab es für die Schilehrer fast täglich ausreichend Gründe zum Feiern und um nicht gleich heimgehen zu müssen.

Nach der Wintersaison bekam ich Zweifel, ob es wirklich sinnvoll sei, im Herbst gemeinsam mit Ernst die Ausbildung zum Landesschilehrer in Obergurgl zu beginnen oder ob ich nicht doch etwas anderes in Angriff nehmen sollte. Aus dieser Fragestellung resultierte die größte Weichenstellung meines Lebens. Schließlich brachte ein von meinem Papa organisierter Eignungstest beim Berufsberater eine klare Antwort: „Für Ihren Sohn Josef ist eindeutig eine technische Ausbildung zu empfehlen!"

Fehlende Kenntnisse in Mathematik und Englisch waren die Ursache, dass ich die Aufnahmeprüfung für die Höhere Technische Lehranstalt (HTL) in Fulpmes nicht bestand. Ich bekam die Empfehlung, stattdessen die Fachschule für Werkzeugbau zu besuchen, womit ich aber nicht einverstanden war: „Wenn ich schon mit 18 Jahren nochmals beginne, die Schulbank zu drücken, dann möchte ich zumindest die Matura erreichen!" Das war aber nur an der HTL möglich. Vom Schülerheim Don Bosco in Fulpmes erhielt ich ebenfalls eine Absage. Offensichtlich wollte die Heimleitung keinen wertvollen Platz für einen aussichtslosen Kandidaten reservieren. Als Alternative wurde mir eine Unterkunft in einer Frühstückspension im Ort empfohlen.

Der Sommer zog ins Land und bei den vielen Arbeiten am Hof, auf den Weiden, auf dem Feld und im Wald fühlte ich mich wie ein mitten im Leben stehender Landwirt. Beim Arbeitseinsatz mit vollem Tatendrang und höchster Motivation dachte ich nicht mehr an die weitere Ausbildung, bis mich der zur Seite gelegte Brief mit dem Termin für den Schulbeginn an der Fachschule plötzlich wieder zu interessieren begann. Nahezu von einem Tag auf den anderen beschloss ich, mit dem Auto meines Papas nach Fulpmes zu fahren, um mir den Schulbetrieb vor Ort einmal anzusehen. Bei der Autobahnausfahrt in Schönberg gefiel mir der nette Blick ins liebliche Stubaital mit dem weißen Gletscher im Talschluss sofort; aber ich war nicht der Landschaft wegen gekommen. Als ich mein Auto auf dem Lehrer-Parkplatz direkt vor der Schule abstellen wollte, wurde ich sofort auf eine andere Parkmöglichkeit verwiesen.

Während ich dann bei der Begrüßung durch einen Lehrer in einem Klassenzimmer inmitten von 14- bis 15-Jährigen saß, war ich mir sicher, dass ich hier nicht bleiben würde. Der totale Kontrast von der harten Bauernarbeit in den Lechtaler Bergen zur Schulbank in Fulpmes schien unüberwindbar. So plötzlich aus dem Alltag gerissen und in eine andere Welt, in die Schulzeit, zurückkatapultiert zu sein, war vorerst nicht zu verkraften. Völlig unschlüssig und ratlos fuhr ich nach drei mir endlos lang vorkommenden Tagen am Wochenende heim.

Vor meinem angedachten endgültigen Ausstieg stellte mir der Direktor in der folgenden Woche in Aussicht, dass ich nach gutem Lernerfolg in der Fachschule im nächsten Schuljahr in die zweite Klasse der HTL aufgenommen würde, sofern ich bereit wäre, den Jahresstoff der ersten HTL-Klasse in sechs Hauptfächern nachzulernen und die jeweiligen Prüfungen bestehe. Dieses Angebot schien äußerst schwierig zu werden, aber ich würde auf dem Weg zur Matura kein Jahr verlieren, was ich wegen meines Alters keinesfalls in Kauf genommen hätte. Immer noch ernsthaft zweifelnd und dem Abbruch sehr nahe verbrachte ich eine weitere Woche in Fulpmes. Den ersten Test in Mathematik erhielt ich mit einem „Nicht genügend" zurück. Ich dachte mir: „Wenn du so blöd bist, Josef, dann wäre es höchste Zeit etwas zu lernen!"

Klar erinnern – als wäre es gestern gewesen – kann ich mich noch daran, als ich am Wochenende, während der heiligen Messe in der Kirche in meinem Heimatort, wo ich zwar als Mesner und Lektor im Einsatz, aber mit den Gedanken völlig abwesend war, den schwerwiegenden Entschluss fasste, die nächsten fünf Jahre in meine Zielerreichung zu investieren.

Es tat mir sehr leid, meinen sehr geschätzten Kollegen Ernst Krabacher allein zur Schilehrerausbildung gehen zu lassen, mich vom gemeinschaftlichen, vielfältigen Dorfleben zu entfernen sowie aus dem bergbäuerlichen Leben auszusteigen und dieses auf ein paar Wochenenden und die Ferien zu reduzieren. Aber auch Papa hat schon früher immer wieder gesagt: „Buaba learnts epas, es kema ándera Zeita!" – „Buben lernt etwas, denn es kommen andere Zeiten!"

Es war mir damals nicht bewusst, dass das Agrarzeitalter, das mit dem Sesshaftwerden der Menschen vor circa 9 000 Jahren begann und zu dem alle bekannten, vermutlich auch viele unbekannte Generationen meiner Vorfahren gehörten, dieses nicht nur im Allgemeinen, sondern – wegen meiner Entscheidung – auch für mich zu Ende gehen würde.

Das Lernen war selten einfach, meist mühsam, oft aussichtslos, aber ich schaffte den Übertritt von der Fachschule in die Höhere Technische Lehranstalt für Werkzeug- und Vorrichtungsbau ohne Zeitverlust und nach fünf Schuljahren durfte ich mich über den ausgezeichneten Erfolg bei der Matura freuen.

Da es im Luftkurort Fulpmes, der vom Tourismus, von Industrie und Landwirtschaft geprägt ist, ständig Ablenkungen gab, bedurfte es größter Konzentration und enormer Willensstärke, das Lernen nicht zu vernachlässigen. Mit der günstigen Schüler-Saisonkarte für das Schigebiet Schlick, der Mautkarte für die Brennerautobahn, die das Erreichen von Innsbruck und der Pizzerien in Sterzing erleichterte, dem Eislaufplatz, dem Schwimmbad, in dem ich erst im Alter von zwanzig Jahren das Schwimmen erlernte und dem Ossi-Keller – der Diskothek im Ort – war das Freizeitangebot umfassend. Eine nette Clique, die sich aus Schulkollegen und mehreren Mädchen aus dem Dorf zusammensetzte, brachte zwar Abwechslung in den schulischen Alltag, behinderte aber leider so manch dringend erforderliche Studierstunde. In der dritten Klasse lernte ich Gabi, (meine Frau, die ich 12 Jahre später heiratete heißt auch Gabi), ein nettes und liebes Mädchen aus Fulpmes mit neun Geschwistern kennen. Aus einer zaghaften Bekanntschaft entwickelte sich langsam eine wertvolle, wunderbare Freundschaft mit Einbindung in die Großfamilie.

Mit den Pflichtpraktika für die HTL, den Ferialarbeiten im Opel-Werk in Rüsselsheim und in einer Firma in München, als Schilehrer in den Weihnachts-, Semester- und Osterferien sowie mit sonstigen Tätigkeiten konnte ich neben der Ausbildung auch selbst etwas Geld verdienen und musste nicht immer auf das mit harter Arbeit verdiente meines Vaters zurückgreifen. Trotzdem war es dringend erforderlich, jede auch noch so kleine Ausgabe gründlich zu hinterfragen, um finanziell über die Runden zu kommen.

Mich mit dem zur Schule gehen und dem Lernen im Einklang befindend, besuchte ich im Anschluss an die HTL auch noch den Absolventenlehrgang an der Handelsakademie (HAK) in Innsbruck. Zum HAK-Abschluss, der ebenfalls problemlos gelang, durfte ich als Klassensprecher gemeinsam mit meiner gemischten Klasse, in der mehr Mädchen als Buben, besser gesagt mehr Frauen als Männer, waren, eine mehrtägige Exkursion organisieren.

Der Wunsch dazu entwickelte sich im Laufe des Schuljahres aus der provokanten Frage eines Mitschülers während einer Unterrichtsstunde: „Wie wollen wir uns als erfolgreiche Absolventen einer HAK bezeichnen, wenn keiner der Klasse jemals einen Hochseehafen gesehen hat?" Die spontane Antwort des Klassenvorstandes lautete: „Wenn ihr eine erfolgreiche Klassengemeinschaft seid, organisiert ihr zum Schulschluss eine Exkursion nach Triest."

Unter Mithilfe von aktiven, sehr agilen Klassenkolleg:innen, der bereitwilligen Unterstützung der Handelskammer Innsbruck, die sich mit jener in Triest abstimmte und der großzügigen Förderung durch Sponsoren konnte eine großartige, unvergessliche Klassenfahrt realisiert werden. Wir wohnten in einem Hotel im Badeort Grado an der oberen Adria, wo ich im Alter von 23 Jahren erstmals in meinem Leben maritimes Flair zu spüren und das Meer zu sehen bekam. Wir erhielten eine umfassende Stadtführung in Triest, besichtigten die Handelskammer und den Hochseehafen, die Transalpine Ölleitung TAL, die Schiffswerft in Monfalcone und unternahmen mit dem Bus einer Innsbrucker Firma einen Ausflug nach Portoroz in Slowenien. Ein entspannender Nachmittag am Strand, ein langer Abend in der quirligen Fußgängerzone und eine kurze Nacht im Hotel ließen zum Abschluss dieser einzigartigen Unternehmung auch noch echte Urlaubsstimmung aufkommen. Noch heute, nach mehr als vierzig Jahren, bin ich allen, die zum Gelingen dieser bereichernden Bildungsveranstaltung beigetragen haben, aufrichtig dankbar! Es ist mir nicht bekannt, dass an dieser Schule jemals etwas Vergleichbares, weder vor noch nach uns, bewerkstelligt werden konnte.

Für mich persönlich war dieses besondere Erlebnis mit der grandiosen Abschlussparty im mediterranen Ambiente ein würdevolles Finale meiner zahlreichen Schuljahre.

Am 1. Juli 1980, bereits drei Tage vor der Zeugnisverteilung in der HAK, begann mein Wehrdienst beim Bundesheer mit der Grundausbildung in der Pontlatz-Kaserne in Landeck. In der Fenner-Kaserne in Innsbruck machte ich den Heeresführerschein für den Pinzgauer. In den restlichen sechs Monaten meines Pflichtwehrdienstes war ich im Lager Walchen im Wattental als Systemerhalter und Kraftfahrer für den Sanitäts-Pinzgauer im Einsatz.

Nicht nur andere Grundwehrdiener, sondern auch mehrere verständnisvolle Vorgesetzte auf unterschiedlichen Diensthierarchien sind in dieser abgelegenen Kaserne zu Freunden geworden, mit denen wir uns nicht nur innerhalb der Dienstzeiten bestens verstanden, sondern auch privat immer wieder gemeinsam bis spät in der Nacht unterwegs waren.

Am 2. März 1981, drei Tage nach dem Abrüsten beim Bundesheer, begann mein Berufsleben bei der Firma Plansee Tizit in Breitenwang bei Reutte.

12.2 Plansee

Der Plansee ist mit einer Fläche von 2,87 Quadratkilometern der zweitgrößte See Tirols und liegt nur wenige Kilometer in nordöstlicher Richtung von Reutte entfernt in den Ammergauer Alpen.

Der Plansee ist auch Namensgeber und Lieferant von elektrischer Energie für das Metallwerk Plansee, das vom Altösterreicher Dr. Paul Schwarzkopf, dem Forscher und Pulvermetallurgen, im Jahre 1921 in der Gemeinde Breitenwang gegründet wurde. In den folgenden hundert Jahren hat sich daraus – mit einer grandiosen Erfolgsgeschichte – ein weltweit tätiger Konzern, die Plansee Group, entwickelt. Diese beschäftigt sich vorwiegend mit der Produktion und dem Vertrieb von Hochleistungswerkstoffen, deren wesentliche Bestandteile Wolfram und Molybdän sind.

38 Jahre und acht Monate, mein gesamtes Berufsleben lang, durfte ich als Mitarbeiter der Firma Plansee Tizit, die später in Ceratizit umbenannt wurde, bei der Herstellung von Hartmetall am großartigen Erfolg dieses besonderen Unternehmens mitwirken.

Ich sehe es als mein Glück, dass ich mich als 18-jähriger Bergbauernsohn mit großartiger Unterstützung und Wohlwollen meines Vaters – zwar mit vielen Bedenken und Zweifeln – entschließen durfte, die HTL in Fulpmes zu besuchen. Dort bekam ich Antworten auf viele technische, physikalische und metallurgische Fragen, die schon immer in mir brannten. Die erfolgreichen Abschlüsse an der HTL und des Absolventenlehrganges an der HAK in Innsbruck waren die Eintrittskarte in den Tizit-Hartmetallbetrieb, ein Tochterunternehmen der Firma Plansee.

Wäre ich, wie auch in Erwägung gezogen, Automechaniker geworden oder als selbstständiger Bergbauer am elterlichen Hof geblieben und nebenher als Schilehrer tätig gewesen, so hätte ich mich aufgrund höchster Motivation und Einsatzfreude vermutlich zu sehr verausgabt, was mein Körper wegen der harten Arbeit nicht dauerhaft ausgehalten hätte.

Als Pensionist darf ich nun mit großer Dankbarkeit auf erfüllte Berufsjahre zurückblicken. Es ist ein Privileg, in einem derart erfolgreichen Betrieb Jahrzehnte hindurch den Lebensunterhalt für sich und seine Familie verdienen zu dürfen. Neben überdurchschnittlich hoher Vergütung der Arbeitsleistung sind auch die vielen Sozialleistungen, die hervorragende Werksküche und die Weiterbildungsmöglichkeiten zu erwähnen. Viele Schulungen, Kurse und Seminare, die laufend angeboten und forciert wurden, trugen sowohl zur fachlichen als auch zur persönlichen Weiterentwicklung bei. Zahlreiche Dienstreisen (19.12) mit netten Kollegen zu interessanten Firmen, Lieferanten und Kunden haben den beruflichen Alltag unterbrochen und bereichert.

Auch wenn mich die Herausforderungen in einem der weltweit führenden, pulvermetallurgischen Produktionsunternehmen öfters an meine Belastungsgrenzen brachten, mochte ich meine Arbeit. Ich habe diese nicht nur als eine Möglichkeit zum Geldverdienen angesehen, sondern vor allem mit dem Bestreben, Wesentliches zum Unternehmungserfolg beizutragen.

Im Nachhinein haben sich so manche von den Führungskräften veranlasste Personalentscheidungen, die man erst nicht einsehen wollte und nicht verstehen konnte, doch als richtig herausgestellt. Das richtige Gespür der Verantwortlichen, die Mitarbeiter dort einzusetzen, wo sie aufgrund ihrer Fähigkeiten und Vorlieben mit geringstem Aufwand den größten Nutzen bringen, sehe ich als einen wesentlichen Erfolgsfaktor eines Betriebes.

Als ich selbst ein vermeintliches „Opfer" einer solchen Maßnahme wurde und dem von mir sehr geschätzten Werksarzt Dr. Paul Kerber die als unrecht empfundene Entscheidung anvertraute, meinte dieser: „Josef, was machst du dir unnötige Gedanken, du hast eine gute Anstellung, kriegst dein Geld und für deine Nachbarn in der Heimatgemeinde gehst du weiterhin ins Metallwerk, an welchen Schreibtisch ist denen doch völlig egal. Die Arbeitsstelle ist kein Platz für persönliche Eitelkeiten!"

Wie recht er damit hatte, wurde mir schon bald immer mehr bewusst. Aufgrund dieser Entscheidung brauchte ich mich nicht mehr als Führungskraft mit Führungsaufgaben, Personalauswahl, gerechter Lohnfindung, verschiedenen Zwistigkeiten und Betriebsratsansichten auseinandersetzen, sondern durfte mich als Prozessingenieur ausschließlich um Angelegenheiten kümmern, die für mich schon immer vorderste Priorität hatten.

Bei der Neuentwicklung von Produkten, Problemlösungen für Kunden, Reklamationserledigungen sowie bei Verfahrens- und Prozessoptimierungen konnte ich meine Kenntnisse und langjährigen Erfahrungen einbringen.

Ich fühlte mich als Fachkraft beliebt, gebraucht und geschätzt und war in den täglichen Produktionsablauf eingebunden. Als Entwickler hatte ich plötzlich auch einmal Freiräume zum Durchschnaufen, die ich vorher als Führungskraft nie hatte. Somit wurden die letzten zehn Jahre im Betrieb meine besten, und ich denke auch sehr wertvolle Jahre für die Abteilung. Eine richtige Personalentscheidung zu gegebener Zeit kam sowohl mir als auch dem Betrieb zugute.

Ich finde es sehr schade, dass vielen nicht bewusst ist, und leider schätzen es bei Weitem nicht alle, welche Vorzüge es hat in einem großen, gesunden und modernen Unternehmen in der Heimat, wie Plansee es ist, arbeiten zu dürfen. Im Großbetrieb hat man alle fachlich erforderlichen Ausrüstungen, Hilfsmittel, Stellen und Ansprechpartner, die man zur täglichen Aufgabenerfüllung benötigt. Außerdem bieten sich immer wieder genügend Gelegenheiten, um soziale Kontakte zu knüpfen und zu pflegen.

Vieles in meinem Berufsleben Erlebte habe ich nur zu Beginn meiner Pensionierung einige Monate lang vermisst. Jetzt darf ich mit großer Dankbarkeit, Zufriedenheit und Genugtuung auf die aufregende Zeit im Betrieb zurückdenken und ein wenig stolz darauf sein, als kleines Rädchen im großen Konzern Plansee mitgewirkt zu haben!

12.3   Bauen, um zu leben

„Josef, baust du, um zu leben oder lebst du um zu bauen?" Das fragte ich mich ernsthaft, nachdem unser neues Haus in Boden so weit fertiggestellt war, dass unsere Familie darin wohnen konnte. Im Grunde habe ich die Beschäftigung als Bauarbeiter und Bauherr gern gemocht. Das Problem war, dass ich niemals ausreichend Zeit hatte, mich dieser schönen, kreativen Aufgabe wirklich widmen zu können.

Als die vier Jahre andauernde Beziehung zu meiner aus Fulpmes stammenden Freundin Gabi zerbrach und ich bei der Firma Plansee Tizit in Reutte zu arbeiten begann, rückte mein Heimatort Boden wieder gänzlich in meinen Fokus. Dort lebte meine Familie, dort schien ich mehr gebraucht zu werden und beliebter zu sein als sonst irgendwo. Mit fast allen Einwohnern des Dorfes verstand ich mich gut, man half sich gegenseitig bei verschiedenen Arbeiten, ging mit Gleichgesinnten schifahren, firngleiten oder auf den Berg, wenn es außerhalb der Heuperiode freie Momente gab. Auch unsere Eltern bemühten sich sehr und taten alles, damit die Kinder im Heimatort blieben. Aus meinem Wunsch, in Boden zu leben, entwickelte sich bald ein fixes, unabänderliches Ziel. Es tat mir sehr leid, dass wegen meines kompromisslosen Vorhabens auch die Beziehung zu Manuela, der Mutter meiner lieben Tochter Christine, die am 15. Februar 1984 geboren wurde, zerbrach.

Weil es damals im Dorf wegen der roten Gefahrenzonen keinen geeigneten Bauplatz (2.5) gab und meine bisherigen Partnerinnen nicht bereit gewesen waren, gemeinsam mit mir nach Boden zu ziehen, war die Realisierung meines Vorhabens gar nicht einfach. Mädchen aus Deutschland, Belgien oder den Niederlanden wären viel lieber mit mir in das entlegene Tal gegangen als jene aus der näheren Umgebung. Sie kannten die aus ihrer Sicht wenig verlockend klingende Realität in meinem Heimatort. Lange sah es so aus, als würde ich an meiner Zielerreichung scheitern und fortziehen zu müssen. Die Problemlösung zog sich in die Länge, schien fern, sehr komplex und nicht machbar.

Jahrelang vergeblich bemüht haben sich Cousin Klaus Friedl, der ebenfalls hierbleiben und ein Haus bauen wollte, und ich um die raumordnerische Genehmigung eines lawinensicheren Bauplatzes auf dem Feld „Hinter der Leite". Trotz intensiver Bemühungen verhinderte die Raumordnungsabteilung im Landhaus in Innsbruck beharrlich die Umwidmung der benötigten Bauparzellen. Als Begründung wurde angeführt, dass das einzigartige Landschaftsbild, das sich ergibt, wenn man sich auf der Zufahrtsstraße dem Dorf Boden nähert, nicht verändert werden dürfe: „Der Blick auf den dicht verbauten Ortskern durch das „Gelände-Tor", das zwischen dem von der Leite herunterkommenden Hang und dem „Spitzbichl" gebildet wird, dürfe nicht durch einzelne, freistehende Gebäude beeinträchtigt werden." So lautete die Aussage des obersten Raumplaners in der Landesregierung. Irgendwann mussten wir diesen uns ideal erscheinenden Bauplatz auf unseren Eltern gehörenden Grundstücken aufgeben. Cousin Georg Friedl hatte dann ein paar Jahre später bei der Errichtung seines Hofes an exakt der gleichen Stelle überraschenderweise keine Probleme mehr.

Die intensivste Bauepoche meines Lebens begann im Frühjahr 1984 nach dem Lawinenabgang in Boden. Damals mussten viele Reparatur- und Aufräumarbeiten erledigt werden und wir errichteten eine neue, große Garage neben dem elterlichen Hof. In den darauffolgenden Jahren half ich meinem Bruder Bruno (4.2) beim Bau seines Hauses in Stanzach, bevor 1989 unser Bauernhof abgebrannt ist. Mit Aufräumarbeiten, der Errichtung von Provisorien zur vorübergehenden Unterbringung von Tieren und Menschen und dem Wiederaufbau war ich die nächsten drei Jahre voll ausgelastet. Nebenbei habe ich zweimal eine Wohnung für meine Frau Gabi, meine kleinen Kinder und mich in Reutte adaptiert.

Dank dem Landeshauptmannstellvertreter Ferdinand Eberle, der den Bau einer neuen, aufwendigen Wasserversorgung aus ländlichen Raumordnungsmitteln großzügig unterstützte, war es dann im Jahre 1993 möglich, mit dem Hausbau in Boden am jetzigen Standort zu beginnen. Zu diesem Zeitpunkt hatten meine Frau Gabi und ich bereits drei Kinder. Wir wohnten während der Woche in Reutte, am Wochenende und im Urlaub in Boden.

Mit dem Bau des eigenen Hauses begann die anstrengendste Zeit meines Lebens. Neben meinem fordernden Beruf war ich Bürgermeister und hatte auch sonst noch allerhand Verpflichtungen und Aufgaben. Im Sommer war der Einsatz bei der Heuernte sowieso immer die allererste Freizeitbeschäftigung und wichtiger als der Hausbau und alles andere.

Im Winter und zu Zeiten, in denen es sonst nicht allzu viel zu tun gab, zimmerte ich nebenbei auf meiner Felder-Holzbearbeitungsmaschine Türen, Möbelstücke und Sonstiges für den Innenausbau. Als Hobbytischler Vollholz aus dem heimischen Wald zu bearbeiten und daraus Dinge nach meinen Vorstellungen zu gestalten, hat mir immer großen Spaß gemacht. Nur mit vollster Euphorie, Einsatzfreude, Tatendrang, Kreativität und

Motivation war es möglich, viele Jahre lang mit Vollgas, total am Anschlag, unterwegs zu sein.

Besonders jene zwölf Jahre, von 1992 bis 2004, in denen ich auch Bürgermeister der Gemeinde Pfafflar war, haben mich aufs Äußerste gefordert. Möglichst früh versuchte ich jeden Tag, in die Firma zu kommen, dort hatte ich als Führungskraft und wegen der ständigen Probleme mit dem heiklen Fertigungsprozess kaum einmal Zeit und Gelegenheit durchzuatmen und Pausen zu machen. Nach der Arbeit eilte ich in unsere Wohnung in der Archbachsiedlung in Reutte, wo mir meine Frau bereits ein belegtes Brot vorbereitet hatte. Gegessen habe ich es meist im Auto während der 30–35 Kilometer langen Fahrt nach Bschlabs oder Boden. Trotz Beeilung kam ich leider immer wieder zu spät zu den Amtsstunden, die ich zweimal wöchentlich von 18:00 bis 20:00 Uhr im Gemeindehaus zu absolvieren hatte. Während dieser mir selbst auferlegten Pflichtanwesenheit versuchte ich möglichst viele Büroarbeiten für die Gemeinde zu erledigen, sofern sich keine Gemeindebürger Problemlösungen von mir erwarteten oder mit sonstigen Anliegen meine kostbare Zeit beanspruchten. Danach ging ich auf meine Baustelle, schaute nach dem Rechten, verrichtete noch so manches oder machte Vorbereitungen für die Bauvorhaben am nächsten Tag. Meist erst nach 23:00 Uhr war ich wieder bei meiner bereits friedlich schlafenden Familie in Reutte. Trotz enormer Müdigkeit konnte ich die wenigen Stunden bis 06:00 Uhr in der Früh kaum einmal durchschlafen. Meine vielfältigen Themen ließen mich auch nachts nicht zur Ruhe kommen und bescherten mir viele grübelnde Wachphasen.

Für den Einbau und die Inbetriebnahme eines gebrauchten Säge-Vollgatters in das gemeindeeigene Sägewerk in Bschlabs investierte ich viele unentgeltliche Stunden. Sehr viel Zeit in Anspruch nahm auch der Neubau der Säge in Boden, nachdem die alte durch den Brand am 27. November 1989 komplett zerstört worden war. Auch in diesem Fall habe ich mit mehreren Einheimischen gemeinsam ein gebrauchtes Säge-Vollgatter im unteren Inntal in Eigenregie abgebaut, zerlegt, im neuen Gebäude wieder aufgestellt und in Betrieb genommen.

Am 16. Dezember 1995 zog ich mit meiner Familie in unser neues Haus in Boden 42 ein. Das berufslebenslange tägliche Pendeln von meinem Heimatort zum Dienstgeber in Breitenwang, was zuerst als eine nicht überbrückbare Hürde schien, war mit einem sparsamen Auto und der Bildung von Fahrgemeinschaften gut machbar.

Irgendwann reifte in mir die Erkenntnis, dass der Sinn des Bauens dem Leben dienen und nicht das Leben dem Bauen untergeordnet werden sollte. Aufgrund dieser neuen, geänderten Betrachtungsweise ist so mancher Mangel an unserem Haus auch nach 28 Jahren noch immer nicht behoben.

Dringend wäre es jetzt erforderlich mit Reparatur-, Renovierungs- und Optimierungsarbeiten zu beginnen. Außerdem wäre es wichtig, unseren Kindern bei der Realisierung ihrer verschiedenen Haus- und Wohnungserrichtungsvorhaben behilflich sein. Bauen wird somit immer ein Teil meines Lebensweges bleiben und ich will dankbar sein, wenn ich dabei noch möglichst lange nützlich sein kann.

13 Leben mit der Abwanderung – Wie geht es weiter?

Meine Rede am 9. Oktober 2021

Sehr geehrter Herr Bischof,
wir dürfen Sie in unserer Gemeinde ganz herzlich begrüßen. Wir freuen uns und danken Ihnen, dass Sie zu uns gekommen sind. Lieber Pfarrer Martin, lieber Pfarrer Andreas, werte Bürgermeister, liebe Pfarrgemeinderäte, verehrte Anwesende. Im Namen des Pfarrgemeinderates möchte ich Sie alle hier in unserer Gemeinde im Gasthaus Gemütlichkeit in Bschlabs ganz herzlich begrüßen. Da ich gebeten wurde, zum Thema „Abwanderung" etwas zu sagen, habe ich mir ein paar Gedanken dazu gemacht. Es ist meine persönliche, meine subjektive Sichtweise. Irgendwie scheint es der katholischen Kirche und unserer Gemeinde in Zeiten wie diesen ähnlich zu ergehen …

Die Abwanderung aus ländlichen Bereichen ist kein spezifisches Problem unserer Gemeinde, sondern im ganzen Alpenraum und auch in anderen Regionen ein Thema. So gibt es in den französischen, italienischen und Schweizer Westalpen Tausende Siedlungen oder Bergdörfer, so wie hier in den Seitentälern im Lechtal, wo niemand oder kaum noch jemand lebt. Solche verlassene, vom Zerfall bedrohte Orte inmitten der „Wildnis", weil die Natur die nicht mehr bewirtschafteten Kulturflächen zurückerobert hat, habe ich bei meinen Berg- und Schitouren im Reich der Viertausender öf-

ters gesehen. Auch in Deutschland gibt es Landkreise, die mit der Abwanderung zu kämpfen haben, und Dörfer, die vom Aussterben bedroht sind. Aber bleiben wir hier im Lechtal, in unserer Gemeinde:

Wie war es früher?
Obwohl der Herr Bischof heute am Vormittag richtigerweise gemeint hat, dass man nicht vergleichen und die Vergangenheit nicht schönreden soll, muss ich doch etwas zurückblicken: In meiner Kindheit und Jugendzeit, also vor circa fünfzig Jahren, hat die Gemeinde Pfafflar, hat Boden, mein Heimatort, noch ganz anders ausgesehen. Es gab drei Gasthäuser, zusätzlich wurden in sechs Häusern Privatzimmer angeboten. Vier ältere Häuser in Boden und Brandegg (Edelweiß, Alpenrose, Enzian und Türkenbund) waren an den belgischen Reiseveranstalter Sankt Paulus Reisen vermietet, durch den zwei Jahrzehnte hindurch viele Kinder und Jugendliche aus Belgien ihre Ferien im Lechtal verbrachten. Besonders in den 1970ern, 80ern und teilweise auch noch in den 1990er-Jahren war in Boden, im „Kleinen Dorf für die große Erholung" sehr viel los. In Bschlabs war es ganz ähnlich.
Trotz der sehr harten Arbeit bei der Heuernte wirken meine Erinnerungen an schöne Sommerabende im Dorf fast idyllisch und romantisch: Zahlreiche Menschen spazierten auf der Straße, viele saßen auf den Bänken vor den Häusern, haben sich unterhalten und auf den Terrassen bei den Gasthäusern konnte man gute Stimmung vernehmen. Im Urlaub mit meiner Familie, viele Jahre später, kam mir in den Fußgängerzonen von Jesolo oder Lignano mein Heimatdorf in früheren Zei-

ten wieder in den Sinn: Ein buntes, quirliges, lebhaftes Bild, während die langsam untergehende Sonne die Felsen im Parzinn und an den Kübelwänden immer rötlicher erscheinen ließ.

Die Zufahrtsstraße von Elmen nach Boden war damals noch einspurig und an dreißig Stellen (19.2) bestand im Winter Lawinengefahr. In den 1980er-Jahren gab es Winter, in denen die Zufahrtsstraße zwischen dreißig und achtzig Tagen offiziell gesperrt war. Keine andere Gemeinde in Österreich hatte ähnlich lange Sperrzeiten pro Winter. Daraus resultierend hatten wir im gleichen Jahrzehnt auch den höchsten Bevölkerungsrückgang von allen Gemeinden in Österreich. Viele junge Leute konnten mit der ständigen Sorge, ob, wann und wie man im Winter aus dem Tal herauskommt, nicht mehr leben und verließen die Gemeinde für immer. Um diesem Trend entgegenzuwirken und die Dörfer in den Seitentälern zu erhalten, die zum Charisma des Landes Tirol Wesentliches beitragen, haben der Staat Österreich und das Land Tirol viel Geld aufgewendet, um Siedlungsraum und Zufahrtstraße vor Lawinen und Muren zu schützen.

Auch mit der Landwirtschaft, die damals noch vielfach auf die Selbstversorgung ausgerichtet war, waren noch zahlreiche Bauern beschäftigt. Auf den Äckern wurden Kartoffeln, Bohnen und auch etwas Getreide angebaut. Einige Bauern haben noch die Bergmähder am steilen Heuberg mit der Sense und Steigeisen an den Schuhen gemäht, das Heu mit Schochen zusammengetragen und an lawinensicheren Stellen Schober errichtet. Im Vergleich zu heute war damals das Leben im Dorf vielfältig und reichhaltig. Zu jeder Jahreszeit – das ganze Jahr hindurch – wurden bestimmte Arbeiten und Aufgaben erledigt. Man hat sich gegenseitig bei schweren Arbeiten geholfen und nach getaner Arbeit ist man noch zusammengesessen, hat sich in der Stube beim Nachbar getroffen. Am Sonntag nach der Messe ist man am Kirchplatz gestanden und der Bürgermeister hat wichtige Informationen kundgemacht. Man hat sich auch in den Gasthäusern versammelt, miteinander geredet, sich gestritten und auch wieder versöhnt. Maria Schnee und Josefi, die Patrozinien der Kirchen in Bschlabs und Boden, wurden gemeinsam gefeiert. Die Bschlaber kamen zu Josefi nach Boden und an Maria Schnee gingen wir Bodener nach Bschlabs, wo es neben dem Fronleichnamstag auch zum Kirchtag am 5. August eine feierliche Prozession mit der Musikkapelle gab.

Was hat sich verändert?
Leider hat die Einwohnerzahl im Laufe der Zeit immer weiter abgenommen. In der Gemeinde Pfafflar leben gerade noch an die hundert Einwohner, davon circa 25 in Boden. Die Ortschaft Boden hat somit in den letzten drei Jahrzehnten mehr als die Hälfte seiner Einwohner verloren. 40 % der Bodener sind derzeit zwischen siebzig und neunzig Jahre alt. Immer mehr Häuser sind unbewohnt. Es macht nachdenklich, betroffen und traurig, wenn abends im einst so blühenden Dorf in vielen Häusern kein Licht mehr angeht und man auch bei Tag kaum jemanden sieht. In den zwölf Weilern der Gemeinde Pfafflar gibt es inzwischen fast gleich viele Gebäude wie Einwohner. Immer mehr Bauern haben aufgehört, zwei Gasthäuser in Boden wur-

den geschlossen und die meisten Privatzimmervermieter haben zugemacht.

Der Kindergarten, den es einige Jahre lang auch bei uns gab, sowie die Volksschulen in Boden und Bschlabs mussten mangels Kinder geschlossen werden. Ebenso war es nicht mehr möglich, die Musikkapelle und den Kirchenchor am Leben zu erhalten. Weiters befinden sich die Aktivitäten in den anderen Vereinen auf einem sehr niederen Niveau, sofern sie nicht schon ganz erloschen sind. Die Anzahl an aktiven Mitgliedern hat einfach zu stark abgenommen, sodass nur noch dringend Erforderliches wie die Freiwillige Feuerwehr aufrechterhalten werden kann. Wie es mit den kirchlichen Aktivitäten, mit den Kirchenbesuchen aussieht, obwohl sich Pfarrer Martin und Pfarrer Andreas sehr darum bemühen, brauche ich vor dieser Runde nicht zu erwähnen. Vom vielfältigen und reichhaltigen, vom bunten Dorfleben, von der Dorfgemeinschaft, vom Zusammenhalt der vergangenen Tage ist nicht mehr viel übriggeblieben. All diese Veränderungen haben eine Abwärtsspirale verursacht. Wenn hier immer weniger los ist, ziehen immer mehr fort. Jeder Einzelne, der geht, hinterlässt einen leeren Platz – er fehlt hier. Wenn hier immer weniger Menschen für eine aufrechte Infrastruktur, für eine gepflegte Landschaft, für eine funktionierende Gesellschaft, für ein aufrichtiges Miteinander sorgen und es zusätzlich keine passende Arbeit gibt, finden junge Menschen den Verbleib im Ort immer weniger attraktiv, weniger lebens- und erstrebenswert.

Sobald die Bergbauern ihre Felder, Wiesen und Weiden nicht mehr bewirtschaften, wird die Natur in kurzer

Zeit die über Jahrhunderte bearbeitete Kulturlandschaft zurückerobern. Auch wenn die Wildnis ihren
Reiz haben kann, birgt diese nicht mehr das bewun-
dernswerte und allseits geschätzte Charisma einer
bäuerlich gepflegten Landschaft in sich.

Wenn man die Kinder ab den ersten Lebensjahren täglich in den Kindergarten, in die Volksschule, in die Neue
Mittelschule oder ins Gymnasium nach draußen, nach
Elmen, Elbigenalp oder Reutte bringen muss, ist das
zwar ein großer Aufwand und für die Kinder eine Belastung, aber möglich und machbar. Die Kinder bauen
dabei jedoch nur wenig Bezug, kaum noch eine Bindung
zu ihrem Heimatort auf. Sie verlassen dann später noch
leichter den Ort ihrer Vorfahren.

Wie ist es jetzt?

Über dieses Thema, das heute für den Abend mit unserem Herrn Bischof gewählt wurde, hat man schon
einiges geschrieben, Sendungen für Radio oder Fernsehen produziert. Auch Studenten haben sich in ihren
Diplomarbeiten damit beschäftigt. Das Resultat ist
meistens dasselbe: Vergleicht man unsere Gemeinde
mit Orten in früher ebenso armen, entlegenen, bergbäuerlich geprägten Tälern, wie zum Beispiel das Pitz-,
Ötz-, Paznaun- oder Kaunertal, so muss man Folgendes erkennen:

- Entweder man hat den Sprung zu einer Tourismus-
  hochburg geschafft oder man ist zurückgeblieben.
- Entweder erfolgte der Aufschwung durch die Ver-
  städterung der Dörfer oder Rückgang war die Folge.

- *Entweder man konnte Arbeitsplätze im Ort beziehungsweise in der Nähe schaffen oder man hat die Abwanderung zu akzeptieren.*

Ischgl oder Pfafflar?

Für diesen Vergleich hat mich ein ORF-Reporter für eine geplante „Am Schauplatz"-Sendung im Herbst 2019 interviewt. Corona hat Ischgl bekannterweise in den Fokus gerückt und die Aufbereitung dieser interessanten Gegenüberstellung verhindert. Offensichtlich scheint es keinen gangbaren Mittelweg für exponierte Bergdörfer zu geben. Beide Extreme sind längerfristig problematisch, gewiss nicht ideal, nicht erstrebenswert! Aber wie kann es hier weitergehen? Unsere Heimat hat ein großes Potenzial für die Zukunft, das unsere Vorfahren in der Vergangenheit mit harter Arbeit in schwierigen Zeiten und einem entbehrungsreichen Leben geschaffen haben. Das dürfen wir nie vergessen und sollten ihnen für immer dankbar sein! Wir wollen aber nicht in der Vergangenheit hängen bleiben, sondern positiv nach vorne schauen: In letzter Zeit bemerkt man zunehmendes Interesse von auswärtigen Personen an leerstehenden Objekten. Teilweise wird vermutet, dass auch Investoren bereit sind, viel Geld für solche Gebäude zu bezahlen. Offensichtlich erkennen diese Interessenten die Entwicklungsmöglichkeiten, die unsere Orte in einer intakten Natur und in einer wunderbaren Landschaft zu bieten haben.

Was wir brauchen, sind jedoch keine weiteren Freizeitwohnsitze, die auf den Erhalt eines lebenswerten Zustandes unserer Dörfer durch die Einheimischen angewiesen sind. Wenn nicht die hier Ansässigen mit ihrer

Tradition, ihrer Arbeit, mit dem Erhalt der Landwirtschaft, mit der Pflege der Felder, Wiesen und Almen sowie mit einladenden Gaststätten für den Weiterbestand sorgen, wird es auch für Gäste und Freizeittouristen immer weniger Anreiz haben, weniger interessant sein, hier ihre Freizeit, hier ihren Urlaub zu verbringen. Wir bräuchten den Zuzug von Menschen, die hier ganzjährig gerne leben und bereit sind, aktiv am Dorfleben teilzunehmen. Dazu müssen wir dringend Wohnmöglichkeiten für Zuwanderungswillige bereitstellen. Wir müssen alles tun, um weitere Abwanderung zu unterbinden. Da die Straße inzwischen gut gesichert ist, ist es nun auch leicht möglich, das ganze Jahr hindurch täglich zu einer Arbeitsstelle im Lechtal oder in Reutte zu gelangen. Wenn man bedenkt, welchen Aufwand an Zeit und Distanz man anderswo, zum Beispiel im Inntal, in Wien, in deutschen Städten oder in Japan für die Erwerbstätigkeit auf sich nehmen muss, dann ist das Pendeln ins Lechtal oder nach Reutte im Vergleich dazu eine Kleinigkeit. Eine große Chance bietet auch der Ausbau der Internetverbindung, wodurch man auch im entlegenen Tal mit der ganzen Welt verbunden ist. Mit Homeoffice braucht man nicht mehr täglich viele Kilometer fahren und wertvolle Zeit aufwenden, um zur Arbeitsstelle zu kommen.

Ich lebe nun schon viele Jahrzehnte in dieser Gemeinde. Es war mir immer ein Anliegen – auch im Sinne meiner Eltern – hierzubleiben und dabei mitzuhelfen, damit es weitergeht. Deswegen habe ich vor dreißig Jahren hier gebaut und lebe seither mit meiner Familie in Boden. Ich möchte auch in Zukunft gern hierbleiben.

Auch wenn ich viel darüber nachgedacht habe, wie es am besten weitergehen könnte, bin ich zu keiner Lösung gekommen. Ich fühle mich dem Lauf der Dinge ausgeliefert, handlungsunfähig, ohnmächtig, diesem entgegenzuwirken!

Dennoch hoffe und wünsche ich mir sehr, dass der Tiefpunkt durchschritten ist und die verbliebenen Einwohner, besonders die Jungen, nicht aufgeben, sondern durchhalten und zuversichtlich in eine gute Zukunft blicken. Unsere Heimat hat großes Potenzial! Vielleicht kann es gemeinsam mit neuen Menschen, neuen Ideen auf neuen Wegen eventuell in eine neue Richtung wieder aufwärtsgehen. Möge Gottes Segen den Entscheidungsträgern helfen und der Heilige Geist bewirken, dass die richtigen Maßnahmen getroffen werden, damit unsere Gemeinde – ein Juwel im Herzen der Lechtaler Alpen – auch zukünftig eine sichere und lebenswerte Heimat für Bewohner und Gäste sein wird!

14 Die Berge

„Die Berge schweigen – über einer lauten Welt,
die Berge ruhen – über einer hastenden Welt,
die Berge fordern – in einer verweichlichten Welt,
die Berge wärmen – in einer erkalteten Welt,
die Berge strahlen – in einer dunklen Welt."
Reinhold Stecher 1921-2013, Bischof der Diözese Innsbruck

14.1 Freizeitaktivitäten im Schnee

Da wir in meinem Heimatort meistens während einer Hälfte des Jahres direkt von Schnee umgeben sind beziehungsweise geeignete Schneeflächen auf den Bergen leicht erreichen können, ist es naheliegend, das vom Himmel gefallene „Weiß" zum Schifahren, Schitourengehen, Firngleiten, Schneeschuhwandern oder Rodeln zu nutzen. Mit Schiern auf Schnee zu gleiten, fasziniert mich seit frühester Kindheit. Als mir das Christkind im Alter von sechs Jahren Schi brachte, konnte ich es kaum erwarten, dass es Papa gelang, eine dazu passende Bindung zu organisieren. Erst nach ein paar ungeduldig verbrachten Wochen konnte ich endlich, gemeinsam mit dem gleichaltrigen Reinhold Perl aus der Nachbarschaft, die ersten Fahrversuche auf der Straße durchs Dorf unternehmen. Die oft wochen- oder monatelang anhaltende Schneefahrbahn wurde nur äußerst selten mit Sand aus dem Bachbett gestreut und war für uns Kinder nicht nur zum Schifahren, sondern auch zum

Rodeln hervorragend geeignet. Seit vielen Jahren ermöglicht die präparierte Rodelbahn auf der im Winter gesperrten Hahntennjochstraße perfektes Rodelvergnügen für Einheimische und Gäste.

14.1.1 „Carven, bis die Kanten glühen"

So beschrieb ich einige Jahrzehnte später das Schifahren auf makellosen, brettebenen Pisten, wenn alles passte und der Genussfaktor das obere Limit erreichte. Besonders an schönen Wintermorgen, solange frisch präparierte Abfahrten noch unberührt waren, machte das Schifahren einen unbeschreiblichen Spaß. „Carving" nennt man eine spezielle Schitechnik, wobei die Kurven mit taillierten Schiern auf der Kante gefahren werden. Perfekte Carving-Schwünge mit hüftbreiter Schiführung hinterlassen im Schnee ähnliche Spuren wie Rodeln oder Schlitten. Im Gegensatz dazu stehen die gerutschten oder gedrifteten Schwünge, wie zum Beispiel beim Wedeln, wobei sich keine auffallenden Kantenabdrücke auf dem Untergrund abzeichnen.

Wie bei vielem anderen habe ich im Laufe der letzten sechzig Jahre auch bei der Ausführung der Schier eine große Weiterentwicklung miterlebt. Im Zusammenhang mit der immer besser gewordenen Pistenpräparation brachte dies auch eine Veränderung der Fahrtechnik mit sich. Die Schiproduzenten versuchen durch ständiges Optimieren von Länge, Breite, Taillierung, Formgebung, Vorspannung und Biegelinie das Fahren zu erleichtern, das Vergnügen zu heben und zusätzlich durch ein jährlich neu gestaltetes Schidesign die Verkaufszahlen zu halten.

In den Schigebieten Gröden, Seiser Alm, Alta Badia, Arabba, Marmolada, Kronplatz, Zell am See, Schmittenhöhe, Maiskogel, Kitzsteinhorn, Gasteinertal, Saalbach, Hinterglemm, Leogang, Wagrein, St. Johann, Zauchensee, Altenmarkt, Radstadt, Steinplatte Waidring, Méribel-Mottaret, St. Martin, Val Thorens, Courchevel, Val d'Isere, Tignes, Spieljoch, Hochfügen, Kaltenbach, Zell am Ziller, Gerlos, Hochkrimml, Mayrhofen, Hintertuxer Gletscher, Serfaus, Fiss, Ladis, Nauders, Schöneben, Haideralm, Ischgl, Samnaun, Kaunertaler Gletscher, Schladming, Hauser Kaibling, Hochwurzen, Les Menuires, Kirchberg, Kitzbühel, Mittersill, Skiwelt Wilder Kaiser–Brixental, Flachau, Reiteralm, Fageralm, Königsleiten, Maria Alm, Dienten, Hochkönig, Katschberg, Großeck-Speiereck, Fanningberg, Obertauern und Bramberg am Wildkogel durfte ich zwanzig grandiose, im Wesentlichen von Hermann Lechleitner, Oswald Lechleitner und Martin Friedle sorgsam vorbereitete Schiwochen (10.3) verbringen.

In der meist aus acht bis zwölf Teilnehmern bestehenden, angenehmen, gut gelaunten Männerrunde, wo die Späße nie zu kurz kamen und es immer etwas zum Lachen gab, erlebten wir wunderschöne, für immer in Erinnerung bleibende Schiurlaube. Dabei stand meist das Carven in mäßig geneigtem Gelände im Vordergrund, bevor es in der Unterkunft immer ein von Martin Friedle mit seinen „Assistenten" zubereitetes Gourmet-Menü gab. Ein besonderes kulinarisches Highlight, das nie fehlen durfte, war der am offenen Buchenholzfeuer gegrillte Lachs. Passanten, die des Weges kamen, konnten mitten im Winter bei eisiger Kälte kaum glauben, was sie sahen: Sie bestaunten das Feuer in einer Blechwanne und darüber die Lachsseiten, die an der Innenseite von A-förmig aufgestellten Brettern befestigt waren.

Mit unzähligen Liftaufstiegen und Abfahrten auf verschiedensten Pisten durchstreiften und erkundeten wir die Schigebiete. Besondere Gaudi machte es, einladende Abfahrtsstrecken mehrmals hintereinander zu befahren. So haben Franz Lang und ich zur Krönung eines tollen Schitages die knapp 5 Kilometer lange und exakt 1 296 Höhenmeter „vernichtende" Piste Silvester, die vom Kronplatz nach Reischach im Pustertal hinunterführt, sechsmal ohne Zwischenstopp befahren. Mit langen Schwüngen und hoher Geschwindigkeit über die steilen Hänge entlang der „schwarz" bewerteten Route vom Gipfel ins Tal zu sausen machte riesigen Spaß.

In der Gruppe Neues zu erkunden, faszinierende Landschaften zu durchfahren, den Fahrtwind zu spüren und sich den Fliehkräften in den Kurven mit grenzwertig gespannter Beinmuskulatur entgegenzustemmen, vermittelte ein erhabenes Gefühl; das war einfach „Skifeeling" in Vollendung!

Mit viel Euphorie und gegenseitiger Motivation kamen somit in jeder der zwanzig Schiwochen 50- bis 75 000 Abfahrtshöhenmeter und 300 bis 500 Pistenkilometer zusammen. In Summe waren es in den zwanzig Jahren bestimmt mehr als 1,2 Millionen Höhenmeter und mehr als 7 000 Kilometer, die wir auf den Laufflächen unserer Schier, die fast jeden Abend in Gemeinschaftsarbeit präpariert wurden, miteinander zurückgelegt und genossen haben.

Die vielen Erinnerungen an diese sportlichen, genialen und faszinierenden Schitage mit allen meinen geschätzten Kollegen wecken Emotionen und Wehmut.

Über allem aber stehen Freude und Dankbarkeit dabei gewesen zu sein.

Ebenso wunderbare und unvergessliche Schiwochenenden durfte ich mit meinen Ceratizit Arbeitskolleg:innen im Schigebiet Gurgl verbringen. Erwähnenswert schön, abwechslungsreich und landschaftlich einzigartig finde ich die Abfahrt von der Bergstation auf dem Wurmkogel (3 030 m) bis nach Untergurgl (1 780 m) hinunter. Diese circa 5 Kilometer lange Strecke in einer Gruppe mit mehreren Gleichgesinnten mehrmals hintereinander mit hohem Tempo, natürlich mit angemessenen Sicherheitsabständen, nonstop zu befahren, bedeutet für mich ein kaum zu überbietendes Schierlebnis auf der Piste.

Zum Ausklang von erfüllenden Schi- und Tourentagen in genialer Ötztaler Bergwelt ist es zur Tradition geworden, sich in der Schirmbar bei oder in der Nederhütte einzufinden. Diese beliebte Schihütte wird von Rudi Gamper gemeinsam mit seiner Familie und einer tüchtigen Belegschaft seit vielen Jahren erfolgreich bewirtschaftet. Rudi habe ich vor mehr als fünfzig Jahren in der Landeslehranstalt Imst kennengelernt, als wir in der Fachschule gemeinsam die zweijährige Ausbildung zum landwirtschaftlichen Facharbeiter absolvierten. Er war es, der damals als Sohn eines Obergurgler Hoteliers bereits einen Kassettenrekorder hatte und darauf oftmals Songs der US-amerikanischen Rockband Creedence Clearwater Revival („CCR") im ganzen Internat und Schulgebäude hörbar abspielte. Von den Lehrern, Aufsichtspersonen oder Erziehern wurde er immer wieder ermahnt, die Lautstärke zu dämmen oder die Musik ganz abzuschalten. Dennoch sind mir die damaligen Hits wie Proud

Mary, Bad Moon Rising, Down on the Corner oder Have You Ever Seen the Rain, die man auch nach einem halben Jahrhundert immer noch zu hören bekommt zu unvergesslichen Ohrwürmern geworden.

Gemeinsam mit seiner hauseigenen Band, „Die Nederlumpen", deren Musikprogramm sich von volkstümlicher Musik über rhythmische Schlager bis hin zu Rock und Pop erstreckt, sorgt der zeitlebens musikbegeisterte Rudi als Bandleader seit mehr als 25 Jahren mehrmals wöchentlich für grandiose Stimmung zum Après-Ski in seiner meist bis zum letzten Platz gefüllten Nederhütte.

Bereits öfters durften meine Kolleg:innen und ich zum Ausklang eines perfekten Schi- oder Tourentages uns von den professionellen Musikdarbietungen der Nederlumpen mitreißen lassen und sogar auf den Bänken und Tischen tanzen. Mit ihrer begeisternden Musik im angenehmen Hüttenflair sorgen die Musiker für totale, ausgelassene – jedoch immer als seriös empfundene – Stimmung und werden dem Hüttenmotto „We rock you to the limit!" mehr als gerecht.

Mit dem Sound der Musik noch in den Ohren und deren Rhythmus im Körper noch spürend, begaben wir uns am nächsten Morgen wieder auf die traumhaften Pisten im Schi-Eldorado von Gurgl.

14.1.2 Firngleiten

„Firngleiten" oder in Kurzform „Figln" ist das Fahren mit circa 50 bis 66 Zentimeter langen, etwas breiteren Schiern aus Leichtmetall, Kunststoff oder Holz auf Firn, dem weichen, grobkörnigen Frühjahrsschnee. Die Firngleiter werden mit verschiedenen Bindungssystemen an Berg-, Touren- oder Schischuhen befestigt. Da diese Sportgeräte sehr leicht im Rucksack mitgetragen werden können und äußerst wendig sind, kamen sie seit den 1930er-Jahren im Frühjahr auf Schneeresten zum Befahren von steilen Hängen und schmalen Rinnen zum Einsatz. Bei Bergtouren erleichterte es den Abstieg und machte zusätzlich Spaß. Zum Fahren im Pulverschnee oder auf hartem Untergrund sind Firngleiter nicht geeignet. Zur Verwendung bei Firngleiter-Rennen wurden die Figl optimiert und mit einem Belag aus Kunststoff versehen. Ein gutes Balancegefühl und die zentrale Lage des Körperschwerpunktes über der Schimitte sind erforderlich, will man mit diesen kurzen Auflagen tolle Abfahrten genießen. Zum Beschleunigen stellt man die Gleiter flach auf den Untergrund, zum Bremsen werden die Schispitzen angehoben.

Zum ersten Mal auf diese Sportart aufmerksam wurde ich im Frühjahr 1974 durch ein grünes Plakat an der Stadelwand neben dem Gasthaus Edelweiß, als ich abends von der Feldarbeit von Brandegg herunterkam. Mit der Einladung zum „Figlrennen um die Hahntennjoch-Trophäe" im Kühkarle wusste ich erst gar nichts anzufangen.

Da wir meist alle den arbeitsreichen Alltag unterbrechende Ereignisse herbeisehnten, eilte ich trotz Müdigkeit unverzüglich zu Onkel Anton (6.7), der auch in diesem Fall sofort ein offenes Ohr für diese interessant klingende Veranstaltung hatte. Bei seinem Schwiegervater, Wendelin Kathrein, Berufsjäger in Bschlabs, lieh er ein Paar Figl aus Aluminium, die mit einer Bindung aus Leder an den Schuhen festgeschnürt werden konnten. Mit diesen für mich bisher unbekannten Gleitern haben wir beide noch in der Abenddämmerung die ersten Fahrversuche auf Schneeresten am Hahntennjoch unternommen und uns telefonisch für das bereits in zwei Tagen stattfindende Rennen angemeldet. Nach einem neuerlichen Training am Samstag hatten wir dann beim Wettbewerb am Sonntag bei herrlichem Wetter und besten Bedingungen enormen Spaß. Wir freuten uns riesig über die überraschend guten Platzierungen, die wir im Vergleich mit bereits erfahrenen Figlern erreichten.

Wie aus der noch immer vorhandenen Ergebnisliste hervorgeht, habe ich ein Jahr später die äußerst begehrte Hahntennjoch-Trophäe, eine gut 30 Zentimeter hohe, aus Holz geschnitzte Gams, nur um 0,55 Sekunden verpasst. Hätte ich so wie ein paar andere auch, Firngleiter aus Holz mit einem Belag aus Kunststoff – also richtige Rennfigl – gehabt, wäre es bei diesem Rennen vermutlich ein Leichtes gewesen, die Tagesbestzeit zu erreichen.

Wir ahnten damals nicht, dass uns das Firngleiten in den nächsten zweieinhalb Jahrzehnten in jedem Frühjahr bei zahlreichen Wettbewerben in Tirol, Vorarlberg, Salzburg, Steiermark, Oberösterreich sowie auch in Liechtenstein fordern und große Freude bereiten würde. Neben den Arbeiten am Hof schuf man sich meist am Abend oder am Sonntag immer wieder Freiräume zum Trainieren am Hahntennjoch. Anton scheute keinen Aufwand und keine Mühen, die immer größer werdende Figl-Gruppe aus der Gemeinde mit seinem VW-Bus T2 zu den Veranstaltungen in nah und fern zu bringen.

Der kaum erwartete Höhepunkt der jährlichen Figl-Saison war das von der Bergwacht Imst in Zusammenarbeit mit dem Schiclub Imst ausgetragene „Heimrennen" im Kühkarle, ein bis weit ins Frühjahr hinein schneesicheres, Nordnordost-exponiertes Kar, das sich nahe der Passstraße zwischen dem Hahntennjoch und der Maldon-Alm befindet. Die Preisverteilungen bei der Maldon-Alm hatten einen festlichen Charakter und waren immer wieder ein großartiges gesellschaftliches Ereignis.

1981 gründeten wir den Figlclub Boden mit 15 aktiven Mitgliedern. Von da an konnten wir bei den Rennen offiziell unter dem Namen FC-Boden auftreten. Die Teilnehmerzahl an den Rennen, die fast immer als Ein-Stangen-Slalom in zwei Durchgängen ausgetragen wurden, wuchs ständig, sodass nicht selten über 200 Teilnehmer:innen in den Startlisten verzeichnet waren. Man kann sich vorstellen, dass bei so vielen Rennläufern bei jedem Tor tiefe Gräben entstanden, sodass kleinere Sportler bis über die Hüfte in den sulzigen Schneemulden verschwanden.

Während ich in den folgenden Jahren auf den Ergebnislisten meist im guten Mittelfeld, aber nie mehr auf den vordersten Rängen aufschien, waren meine Geschwister sehr erfolgreiche Firngleiter. Öfters haben meine Schwester Rosi (4.3) und mein Bruder Markus (4.4) die begehrte Hahntennjoch-Gams gewonnen, sind Tiroler- oder Österreichische Meister geworden und haben bei so manchem anderen Wettstreit die Konkurrenten deklassiert. Rosi wurde bei der Zweiten Europäischen Firngleitermeisterschaft am 27. April 1985 in Stuben-Valfagehr sogar Europameisterin. Markus holte sich diesen Titel zwei Jahre später am 7. Juni 1987, nachdem die Bergwacht Imst die Europameisterschaft im Kühkarle ausgetragen hatte. Markus erreichte bei einem Geschwindigkeits-Wettbewerb in Frankreich auf den nur 66 Zentimeter langen Schiern eine Geschwindigkeit von mehr als 130 km/h.

Aber auch mein Cousin Georg und mein Bruder Bruno (4.2) sorgten immer wieder für sehr gute Platzierungen des FC-Boden.

Obwohl man sich mit den Konkurrenten zum Wettstreit an verschiedensten Orten und in den entlegensten Gebirgskaren traf, wuchsen die Figler der zahlreich teilnehmenden Vereine zu einer großen kollegialen und geselligen Familie zusammen, in der unser Vereinsobmann Onkel Anton als „Figl-Opa" bezeichnet wurde.

Die Begeisterung fürs Firngleiten, die Anzahl der ausgetragenen Rennen und die Teilnehmerzahlen erreichten in der zweiten Hälfte der 1980er-Jahre ihren Höhepunkt, sodass diese Sportart 1990 vom Österreichischen Schiverband und 1995 auch von der FIS offiziell anerkannt wurde.

Wegen des Einsatzes von Kurzschiern, der Weiterentwicklung von Shortcarvern, Funcarvern und Tourenschiern, die alle ein deutlich breiteres Einsatzspektrum haben, haben die Firngleiter in den letzten Jahren an Bedeutung verloren.

Dennoch ist und bleibt das Gleiten auf Firn – egal mit welchen Schiern – für mich die absolute Krönung des Schilaufs im alpinen Gelände. In der milden Frühjahrssonne mit weiten Schwüngen nahezu schwerelos über weiße, unberührte Flächen zu schweben ist noch schöner, leichter, besser und sicherer als Spuren in den fluffigen Pulverschnee zu ziehen. Das ist Schigenuss in Perfektion! Nur das Fliegen durch laue Lüfte, einem Adler gleich, könnte dieses Gefühl übertrumpfen. Erwischt man für die Abfahrt den idealen Zeitpunkt, an dem die Oberfläche einer tragfähigen Harschschicht ein wenig aufgeweicht ist, ist zudem auch die Lawinengefahr überschaubar.

Meine genialste Firnabfahrt aller Zeiten – Eindrücke der Superlative – erlebte ich mit Gleichgesinnten Ende Februar 2019, vom Gipfelkreuz auf der Klimmspitze (2 464 m) bis zur Langlaufloipe auf dem Talboden des Lechtals, nahe dem Hotel Lechzeit bei Elmen (940 m).

Derartige tolle Bedingungen auf diesem Berg findet man leider meist nur einmal innerhalb von zehn bis zwanzig Jahren!

14.2 Impressionen in den Lechtaler Bergen

Die Schönheit der Bergwelt, die Vielfalt der Pflanzen- und Tierwelt, die wunderbare Landschaft geschmückt mit kristallklaren Bergseen, den aus Schotterhalden und grünen Wiesen herausragenden Gipfeln, Zacken und Türmen sowie die verschiedenfarbigen Steine und Felsen aus unterschiedlichen Epochen der Erdgeschichte haben mich überrascht und fasziniert, als ich mit Sohn David und Tochter Elisa die Lechtaler Alpen durchquerte.

Obwohl ich seit mehr als vierzig Jahren inmitten dieses heimatlichen Gebirgszugs lebte, erkannte ich dessen Genialität und Ausstrahlung bisher nicht wirklich, weil ich mich aus Zeitmangel immer nur innerhalb des kleinräumigen Pfafflarer Gemeindegebiets bewegte. Während der fünftägigen Wanderung von Boden nach Zürs mit meinen 13 und elf Jahre alten Kindern eröffnete sich für mich ein neuer Horizont.

Nachdem im Jahrhundertsommer 2003 bereits am Vormittag des 16. Juli, ungewohnt und außerordentlich früh, der erste Heuschnitt eingebracht war, nutzten wir die Gelegenheit und starteten am Nachmittag zu der seit Langem beabsichtigten Wunschtour: Von daheim gingen wir über die Hanauer Hütte, die westliche Dremelscharte und am Steinsee vorbei zur Übernachtung in die Steinseehütte. Am nächsten Tag wanderten meine voll motivierten Kinder und ich über die Roßkarscharte und das Gebäudjoch zum Württemberger Haus, zur abgelegensten Schutzhütte in den Lechtaler Bergen. Dort kehrten wir zur Mittagsrast ein, bevor wir über die Großbergspitze, den Großbergkopf, die Seescharte und entlang von zwei Seewiseen gegen Abend die Memminger Hütte erreichten. Am Morgen des dritten Tages stiegen wir durch nasses Gras und auf lehmigem, rutschigem Steig ins Parseiertal hinunter. Auf der anderen Talseite machten wir einen Abstecher zur „Schafgufel", in der eine Schäferhütte geschützt und geborgen in einer großen Felshöhle steht. Nach dem mühsamen Aufstieg durch das seinem Namen gerecht werdende Langkar erreichen wir die Grießelscharte. Weiter ging es über das Winterjöchl und die Kopfscharte zur Ansbacher Hütte.

Tochter Elisa und Sohn David (2003)

Weil der Tag noch jung war und der Hüttenwirt mit „Sommer ohne Ende" die Wetterprognose in kurze, treffende Worte fasste, beschlossen wir spontan über das Flarschjoch, das Alberschonjoch, den Theodor-Haas-Weg, das Hinterseejöchl und die Kridlonscharte weiterzugehen. Gegen Abend freuten wir uns nach elf Stunden Gehzeit am Kaiserjochhaus anzukommen. Dort genossen wir die Aussicht, bis die Sonne hinter den Bergen am wolkenlosen Horizont versank. Am folgenden Tag waren die Leutkirchner Hütte, das Almajur-, das Matun- und das Valfagehrjoch kleine Zwischenetappen auf dem weiten Weg zum Gipfel der Valluga. Über den Robert-Bosch-Weg gelangten wir anschließend zur Stuttgarter Hütte. Nach der vierten und letzten Übernachtung unserer Durchquerung stiegen wir nach Zürs hinunter, von wo uns dankenswerterweise meine Schwester Rosi mit ihrem Auto wieder nach Hause beförderte. Mama Gabi musste daheim Theresa, die erst dreijährige Katharina und die Gäste versorgen.

Diese großartige Wanderung mit meinen beiden bewundernswerten Kindern, die nie schnell, aber immer konstant wie ein Uhrwerk gingen, sich auch bei langen Etappen nie beklagten, niemals über ein Wehwehchen jammerten und sich auf jede Hütte freuten, hat mir sehr gefallen, gutgetan und viel mehr geboten, als ich erwartet habe.

Dieses beeindruckende Erlebnis, ganz allein mit David und Elisa stundenlang in wunderbarer Bergwelt unterwegs zu sein, in den Rucksäcken nur das Allernötigste mitzutragen, die Probleme, Pflichten und Sorgen im Tal zurückzulassen und den Tagesablauf ganz auf das Hier und Jetzt zu reduzieren, hatte einen meditativen Charakter.

Diese grandiose Tour durch einen äußerst eindrucksvollen Bereich der nördlichen Kalkalpen auf Teilstücken der alpinen Variante des Adlerweges, des Lechtaler Höhenweges 601, des nordalpinen Höhenweges 01 und des europäischen Weitwanderweges E4 hat mir geoffenbart, dass Berge mir das schenken können, wonach mein Innerstes sucht.

Dieses tiefgehende Empfinden entfachte in mir eine unbeschreibliche Sehnsucht, eine Sehnsucht, die ich in den folgenden Jahren in den Bergen zu stillen versuchte!

14.2.1 Bergerlebnis

Geschrieben im Herbst 2004, Josef Friedl:

BERGERLEBNIS
Früh musste ich auf, ich hatte keine andere Wahl;
es ist noch dunkel, ich wandere durchs Tal.
Im Wald nur Silhouetten zu sehen,
ich höre meine Schritte beim Gehen.
Lasse zurück alle Pflichten und Sorgen,
in der Stille des Morgens bin ich geborgen.
Immer wieder kann ich lauschen,
dem rauen Wildbach sein Rauschen.
Und über dem Horizont der silberne Schein,
verkündet, der Tag wird sonnig und fein.
Von einer inneren Sehnsucht getrieben,
folge ich dem steinigen Pfad und bin zufrieden.
Bin unterwegs mit zügigem Schritt,
steig höher und höher mit jedem Tritt.
Hell leuchten die Felsen und blühenden Matten,
unten das Tal liegt noch dunkel im Schatten.
Heißer Atem und an der Stirn der Schweiß,
sind für dieses Erleben der gerechte Preis.
Suchend nach festem Halt für Fuß und Hand,
klettere ich sicher durch die steile Felsenwand.
Beim Kreuz am Gipfel mache ich Rast,
fernab von des Lebens täglicher Hast.
Wenn mein Blick über Berge und Täler schweift,
und mich dabei eine große Ehrfurcht ergreift,
dann wird mir immer wieder klar,
Gottes Schöpfung ist so wunderbar!
Spüre Freude und Dankbarkeit im Herzen,

da ist kein Platz für Kummer und Schmerzen.
Doch viel zu schnell verrinnt meine Zeit,
ich muss weiter, der Weg ist noch weit.
Umgeben von Harmonie und Glück,
kehre ich am Abend nach Hause zurück.
Möge Gott auf allen Wegen mich lenken,
und mir noch viele wunderbare Tage schenken.

14.3 Die Heiterwand

ist ein mächtiger Gebirgszug in den Lechtaler Alpen mit
zwölf Gipfeln und einer Länge von ungefähr 7,5 Kilometern. Dieser erstreckt sich vom Steinjöchl beim Hahntennjoch in Ostnordost-Richtung bis zum Tegestal im
Fernpassgebiet. Die Heiterwand ist laut dem Alpenvereins-
führer somit die längste geschlossene Felswand der nördlichen Kalkalpen, die an keiner Stelle die Mindesthöhe von
2 400 Metern unterschreitet. Sie besteht vorwiegend aus
dem ungefähr 240 Millionen Jahre alten Wettersteinkalk
und bildet die Fortsetzung des Wettersteingebirges, dessen bedeutendste Erhebung die Zugspitze ist, sowie der
Mieminger Kette mit den Hauptgipfeln Wannig, Hoch-
plattig und Hohe Munde. Der Heiterwand-Gebirgswall
geht in westlicher Richtung ab dem Steinjöchl (2 198 m)
in den Habartkamm, den einstigen Heuberg der Bauern
unseres Dorfes, über. Der Habartkamm als Ausläufer der
Heiterwand endet beim Zusammenfluss von Streim- und
Plötzigbach, wo nicht weit entfernt unser Haus auf einer
Meereshöhe von exakt 1 400 Metern steht.

Die gesamte Überschreitung der Heiterwand, das Überklettern aller zwölf Gipfel, hat für ambitionierte Alpinis-

ten noch immer einen besonderen Reiz. Kletterstellen im Schwierigkeitsgrad III nach UIAA (Internationaler Verband der Alpinismus-Vereinigung), brüchiger Fels, ausgesetzte Passagen, die Routenfindung sowie gehobene Ansprüche an Trittsicherheit, Schwindelfreiheit und Ausdauer lassen diese zehn- bis 14-stündige Tour in Summe zu einer nicht zu unterschätzenden Herausforderung werden. Somit galt das erfolgreiche Bewältigen dieser Überschreitung als Grundbedingung für die Aufnahme in die Hochgebirgsgruppe Imst, einer aus Spezialisten bestehenden Untergruppe der Alpenvereinssektion Imst.

Auch auf mich strahlte dieses Unternehmen zwar schon seit Langem eine große Anziehungskraft aus, aber wegen stark divergierender Schilderungen von Heiterwand-Bezwingern und unklarer Beschreibungen in spärlich vorhandenen Berichten und Führern wagte ich mich nicht an die berüchtigte Wand heran.

Arthur Haid (6.6), den ich im Jahr 2010 kennenlernte, als er der Lebensgefährte meiner Schwester Rosi wurde, erzählte mir, dass er die Heiterwand bereits 24-mal überschritten hatte. Somit hatte ich von nun an immer wieder Gelegenheit, mit einem realen Kenner über diese Tour zu reden. Im Laufe der Zeit festigte sich in mir der Vorsatz, auch einmal in einem Zug über alle Gipfel der Heiterwand zu steigen.

Nachdem ich in den vergangenen Jahren bereits mehrere Erkundungstouren für die geplante Überschreitung durch die Südseite zu verschiedenen Gipfeln und Scharten auf der Heiterwand unternommen hatte, weckte ich meine Frau sehr früh am Morgen des 11. September 2011 und informierte sie, dass ich heute wieder zu einer diesbezüglichen Auskundschaftstour aufbrechen würde. Sich noch im Halbschlaf befindlich antwortete Gabi: „Wia oft denn no? Des wird sowieso nix – des wirsch du di nia traua!" – „Wie oft denn noch? Das wird sowieso nichts, das wirst du nie wagen!"

Aufgrund der Worte meiner Frau fasste ich an diesem schon etwas herbstlichen Morgen am Hahntennjoch (1 884 m) ganz spontan den Entschluss, bereits heute die Überschreitung zu versuchen. Ich wollte plötzlich nicht nochmals irgendwo den ewig langen südseitigen Zustieg zur Gratlinie auf mich nehmen, um zum wiederholten Male feststellen zu müssen, dass die Heiterwandüberschreitung eine sehr heikle und ernsthafte Angelegenheit ist, dass die unzähligen Felszacken, die exponierten Türme und bodenlose Abgründe für mich unüberwindbare Hindernisse darstellen.

„Jetzt auf einmal, genau heute möchte ich wissen, wozu ich imstande bin." Sollte ich es schaffen, würde ich mich sehr freuen und wenn es mir nicht gelingen sollte, dann würde ich das Projekt „Heiterwandüberschreitung" für immer und endgültig aus meiner alpinen Wunschliste streichen!

Dieses zumindest für mich gigantisch anmutende Vorhaben ließ mich in der Morgendämmerung aufgeregt, mit vollem Elan und Motivation auf den mir gut vertrauten Maldongrat (2 544 m), den ersten Gipfel der Heiterwand, steigen. Gleich ging es weiter, immer der Gratlinie folgend, auf die Gabelspitze (2 581 m), auf der ich auch schon früher einmal war. Hier konnte ich mit enormem Respekt bei wolkenlosem Himmel unter der aufgehenden Sonne entlang von zahlreichen Gipfeln, Türmen und Zacken zum endlos weit entfernten, scheinbar unerreichbaren Ziel des Tages blicken.

Im nun beginnenden Neuland folgte ein ständiges Auf- und Abklettern. Sehr vorsichtig und konzentriert stieg ich meistens direkt auf dem scharfen, brüchigen Grat, der besonders nach Norden über senkrechte Felswände einige Hundert Meter tief abbricht. Bald erreichte ich West- (2 523 m) und Ostgipfel (2 507 m) der Steinmandlwand. Der Heiterwandkopf (2 450 m), der niedrigste Gipfel folgte als nächster, bevor ich zu den weit auseinander liegenden Alpeilspitzen kam. Davon sind Westgipfel (2 521 m) und Ostgipfel (2 552 m) auf der Alpenvereinskarte erwähnt. Mit ausgesetzter Kletterei ging es hinunter in die Tarrenter Scharte, bevor ich Mühe hatte, eine machbare Linie hinauf auf den Heiterwandturm (2 566 m) zu finden. Die Stunden vergingen wie im Flug, ich wurde beim Klettern immer sicherer und gewandter und immer mutiger beim aufrechten Balancieren auf schmalen Bändern über bodenlose Abgründe. Somit kam ich recht flott voran. Beim Kreuz auf der Tarrentonspitze (2 608 m) hielt ich kurz Mittagspause. Der Rückblick auf die schon erfolgreich bewältigte Strecke erfüllte mich mit Genugtuung. Die Vorschau auf das noch Bevorstehende ließ in mir jedoch kein Siegesgefühl aufkommen. Zu steil, hoch und wild sahen die zerklüfteten Felsen aus, die vor mir lagen. Doch auch diese Hürden schaffte ich souverän und schon bald stand ich auf dem nach Norden, Süden und Westen sehr markant abfallenden Heiterwandegg (2 617 m). Im nicht allzu schweren Gelände erreichte ich kurze Zeit später den Heiterwand-Hauptgipfel (2 637 m), die höchste Erhebung dieser gigantischen Felsmauer. Zum Trinken hatte ich schon lange nichts mehr und den Rest meines Brotes konnte ich im ausgetrockneten Mund nur mit Mühe kauen und hinunterunterschlucken. Den Weg zum letzten Gipfel habe ich bezüglich der Anforderungen an die Klettertechnik und der Länge völlig unterschätzt. Vermutlich, weil ich schon müde und abgekämpft war, wollte der finale Peak einfach nicht näherkommen. Mein Ehrgeiz ließ es nicht zu, bereits vor der Erreichung des Zieles eine mögliche Abkürzung hinunter zur Heiterwandhütte zu nehmen. Nach so vielen Stunden im heiklen Gelände musste ich mich um die Aufrechterhaltung der nach wie vor dringend erforderlichen Konzentration ganz bewusst bemühen. Mit großer Erleichterung und Freude erreichte ich am späteren Nachmittag endlich den ersehnten Ostgipfel (2 471 m). Dort fand ich in einem Steinhaufen die verbeulte Blechschachtel mit dem Gipfelbuch, in dem ich die erfolgreiche Heiterwand-Traverse von West nach Ost dokumentierte. Die Überschreitung der gesamten Heiterwand, was ich noch gestern nicht wirklich für möglich gehalten hatte, war mir somit gelungen! Nur kurz habe ich innegehalten und versucht, mir bewusst zu machen, ein weiteres meiner persönlichen alpinen Ziele erreicht zu haben.

Zwischen den hellen, in der Nachmittagssonne liegenden Felsen ging es über steile Grasflächen und Schotterhalden hinunter zur einsam und verlassen am Grubigjoch liegenden Heiterwandhütte. Nach zügigem Gehen durch das Alpeiltal und dem Aufstieg aus der Salvesenschlucht erreichte ich exakt zwölf Stunden nach dem Aufbruch am Morgen die Hahntennjochstraße oberhalb von Imst.

Eine freundliche Autofahrerin nahm mich mit zu meinem Auto am Hahntennjoch. Mein Mund und meine Stimmbänder waren nach der großen, langen Anstrengung derart ausgetrocknet, dass ich keine Silbe hervorbringen und meinen Wunsch mitgenommen zu werden, nur durch Gestik kundtun konnte.

Mit nur geringer Verspätung kam ich am Abend zur Gästeehrung durch den Tourismusverband. Waldemar und Ilse Grün wurden geehrt, weil sie ihren Urlaub seit vierzig Jahren in meinem Heimatort, viele Jahre davon in unserem Haus, verbrachten. Bei der Feier aus Anlass dieses seltenen Jubiläums konnte ich meinen Hunger und Durst ausgiebig stillen, auch wenn ich dabei meiner Familie ein wenig sonderbar erschien. Ganz konnte ich meine Freude nicht zeigen und die Müdigkeit nicht verbergen; die unzähligen Felszacken der Heiterwand ließen meine Gedanken nicht los. Meine Erzählungen über die tief empfundenen Erlebnisse und die außergewöhnliche Leistung des heutigen Tages waren nicht imstande, bei den Anwesenden ein halbwegs adäquates Interesse an meiner gelungenen Heiterwandtour zu wecken.

Inzwischen habe ich diese Tour bereits fünf Mal ohne Übernachtung in der Heiterwandhütte gemacht. Das erste Mal, wie oben beschrieben, allein. Das zweite Mal hat mich Patrick Wöber aus Tannheim bei der Traverse von Ost nach West begleitet. Patrick ist jener nette und motivierte Bergkollege, mit dem ich gemeinsam auf meinen ersten 22 Viertausendern war und in weiterer Folge noch viele anspruchsvolle Berg- und Schitouren in nah und fern unternehmen durfte.

Bei der dritten Überschreitung, ebenfalls von Ost nach West, mit den Brüdern Emanuel und Bernhard Lang bin ich nur um Haaresbreite vor einem Totalabsturz vom Heiterwandturm verschont geblieben: Mit dem aus dem Rucksack ausgepackten Seil bin ich beim Erkunden einer geeigneten Abseilstelle Richtung Norden auf einer unscheinbaren, aber feuchten Felsplatte ausgerutscht. Beim reflexartigen Versuch, mich mit der Hand an einem Felskopf festzuhalten, ist dieser ausgebrochen. Sofort lag ich seitlich auf meinem Oberschenkel und rutschte zur Abrisskante. Ich sah mich bereits in die bodenlose Tiefe stürzen, als ich mich nur wenige Zentimeter vom totalen Absturz entfernt festhalten konnte. Geschockt auf die kreidebleich erstarrten Gesichter meiner Kollegen schauend, konnte ich es nicht fassen, dass ich ausgerutscht und gleichzeitig auch der Griff ausgebrochen war. Ebenso grenzt es an ein Wunder, dass ich mich ganz knapp vor der katastrophalen Tragödie noch halten konnte. Ich verstand dieses Zeichen als Warnung meiner Schutzengel, hier in diesem Gelände nicht übermütig zu werden. Der liebe Gott wollte es, dass ich weiterleben darf!

Im Herbst 2020 habe ich mit Fredi, Maria und Ramona Kerber sowie mit Daniel Friedle diese großartige Felsmauer zum vierten Mal überschritten. Weil wir zu fünft unterwegs waren und zur Vermeidung von Steinschlag viele gefährdete Stellen einzeln hinauf- oder hinunterklettern mussten, brauchten wir für die gesamte Tour, vom Start um 03:30 Uhr am Hahntennjoch bis zum Erreichen des bereitgestellten Autos an der Hahntennjochstraße oberhalb von Imst, um 20:30 Uhr, ganze 17 Stunden!

*Ramona, Maria und Fredi Kerber sowie Daniel Friedle
auf der Heiterwand*

Am 11. Juni 2022, um 03:15 Uhr begann am Hahntennjoch meine fünfte Heiterwand-Challenge. Dieses Mal war ich mit Martina Schuler unterwegs, die schon länger den Wunsch hegte, auch einmal diese grandiose Tour zu machen. Das Wetter war perfekt, wolkenloser Himmel, kein Wind, keine Gewittergefahr am Abend. Das leichte Unbehagen vor dem Start wegen der am nächsten Tag anstehenden Alpenvereinstour zum Olperer mit 16 angemeldeten Teilnehmer:innen spielte nach dem Losgehen keine Rolle mehr.

Nach dem Aufstieg zum Maldongrat mit Stirnlampen konnten wir in der blauen Stunde den Grat zur Gabelspitze überschreiten. Diesen zweiten von zwölf Gipfeln erreichten wir bei Sonnenaufgang.

Äußerst konzentriert und sehr vorsichtig ging es in Folge ständig auf und ab. Unzählige Male kletterten wir auf meist brüchigen Felsen im zweiten oder dritten

Schwierigkeitsgrad hinauf und wieder hinunter. Souverän folgte ein Gipfel nach dem anderen, die Abstände dazwischen sind unterschiedlich lang und mehr oder weniger schwierig. Sehr häufig balancierten wir auf dem scharfen Grat, der besonders nach Norden abrupt in senkrechte, mehrere hundert Meter tiefe Abgründe abfällt.

Gegen 13:30 Uhr waren wir bereits mehr als zehn Stunden unterwegs. Immer noch voll motiviert und zielstrebig erklommen wir den Gipfelaufbau der Tarrentonspitze. Knapp vor dem Erreichen des Gipfelkreuzes auf dem neunten Peak unserer Tour, auf dem wir eine Pause zur Stärkung einlegen wollten, befanden wir uns plötzlich auf einer sehr brüchigen Felsrippe. Nachdem ich diese heikle Stelle, an der kein Stein einen festen Halt gab, mit ungutem Gefühl äußerst behutsam überklettert hatte und meine Begleiterin auf die Gefahr aufmerksam machte, stieg sie etwas nach unten und versuchte, einen besseren Übergang zu finden. Dabei löste sich ein fußballgroßer Stein und als dieser erstmals auf dem Boden aufschlug, setzten sich mehrere Kubikmeter Gestein, die gesamte Felsrippe, auf der sich Martina befand, in Bewegung.

Diese Szene, in der sich das junge Mädel inmitten von Felsbrocken und Geröll talwärts bewegte, gehört zu jenen schockierenden Bildern, die man nie mehr im Leben aus seinen Gedanken löschen kann!

Wie durch ein Wunder konnte sich Martina bereits nach wenigen Metern Talfahrt etwas zur Seite rollen, wo sie mit ihrem Klettergurt – mit unfassbarem Glück – an einem Felszacken hängen blieb, während die Steinlawine an ihr vorbeischrammte und unter lautem Getöse im totalen, nicht einsehbaren Abgrund verschwand. Während das Grollen des Felssturzes aus der Tiefe langsam leiser wurde, aufsteigender Staub zu sehen und schwefelartiger Geruch zu vernehmen war, konnten wir uns langsam aus der Schockstarre lösen. Martina verspürte zwar Schmerzen am Fuß, wollte aber die Überschreitung nach einer Rast am Gipfel fortsetzen. Sie bat mich, was sie vorher nie wollte und es als gute Kletterin auch nicht brauchte, sie beim Abstieg über den nun folgenden scharfen Ostgrat mit dem Seil zu sichern. Doch schon bald musste sie erkennen, dass ihr schmerzender, nicht mehr trittsicherer Fuß ein Klettern und Weitergehen in diesem wilden Gelände nicht mehr zuließ.

In einer kleinen Scharte im exponierten Grat verständigte ich die Bergrettung und schon bald nach dem Rückruf eines Alpinpolizisten aus Imst kam der Helikopter auf uns zu. Zur Vorbereitung der Taubergung landete dieser auf der tief unter uns liegenden grünen Wiese nahe der Tarrentonalm. Dem am langen Bergeseil des Helis baumelnden Retter versuchte ich, selbst balancierend am Grat stehend, beim Aufsetzen auf der schmalen Fläche neben Martina behilflich zu sein. Rasch und gekonnt wurde die Verletzte neben dem Flugretter am Tau befestigt, zum Landeplatz bei der Tarrentonalpe gebracht, dort in den Hubschrauber geladen und ins Krankenhaus nach Reutte geflogen, wo sie zur Überraschung ihrer Arbeitskolleg:innen an ihrem Arbeitsplatz, in der Radiologieabteilung, in Empfang genommen wurde. Nachdem ich das Angebot des Flugretters zum Ausfliegen aus der Wand dankend abgelehnt hatte, setzte ich die Heiterwand-Traverse im Alleingang fort. Vermutlich, weil ich noch unter dem Schock des Erlebten stand, die Gedanken an Martina mich ständig beschäftigten und der Vorfall viel mentale Kraft verbrauchte, kam ich zwar sicher und völlig angstfrei, aber nur langsam voran. Die noch volle Reserve-Getränkeflasche, die mir Martina vor ihrem Abtransport dankenswerterweise noch mitgegeben hatte, war auch schon bald ausgetrunken. An der Heiterwand braucht man einfach Unmengen an Flüssigkeit.

Es dauerte noch ganze fünf Stunden, bis ich die restlichen Gipfel überklettert, den Abstieg zur Heiterwandhütte, die lange Wanderung durchs Alpeiltal, die gezählten zwanzig Sprünge über den sich in der Schlucht von Felswand zu Felswand windenden Alpeilbach und den steilen Aufstieg aus der Salvesen-Klamm zum bereitgestellten Auto an der Hahntennnochstraße hinter mich gebracht hatte. Während ich unterwegs war, kam folgende Nachricht von Martina auf mein Handy: „OP-Termin heute um 16:40 Uhr" sowie, noch lange bevor ich beim Auto war, die Meldung: „OP offenbar gut verlaufen, habe fünf Schrauben im Knöchel!" Auch wenn mir Martina, die mit so viel Freude und Euphorie zu dieser großartigen Tour aufgebrochen war, sehr leidtat, war ich froh und dankbar, dass nichts Schlimmeres passiert war und sie nun in „ihrem" Krankenhaus in Sicherheit war, dort gut versorgt und ihre Verletzung bestimmt bald wieder vollkommen heilen würde!

Erst am späten Abend kam ich sehr müde und abgekämpft heim, alle Gelenke und Muskeln taten weh. Gleich nach dem Duschen, Essen und Trinken musste ich vor dem Zubettgehen noch rasch für die geplante ÖAV-Lechtal Tour am nächsten Tag zusammenpacken. Nach einer kurzen Nacht mit oberflächlichem Schlaf versuchte ich durch kräftiges Einreiben mit Arnika-Schnaps meine Muskeln und Gelenke wieder in Schwung zu bringen. Gemeinsam mit 16 Teilnehmer:innen fuhren wir ins hinterste Zillertal und mit der Gletscherbahn zum Tuxer-Fernerhaus hinauf, von wo aus wir die beabsichtigte Überschreitung des Olperers in Angriff nahmen. Nachdem es am Nordgrat zum Olperer beim Sichern einer Teilnehmerin eine Pause gab, nahm ich nach wiederholtem Läuten den Anruf des Alpinpolizisten aus Imst, derselbe Mann, mit dem ich bereits am Vortag geredet hatte, am Handy entgegen. Dieser hatte für die Protokollerstellung noch Fragen zum Unfallhergang, zur Verletzten, zu ihren Personaldaten und ob ich auch ausgeflogen worden war. Ich sagte ihm, dass ich ihn nur schlecht verstünde, weil der Wind zu sehr störe. Er meinte, wo ich denn sei. Nachdem ich ihm sagte, dass ich mich im Zuge einer Alpenvereinstour am Nordgrat zum Olperer befinde, meinte er: „Du bist aber schon ein ganz Wilder, gestern bis in die Nacht hinein an der Heiterwand und heute am Vormittag bereits 150 Kilometer weiter, schon fast am Olperer!"

14.4 Hochtour in der Venedigergruppe

Am Samstag, dem 11. August 2012 um 05:00 Uhr früh, trafen sich zwölf ÖAV-Lechtal Mitglieder unter der Leitung von Franz Lang und fuhren mit zwei Autos übers Hahntennjoch und den Pass Thurn nach Mittersill, wo in einem Traditionsgasthaus Rast gemacht wurde, um sich am reichhaltigen Frühstücksbuffet für die geplanten Aktivitäten des Tages zu stärken. Weiter gings durch den Felbertauerntunnel nach Osttirol, um bald nach dem südlichen Tunnelportal ins Gschlösstal abzubiegen und die Autos beim Matreier Tauernhaus (1 500 m) zu parken. Weil alle gut drauf waren, verzichteten wir sowohl auf Pferdekutsche als auch auf Traktor- oder Autotaxi und wanderten zu Fuß auf dem Tauerntalwanderweg durchs wunderschöne, wildromantische und sehenswerte Tal, vorbei an Außergschlöss und Innergschlöss, über den Gletscherweg zur Neuen Prager Hütte (2 797 m). Am „Auge Gottes" – einem kleinen See mit einer moosigen Insel – hielten wir für eine kurze Rast. Der Zustieg zu dieser Hütte ist auf jeden Fall beeindruckend, egal welche der drei Aufstiegsvarianten man wählt. Die Landschaft ist großartig, die Almsiedlungen vorbildlich gepflegt und die Wanderwege sind bestens angelegt und erhalten. Dass man sich im Nationalpark Hohe Tauern befindet, ist einfach rundherum zu bemerken: Landschaft, Natur, Landwirtschaft, Tourismus und Alpinismus ergänzen sich zu einer – zumindest nach außen vermeintlich vorhandenen – harmonischen Symbiose.

Sehenswert ist auch die Felsenkapelle direkt am Weg zwischen Außer- und Innergschlöss, die im Jahr 1870 in einen riesigen, ausgehöhlten Felsbrocken hineingebaut wurde. Aufgrund der abwechslungsreichen, vielfältigen und interessanten Landschaft wurde der fünf Stunden dauernde Aufstieg niemals langweilig oder eintönig, weil sich immer neue Eindrücke und Aussichten auf Almen, Wasserfälle, Gletscher, Moränen und geschliffene Felsen auftaten.

Nach dem Beziehen der Lager und einer kurzen Stärkung in der Hütte, wo wir sehr freundlich aufgenommen wurden, machten sich einige der Gruppe auf, um den hüttennahen Kesselkopf (2 897 m) zu erklimmen und dabei ein paar Blicke auf die umliegenden Berge zu werfen, die immer mehr aus der Nebelverhüllung hervorstachen.

Nach einem guten und reichhaltigen Abendessen blieben wir noch mehr oder weniger lange bei einem Gläschen Rotwein in geselliger Runde sitzen, um anschließend mit der nötigen „Bettschwere" möglichst guten Schlaf zu finden.

Am Sonntag um 07:00 Uhr machten wir uns bei strahlend schönem, aber etwas kaltem Wetter auf den Weg zu den Gipfeln der Venediger Krone. Zunächst gingen wir über Geröll und riesige Felsbrocken abwärts, um anschließend einige Zeit aufwärts Richtung Gletscher zu steigen und uns dort – aufgeteilt auf zwei Seilschaften – anzuseilen. Lange ging es über den Gletscher über mehr oder weniger gut sichtbare Spalten hinauf zum Kleinen Venediger (3 470 m), von dort erst etwas abwärts und weiter hinauf auf den Großen Venediger (3 666 m), der von allen Seiten von vielen Seilschaften angesteuert wurde. Auf dem Gipfel genossen wir einen imposanten Rundblick zu vielen mehr oder weniger bekannten Bergen. Die meisten von uns bestiegen noch das Hohe Aderl (3 504 m) und anschließend erklommen wir alle noch das Rainer Horn (3 560 m), das wir gegen 13:00 Uhr erreichten. Für eine ausgiebige Rast blieb kaum Zeit, stand uns doch noch ein langer Abstieg bevor. Beim Gehen auf dem Gletscher merkten wir immer wieder, wie wichtig es ist, vorsichtig und diszipliniert am möglichst gespannten Seil zu gehen, weil die Spalten teilweise nur unter sehr dünnen Schneebrücken verborgen lagen. Nach zwei Stunden Abstieg erreichten wir zum Glück alle wohlbehalten wieder die Neue Prager Hütte und machten noch eine kurze Pause.

Nach weiteren drei Stunden Abstieg auf dem direkten Weg, der wieder sehr interessant war und auf dem es viel zu sehen gab, kamen wir gegen 18:00 Uhr am Parkplatz an. In der Nähe von Kitzbühel kehrten wir während der Rückfahrt zum Abendessen ein, wo wir aus verschiedensten Gründen noch Einiges zum Lachen hatten.

Müde, aber sehr zufrieden, erfüllt mit vielen, schönen Eindrücken und Erlebnissen und froh, die geplante Tour in einer sehr netten, geselligen Gruppe vollständig geschafft zu haben, kehrten wir erst in der letzten Stunde des Tages ins Lechtal heim. Solch wunderbare Bergerlebnisse bleiben für immer in Erinnerung, sind die beste Entspannung und geben viel Kraft für die Mühen des Alltags. Vielen herzlichen Dank an Franz Lang und alle Organisatoren der Tour.

14.5   Überschreitung der Dufourspitze

Eine ganz besondere von Bergführer Stefan Zangerl geführte Hochtour der Sektion Lechtal des ÖAV. Am Samstag, den 12. Juli 2014 nach 15:00 Uhr, kamen wir im Hotel Bergfreund in Herbriggen im Mattertal an und bezogen unsere Zimmer. Nach einer schönen, fast siebenstündigen Fahrt vom Lechtal über den Flexen-, Oberalp- und Furkapass freuten wir uns über die außergewöhnlich freundliche und zuvorkommende Aufnahme. Die Zeit bis zum Abendessen verbrachten wir mit einem gemütlichen Bummel durch Zermatt, wohin uns das hauseigene Taxi brachte. Entgegen den Prognosen der Vortage und obwohl viele Bauern im Tal ihre Felder gemäht hatten, waren die Wettervorhersagen für die nächsten zwei

Tage nun plötzlich alles andere als gut. Dennoch ließen wir uns die Stimmung nicht verderben, genossen das sehr gute und reichhaltige viergängige Menü und den gemütlichen Abend im Hotel.

Regen, Schnee, Nebel und Kälte erwartend fuhren wir zu zwölft mit unserem Bergführer Stefan am Sonntag mit der ersten Gornergrat-Bahn von Zermatt zum Rotenboden auf 2 815 m. Entgegen der Prognose und zur Freude von uns allen sahen wir bereits während der Bahnfahrt einen ersten blauen Flecken am Himmel. Plötzlich entdeckte einer der vielen in der Bahn mitfahrenden und mit Fotoapparaten bewaffneten Japaner mitten im Wolkenmeer die Spitze des Matterhorns, die keine Verbindung zu dieser Erde haben zu schien. Viele stürmten zu den Fenstern und wir schöpften berechtigte Hoffnung, heute mehr als nur Nebel zu sehen.

Während des dreistündigen Aufstiegs zur Monte-Rosa-Hütte (2 883 m) klarte es tatsächlich immer mehr auf, unsere Erwartungen wurden mehr als übertroffen und wir konnten die wunderbaren Blicke auf das imposante Monte-Rosa-Massiv mit der Dufourspitze, unserem Tourenziel, und auf weitere, frisch verschneite, blendend weiß strahlende Gipfel wie Nordend, Liskam, Castor, Pollux und Breithorn ungetrübt genießen. Eindrucksvoll präsentierten sich auch die zerklüfteten Gletscher, die im Bereich dieser Gipfel entspringen und sich im Tal zum immer noch mächtigen, Richtung Zermatt hinausströmenden Gornergletscher vereinen.

Selbst der Normalweg zur modernen, futuristisch wirkenden, von der ETH Zürich geplanten, in der Form eines Bergkristalls errichteten sowie mit Architektur- und Umweltpreisen ausgezeichneten, neuen Schutzhütte, ist sehr interessant und abwechslungsreich. Er erfordert aber für seine Begehung eine passende Ausrüstung und eine gewisse alpine Erfahrung. Dieser Weg führt über schöne Wiesen, entlang von Moränen, über Leitern und Brücken und auch über den Gletscher, der besonders in einem Bereich mit sehr viel Dreck, Geröll und riesigen Felsbrocken so sehr verschüttet ist, dass man das darunter liegende schmutzige Eis nur an wenigen Stellen erahnen kann. Tosende Wasser, tiefe Krater, Löcher und Spalten erwecken dort einen unheimlichen, eher beängstigenden – einen fast apokalyptischen Eindruck!

Während einige den Nachmittag zum Ausspannen und Kräfte sammeln nutzten, erkundeten andere die nähere Umgebung der Hütte, erprobten den Anfang vom Weg zum Gipfel oder machten Kletterübungen an einem riesigen, hüttennahen Felsbrocken.

Nachdem einzelne der Gruppe zu später Stunde gerade noch auf Umwegen erfahren hatten, dass die Deutschen neue Fußballweltmeister sind, stellten wir unsere Wecker auf 01:45 Uhr. Nach sehr, sehr kurzem Schlaf saßen wir um 02:00 Uhr beim Frühstück und begannen unsere Tour planmäßig um 02:45 Uhr mit Stirnlampen, weil der fast volle Mond immer wieder von Wolken verdeckt wurde.

Noch bei Dunkelheit, am Beginn des Gletschers bildeten wir vier Seilschaften mit je drei Leuten, die auf der spaltenreichen Route zu zwei Seilschaften mit je sechs Leuten verbunden wurden. Wegen des weiten Weges, der vielen Höhenmeter, die wir vor uns hatten, der großen Höhe unseres Zieles und der fehlenden Akklimatisation war es sehr wichtig, bereits von Anfang an sehr langsam zu gehen. Dennoch kamen wir auf hartem Schnee sehr gut vorwärts und bei Sonnenaufgang hatten wir die 4 000er-Höhenlinie bereits erreicht. Das Matterhorn und viele Walliser Gipfel erstrahlten in rötlich-gelbem Licht, während einige Nebelreste tief unter uns im Tal lagen. Bevor uns die ersten Sonnenstrahlen nur ganz langsam erwärmten, war es bitterkalt, aber zum Glück während der ganzen Tour nahezu windstill.

Nach dem Anziehen der Steigeisen musste unser Bergführer Stefan im Bruchharsch Stufe für Stufe in den Schnee treten, weil seit dem letzten Schneefall noch niemand diese Route gegangen war. Der beschwerliche Weg führte zuerst über einen steilen, schneebedeckten Rücken, dann über den teilweise sehr scharfen und ausgesetzten, felsigen Westgrat mit einigen Steilaufschwüngen zum höchsten Punkt der Schweiz. Nach knapp sieben Stunden Aufstieg erreichten alle Teilnehmer:innen die Dufourspitze (4 634 m), die nach dem Mont-Blanc-Massiv die zweithöchste Erhebung der Alpen darstellt.

Dankbar, mit ein wenig Stolz und ohne viel zu reden genoss jeder auf seine Art sein Gipfelerlebnis auf diesem für uns ganz besonderen Berg! Wir konnten uns nicht satt sehen an den umliegenden grandiosen Bergformationen der Westalpen, in deren Mitte wir uns scheinbar befanden!

Der Abstieg begann mit der Überwindung einer steilen, felsdurchsetzten, mit Hartschnee gefüllten Rinne, die zum Silbersattel hinunterführt. Obwohl dort circa 4 Zentimeter dicke Fixseile angebracht sind, verwendeten wir unsere Seile zur zusätzlichen Sicherung. (Diese fix montierten Seile wurden ein paar Jahre später durch einen Felssturz zerstört. Inzwischen sind dort Eisenstangen zum mehrmaligen Abseilen vorhanden.) Da oft harte Schneeschollen ausbrachen, die mit großer Wucht nach unten kollerten, mussten große Sicherheitsabstände eingehalten werden. So dauerte es recht lange, bis alle am Silbersattel waren und wir den Weiterweg über den Gletscher antreten konnten.

Während des langen Abstieges blickten wir neidvoll auf die Schispuren auf den endlosen, weiten Gletscherflächen, die vom Heliskiing am Vormittag deutlich zu sehen waren. Mit Schi hätte man die 1 600 Höhenmeter fast zur Gänze vom Silbersattel bis zur Hütte in kurzer Zeit abfahren können.

Wegen der sehr starken Sonnenstrahlung zur Mittagszeit wurde der Schnee laufend weicher und tiefer, das Fortbewegen immer mühsamer und die Gefahr, in eine Spalte durchzubrechen, immer größer. Deswegen mussten wir versuchen, immer ganz konzentriert am gespannten Seil zu gehen. Elf Stunden nach dem Aufbruch am Morgen kamen wir alle wieder wohlbehalten bei der Monte-Rosa-Hütte an, wo Hunger und vor allem Durst noch ein wenig gestillt wurden. Dann ging es weiter hinunter zum Gletscher und nochmals mehr als 300 Höhenmeter wieder hinauf zur Bahnstation der Gornergrat-Bahn.

Nach ganz kurzem Aufenthalt in Zermatt brachte uns das zuvor telefonisch bestellte Hoteltaxi auf der schmalen, für den öffentlichen Verkehr gesperrten Straße wieder zurück zu unseren Autos in Herbriggen.

Erst gegen 19:40 Uhr, nachdem wir uns umgezogen und alle Sachen in den Autos verstaut hatten, machten wir uns auf den Heimweg. Mitternacht war schon lang vorüber, als wir bei Warth ins Lechtal einbogen und wir sprachen darüber, dass wir am Vortag zur gleichen Zeit

bereits aufgeregt beim Frühstück saßen und erwartungsvoll einem langen, spannenden und aufregenden Tag ent-
gegenblickten, den wir 24 Stunden später einfach nur als
einmalig, einzigartig und gelungen bezeichnen durften!

Gesund, glücklich, dankbar und zufrieden über das
Gelingen dieser nicht selbstverständlichen Unternehmung kehrten wir in unseren Alltag zurück. Die schönen
Erinnerungen an dieses besondere Monte-Rosa-Erlebnis
in einer harmonischen und fröhlichen Gruppe werden
uns für immer begleiten!

Von Herzen danken wir alle unserem Bergführer Stefan Zangerl für seinen Mut und sein Vertrauen, eine so
außergewöhnliche und anspruchsvolle Tour anzubieten,
auszuschreiben und so perfekt umzusetzen!

14.6 Durchquerung der Stubaier Alpen

Aus verschiedenen Richtungen eintreffend versammeln
wir uns am Freitag, 24. Juli 2015, rechtzeitig vor Be-
triebsbeginn am Parkplatz der Stubaier Gletscherbahn.
Mit dieser fahren wir – eine neunköpfige Gruppe der
ÖAV-Sektion Lechtal – auf das Schaufeljoch (3 166 m)
hinauf, wo wir bei gutem Wetter mit schweren Rucksäcken bepackt Richtung Pfaffenjoch (3 212 m) aufbrechen. Am Beginn des Sulzenauferners bilden wir unter
Anleitung unseres Bergführers Stefan Zangerle zwei Seilschaften. Die Sinnhaftigkeit dieses Tuns wird uns bald
danach bestätigt, weil eine Teilnehmerin beim Queren
einer Gletscherspalte plötzlich in dieser verschwindet!
Die Bergung gelingt rasch und problemlos. Zum Glück
ist beim überraschenden Zwischenfall nichts passiert,

jedoch der Schrecken steckt der Gestürzten noch lange in allen Gliedern.

Vorsichtig und konzentriert erklimmen wir zuerst das Zuckerhütl (3 506 m), den höchsten Gipfel der Stubaier Alpen, und gehen danach über den Wilden Pfaff (3 458 m) über Blockgrate und Gletscher an der Müllerhütte vorbei zum Becherhaus (3 190 m), das kühn und ausgesetzt auf dem Gipfel des „Bechers" steht. In der höchst gelegenen Schutzhütte Südtirols werden wir sehr freundlich aufgenommen und bestens versorgt.

Am Samstag in der Früh verlassen wir bereits um 07:00 Uhr unsere Unterkunft und bemerken beim langen, mühsamen und sehr steilen Abstieg über rutschige Felsen zum Vogelhüttensee nochmals die äußerst extreme Lage dieser Schutzhütte! Gegen 11:00 Uhr erreichen wir die Teplitzerhütte (2 580 m). Da die angesagte Gewitterfront noch in sicherer Entfernung zu sein scheint, wagen wir es wie geplant weiterzugehen. Nach einem kurzen Abstecher auf die Aglsspitze (3 195 m), die leider vom Nebel verhüllt ist, und der Überschreitung der Magdeburgerscharte (3 105 m) müssen wir die Steigeisen anziehen und uns über eine blanke Eisflanke auf dem Feuersteinferner abseilen. Der weitere, teilweise mit Stahlseilen versicherte Weg verläuft leicht schräg aufwärts durch eine steile, ausgesetzte, bedrohlich und unnahbar wirkende Felswand! Noch bevor wir die südliche Stubenscharte (2 931 m) erreichen, erfordern Regen- und Graupelschauer das Anziehen des Regenschutzes. Wir sind froh, dass es bald wieder trocken ist und wir in dieser rauen, wilden, von Nebelfetzen verhüllten Gegend kein richtiges Gewitter erleben müssen. Gegen 15:30 Uhr erreichen wir die Magdeburger Hütte

(2 423 m), unser nett am Stubensee gelegenes Ziel des zweiten Tages. Vom Hüttenwirt werden wir mit einem Schnapserl sehr freundlich empfangen und während des ganzen Abends bestens versorgt. Mit Unterstützung der hütteneigenen Gesangbücher singen wir heimatliche Lieder und trinken Südtiroler Wein.

Am Sonntagmorgen gegen 07:45 Uhr dürfen wir bereits bei Sonnenschein zur Weißwandspitze (3 017 m) aufbrechen. Der Gipfelaufbau dieses markanten und geologisch interessanten Berges besteht aus hellem Kalkgestein (Dolomit), der sich vom eher dunklen Fundament aus Urgestein (Gneis) von allen Seiten auffallend abzeichnet. Während der Gipfelrast mit wunderbaren Ausblicken wird wieder kräftig gesungen. Neben dem alten, beschädigten Gipfelkreuz liegt bereits ein neues, großes, metallenes Kreuz, das noch im August aufgestellt und eingeweiht werden soll. Bald gehen wir auf dem Pflerscher Höhenweg weiter über den Hohen Zahn (2 924 m), den letzten Gipfel unserer Tour, zur italienischen Tribulaunhütte (2 369 m), die sehr idyllisch in einer tiefen, nach Süden offenen Geländemulde liegt. Ostseitig wird diese gemütliche Hütte von den hohen, imposant wirkenden und senkrecht himmelwärts strebenden Felswänden des Pflerscher Tribulauns mächtig überragt. Zwei unserer Gruppe erfrischen sich nach dem Mittagessen mit einem kurzen Bad im klaren Wasser des hüttennahen Bergsees.

Während des Abstiegs ins Tal – über 1 100 Höhenmeter – entlang der steilen Hänge unterhalb des Tribulaunmassivs fällt uns die typische Kalkalpenvegetation auf, die sich in gleicher Farbenpracht, Üppigkeit und Vielfalt präsentiert wie daheim im Lechtal. Im ersten Gastgarten eines Hotels in St. Anton in Pflersch (1 246 m) stillen wir unseren Durst, bevor uns ein Taxi über den Brenner zurück zu unseren Autos im hintersten Stubaital bringt. In der Pizzeria im Zentrum von Fulpmes genießen wir unser gemeinsames Abschlussessen und fahren danach zurück ins Außerfern, wo wir – mit vielen schönen Eindrücken und interessanten Erlebnissen bereichert – gegen 21:00 Uhr ankommen. Wir alle danken unserem Bergführer Stefan Zangerl für diese wirklich schöne, abwechslungsreiche und spannende Hochtour durch die imposante Bergwelt der Stubaier Alpen!

14.7 Ein außergewöhnlicher Weg zur Baumgartalm

Da unsere Kinder mit Bekannten und Freunden am Hohen Frauentag, dem 15. August 2015, beim Almfest bei der Baumgartalm verabredet waren, beschlossen Gabi und ich ebenfalls dorthin zu gehen. Ich wollte aber vorher noch eine Bergtour auf den Sonnenkogel machen, um dann beim geplanten gemeinsamen Mittagessen auf der zu Alm sein.

Beim „Bildstöckle" am Anfang des Maudautales parkte ich um 08:00 Uhr mein Auto und ging zu Fuß circa 5 Kilometer weit bis ans Ende des Forst- und Wildbachweges im Grießltal.

Durch tiefes, triefend nasses Gras stieg ich erst auf den Vorderen, dann auf den Hinteren Sonnenkogel. Oben klarte es auf, die Sonne kam kurz hervor und ich beschloss am Grat weiterzugehen und einen direkten Weg, eine Abkürzung zur Baumgartalm hinunter zu suchen, die ich aber nie in Angriff nehmen konnte, weil immer wieder dichte Nebelbänke die Sicht behinderten.

Wegen der senkrechten Felsabbrüche in den steilen Grashängen konnte ich mein Vorhaben im unbekannten Gelände nicht wagen. Stattdessen stieg ich auf die ausgesetzte Tajaspitze und plante, danach den gesamten Aufstiegsweg wieder zurückzugehen. Am Gipfel gab es kurzzeitig, zumindest im Nahbereich wieder gute Sicht. Das ermutigte mich, den heiklen Versuch zu wagen, in südwestlicher Richtung hinunter zu klettern, was sehr steil, mühsam und gefährlich war. Nach mehreren Umwegen und Fehlversuchen und der Überwindung von sehr schwierigen, gefährlichen Kletterpassagen im absolut unwegsamen Gelände stand ich irgendwann am Hochwannenjoch, an einer der wohl abgelegensten und verlassensten Stellen in den Lechtaler Alpen. Ich denke, hier wird nur sehr selten ein Bergsteiger hinkommen. Auch hier war kein Weg beziehungsweise keine Möglichkeit, ins Grießltal zu gelangen erkennbar.

Deswegen probierte ich auf den Muttlerkopf zu steigen, was im dichten Nebel im oberen Bereich auf den nassen, schmierigen und abschüssigen Felsplatten fast nicht möglich war, weil ich einfach keinen Halt finden konnte. Einen heiklen Ausrutscher konnte ich zum Glück gerade noch abfangen und irgendwie kam ich dann doch beim neuen Gipfelkreuz an, das Franz Breitenfellner und Herbert Oberdorfer ein paar Wochen vorher, mit Zugang von der anderen Bergseite, aufgestellt hatten.

Nun blieb mir im dunkeln Nebel und bei strömendem Regen nur noch die Flucht nach vorne übrig, was bedeutete, über den Pleiskopf und den Etlerkopf zur Schafscharte zu gelangen und von dort zur Baumgartalm abzusteigen. Im Nebel verlor ich allerdings die Orientierung und ich fand die Scharte, die zum Pleiskopf führen sollte, einfach nicht. Diese außergewöhnlich runde, glatte Bergkuppe wird wegen seiner Form auch Wal- oder Elefantenrücken genannt. Ich wusste nicht mehr, wo ich war und in welcher Richtung mein Weg sein sollte.

Völlig irritiert bemerkte ich in steilstem, felsdurchsetztem Grasgelände, dass ich falsch sein muss, weil mein Weiterweg nach allen Seiten von bedrohlichen, senkrechten, im Nebel verschwindenden Abgründen begrenzt war. Dieser Umstand löste Unbehagen aus und bereitete mir Sorgen! Jetzt galt es aber Ruhe zu bewahren und keinen Fehler zu machen! Äußerst vorsichtig und konzentriert stieg ich wieder auf den Gipfel hinauf und dort erkannte ich dann die richtige Route. Dieser Irrweg kostete wieder mindestens eine Stunde an Zeit und zusätzlich circa 200 Höhenmeter.

Nun ging ich völlig auf den Grat fixiert auf den Walrücken, fand dort das Gipfelbuch in einem verschlossenen Plastikkübel im Steinhaufen und daneben eine Flasche Schnaps, aus der ich mir einen Schluck gönnte. Ich hatte schon lange nichts mehr zu trinken und mein Brot konnte ich nicht essen, weil ich keinen Bissen hinunterbrachte.

Mit dem Handy hatte ich zwar einmal ganz kurz schwachen Empfang, aber ich konnte trotzdem niemanden verständigen, dass sich meine Ankunft bei der Alm um mehrere Stunden verzögern würde! Danach war überhaupt keine Handyverbindung mehr möglich. Ich wusste, meine Leute würden sich Sorgen machen und hoffte sehr, dass sie keine Suchaktion auslösten.

Im dichten Nebel tastete ich mich auf der dortigen „Mondlandschaft" weiter und stieß zum Glück auf einen roten Markierungspunkt, der den Weg zur Simmshütte kennzeichnet. Ich war erleichtert, stieg eine steile Geröllrinne hinunter und dann noch ein letztes Mal aufwärts zur Schafscharte. Von dort tastete ich mich, immer noch im dichten Nebel, um die Orientierung nicht nochmals zu verlieren entlang des ausgetrockneten Wasserlaufes bis zum Fallenbacher See. Plötzlich klingelte mein Handy und mein Sohn David fragte nach meinem Verbleib. Bald danach kam ich endlich aus der Nebelsuppe heraus, fand den Steig zur Baumgartalm, die ich plötzlich circa eine halbe Gehstunde entfernt unten im Tal liegen sah. Diese erreichte ich nach insgesamt neun Stunden Gehzeit ohne Pausen, um 17:00 statt um 12:00 Uhr.

Nach einem kurzen Getränk auf dem zu Ende gehenden Almfest kehrte ich mit Gabi und meinen drei Töchtern auf dem langen Weg durchs Grießl- und Madautal zum Auto zurück. Aus meiner kurzen Vormittagswanderung war eine extreme Tagestour mit über 2 100 Höhenmeter Aufstieg und mehr als 22 Kilometer Streckenlänge durch unterschiedlichste Geländearten geworden.

Zum Waschen und Umziehen hatten wir daheim nur noch zehn Minuten Zeit, um noch rechtzeitig zur Abendmesse mit Kräuterweihe am Maria Himmelfahrtstag in der Kirche in Bschlabs zu kommen. Es war mir ein besonderes Bedürfnis, dem lieben Gott dafür zu danken, dass ich diese außergewöhnliche Tour so gut überstanden hatte! Ich habe mir vorgenommen, bei fraglichem Wetter nie mehr so etwas zu machen. Auf dem Dorffest aus Anlass des Patroziniums in Elmen, das ich nach der Messe allein besuchte, gab es dann ausreichend Zeit und Gelegenheit, meinen großen Durst und Hunger in gemütlicher Atmosphäre zu stillen.

14.8 Bergtouren in den in Sextner Dolomiten

Wegen zweifelhafter Wetterprognosen blickten wir dem Tourenwochenende der ÖAV-Sektion Lechtal vom 19. bis 20. September 2015 in den Sextner Dolomiten mit etwas Sorge entgegen. Zum Glück lassen sich 28 Teilnehmer:innen – ein sehr bunt gemischtes Publikum – nicht beirren, fahren mit dem Bus der Firma Feuerstein über den Brenner nach Sexten und werden belohnt.

Bereits bei sehr freundlichem Wetter – worüber wir uns sehr freuen – machen wir uns um circa 10:30 Uhr vom Parkplatz am Fischleinboden (1 454 m) aus auf den Weg zur idyllisch in einem lichten Wald gelegenen Talschlusshütte (1 526 m), wo wir die Möglichkeit zu einem späten Frühstück nutzen. Dann erreichen wir nach circa zwei Stunden Aufstieg die Zsigmondyhütte (2 224 m), unser Ziel des ersten Tages. Das Rifugio Zsigmondy-Comici, wie diese Schutzhütte auch genannt wird, steht sehr eindrucksvoll auf einem Felsrücken am Fuße der mächtigen Zwölferspitze.

Viele Teilnehmer unternehmen in kleinen Gruppen einen angenehmen Nachmittagsausflug über die Giralbascharte (2 431 m) zur Carduccihütte (2 297 m). Die interessante Landschaft, die gemütliche Hütte mit italienischem Flair und der rote Wein lassen die gute Laune noch besser werden. Auf dem Rückweg wandern einige in der wärmenden Abendsonne, die das gewaltige Bergmassiv des Elfers in gelbem Licht ausleuchtet, auf den Hohen Leist. Dieser Gipfel ist sehr leicht zu erreichen, ragt aber vom Tal aus gesehen wie ein nicht bezwingbarer Felsturm in den Horizont.

Im Anschluss an das gute und reichhaltige Abendessen in der gemütlichen Hütte werden schöne Heimatlieder gesungen, worüber sich auch das Hüttenpersonal freut. Nach einer erholsamen Nacht in großzügigen Bettenlagern brechen wir am Sonntag um 08:00 Uhr auf und erreichen circa eine Stunde später die Büllelejochhütte (2 528 m). Auch wenn es aus Zeitgründen eher gewagt ist, nehmen recht viele Teilnehmer auf leichten Wanderwegen – meist entlang von alten Stellungen – den verlockenden Abstecher auf die Oberbacherspitze (2 657 m) in Angriff. Beim Gipfelkreuz stehen wir – plötzlich und unerwartet – direkt an der Kante zu einem circa 1 000 Meter tiefen Abgrund, erleben schwindelerregende Tiefblicke und ein Panorama, das seinesgleichen sucht.

Während beider Tage erinnern uns Relikte, Stellungen, Stollen und alte Militärwege aus dem Ersten Weltkrieg immer wieder an die tragischen, leidvollen und katastrophalen Kriegsereignisse! Genau hundert Jahre später wollen wir sehr dankbar sein und uns zufrieden und glücklich schätzen, dass wir nun in Frieden und Freiheit ungestört durch diese wunderbare Landschaft wandern dürfen! Gegen 11:00 Uhr erreichen wir den Dreizinnensattel (2 405 m) mit einer kleinen Kapelle und der Dreizinnenhütte. Dort stehen plötzlich die weltbekannten Drei Zinnen, deren Nordwände senkrecht in den Himmel streben – in ihrer ganzen Pracht – ganz nahe vor uns! Staunend betrachten wird diese drei einzigartigen, mächtigen und imposanten Felstürme. Auch der Paternkofel (2 744 m), unser angestrebtes Ziel, erhebt sich sehr hoch, steil und unnahbar aussehend über unserem Standplatz.

Nach kurzer Stärkung ziehen wir die Klettersteig-ausrüstung, Helm, Stirnlampe und Handschuhe an und steigen auf abwechslungsreicher Route, erst durch alte Militärstollen und Stiegen, dann entlang des Sepp-In-nerkofler-Klettersteiges zum Gipfel. Die Ausblicke auf die nahen Drei Zinnen und viele andere Dolomitenber-ge sind einfach nur grandios und unvergleichlich schön! Der Abstieg verläuft zuerst hinunter zur Gamsschar-te und dann über den interessanten und aussichtsrei-chen Passportensteig zum Paternsattel. Danach geht es zurück zur verdienten Einkehr in die Dreizinnen-hütte. Auf der Terrasse genießen wir bei strahlendem Sonnenschein nochmals sehr ausgiebig das traumhaf-te Panorama an diesem besonderen, genialen und er-habenen Ort.

Sohn David und Tochter Elisa vor den majestätischen „Drei Zinnen"

Nur schwer können wir uns von diesem berührenden Kraftplatz trennen. Wir wandern durch das Altensteintal tief unter den kühnen, sonnenbeleuchteten Gipfeln des Einsers und der Oberbacherspitze hinunter zur Talschlusshütte und dann weiter zum Bus am Parkplatz. Dieser bringt unsere sehr harmonische Gruppe erst spät am Abend zwar müde, aber sehr zufrieden und bereichert mit unvergesslichen Eindrücken nach Hause zurück.

Die Möglichkeiten und Eindrücke im „schönsten Gebirge der Welt" – wie es Reinhold Messner sagt – sind so vielfältig, einzigartig und schön, dass man es kaum glauben kann. Wir sind einfach nur begeistert und viele von uns wird es wieder hinziehen in diese außergewöhnliche Bergwelt mit ihrer unvergleichbaren und verzaubernden Ausdruckskraft! Im Namen der Sektion Lechtal des ÖAV danke ich allen Teilnehmer:innen für das Mitgehen bei dieser grandiosen Bergtour sowie für allseits spürbare Harmonie, Begeisterung und gute Laune!

14.9 Berg- und Klettersteigtouren im Rosengarten

Da das Interesse der Alpenvereinsmitglieder an der ausgeschriebenen Tour teilzunehmen, erfreulicherweise sehr groß war und in der Rotwandhütte am vorgesehenen Termin nicht ausreichend Plätze zur Verfügung standen, habe ich zwei Rosengarten-Touren, das erste Mal (8.–9.) mit elf und das zweite Mal (10.–11. September 2016) mit 16 Teilnehmer:innen durchgeführt.

Mit wenigen Ausnahmen verliefen beide Touren auf ähnliche Weise: Der Start erfolgte jeweils um 06:00 Uhr im Lechtal, die Fahrt mit privaten Pkws ging über den Brenner nach Bozen und dann ins Eggental bis kurz vor den Karerpass. Wir parkten unsere Autos bei der Frommer Alm. Mit dem Sessellift ging es 600 Höhenmeter hinauf zur Kölner Hütte, die auch Rosengarten Hütte (2 339 m) genannt wird.

Da wir recht viel vom „Welterbe Rosengarten" sehen und mitkriegen wollten, deswegen eine recht ausgiebige Tagesetappe geplant hatten und uns nicht sicher waren, ob das Wetter auch am Nachmittag noch schön sein würde, starteten wir sofort. Vor allem bei der ersten Tour waren wir sehr gespannt und aufgeregt, was uns auf dem weiten Weg zur Rotwandhütte – dem heutigen Tagesziel – wohl erwarten wird.

Als wir den Verlauf des Weges und Klettersteiges durch die steile, schroffe und bedrohlich wirkende Felswand hinauf zum Santnerpass (2 734 m) erstmals aus der Ferne auskundschaften konnten, waren wir gar nicht sicher, ob wir wohl alle gemeinsam dort hinaufkommen würden. Doch alle Teilnehmer:innen meisterten auch die etwas heiklen und ausgesetzten Wegpassagen und Klettersteigabschnitte vorbildlich! Am Santnerpass, zwischen Rosengartenspitze und der Laurinwand gelegen, eröffnete sich uns ein imposanter Blick ins Zentrum des Rosengartens. An den nahen und senkrecht in den Himmel ragenden Vajolet-Türmen konnten wir einige Kletterspezialisten beim Erklimmen der luftigen Kanten und schwindelerregenden Zacken beobachten.

Durch eine kahle, steinige Geländemulde, die „Gartl" genannt wird, ging es hinunter zur Gartlhütte. In diesem Gartl soll sich der Sage nach der wunderschöne Rosengarten des Zwergenkönigs Laurin befunden haben. Auf steilem und steinigem Weg ging es weiter abwärts zur Vajolet-Hütte (2 243 m). Unterhalb der hohen, vertikalen Ostwände von Rosengartenspitze und Baumannkamm wanderten wir wieder – teilweise etwas mühsam – hinauf zum Zigolade-Pass (2 579 m). Dort konnten wir erstmals, noch eine Stunde entfernt, die idyllisch gelegene Rotwandhütte (2 283 m) erblicken, die wir am späten Nachmittag nach insgesamt sechseinhalb Stunden Gehzeit erreichten. Mit der freundlichen Aufnahme durch die Wirtin Roberta und ihrem Team, der reichhaltigen und guten Verpflegung sowie mit den Zimmerlagern waren wir sehr zufrieden. Schön gesungene Bergsteiger- und Heimatlieder waren am Abend Ausdruck von guter Stimmung und Wohlgefallen über den gelungenen Tag.

Am zweiten Tag stiegen wir erst auf den Vajolonpass (2 564 m) und dann über den einfachen Klettersteig hinauf auf die Rotwandspitze (2 800 m). Schlern, Langkofel, Sellagruppe, Piz Boe, Marmolada, Civetta, Latemar und viele andere mehr oder weniger bekannte Gipfel und Gebirgsgruppen lagen in unserem Blickfeld. Das flache und angenehme Gelände im Gipfelbereich ließ erst gar nicht vermuten, dass wir uns ost- und westseitig über mehr als 300 Meter hohen, senkrechten Felswänden befanden. Nur wenige von uns wagten sich näher an die Kanten zum Abgrund und ertrugen den atemberaubenden Blick hinunter zum Fuß dieser gigantischen Dolomitenwände. Über immer steiler werdendes Terrain, teilweise durch Klettersteigpassagen, ging es Richtung Süden abwärts zur Rotwandhütte, die auch Ostertaghütte oder Rifugio Roda di Vaél genannt wird.

Auf dem langen Rückweg zur Kölner Hütte umrundeten wir auf meist guten Wegen den südlichen Teil des

Rosengartens. An diesem Panoramaweg, zu Beginn hoch über dem Val di Fassa und dem Karerpass verlaufend, steht das Christomannos-Denkmal, das in Gestalt eines 2,5 Meter großen Adlers aus Bronze an den touristischen Erschließer der Dolomiten erinnert. Rechts und ganz nah erheben sich die imposanten Felsformationen der verschiedenen Rosengartengipfel und links erlaubt das abfallende Gelände einen weiten Blick ins schöne Südtiroler Land.

Die zweite Gruppe stieg am Sonntag nach dem Frühstück bei tollem Wetter zuerst zum Masaré-Klettersteig auf, durchkletterte diese luftige „Via ferrata" problemlos und gelang danach von der Südseite auf die Rotwandspitze. Leider wurden wir am Gipfel von einer tiefliegenden Wolke empfangen, die den ungehinderten Rundblick beeinträchtigte. Dennoch konnten wir während des Abstieges zum Vajolonpass immer wieder tolle Aus- und Tiefblicke erleben. Von dort ging es teilweise recht steil hinunter zum Hirzelsteig und auf diesem erreichte auch die zweite Gruppe die Kölner Hütte. Beide Gruppen sind nach einer stärkenden Einkehr wieder mit dem Lift zu den Autos am Parkplatz hinuntergefahren.

Vor der Heimfahrt am Sonntag besuchten wir noch eine Station der „König Laurin Schupfenwanderung", die jedes Jahr am zweiten Sonntag im September auf den lieblichen Wiesen vor der großartigen Kulisse des Rosengarten-Gebirgstockes von den Vereinen des Tales veranstaltet wird und circa 10 000 Besucher anlockt. In allen neun Schupfen oder Feldstädeln, die verteilt an einem circa einstündigen Rundwanderweg liegen, gibt es Live-Musik, Brauchtums-Vorführungen, einheimische Spezialitäten, ausreichend zu trinken und gute Stimmung. Das Schnuppern des besonderen Flairs auf diesem Schupfenfest bot einen netten und abrundenden Ausklang der eindrucksvollen Rosengartentouren.

Zum Glück ist der – der Sage nach – nach einem verlorenen Kampf ausgesprochene Fluch des Königs Laurin, wonach niemand mehr seinen schönen Rosengarten erblicken sollte, nur teilweise in Erfüllung gegangen. So kann man diesen wenigstens bei Sonnenauf- und -untergang immer wieder in faszinierenden Farbtönen erblühen sehen. Wir sind sehr zufrieden und dankbar, dass wir den Rosengarten gemeinsam in harmonischen und fröhlichen Gruppen sehen und hautnah erleben durften.

14.10 „Canalone Neri" – Die schwarze Rinne

Auf mehrfachen Wunsch und auch aus eigenem Interesse schrieb ich für das Sommerprogramm 2017 der ÖAV-Sektion Lechtal Klettersteigtouren in den Brenta-Dolomiten aus. Es schien mir jedoch zu wagemutig mit einer großen Gruppe ganz ohne Kenntnisse der Gegebenheiten vor Ort in eine mir gänzlich fremde Gegend aufzubrechen.

Zum Erkunden der geplanten Touren, wozu sich 14 Teilnehmer:innen angemeldet hatten, fuhr ich im Juni 2017 mit Sabrina Hammerle und Mario Posch nach Madonna di Campiglio. Wir parkten beim Rifugio Vallesinella, gingen über das Rifugio Casinei zum Rifugio Brentei. Bereits auf dem Weg zu dieser Unterkunft fiel mir die gewaltige Schneerinne auf, die zwischen zwei imposanten Felstürmen zum Cima Tosa hinaufführte. Am Nachmittag erkundeten wir die noch teilweise mit Schnee bedeckte Via Ferrata Sentiero Centrali und kehrten über das Rifugio Alimonta zur Breintei-Hütte, in unsere reservierte Unterkunft zurück.

Auch am wunderschönen Abend, an dem die Dolomitenwände und Türme von der gelb-rötlichen Sonne angestrahlt wurden, zog es meine Blicke immer wieder auf die gigantisch erscheinende, direkt gegenüber der Hütte gelegene Rinne. Ich fragte mich und konnte mir vorstellen, dass man dieses sehr steile, faszinierende Couloir auch erklimmen könnte.

Als ich bei Sonnenaufgang am wolkenlosen Morgen noch vor dem Frühstück, während meine Begleiter noch schliefen, vor die Hütte ging, bestaunte ich erneut die Canalone Neri, deren Namen wir inzwischen ausfindig gemacht hatten. Erschrocken sah ich dort über den gesamten unteren Teil der Rinne verteilt viele schwarze Punkte und dachte erst an einen während der Nacht abgegangenen Felssturz. Doch beim genaueren Betrachten erkannte ich zahlreiche Bergsteiger, die sich langsam nach oben bewegten. Nun war meine Begeisterung riesengroß und mein Tatendrang fast nicht mehr zu stoppen, sofort wollte ich Sabrina und Mario wecken und sie überreden, auch auf dieser verlockenden Route auf den höchsten Berg der Brenta zu steigen. Bedauerlicherweise war der Grund unseres Hierseins ein anderer. Sabrina und ich erkundeten an diesem Tag zuerst den Sentiero Sosat und anschließend den Sentiero Alfredo Benini, der von der Bocca del Tucket inmitten senkrechter Felswände zum Passo del Groste führt. Leider lagen auf diesem sehr langen, meist nordexponierten Klettersteig die Drahtseile über weite Strecken unerreichbar unter einer tiefen Schneedecke verborgen. Weil auch keine einzige

Spur im Schnee zu erkennen war, wussten wir gleich, dass sich in diesem Jahr noch niemand auf diesen Weg eingelassen hatte. Somit mussten wir mit den Schuhen im Firn trittfeste Stufen schlagen und mit den Handschuhen an den Händen versuchen, möglichst tief im Schnee einen Halt zu finden. Weil wir über bodenlosen Abgründen – völlig ungesichert – nicht das geringste Risiko eingehen durften, war es erforderlich, jeden Tritt und jeden Griff im oberflächlich aufgeweichten Firn gründlich zu prüfen, bevor wir uns darauf verlassen durften. Steigeisen und Eispickel wären sehr hilfreich gewesen, doch mit diesen Verhältnissen hatten wir nicht gerechnet. Es dauerte sehr lange bis wir mit völlig durchnässter Kleidung am sicheren Passo del Groste ankamen und weitere zwei Stunden, bis wir bei unserem Auto waren.

Mit wertvollen Eindrücken, lohnenden Erkenntnissen und der Hoffnung, dass ein paar Wochen später beim Stattfinden der Alpenvereinstour der Schnee in den Klettersteigen geschmolzen war, fuhren wir am Abend nach Hause.

Die Canalone Neri, eine der schönsten und bekanntesten Steilrinnen der Alpen, ging mir nicht mehr aus dem Kopf und bereits am folgenden Wochenende konnte ich dankenswerterweise meinen Bruder Markus dazu gewinnen, gemeinsam mit mir in die Brenta zu fahren, um diese besondere Rinne zu begehen. Am Freitagnachmittag fuhren wir auf der kürzesten, jedoch nicht auf der schnellsten Route, über das Hahntennjoch, das Timmelsjoch, Meran, Ultental, Val di Sole, Dimaro nach Madonna di Campiglio und übernachteten im Rifugio Casinei. Am Samstag stiegen wir entlang einer ebenfalls sehr schönen, durchgängigen Schneerinne, die bei sicheren

Verhältnissen auch für Schitouren bestens geeignet ist, von der Bocca del Tuckett (2 649 m) auf die Cima Brenta (3 124 m). Beeindruckend waren in der Folge die sich gelegentlich bietenden Blicke zwischen Zacken und Türmen hindurch auf den weit unter uns liegenden, tiefblauen Lago di Molveno, der als schönster See im Trentino gilt. Entlang toller Klettersteige ging es weiter zur nächsten Unterkunft, zum Rifugio Brentei, um sehr früh am Sonntagmorgen endlich die coole Rinne in Angriff nehmen zu dürfen.

In der ersten Morgendämmerung, beim Losgehen von der Hütte, sahen wir die Lichter der Stirnlampen von zahlreichen Seilschaften, die sich vor uns auf dem Zustieg zur offensichtlich vielbegehrten Route befanden. Markus und ich schienen die Letzten zu sein und folgten den Vorausgehenden etwas nervös und gespannt auf das uns Erwartende.

Mit Helm, Steigeisen und einem Eispickel ausgestattet benötigten wir circa 4 000 Stufen im schuhtiefen, trittfesten Firn, um die sich über circa 900 Höhenmeter erstreckenden, vierzig bis fünfzig Grad steilen Schneeflächen zu überwinden. Links und rechts von uns erhoben sich senkrechte Felswände, die weit zum Himmel hinaufragten. Mit Markus am kurzen Seil verbunden kamen wir zügig voran, sodass wir eine Seilschaft nach der anderen überholten und fast als Erste den oberen Ausstieg aus der Rinne erreichten. Die Verhältnisse hätten besser nicht sein können, nur öfters vorkommender Steinschlag, vor dem mit lauten, in der Schlucht hallenden Rufen in italienischer Sprache gewarnt wurde, gab Grund zur Sorge.

Dennoch habe ich den Aufstieg durch diese berühmte, mir jedoch erst seit einer Woche bekannten Rinne mit allen Sinnen genossen. Ebenso genießen durften wir die tolle Aussicht von der Cima Tosa (3 135 m), bevor wir in Richtung Süden mit Überwindung einer Abseilstelle zum Klettersteig Sentiero Brentari abstiegen. Diesem Eisenweg folgten wir über die Bocca della Tosa zum Gletscher Vedretta d'Ambiez. Von dort ging es über einen weiteren Pass, Bocca d'Ambiez, zum Weg Sentiero attrezzato Martinazzi, der uns durch ein langes enges Tal zurück zum Rifugio Brentei führte. In dieser teilweise vergletscherten beziehungsweise schneebedeckten, nordexponierten Geländemulde hätte man auch gegen Ende Juni noch eine perfekte Schiabfahrt mit über 1 000 Höhenmeter durchführen können. Beim Abstieg ins Tal wählten wir die landschaftlich lohnende Variante über die nach der Schneeschmelze besonders viel Wasser schüttenden Sarca-Quellen. Der Fluss Sarca mündet, nachdem er sich mit anderen Zuflüssen vereinigt hat, bei Torbole in den Gardasee.

Als ich dann am letzten Wochenende im Juli zum dritten Mal in diese faszinierende Gegend fuhr, waren mir die Gegebenheiten vertraut und ich durfte die ÖAV-Lechtal-Gruppe auf spektakulären Klettersteigen durch die faszinierende Bergwelt der Brenta führen. Mit etwas Stolz, Genugtuung und Freude konnte ich dabei auch auf die erfolgreiche Bezwingung der Canalone Neri hinweisen, die innerhalb der vergangenen fünf Wochen stark ausgeapert war, an vielen Stellen blankes Eis hervorkam und somit mitten im Sommer kaum mehr einfach und sicher zu besteigen gewesen wäre.

Im Winter, drei Jahre später, erklomm mein Bergkollege Daniel Friedle mit einer dreiköpfigen Gruppe im Zuge einer extremen Schitour den Cima Tosa ebenfalls durch die Canalone Neri. Das Spuren im tiefen Pulverschnee und das Mittragen der gesamten Schiausrüstung sei sehr kräfteraubend gewesen. Aufgrund der enormen Steilheit der Rinne konnte sich nur Daniel überwinden, mit den Tourenschi von ganz oben in das exponierte Gelände einzufahren. Aus Sicherheitsgründen trugen die beiden anderen die Schier ein gutes Stück hinunter, bevor auch sie es wagten, diese im akuten Absturzgelände anzuschnallen.

14.11 Überschreitung des Monte Civetta

Immer wieder aufs Neue macht es Freude, bei schönem Wetter durch die beeindruckende Landschaft der Dolomiten zu fahren. So gelangen wir am Freitag zu zehnt nach einer abwechslungsreichen Fahrt über den Brenner, das Puster- und Gadertal, den Campolongo-Pass, durch Arabba, Andraz und Caprile nach Alleghe (1 000 m). Alleghe, der Ausgangspunkt unserer Tour, liegt in der Provinz Belluno, in der Region Veneto, am Lago di Alleghe. Der See ist durch einen Erdrutsch im Jahre 1771 entstanden, wobei mehrere Siedlungen verschüttet beziehungsweise überflutet wurden.

Betroffen machen während der Fahrt die unübersehbaren, zahlreichen, teilweise sehr großflächigen Sturmschäden an den Wäldern. An vielen Hängen und Bergrücken liegen Unmengen an Schadholz, das noch nicht aufgearbeitet wurde. Da wir am Aufstiegsweg zur Hütte das Schild „Non Transitable" oder „Closed" übersehen oder besser gesagt nicht wahrhaben wollen, behindern schon bald sehr viele kreuz und quer über den Weg liegende Bäume und Wurzelstöcke immer und immer wieder das Weiterkommen. Nur mit Mühe und großer Anstrengung können wir diese Hindernisse überwinden beziehungsweise durch Gestrüpp, Stauden und Brennnesseln umgehen.

Am späteren Nachmittag erreichen wir dennoch frohen Mutes das Rifugio Sonino al Coldai (2 135 m), eine am nordöstlichen Fuße des riesigen Civetta-Felsmassivs gelegene, überraschend nette Berghütte mit freundlicher Belegschaft, sehr gutem und reichhaltigem Essen sowie sehr passablen Vierbettzimmern. So wie es bei den ÖAV-Lechtal-Touren Tradition ist, besteigen wir am Abend in letzter Minute vor einem herannahenden Gewitter noch den Hüttengipfel Cima Coldai (2 404 m) auf dem gleich zwei Gipfelkreuze stehen.

Meist in der Morgensonne des Samstags gehend, erreichen wir auf dem Wanderweg Sentiero Tiwan nach 1,5 Stunden den Einstieg zum Alleghesi-Klettersteig. Diese zwar nur als „mittelschwer" beschriebene „Via Ferrata" fordert wegen ihrer Länge und ihren 880 Höhenmetern doch einiges an Kraft und Ausdauer! Im oberen Teil des Aufstiegs werden wir von Nebelfetzen eingehüllt. Um die Mittagszeit genießen wir am Gipfel des Monte Civetta (3 220 m) durch sich immer wieder auftuende Nebellücken imposante Aus- und Tiefblicke auf einen uns unbekannten Teil der südöstlichen Dolomiten.

Um nicht in ein Gewitter zu kommen, steigen wir möglichst zügig, aber dennoch äußerst vorsichtig und konzentriert zum Rifugio Maria Vittorio Torrani (2 984 m) ab. Gleich geht es auf der Via Normale, auch Torrani-

Klettersteig genannt, durch schroffes, felsiges und steiles Gelände, das nur abschnittsweise mit Drahtseilen gesichert ist, weiter abwärts. Nach fast 1 000 Höhenmeter Abstieg kommen wir endlich zum wohltuenden Wanderweg, der uns mit einigen Gegenanstiegen rechtzeitig vor dem einsetzenden Regen zurück zur Hütte führt.

Wir alle freuen uns sehr, diese eindrucksvolle, großartige, neun Stunden dauernde Monte Civetta-Überschreitung so gut, schön und erfolgreich gemeistert zu haben und verbringen einen netten und harmonischen Abend im uns sympathischen Rifugio Coldai.

Gut gegen den leichten Regen geschützt, gehen wir am Sonntag über den Forcella Coldai zum malerisch unter den senkrechten Civetta-Felswänden gelegenen Lago di Coldai, weiter über den Forcella Negro di Coldai (2 200 m) und dann auf einem schmalen, steilen Steig, der wegen Nässe auf glatten Felsen, rutschigen Wurzeln und schmieriger Erde sehr viel Aufmerksamkeit erfordert, hinunter zum Parkplatz in Alleghe. Für ein würdiges Abschlussessen des tollen Touren-Wochenendes finden wir im Gadertal eine sehr nette Pizzeria, wo wir nochmals dankbar und zufrieden auf die bestens und sicher gelungenen Civetta-Touren zurückblicken, bevor wir dann am frühen Abend mit unvergesslichen Eindrücken wieder gesund und froh daheim ankommen.

14.12   Die Parseierspitze im Winter

Am Samstag vor dem zweiten Adventsonntag fuhr ich mit meinem Sohn David zum Pitztaler Gletscher, um meine neuen Alpinschi auszuprobieren. Bei schönstem

Wetter und besten Pistenverhältnissen machte uns das Schifahren viel Spaß. Während der Gondelfahrten hinauf zum höchstgelegenen Café Österreichs auf dem 3 440 Meter hohen Brunnenkogel fielen mir immer wieder Fußspuren im Schnee auf, die im felsdurchsetzten Gelände zum Mittagskogel führten. Als wir vor der letzten Abfahrt von der Aussichtsplattform am Gipfel des Brunnenkogels die Parseierspitze erblickten, kam mir plötzlich die Idee, am kommenden langen Wochenende den höchsten Gipfel der Lechtaler Alpen zu erklimmen. Wenn der Schnee auch dort so gut und tragfähig wäre, sollte dieses Vorhaben machbar sein, denn für meine geliebten Schitouren fehlt die weiße Pracht!

Emanuel Lang, Sabrina Hammerle, Simone Dreer und Michael Birli waren von meinem Plan ebenfalls begeistert und so trafen wir uns am Marienfeiertag, am 8. Dezember 2016, um 06:45 Uhr in Boden. Zu fünft fuhren wir übers Hahntennjoch und kurz nach 08:00 Uhr starteten wir unsere Bergtour am Parkplatz (1 080 m) in der Nähe des Schwimmbades in Grins.

Bei wunderbarem Herbstwetter gingen wir auf aperem Boden, teilweise auf gefrorenen Wegen und Steigen, durch Wald, Wiesen, Weiden und Latschenfelder lange aufwärts. Erst auf circa 1 900 Meter Meereshöhe erreichten wir die geschlossene Schneedecke. Der Schnee war hart und tragfähig, sodass wir auch auf dem geänderten Untergrund vorerst gut vorankamen. Auf dem schneegefüllten, gefrorenen Steig durch die abschüssigen Grashänge aus dem Gasilltal schräg hinaus zur Augsburger Hütte, die fast schwindelerregend an einem steilen Geländerücken haarscharf an senkrechten Abgründen steht, musste man sehr gut aufpassen, damit man nicht ausrutschte, denn neben dem Weg hätte es auf dem steilen, mit Felswänden durchzogenen Gelände kein Halten gegeben. Hier begegneten wir einigen Steinböcken, die auf den goldgelben Grashängen, an denen der Schnee abgerutscht war, genug Futter fanden. Auch imposante, kapitale Böcke präsentierten sich stolz in nächster Nähe unseren bewundernden Blicken. Auf der Sonnenterrasse der sich im Winterschlaf befindlichen Augsburger Hütte (2 289 m) machten wir eine kurze, angenehme Rast und blickten hinunter ins Tal sowie in die in dunklen Schatten liegenden Siedlungen auf der anderen Talseite.

Auf dem Weiterweg wurde es aufgrund der starken Sonneneinstrahlung sehr warm, sodass manche von uns kurzärmelig gingen. Leider wurde dadurch auch der Schnee sehr weich. Bei jedem Schritt brach man mehr oder weniger tief ein. Da das Gelände von der Hütte hinauf zum Gatschkopf sehr rau und uneben ist, wusste man nie, in welcher Tiefe der nächste Tritt enden würde. Dieses unregelmäßige Einsinken war sehr mühsam und verbrauchte viel Kraft. Wir kamen nur ganz langsam voran und versuchten so gut es ging, Felsinseln oder schneeärmere Rücken anzusteuern, um dem lästigen und kräfteraubenden Einsinken wenigstens ab und zu einmal auszuweichen. Obwohl ich mittlerweile nicht mehr daran glaubte, erreichten wir nach 5,5 Stunden das Gipfelkreuz am Gatschkopf (2 945 m). Wir waren sehr froh, nach diesen Mühen und Plagen, wenn schon nicht unser Ziel, aber wenigstens einen Gipfel mit traumhafter Aussicht erreicht zu haben.

Sabrina Hammerle und Simone Dreer vor der Parseierspitze

Zu diesem Zeitpunkt dachte ich überhaupt nicht mehr daran, auch noch das Erklimmen der Parseierspitze in Angriff zu nehmen, denn die winterlichen Bedingungen, sowohl auf der Normalroute als auch über den Ostgrat zum Gipfel, sahen alles andere als einladend und kaum machbar aus. Daher war es mein Plan, zur Patrolscharte zu gehen und dann durch das Gasilltal wieder abzusteigen. Auf der abgewehten Patrolscharte (2843 m) blieben wir kurz stehen und blickten nochmals über den ausgesetzten, bedrohlich wirkenden und bald im Schatten liegenden Ostgrat hinauf zum geplanten Ziel des Tages, zum Gipfel der Parseierspitze.

Für mich war es klar, nun sofort den langen Abstieg durch tiefen Schnee in Angriff zu nehmen. Emanuel meinte, er würde nur noch kurz zum nahen Einstieg am Ostgrat hinüberstapfen. „Was tun wir jetzt", fragte ich währenddessen die drei anderen. Simone antwortete spontan: „Hinaufgehen!" Auch Michael schloss sich sofort ihrer Meinung an. Ebenso gab Sabrina klar zu verstehen, dass auch sie es noch nicht aufgegeben hatte, das ursprüngliche Tagesziel zu erreichen. Diese Antworten auf meine Frage hätte ich aufgrund des hinter uns liegenden, mühsamen und langen Aufstiegs über 1 900 Höhenmeter und der fortgeschrittenen Tageszeit gewiss nicht erwartet!

Diese unglaubliche Motivation und Euphorie meiner jungen Begleiter:innen konnte und wollte ich in diesem Moment nicht zerstören. Daher zogen die beiden Mädels und ich nun die Klettergurte an. Wir banden Sabrina und Simone in kurzem Abstand in das Seilende ein. Das andere Ende des 25 Meter langen Seils befestigte ich an meinem Gurt. Ich war mir immer noch sicher, dass wir die ersten Kletterstellen am Ostgrat, die ich bei sommerlichen Verhältnissen (UIAA III) gut kenne, bei Schnee und Eis mit den wenig erfahrenen Kletterinnen nicht schaffen würden und es dann alle von sich aus einsehen würden, dass Umkehren und Absteigen die einzig richtige und vernünftige Entscheidung sei. Ich machte den Vorstieg, danach folgten Sabrina und Simone am Seil. Emanuel und Michael – beide sind Mitglieder der Bergrettung – kletterten frei und sollten den beiden wagemutigen Damen beim Klettern etwas behilflich sein. Sehr oft erleichtert Schnee das Besteigen eines Berges. Von vielen Schitouren weiß ich, dass fester Schnee sehr oft eine „Leiter" zum Gipfel darstellt. An diesem Tag war es leider nicht so. Tiefer, durchgefrorener, bröseliger Schnee machte das Weiterkommen sehr mühsam, verdeckte die ohnedies spärlich vorhandenen Griffe und Tritte. Aufgrund der geringen Festigkeit der Schneedecke sank ich immer wieder in tiefe Felsklüfte und Spalten ein und konnte mich nur mit Mühe wieder herauswinden, ohne dabei abzurutschen. An einem passenden Standplatz legte ich das Seil um einen markanten Felszacken und ließ die beiden nachkommen. Ich konnte es kaum glauben, aber schon bald hatten alle die ersten Schwierigkeiten am ausgesetzten Grat überwunden und machten nicht den Eindruck aufgeben zu wollen.

Von jetzt an gab es für mich nur noch die Flucht nach vorn, das heißt, hinauf zum Gipfel! Bei meinen früheren Begehungen des Ostgrates hatte ich den Eindruck gewonnen, dass der Grat immer einfacher wird, je höher man hinaufkommt. Diesmal aber blieb er durchgehend schwierig, der Schnee war hinderlich und oft musste ich erst Schneewechten aus dem Weg räumen, um weiterzukommen, weil es absolut unmöglich war, im lockeren Schnee auch nur ein wenig Halt zu finden. Ich konzentrierte mich sehr auf das Sichern meiner Nachsteigerinnen und so kamen wir zwar langsam, aber recht souverän von Seillänge zu Seillänge voran.

Gerade noch rechtzeitig vor Sonnenuntergang erreichten wir gegen 16:15 Uhr den höchsten Gipfel und den einzigen 3 000er sowohl der Lechtaler Alpen als auch der gesamten nördlichen Kalkalpen. Acht Stunden und zehn Minuten nach dem Aufbruch am Morgen standen wir auf der Parseierspitze (3 036 m). Im kaum wärmenden, gelb-rötlichen Licht der tiefstehenden Sonne machten wir ein paar Fotos, um dieses einzigartige Erlebnis auch bildlich festzuhalten. Kein Wind, eine für die Höhe recht angenehme Temperatur und der grandiose Ausblick auf unzählige im letzten Sonnenlicht stehende Bergspitzen ließen diese Eindrücke unvergesslich werden. Wirklich genießen konnten wir dieses außergewöhnliche Gipfelerlebnis aber nicht, denn die Sorge um das Gelingen des bevorstehenden Abstiegs, besonders durch die circa 250 Meter hohe Südflanke (UIAA I-II) auf den Grinner Ferner überragte die Freude am Gipfelsieg.

Aufs Äußerste konzentriert und sehr vorsichtig begannen wir um 16:30 Uhr unseren circa 2 000-Höhenmeter-Abstieg, der wegen der nahenden Finsternis, der ungünstigen Schneeverhältnisse und der Eisbildung am Fels recht fordernd erschien. Emanuel ging voraus und versuchte nach Möglichkeit, die markierte Sommerroute zu finden. Immer wieder fand er an senkrechten, aus dem Schnee herausragenden Felsen rote Punkte. Als Zweiter folgte Michael, der Simone und Sabrina beim Abklettern etwas behilflich war. Ich versuchte die beiden Mädels so gut es ging, möglichst immer am gespannten Seil zu sichern. Wegen Schnee und des gefrorenen Schmelzwassers auf blankem Fels kamen wir nur sehr langsam voran. Wir kletterten sehr behutsam, recht sicher und überlegt.

Inmitten der Wand wurde es finster, wir mussten die Stirnlampen aufsetzen und einschalten. Für Emanuel und Michael wurde es trotz der guten Lampen in der Dunkelheit immer schwieriger, den richtigen Weg zu finden. Um möglichst schnell und einfach nach unten zu gelangen, war es von Bedeutung, auf dem Sommerweg zu bleiben. Nur ganz selten und ganz kurz konnten wir uns einen Blick hinauf zu den leuchtenden Sternen am Firmament und tief hinunter in die weihnachtlich beleuchteten Dörfer erlauben. Unglaublich, wie hoch eine circa 250 Meter hohe Felswand sein kann und wie lange es dauert, bis man diese bei winterlichen Verhältnissen und bei Dunkelheit abgeklettert hat!

Auch der Abstieg durch die Felsstufe in die Gasillschlucht unterhalb des Grinner Ferners war schwer zu finden, weil der Wegverlauf im tiefen Schnee nicht erkennbar war und auch kaum Markierungen auszukundschaften waren. Da wir auf dem weiteren Weg hinunter bis zur Querung zur Augsburger Hütte tief in den Schnee einbrachen, verursachte die harte Harschschicht im Laufe der Zeit Schmerzen und blaue Stellen an den Schienbeinen. Im hellen Schein der Stirnlampen konnte der weitere, uns recht lang erscheinende Abstieg gut und sicher bewältigt werden. Erst gegen 21:30 Uhr erreichten wir müde, hungrig und durstig unser Auto. Circa 13,5 Stunden waren wir fast ohne Pausen unterwegs!

Leider hatte die Pizzaküche in der Autobahnraststätte Trofana Tirol in Mils schon zu und auch sonst gab es dort außer Salat keine Speisen mehr. Wir versuchten daher in der Werkstatt in Imst, Hunger und Durst zu stillen. Über große Matterhorn-Burger mit Spiegelei und Pommes, die es dort geben soll, wurde bereits während der Autofahrt zu diesem verheißungsvollen Lokal appetitanregend geredet. Unter den verwunderten Blicken der mehrheitlich nobel gekleideten Lokalbesucher gingen wir in unseren Bergklamotten abgekämpft, aber zielstrebig zu einem freien Tisch. Sofort wurden die vorgefundenen Speisekarten inspiziert und jeder fand schnell das Gericht seiner Gelüste. Als der Kellner dann endlich einmal den Weg zu unserem Tisch fand, wusste er nichts anderes zu berichten, als dass der Koch bereits um 22:00 Uhr heimgegangen und die Küche geschlossen sei. Anstelle fester Nahrung schmeckten Bier und Radler hervorragend und die angeregten Gespräche über diese außergewöhnlichen, verrückten und eindrucksvollen Erlebnisse während des langen Tages ließen die Zeit wie im Fluge vergehen.

Wir sind sehr zufrieden, froh und dankbar, dass diese besondere Bergtour so gut und problemlos verlaufen ist. Normalerweise hätte man diese Tour spätestens beim Aufstieg bei der Augsburger Hütte im tiefen Schnee abbrechen müssen. Nur aufgrund der großartigen Motivation, der hervorragenden Kondition, der Gewandtheit am Berg sowie auch wegen der mentalen Belastbarkeit aller Teilnehmer:innen war es möglich, dieses besondere Vorhaben, trotz der ungünstigen Schneeverhältnisse plangemäß zu Ende zu bringen. Ich gratuliere besonders Sabrina und Simone zum erfolgreichen Bewältigen dieser Extremtour, die an diesem Tag Anforderungen abverlangte, die durchaus mit jenen in den Westalpen vergleichbar sind.

14.13 Dom und Zinalrothorn

Nach dem plötzlichen und zum Glück gerade noch gut ausgegangenen Ende der vergangenen Schitourensaison, wo wir am Mont Blanc um Haaresbreite einer Lawine entkommen sind (2.8) und nach ein paar Wochen Abstand zum schockierenden Ereignis, macht Sabrina den Vorschlag im Sommer die Dom-Besteigung zu versuchen. Rasch findet dieser Plan bei der ganzen Gruppe Gefallen, das Vorhaben wird organisiert und umgesetzt. So starten wir, mein Bruder Markus (4.4), Sabrina Hammerle, Fredi und Maria Kerber, Emanuel Lang und ich am Freitag, 10. August 2018, um die Mittagszeit im Lechtal, fahren über Flexenpass, Chur, Oberalp- und Furkapass ins Wallis. Gerade rechtzeitig zum Abendessen erreichen wir das uns bereits gut bekannte und bewährte Hotel Bergfreund in Herbriggen im Mattertal.

Am nächsten Morgen fahren wir nach Randa (1 400 m), parken unser Auto im Parkhaus und steigen über 1 550 Höhenmeter zur Domhütte (2 940 m) auf. Dabei überqueren wir die längste Hängebrücke der Welt, die 2017 erbaut wurde und sich als Teil des Europaweges mit einer Länge von 494 Meter über einen ständig dem Steinschlag ausgesetzten Steilhang spannt. Am Nachmittag machen wir noch eine Erkundungs- und Akklimatisationstour zum Festigletscher, wo wir auf einer Höhe von circa 3 600 Meter unsere Steigeisen anprobieren und am blanken Eis testen können.

Mit Stirnlampen ausgestattet steigen wir am frühen Morgen des nächsten Tages wieder entlang der bereits am Vortag erkundeten Route erst auf steinigem Weg, dann über grobes Blockwerk und später über Schnee und Gletschereis auf. Bereits auf diesem Weg brechen die Steigeisen von Markus auseinander. Er beschließt dennoch, ohne diese für Hochtouren unentbehrlichen Hilfsmittel so weit wie irgendwie möglich weiterzugehen. Die steile Felsflanke am Ende des Gletschers hinauf zum Festijoch wird in der Morgendämmerung mit leichter Kletterei gut und rasch überwunden. Zu fünft stapfen wir auf hartem, festem Schnee und zwischendurch über Felsgelände über den steilen, teilweise ausgesetzten Festigrat zum Gipfel des Doms (4 545 m).

Markus gelingt es auf dem Normalweg das Tagesziel auch ohne Steigeisen zu erreichen. Bei freundlichem, sonnigem Wetter mit ein paar Nebelfetzen um die hohen Bergspitzen herum genießen wir einen wunderbaren Ausblick vom höchsten Berg der Schweiz, der zur Gänze auf Schweizer Boden steht. Über den Normalweg steigen wir ab und erreichen gegen 13:00 Uhr wieder die Domhütte. Dort verbringen wir einen gemütlichen Nachmittag und eine weitere Nacht im Lager. Gelassen und entspannt nehmen wir am nächsten Morgen bei noch recht gutem Wetter den langen Abstieg hinunter nach Randa in Angriff. Ein großes Teilstück des Weges unterhalb der Hütte verläuft durch steiles, felsdurchsetztes Gelände, das beim Hinuntersteigen hohe Konzentration erfordert.

Laut der Wetterprognose, die wir von der freundlichen Dame im Tourismusbüro in Randa erhalten, soll es zwar am Nachmittag etwas Regen geben, aber morgen schon wieder viel besser sein und für Mittwoch ist perfektes Bergwetter angesagt. Somit beschließen wir, wie bereits am Vorabend in Erwägung gezogen, einen weiteren kühnen Viertausender, das Zinalrothorn, in den Fokus zu nehmen. Dazu wollen wir heute noch mit der Bahn nach Zermatt (1 600 m) fahren, etwas Essen zum Mitnehmen kaufen und zur Rothornhütte (3 198 m) aufsteigen. Der inzwischen einsetzende starke Regen veranlasst uns, vor dem Verlassen des Bahnhofes in Zermatt die komplette Regenbekleidung anzuziehen. Doch schon bald hört der Regen auf und wir können den langen Hüttenzustieg über 1 600 Höhenmeter vollkommen trocken und bei idealem Wanderwetter bestmöglich hinter uns bringen.

Entgegen der im Tal erhaltenen Prognose ist das Wetter am Dienstag leider nicht so gut wie erwartet. Daher brechen wir mit einer Stunde Verspätung zu einer Erkundungstour Richtung Zinalrothorn auf. Bei Nebel und teilweise schlechten Sichtverhältnissen ist das Finden des Weges aber nicht so schwierig, wie wir es am Vorabend beim Studieren von Karten und Beschreibungen sowie bei Gesprächen mit zwei Bergsteigern aus Berchtesgaden befürchtet haben. Nach mehreren Stunden Aufstieg über Blockwerk, Schnee, Felsstufen und Gletscher müssen wir auf einer Höhe von knapp 4 000 Meter am Ende des Firngrates zu Beginn der Felsen im mehrere Zentimeter tiefen Neuschnee umdrehen. Bei Schnee und Nässe können wir auch nach mehreren Versuchen nicht einmal die ersten Kletterpassagen finden und überwinden.

Zu diesem Zeitpunkt sind wir so gut wie sicher, auch morgen hier keine brauchbaren Verhältnisse zur Besteigung des heiklen Kletterberges vorzufinden. Da es am Nachmittag und auch am Abend immer wieder regnet und in der vom Nebel verhüllten Gipfelregion vermutlich schneit, schwindet die Hoffnung, die Tour zum Zinalrothorn doch noch machen zu können, auf ein absolutes Minimum. Nur weil das Wetter am Mittwoch sehr gut sein soll, können wir uns nach längerer Diskussion in der Hütte darauf einigen, am nächsten Morgen nicht gleich abzusteigen und heimzufahren, sondern nochmals zum Firngrat hinaufzugehen, um dort wenigstens jene tolle Aussicht zu genießen, die uns am Vortag verwehrt geblieben ist.

Ich kann es kaum glauben, aber es ist tatsächlich wahr: Als ich nach einer kurzen Nacht um 03:00 Uhr vor die Hütte gehe, gibt es keinen Nebel mehr, sondern ich sehe mit Freude unzählige Sterne am wolkenlosen Firmament.

Um 03:30 Uhr gibts Frühstück und um 04:30 Uhr starten wir nochmals mit voller Ausrüstung bepackt in Richtung unseres längst aufgegebenen Zieles. Im Schein unserer Stirnlampen kommen wir auf dem uns bereits bekannten Weg zügig voran und schon vor 07:00 Uhr erreichen wir den mächtigen Gipfelaufbau des Zinalrothorns, der sich von der Morgensonne gelbrötlich beschienen kontrastreich vom tiefen Blau des Himmels abzeichnet.

Zu unserer großen Überraschung ist der meiste Schnee vom Vortag bereits geschmolzen und der Fels scheint, was wir uns nicht erklären können, sehr gut abgetrocknet zu sein. Wir einigen uns sofort bis zur Gabel zu klettern, das ist jene Stelle, an welcher der Normalweg auf den Rothorngrat trifft. In drei Zweierseilschaften überwinden wir das meist recht einfache Klettergelände rasch und problemlos. Dort angekommen beginnen Markus und Fredi wegen der sehr guten Verhältnisse und ohne Worte zu verlieren, sofort mit dem weiteren Aufstieg Richtung Gipfel. Emanuel und Sabrina folgen als Nächste und zum Schluss klettern Maria und ich über den tollkühnen Grat dem Horizont entgegen. Die abschüssige, steil in die Westwand abfallende Binerplatte, die zurecht berüchtigte Schlüsselstelle der Tour, wird bestmöglich gesichert, mit großer Sorgfalt und äußerster Vorsicht überwunden. Auch wenn sich der Grat unvermutet in die Länge zieht, macht das Klettern auf meist gutem und festem Fels viel Spaß. Immer wieder dürfen wir die atemberaubenden Tiefblicke links und rechts der Route genießen.

Beim Aufstieg zum Zinalrothorn

Da überhaupt nicht mehr für möglich gehalten, können wir es kaum fassen, nach circa sechseinhalb Stunden Aufstiegszeit beim Gipfelkreuz auf dem Zinalrothorn (4 221 m) zu stehen. Die Bezeichnung „Horn" wird diesem tollkühnen Zacken von allen Walliser Bergen am ehesten gerecht, weil er tatsächlich wie ein Horn aussieht. Wir befinden uns inmitten einer grandiosen Bergwelt, umgeben von vielen Viertausendern, einige davon habe ich bereits erklommen, ein paar weitere stehen noch erwartungsvoll auf meiner ehrgeizigen Wunschliste. Mit konzentriertem Abstieg und fünfmaligem Abseilen über jeweils circa 50 Meter kommen wir zügig und sicher wieder zum Fuße des Felsmassives hinunter.

Gegen 15:30 Uhr erreichen wir die Rothornhütte, erleichtern uns von der warmen Winterbekleidung, packen die hinterlegten Hüttensachen in unsere Rucksäcke und schon bald gehts weiter talwärts.

Dabei zieht es unsere Blicke immer wieder hinüber auf die andere Talseite, wo die frisch beschneiten und in der Nachmittagssonne liegenden Berge der Monte-Rosa-Gruppe in makellosem Weiß erstrahlen. Beim Berggasthaus Hotel du Trift auf 2 336 m machen wir eine kurze Pause und gönnen uns ein wohlschmeckendes Bier. Gut gelaunt und frohen Mutes setzen wir schon bald unseren Abstieg fort und erreichen nach mehr als 2 600 Meter Höhenverlust, mit scheinbar immer schwerer werdenden Rucksäcken, gegen 18:00 Uhr das turbulente Zentrum von Zermatt mit Tausenden von Menschen. Markus muss seine geliehenen Steigeisen zurückgeben und nach einem kurzen Dankesbesuch in der Kirche befreien wir unsere Mägen mit einer pikanten Pizza vom Hunger.

Laut Datenaufzeichnung waren wir in den letzten Tagen circa 42 Stunden auf den Füßen, haben dabei circa 7 300 Höhenmeter im Auf- und Abstieg bewältigt und circa 50 Kilometer Wegstrecke zurückgelegt. Mit der Bahn fahren wir um 20:13 Uhr von Zermatt nach Randa, wo wir uns im Parkhaus umziehen und das Auto beladen. Da einige von uns am nächsten Tag arbeiten müssen, beginnen wir exakt um 21:00 Uhr die lange Heimreise, die uns über die Bahnverladung am Lötschberg, Bern, Zürich und Bregenzer Wald wieder ins Lechtal führt. Markus löst mich nach ein paar Stunden dankenswerterweise beim Fahren ab, doch auch als Beifahrer kann ich nicht wirklich entspannen und schlafen.

Nach dem Duschen liege ich um 04:30 Uhr endlich wieder daheim in meinem vertrauten Bett. Obwohl ich sehr müde bin, kann ich nach 25,5 Stunden lückenloser Aktivität, Belastung und Konzentration lange nicht einschlafen, weil all die intensiven und großartigen Eindrücke der letzten Tage meine bunte, vielfältige Gedankenwelt noch länger auf Trab halten. Auf jeden Fall bin ich sehr froh, dankbar, zufrieden und glücklich, dass auch die Touren zum Dom und zum Zinalrothorn so gut, so schön und sicher gelungen sind! Dafür danke ich allen, die mit dabei waren und ganz besonders meinem Bruder Markus, der mit viel Erfahrung, Geduld und Humor ganz Wesentliches zum Gelingen dieser unvergesslichen hochalpinen Challenge beigetragen hat.

14.14   Spontane Tour zum Mont Blanc

Zu fünft, Daniel Friedle, Fredi und Maria Kerber, Yvonne Wolf und ich, erreichen wir am Freitag, 5. Juli 2019, gegen 14:00 Uhr Chamonix. Nach dem Umziehen beim Auto und dem nochmaligen Checken der Ausrüstung kaufen wir die Karten für die Gondelfahrten auf die Aiguille di Midi. Aufgrund des großen Andranges erhalten wir an der Kasse Platzkarten und die Info, circa zwei Stunden Wartezeit in Kauf nehmen zu müssen. Somit sind wir erst gegen 16:30 Uhr an der Reihe und die Gondeln bringen uns recht rasch von 1 030 auf 3 842 Meter. Mit Steigeisen und Seilsicherung kommen wir gerade rechtzeitig zum Abendessen auf das Refuge des Cosmiques (3 613 m).

Da der Wetterbericht auf einmal nur noch für Samstag brauchbare Bedingungen verspricht, ändern wir unseren Plan und beabsichtigen bereits am nächsten Tag – leider ganz ohne Akklimatisierung – die Mont-Blanc-Überschreitung auf der Cosmiques-Route zu versuchen.

Ein wunderschöner Abend mit traumhaften Ausblicken und einem tollen Sonnenuntergang geht rasch vorbei. Bereits um 00:00 Uhr, noch bevor ich richtig einschlafen kann, beginnen die ersten Mont-Blanc-Aspiranten im Lager zu werkeln, mit ihren Lampen zu funzeln; an Schlaf ist nicht mehr zu denken. Gleich nach 00:30 Uhr stehen auch wir auf, um rechtzeitig um 01:00 Uhr beim einfachen Frühstück zu sein.

Angeseilt, mit Steigeisen an den Schuhen und in den Lichtkegeln der Stirnlampen beginnen wir um 01:45 Uhr unsere Tour mit dem Abstieg zum Col du Midi (3 530 m). Bei bedecktem Himmel, in stockfinsterer Nacht sehen wir nur die Lichterketten der Bergsteiger, die vor uns durch die steile Flanke zur Schulter des Mont Blanc du Tacul hinaufsteigen. Nach einer nicht gerade einfachen Spaltenquerung erreichen auch wir diese Schulter, es beginnt der Abstieg zum Col Maudit (4 035 m) und der respekteinflößende Aufstieg durch äußerst steile, schneebedeckte Eisflanken zum Col du Mont Maudit (4 354 m).

Trotz unangenehmen Windes, kalter Finger und Zehen können wir der Versuchung nicht widerstehen und nutzen die Gelegenheit zu einem Abstecher auf den Mont Maudit (4 465 m). Auf sehr hartem Schnee, meist auf den Frontzacken unserer Steigeisen, gelangen wir zügig auf diesen markanten Gipfel. Nach kurzer Rast geht es gleich wieder hinunter zum Col de la Brenva (4 305 m). Nun folgen noch 500 äußerst mühsame, sehr lange und weit empfundene Höhenmeter hinauf zum Gipfel des Mont Blanc (4 810 m), den wir nach circa sechseinhalb Stunden, gegen 08:15 Uhr erreichen. Aufgrund der unwirtlichen Bedingungen und der Sorge vor einem Wetterumschwung verweilen wir nur kurz auf dem sehr begehrten, höchsten Punkt der Alpen, der von Bergsteigern aus der ganzen Welt auf verschiedenen Routen angestrebt wird.

Über den Bossesgrat führt uns der Weg hinunter zum Vallot-Bivac (4 362 m), in das wir uns, so wie auch einige andere, zum windgeschützten Stärken und Rasten hineinsetzen. Nach der doch recht fordernden Tour in ungewohnter Höhe, drei Stunden bei Nacht und vier Stunden im Nebel, haben wir diese Regenerationspause dringend nötig. Danach geht es weiter abwärts zum Col du Dôme (4 235 m) und noch einmal hinauf zum Dôme de Goûter (4 304 m). Entgegen der befürchteten Wetterverschlechterung klart es zu unserer Freude auf, die Sonne kommt hervor und wir können plötzlich das uns umgebende phänomenale Panorama mit den höchsten Gipfeln der Alpen bestaunen. Nur die Kuppe des zuvor überschrittenen „Weißen Berges" bleibt unter einer Nebelhaube verborgen.

Noch immer angeseilt und mit Steigeisen geht es nun über makellos weiße, perfekt glatte, im Sonnenlicht glänzende und sich kontrastreich von den Sommerfarben des Tales abhebende Schneeflächen hinunter zum Refuge du Goûter (3 814 m). In dieser tollkühn am Abgrund stehenden, vor ein paar Jahren in Form eines elliptischen Zylinders neu errichteten Berghütte, die in vielen Medien als eine der modernsten Unterkünfte in den Alpen was Konstruktion, Energie- und Wasserversorgung, Abwasserbeseitigung sowie Wärmedämmung betrifft, vorgestellt wurde, kehren wir kurz ein; es ist bereits Mittag. Die nächsten 400 Höhenmeter unseres Abstieges führen über grobes Blockwerk durch eine steile Felsflanke talwärts, die sehr brüchig und über weite Strecken mit Drahtseilen gesichert ist. Bevor wir dieses uns unheimlich erscheinende Gelände verlassen, müssen wir noch den Grand Couloir queren, durch den fast laufend, ganz besonders bei Sonneneinstrahlung, Felsbrocken und Geröll hinunterkollern. Der

Gefährlichkeit und der vielen Unfälle wegen wird dieser Bereich auch „Todes-Couloir" genannt. In sorgfältig ausgekundschafteten Steinschlagpausen gelangen wir einzeln und sicher durch diese circa 30 Meter breite Schnee- und Geröllrinne. Das Refuge de la Tête Rousse (3 167 m) bleibt links liegen und wir gelangen an einem aussichtsreichen Bergrücken zu einer kleinen Hütte. Wie sich bald herausstellt, ist das die mit einem Nepalesen besetzte Kontrollstation, an der die Bergsteiger im Aufstieg nur dann vorbeigehen dürfen, wenn sie eine bestätigte Hüttenreservierung und die Begleitung eines Bergführers vorweisen können.

Nach einer weiteren Stunde Abstieg über steinige Wege und aufgeweichte Schneefelder gelangen wir gegen 15:15 Uhr zur Station „Nid d'Aigle" (Adlernest, 2 380 m). Wir schätzen es sehr, dass wir nach 13,5 Stunden, nach circa 1 600 Höhenmeter im Auf- und circa 2 900 Höhenmeter im Abstieg nun zuerst die „Tramway du Mont Blanc", die höchste Zahnradbahn Frankreichs, und dann die Gondelbahn „Bellevue" nach Les Houches (1 010 m) hinunter nutzen dürfen und von dort mit dem Bus zurück nach Chamonix fahren können. Als Kontrast zur Kälte am Berg ist die drückende Sommerhitze in der Stadt in warmer Unterwäsche, Bergklamotten, Bergschuhen und mit den schweren Rucksäcken fast unerträglich. Müde, durstig und ausgelaugt empfinden wir das lange Gehen auf den Asphaltwegen – weil wir versehentlich viel zu früh aus dem Bus ausgestiegen sind – eher noch mühsamer als das Erklimmen der Viertausender.

Wie erwartet ist die Suche nach einer geeigneten Unterkunft zur Hauptsaison in der berühmten, viel besuchten Alpenstadt nicht einfach; dennoch finden wir nach einigen Fehlversuchen ein passendes Hotel, in dem wir nach einem langen, ereignisreichen und unvergesslichen Tag sehr tief und gut schlafen. Zuvor aber wird bei einem guten Essen im lebhaften Zentrum der Stadt auf die erfolgreiche Tour angestoßen und in gut gelaunter Runde die Gipfelsiege gebührend gefeiert. Wir sind sehr froh und dankbar, dass diese kurzfristig geplante Mont-Blanc-Aktion so gut und sicher gelungen ist, und kommen nach einer recht entspannten Fahrt am Sonntagnachmittag zufrieden daheim im Lechtal an.

14.15 Großartige Hochtouren im Sommer 2021

Die Hochtouren im Sommer 2021 im Reich der Viertausender waren für mich ganz besonders eindrucksvoll und erfolgreich. Daher möchte ich versuchen, die wichtigsten Erlebnisse schriftlich festzuhalten. Dank meiner motivierten Begleiterinnen und Begleiter sind trotz des nicht immer idealen Wetters Touren gelungen, an die ich mich erst in letzter Zeit herangewagt habe; Ziele, die für mich noch vor wenigen Jahren undenkbar waren. Ich bin äußerst dankbar und sehr zufrieden, dass es möglich war, innerhalb von nur sechs Wochen fünfmal zu den hohen Bergen in der Schweiz, in Italien und Frankreich zu fahren und immer gesund heimzukommen.

14.15.1 Hochtouren in der Bernina

Am Montag, dem 19. Juli 2021, kommen wir am Nachmittag nach einer angenehmen Fahrt bei schönem Wetter in Pontresina an. Die Zwillingsschwestern Andrea und Veronika

Huber und ich packen unsere Rucksäcke und gehen durchs Val Roseg zur Tschierva-Hütte (Chamanna da Tschierva) (2 583 m), die wir gerade rechtzeitig zum Abendessen erreichen. Am nächsten Morgen gehen wir zur Fuorcla Prievlusa, steigen über den Biancograt zum Pizzo Bianco (3 993 m) und überklettern den Grat zum Piz Bernina (4 048 m), den einzigen Viertausender in den Ostalpen. Weiter gehts über den Spallagrat mit ein paar Abseilstellen hinunter auf den Gletscher und auf diesem zum Rifugio Marco Rosa (3 597 m). Alle Kletterstellen sichern wir an guten Standplätzen, sowohl im Vor- als auch im Nachstieg. Die „Leiter zum Himmel", wie der Biancograt auch genannt wird, können wir auf festem Firn seilfrei erklimmen. Traumhaftes, beständiges Bergwetter und beste Bedingungen auf den mit Schnee bedeckten Eisgraten lassen diese Tour zu einem ganz besonderen, völlig stressfreien Erlebnis werden.

Andrea und Veronika Huber am Biancograt

Nach der Übernachtung in der übervoll belegten Hütte gehen wir bei Sonnenaufgang auf hart gefrorenem Schnee auf die Fuorcla dal Zupo und überschreiten dann mehrere Stunden lang – immer der Gratlinie folgend – den Piz Zupo (3 995 m), alle vier Erhebungen der Bellavista (3 798 bis 3 920 m), den Piz Spinas (3 823 m) sowie den Piz Palü-West- (3 899 m) als auch den Piz Palü-Ostgipfel (3 883 m). Im schon recht aufgeweichten Schnee geht es danach sehr vorsichtig und konzentriert über die nur noch wenig mit weichem Schnee überdeckten Gletscherspalten auf dem Persgletscher zur Bergstation der Diavolezza-Bahn. Bei einer wohlverdienten Einkehr auf der sonnigen Terrasse des Bergrestaurants können wir in Zufriedenheit die zurückgelegte Tourenroute fast zur Gänze überblicken. Andrea, Veronika und ich sind dankbar und freuen uns, dass diese Hochtouren im „Festsaal der Alpen", wie dieses faszinierende Gebiet im Bereich der Bernina gerne genannt wird, so schön und so gut gelungen sind.

14.15.2 Grand Combin Traverse

Am Freitag, 23. Juli 2021, fahren wir, Daniel Friedle, Maria Kerber, deren Tochter Ramona und ich nach Bourg-Saint-Pierre im Val d'Entremont und steigen zur Valsorey-Hütte (3 030 m) auf. Nach einer kurzen Nachtruhe und einem schnellen Frühstück starten wir am Samstag gegen 02:30 Uhr, eine halbe Stunde vor dem üblichen Aufbruch, weil am Nachmittag ein Wetterumschwung befürchtet wird. Wir klettern über den Meitingrat (UIAA max. III) zum Grand Combin du Valsorey (4 186 m), danach folgt ein kurzer Abstieg auf Schnee Richtung Osten, bevor es zum Grand Combin Grafeneire (4 313 m), dem Hauptgipfel des sehr mächtigen Grand-Combin-Massivs hinaufgeht. Der Weiterweg verläuft in Nordnordost-Richtung meist in Gratnähe auf sehr steilen Schneeflanken über den Aiguille du Croissant (4 259 m) und die Mur de la Cote hinunter in einen breiten Sattel, bevor es ostwärts zum dritten offiziellen Viertausender dieses Gebirgsstockes, zum Grand Combin de la Tsessette (4 135 m) wieder aufwärts geht. Wegen der enormen Ausgesetztheit der nun folgenden Abseilstandplätze, den schwer erkennbaren Abseilrichtungen und der Gefahr von Seilverklemmungen in den brüchigen Felsen erfordert das siebenmalige Abseilen, wofür das 50 Meter lange Seil gerade ausreichend ist, viel Zeit, Kraft und emotionale Stärke.

Bereits beim ersten Abseilmanöver wird Ramona vom Wind verblasen und verfehlt den schmalen Standplatz. Nur mit Mühe und nach mehreren Pendelversuchen kann sie von Daniel mit den Seilen zu den gebohrten Sicherungshaken zurückbewegt werden. Obwohl ich an der zweiten Abseilstelle als Erster versuche, genau in der Falllinie, exakt wie im Topo beschrieben, nach unten zu fahren, finde ich keinen Stand. Ich nutze auch die letzten Meter des Seiles aus, um hoffentlich unter einem Überhang eine Möglichkeit zum Sichern erblicken zu können. Leider ist von einem Stand weit und breit nichts zu sehen. Ich pendle hilflos, mich um die eigene Achse drehend und immer wieder unkontrolliert an die Felsen anschlagend in den Sturmböen eines herannahenden Gewitters über dem totalen Abgrund. Meine Versuche, an die Felswand zu schaukeln, mich an dieser festzuhalten und hinaufzuklettern, sind aussichtslos. Viel zu steil und viel zu schwierig ist dieses Unterfangen. Die lauten, vom Wind verzerrten Rufe meiner Kollegen, zu denen kein Sichtkontakt besteht, sind unverständlich und auch meine mehrmals wiederholten „Kein Stand!"-Schreie werden nicht verstanden. Es dauert für die oben sorgenvoll Wartenden viel zu lange, bis es mir gelingt, mich knapp vor dem Seilende zu sichern, auf Prusik-Technik umzubauen und mich 15 Meter nach oben bis zu den von Ramona inzwischen gefundenen Bohrhaken zu bewegen. Auch wenn dieser Vorgang in der Theorie klar und einfach scheint, ist die Praxis, die man schon ewig lange nicht mehr geübt hat, unter den gegebenen Umständen doch recht schwierig und sowohl körperlich als auch mental sehr fordernd.

Trotz äußerster Konzentration und größter Vorsicht verlaufen auch die folgenden Abseilmanöver nicht planmäßig. Einmal verhängen sich die unteren Seilenden an Felszacken, nachdem sie der starke Wind in horizontaler Richtung hinter einen Grat geweht hatte. Ein anderes Mal landen wir alle anstatt an einem Standplatz in einer brüchigen, von Steinschlag bedrohten Rinne, der wir nur mit riskanter Kletterei wieder entkommen können.

Nachdem wir diese Abseil-Odyssee Gott sei Dank gut überstanden haben, steigen wir wieder auf sulzigem Schnee abwärts und dann von einem Sattel ausgehend auf die Tour de Boussine (3 831 m), den letzten Gipfel der endlos erscheinenden Traverse. Der nun folgende, wieder recht lange Gratabschnitt verläuft im tiefen Nassschnee, bevor wir den Trittspuren durch eine brüchige, teilweise erdige Steilflanke hinunter zum Gletscher folgen.

Nach dem Verlassen des blanken Eises beginnt ein langer Abstieg, erst über Blockwerk, Geröll und Schotter, dann durch rutschiges, felsdurchsetztes Grasgelände bis zum Fahrweg. Auf diesem folgt ein zweistündiger Fußmarsch entlang des großen Stausees Lac de Mauvoisin zurück in die Zivilisation. Nach langem Warten auf das Taxi fahren wir nach Le Châbles, wo wir zum Glück spät am Abend eine nette Unterkunft mit Pizzeria finden. Die 16-Stunden-Tour mit 1 650 Höhenmeter im Auf- und 2 870 Höhenmeter im Abstieg war aufgrund der Umstände nicht nur körperlich, sondern auch emotional sehr fordernd.

Die gesamte Grand-Combin-Traverse von West nach Ost am Samstag, 24. Juli 2021, war in Summe eine gigantische Tour, die fast alles geboten hat, was eine Hochtour nur bieten kann: langer Hüttenzustieg am Vortag zur Cabane du Valsorey, sehr frühes Aufstehen, langes Gehen und Klettern im Schwierigkeitsgrad III mit Stirnlampe, teilweise sehr brüchiger Fels und Gefahr von Steinschlag, schwierige Routenfindung, trotz des besseren Wetterberichtes schon in der Früh Schneetreiben und starker Wind, der einen fast oder ganz umgehauen hat. Zum Schutz der Augen vor den harten Graupelkörnern war die Sonnenbrille bereits in der Morgendämmerung in Kombination mit der Stirnlampe erforderlich, Nebel, Sonnenfenster und Wolken im Wechsel, vier Viertausender, davon drei offizielle, zusätzlich ein Dreitausender, steile Firnfelder mit hartem und aufgeweichtem Schnee, sehr ausgesetzter Felsgrat mit abenteuerlicher, angstauslösender Abseilpiste, laufend potente Gefahr in ein Gewitter zu geraten, mehrmaliges An- und Ausziehen der Steigeisen, oftmaliges Ändern der Seilsicherungsmethode.

Mit dem Zug und per Autostopp erfolgt am Sonntag die Rückkehr zum Auto in Bourg-Saint-Pierre und die Heimfahrt. Auch diese Tour war ein absolutes High-light, das uns ganz nah an unsere Grenzen gebracht hat. Wir sind sehr froh, dieses unvergessliche Erlebnis so gut überstanden zu haben.

14.15.3 Mittellegigrat, Eiger und Mönch

Am 30. Juli fahre ich mit Daniel Friedle nach Lauter-brunnen im Berner Oberland. Von dort geht es mit der Jungfraubahn bis zur Station „Eismeer". Wir steigen durch ein Stollenloch auf den gleichnamigen, recht auf-geweichten Gletscher. Da das Wetter nicht beständig scheint und schon recht dunkle Wolken aufziehen, über-legen wir länger, ob wir die Tour wagen oder lieber einen Rückzieher machen sollen. Wir entschließen uns, über Gletscher und Felspassagen zur Mittellegihütte zu gehen, die sehr ausgesetzt am Grat thront. Der Übergang vom Gletscher auf die abschüssigen, glatten Felsen ist recht schwierig, danach wird es einfacher. Wegen des fragli-chen Wetters sind neben der Hüttenwirtin nur zwei an-dere Zweierseilschaften mit uns in der Hütte, um am nächsten Tag über den Mittellegigrat, den Eiger und die Eigerjöcher zur Mönchsjochhütte zu gehen.

Nachdem sich der während der Nacht mit starkem Wind an die Hüttenwand prasselnde Regen gelegt hat, starten wir am frühen Morgen mit Stirnlampen im Ne-bel unsere Tour über den Mittellegigrat, der äußerst luf-tig über der berühmten Eiger-Nordwand verläuft. Zum Glück lichtet sich der lästige Nebel schon bald und wir können bei Sonnenaufgang immer wieder traumhaf-te Aus- und atemberaubende Tiefblicke genießen. Bei immer besser werdendem Wetter kommen wir gut voran bis die schattseitig etwas vereisten und mit etwas Neuschnee bedeckten Tritte das Anziehen der Steigeisen erfordern. Auch das Festhalten an den rutschigen Felsen beziehungsweise an den gefrorenen Fixseilen mit den dicken Handschuhen ist oft nicht einfach. Somit benötigen manche Kletterstellen über totalen Abgründen äußerste Konzentration und große Kraftanstrengung. Einige Stunden lang klettern wir vorsichtig über den felsigen Grat, bevor wir zum scharfen Firngrat gelangen, über den wir den Gipfel des Eigers (3 967 m) erreichen.

Daniel auf dem Eiger; Mönch und Jungfrau im Hintergrund

Mit leichter Kletterei und mehreren Abseillängen geht es hinunter zu den Eigerjöchern. Dort ist der Übergang vom Kalk- zum kristallinen Gestein deutlich erkennbar. Auch der Weg über die vielen nun folgenden Felszacken verläuft meist entlang der Gratlinie, ist nicht einfach und immer wieder sehr ausgesetzt. An der Schlüsselstelle sollte man unbedingt in der richtigen Reihenfolge, auf die von den Steigeisen stark ausgewetzten Tritte steigen und mit der Hand einen hinter der Felskante verborgenen Griff erwischen, um diese Hürde bestmöglich zu überwinden. Nach mehrmaligem Auf und Ab erreichen wir schon recht müde und ausgelaugt den Gletscher, über den wir dann im tiefen Schnee mit gut 100 Meter Gegenanstieg endlich nach circa 13 Stunden auf der Mönchsjochhütte (3 657 m) ankommen.

Da es am nächsten Tag, am Sonntag, den 1. August, am Schweizer Nationalfeiertag stürmt und schneit wie mitten im Winter, nutzen wir den Ruhetag zum Besichtigen der Bergstation auf dem Jungfraujoch, wo wir am Vormittag in den ersten beiden Stunden so gut wie keinem Menschen begegnen, weil offensichtlich kaum jemand Lust hat, mit der teuren Bahn auf das nebelverhüllte Jungfraujoch hinaufzufahren. Gegen Abend jedoch kommen extra noch einige Leute auf die Mönchsjochhütte, um den Nationalfeiertag zu feiern. Somit kommen auch wir in den Genuss eines sehr netten und gemütlichen Abends mit köstlichem Fondue, Wein und Musik.

Da man im weichen Schnee knietief einsinkt und man auf dem flachen Gletscher somit überhaupt nicht vorankommt, müssen wir den Plan aufgeben, am nächsten Tag auf die Jungfrau zu gehen. Stattdessen erklimmen wir bei winterlichen Verhältnissen den Mönch (4 110 m) über den Normalweg, bevor wir mit der Jungfraubahn ins Tal und anschließend nach Hause fahren.

14.15.4 Monte Rosa mit Ramona und Elias

Nach einer sehr langen Fahrt über Chur, den San Bernardino, Lugano, Mailand und das Aostatal erreichen Ramona Kerber, Elias Feineler (6.9) und ich gegen Mittag Stafal im Talschluss vom Valle di Gressoney. Mit Hilfe von Gondelbahn und Sessellift kürzen Ramona und ich den 1 800 Höhenmeter Zustieg zum Rifugio Qintino Sella (3 586 m) um die Hälfte ab, während Elias den gesamten Aufstieg zu Fuß bewältigt. Am nächsten Tag nehmen wir die Überschreitung des Liskamms in Angriff. Im Blankeis der Westwand müssen wir für zwei Seillängen Sicherungen mittels Eisschrauben anbringen, lange Zeit auf den Frontzacken unserer Steigeisen stehen, was bei Kälte und stürmischem Wind recht unangenehm und mühsam ist. Am ausgesetzten Grat weht der Sturm zeitweise derart stark, dass wir uns nur durch Ducken und Hinlegen vor dem Fortgeblasenwerden retten können. Zum Glück machen die heftigen Böen immer wieder etwas Pause und werden im Laufe der Zeit ein wenig schwächer, sodass wir zwar sehr konzentriert, aber dennoch recht gut über den West- und den etwas höheren Ostgipfel (4 533 m) kommen. Problematisch sind am gesamten, exponierten Liskamm (der vielen Unfälle wegen auch „Menschenfresser" genannt) die lockeren Neuschneewechten, welche die vorhandenen Tritte verdecken und selbst keinen Halt geben. Mit Freude über die gelungene Überschreitung erklimmen wir anschließend noch das Balmenhorn (4 167 m) und die Vincentpyramide (4 215 m), bevor wir wegen des unangenehmen Windes möglichst rasch zum Rifuigo Mantova (3 450 m) absteigen.

Auf dem Gletscher gehen wir am nächsten Morgen entlang eines gut ausgetretenen Trampelpfades inmitten vieler Seilschaften über das Lisjoch zum Colle Gnifetti. Dort müssen wir, anstatt wie geplant über die Zumsteinspitze und den Grenzsattel auf die Dufourspitze zu klettern, auf der Signalkuppe (4 554 m) in der Cabanne Regina Margherita – im höchst gelegenen Gebäude Europas – Schutz vor Kälte und Sturm suchen. Der Sturm ist derart stark, sodass aufrechtes Gehen oder Stehen nicht möglich und somit die beabsichtigte Gratüberschreitung undenkbar ist. Der Hüttenwirt warnt uns vor den heftigen Windböen, deren Geschwindigkeit heute mehr als 120 km/h betragen würde. Ich war schon viel in den Bergen unterwegs, aber einen derartigen Sturm habe ich noch nicht erlebt. Möglichst rasch verlassen wir die besonders windexponierte Höhe und steigen über den Grenzgletscher am Fuße der circa 1 000 Meter hohen Eis- und Felsmauer des Liskamms zur Monte-Rosa-Hütte ab.

Da wir die geplante Überschreitung von der Zumstein- zur Dufourspitze nicht machen konnten, beschließen wir beim gemütlichen Sitzen auf der sonnigen Hüttenterrasse, am nächsten Tag den zweithöchsten Gipfel der Alpen auf dem Normalweg zu besteigen. Das Wetter ist zwar schön, aber im Gipfelbereich müssen wir leider im Nebel klettern. Wind und leichter Schneefall machen die Felsen rutschig. Da es sehr kalt ist und wir kaum etwas von der Aussicht mitkriegen, seilen wir uns nach einem kurzen Aufenthalt von der Dufourspitze (4 634 m) zum

Silbersattel hinunter. Unsere Absicht, eventuell auch noch das Nordend zu erklimmen, geben wir wegen der ungemütlichen Bedingungen auf und steigen stattdessen bei aufklarendem Wetter zur Hütte hinunter. Am Nachmittag gehen wir entlang des neu angelegten Weges zur Station „Rotenboden" der Gornergratbahn und fahren am Abend damit nach Zermatt. Viele Telefonate und Versuche sind nötig, bis wir endlich eine Unterkunft finden. Beim Abendessen in einem Lokal im Zentrum der Stadt treffen wir die gerade aus dem Lechtal angereisten Westalpen-Aspirantinnen Andrea und Veronika Huber und Laura Kerber.

Ein außergewöhnlich langer Tag beginnt am nächsten Morgen um 05:30 Uhr, als wir die vom Gastwirt versprochenen Frühstücksbrote im Getränkekühlschrank in der Gaststube unserer Unterkunft leider nicht finden. Stattdessen kaufen wir während des Fußmarsches durch Zermatt in einer Bäckerei etwas Gebäck und fahren inmitten von Hunderten Schifahrern mit den Bahnen gemeinsam mit Andrea, Laura und Veronika auf das Kleine Matterhorn, wo sich unsere Wege trennen. Ramona, Elias und ich steigen auf den West- und Mittelgipfel vom Breithornmassiv, die anderen drei steigen direkt über Pollux (4 042 m) und Castor (4 223 m) zum Rifugio Quintino Sella; der gleichen Route folgen auch wir im Anschluss an den Breithorn-Abstecher. Nach der erfolgreichen Besteigung von vier Viertausendern erreichen wir am späten Nachmittag das Rifugio, wo sich die drei motivierten und konditionsstarken Lechtaler Mädels für die geplante Liskamm-Traverse am nächsten Tag bereits einquartiert haben.

Wir drei jedoch dürfen uns nur eine kurze Pause erlauben, trinken und essen eine Kleinigkeit, bevor wir erst nach 17:30 Uhr den langen Abstieg über 1 800 Höhenmeter nach Stafal in Angriff nehmen. Der Weg zieht sich und will kein Ende nehmen. Erst um 20:30 Uhr sind wir an diesem Tag nach 1 300 Höhenmetern im Auf- und 3 240 Höhenmetern im Abstieg endlich beim Auto am Parkplatz im hintersten Valle di Gressoney. Wir ziehen uns um und gegen 20:45 Uhr, bereits bei Dunkelheit, beginnt die Heimfahrt, während der wir bei Mailand die Autobahn wegen einer Totalsperre verlassen müssen. Trotz Navi irren wir nach Mitternacht lange irgendwo zwischen Milano und Como planlos umher, bis wir endlich bei Chiasso wieder auf den richtigen Weg finden. Vom San-Bernardino-Pass bis nach Feldkirch übernimmt Elias das Steuer, danach fahre wieder ich, bis wir gegen 04:30 Uhr zwischen Lech und Warth an einer Baustelle nochmals auf eine undurchdringbare Straßensperre stoßen. Da wir nicht bereit sind einen Umweg zu fahren müssen wir im Auto bis 06:00 Uhr warten, bis die Straße wieder freigegeben wird. Nach 14 intensiven Stunden am Berg und zehn langen Stunden im Auto genießen wir das Frühstück daheim. Mit Freude und Dankbarkeit, dass alles gut gegangen ist und wir wieder gesund heimgekommen sind, versuche ich das Wochenende gemütlich anzugehen.

14.15.5 Dent du Géant – Der Zahn des Riesen

Obwohl mir im Mont Blanc Gebiet dieser kühn in den Himmel ragende Zacken schon öfters aufgefallen ist, schien dieser für mich absolut unerreichbar, in weiter Ferne zu sein. Erst als Daniel Friedle, Emanuel Lang,

Sabrina Hammerle und Stefan Moosbrugger, mit denen ich schon viele gemeinsame Touren unternommen hatte, dort oben waren, änderte sich mein Denken. Stefan Moosbrugger erklärte sich bereit, mit Laura Kerber und mir diese Besteigung zu wiederholen, somit beschäftigte ich mich intensiver mit diesem 150 Meter hohen, aus dem Rochefort-Grat herausragenden Turm, der mindestens vier- bis fünfmal so groß ist wie der Spiehlerturm nahe der Hanauer Hütte in den Lechtaler Alpen. Nach langem Warten auf einen für alle passenden Termin und günstige, vor allem schnee- und eisfreie Verhältnisse in der Wand, schien es gegen Ende August endlich so weit zu sein. Ramona Kerber schloss sich unserer Gruppe kurzfristig an, somit waren wir zu viert, ideal zur Bildung von zwei Zweierseilschaften.

Die Fahrt am 27. August 2021 durch die Schweiz, über den Großen-Sankt-Bernhard-Pass und weiter über Aosta nach Entrèves bei Courmayeur ist bei schönem Wetter recht nett und eindrucksvoll. Mit der Panorama-Seilbahn „Mont Blanc", deren Gondel sich während der Fahrt um die eigene Achse dreht, fahren wir auf die Pointe Helbronner, genießen auf der Aussichtsplattform mit vielen anderen den gigantischen Rundblick und checken danach im Rifugio Torino (3 371 m) ein. Die Zeit bis zum Abendessen nutzen wir zum Umherkraxeln auf einer Felsformation, die ungefähr eine halbe Stunde von der Hütte entfernt aus dem Gletscher herausragt.

Laura und Ramona Kerber, Stefan Moosbrugger; Dent du Géant, Rochefort-Grat

Wegen der vorhergesagten Kälte starten wir am nächsten Morgen erst nach 06:00 Uhr, gehen über den hart gefrorenen Schnee auf dem erst flachen, dann etwas steiler werdenden Glacier du Géant zum Beginn der Felsen unterhalb unseres Zieles. Immer wieder zieht es unsere Blicke auf den gegenüberliegenden Mont Blanc und seine Trabanten, welche die aufgehende Sonne mit ihrem gelb-rötlichen Licht unter dem makellos tiefblauen Himmel hell beleuchtet. Auf Wegspuren, abwechselnd mit leichten Kletterstellen, geht es durch Blockwerk und brüchiges Geröll hinauf zum Frühstücksplatz, einem Plateau am Fuße des mächtigen und Respekt einflößenden Riesenzahnes. Dort stärken wir uns und bereiten uns auf den Aufstieg vor.

Bereits angeseilt und recht angespannt queren wir hinüber zum Beginn der Normalroute in der Südwestwand. Stefan macht den Vorstieg, ich folge im Nachstieg. Laura und Ramona klettern hinter uns als zweite Seilschaft. Da der Wind bläst und die nach Südwesten gerichtete Wand noch im Schatten liegt, ist es recht kalt. Dennoch kommen wir mit Jacken und dicken Handschuhen ausgestattet gut und zügig voran. Leider haben vor uns steigende Gruppen im oberen Wandabschnitt mehr Probleme als wir, sich an den dicken Fixseilen über äußerst steile Felsen hochzuziehen, wo es für die groben Bergschuhe kaum brauchbare Tritte gibt. So werden wir immer wieder zum Warten gezwungen, gewinnen dadurch aber Zeit zum Rasten, Fotografieren und zum Genießen der gigantischen Tiefblicke. Ohne die angebrachten Fixseile würde ich, wie vermutlich auch viele andere es nicht schaffen, über glatte Platten und senkrechte Verschneidungen hochzukommen.

Nach dem konzentrierten Überklettern des Pointe Selle und dem nochmals fordernden Überwinden des exponierten, schartenartigen Einschnittes im scharfen Grat erreichen wir nach der achten Seillänge mit Freude auch bald den Pointe Graham, den zweiten, etwas höheren Gipfel des Dent du Géant. Beim kurzzeitigen Verweilen am Gipfel neben der von Blitzen beschädigten, ungefähr hüfthohen Madonna-Statue aus Bronze fühlen wir uns erhaben im Zentrum des Mont-Blanc-Massivs und können uns nicht sattsehen an der fantastischen Szenerie, die uns die höchsten Alpenberge bieten.

Mit unseren beiden zusammengeknüpften 60-Meter-Seilen können wir die bestens eingerichtete Abseilpiste optimal nützen und nach jedem Stand zwischen 25 und 45 Meter abseilen, was in der senkrechten, teilweise überhängenden Südwand ohne loses Gestein großen Spaß macht. Mit Besorgnis müssen wir nach der dritten Abseilstrecke feststellen, dass sich das Seil trotz mehrmaliger Versuche und hektischer Bemühungen nicht abziehen lässt. Dankenswerterweise lösen die nach uns kommenden Bergsteiger das für uns nicht erkennbare Problem und wir können mit den verbleibenden Abfahrten am Seil fortfahren und diese erfolgreich beenden.

Den Versuch, gleich im Anschluss einen weiteren Viertausender, die Aiguille de Rochefort, zu erreichen, müssen wir nach gut zwei Drittel der Wegstrecke am Rochefort-Grat wegen der fortgeschrittenen Tageszeit, eines im Blankeis eingeschlossenen Fixseiles und Aufzug von Nebel leider abbrechen. Recht zügig, aber stets vorsichtig und sicher kehren wir entlang der Zustiegsroute zum Rifugio Torino zurück, verstauen unsere Hüttensachen in den Rucksäcken und fahren die mehr als 2 100 Höhenmeter mit der Panoramabahn wieder hinunter nach Entrèves. In der Nähe von Courmayeur finden wir eine nette Unterkunft und ein gemütliches Lokal, wo wir unseren Hunger stillen und uns mit Freude über die gelungene Besteigung des imposanten Dent du Géant eine Flasche Rotwein genehmigen.

Am nächsten Morgen fahren wir durch den Mont-Blanc-Tunnel nach Chamonix, wo wir die Heimfahrt für einen Stadtbummel unterbrechen. Am späteren Nachmittag kommen wir, bereichert mit neuen Westalpen-Eindrücken und tollen Erlebnissen, gesund und zufrieden nach Hause.

14.15.6 Weißmies, 4 017 m und Lagginhorn, 4 010 m,

Sehr früh am Freitagmorgen, am 8. Juli 2022, starten wir im Rahmen einer Alpenvereinstour der Sektion Lechtal zu siebt im Lechtal und fahren nach Saas Almagell (1 665 m) im Wallis in der Schweiz. Von dort aus gehen wir am Nachmittag auf guten Bergwegen bei sonnigem Wetter über die Almageller Alm zur Almageller Hütte (2 894 m), unserer Unterkunft für die erste Nacht. Obwohl wir am Anreisetag schon lange unterwegs sind, machen wir zum Auskundschaften des Geländes vor dem Abendessen noch eine Wanderung auf den hüttennahen Felsrücken.

Noch bei Dunkelheit beginnen wir am nächsten Morgen mit Stirnlampen ausgestattet unseren Aufstieg zum Zwischenbergpass (3 270 m), wo uns die ersten wärmenden Strahlen der aufgehenden Sonne freundlich begrüßen. Entlang des Südgrates geht es mit leichter Kletterei über meist grobes Blockwerk zum Vorgipfel. Hier erfordert der gefrorene Firn das Anziehen der Steigeisen, womit wir den vollkommen mit Eis und Schnee bedeckten Gipfel der Weißmies sicher erreichen. Nach dem recht kräftezehrenden Aufstieg nehmen wir uns etwas Zeit zum Rasten, Stärken und für Fotos, auf denen wir das grandiose 360-Grad-Westalpen-Panorama festhalten und mit nach Hause nehmen wollen.

Bis vor wenigen Jahren gestaltete sich der Abstieg von diesem leicht erreichbaren Alpen-Viertausender über den Triftgletscher nach Hohsaas noch recht einfach und problemlos. Inzwischen jedoch haben sich die Bedingungen drastisch verschlechtert. Erst nach Aufhebung der gemeindeamtlichen Sperre wegen drohender Gletscherabbrüche und nach mehreren Telefonaten mit dem Hüttenwirt wagen wir es, diesen gefahrenvollen Weg zu nehmen.

In der Spaltenzone beim Abstieg von der Weißmies

Unüberwindbare Spalten am Geländerücken erfordern Umwege in absturzgefährdetes Gelände mit hartem Schnee und vereisten Stellen. Dünne, immer weicher werdende Schneebrücken über tiefe Abgründe und die bedrohlich wirkenden Seracs hoch über unserem Weg erfordern im unteren Teil des Gletschers höchste Konzentration und Aufmerksamkeit. Als wir nach dem – meine Nerven aufs äußerste strapazierenden – Abstieg die Gefahrenzone verlassen und wieder festen Boden unter den Füßen spüren, dürfen wir mit großer Erleichterung auf das bizarre, instabil wirkende Eislabyrinth des überwundenen Triftgletschers zurückblicken.

In der Berghütte Hohsaas (3 150 m) verbringen wir einen netten Abend, erleben einen schönen Sonnenuntergang und eine gute Nacht. Am frühen Sonntagmorgen suchen und finden wir im Schein unserer Stirnlampen den teilweise schwer erkennbaren Weg zum Lagginhorn-Westgrat. Dieser eher abenteuerliche Zustieg von der Hohsaashütte wurde aus Sicherheitsgründen neu angelegt und umgeht eine vom Steinschlag gefährdete Zone.

Einfache Kletterstellen, die sich mit Gehpassagen laufend abwechseln, führen uns entlang des vielbegangenen Normalweges auf das Lagginhorn, den zweiten lohnenden Viertausender unserer Unternehmung. Deutlich länger als erwartet gestaltet sich der direkte Abstieg zur Weißmieshütte (2 726 m), auf deren Sonnenterrasse wir Hunger und Durst stillen. Schon bald steigen wir weiter hinunter zur Hohsaasbahn-Mittelstation am Kreuzboden (2 399 m), wo wir uns für das Fahren mit der Seilbahn entscheiden, was uns langwieriges Abwärtsgehen nach Saas Grund (1 560 m) erspart. Auch während der Heimfahrt bewundern wir bei Bilderbuchwetter verschiedene Landschaften unseres schönen Nachbarlandes. Etwas müde, aber sehr zufrieden und dankbar, dass bei traumhaftem Wetter alles ganz harmonisch, sicher, gut und schön geklappt hat, kehren wir spät am Abend wieder ins Lechtal zurück. Ganz besonders möchte ich den Westalpen-Neulingen, unter denen sich erstmals auch meine Tochter Katharina befand, gratulieren. Alle dürfen stolz darauf sein, an diesem Wochenende zwei schöne, über 4 000 Meter hohe Gipfel in den Walliser Alpen erfolgreich und souverän erklommen zu haben!

14.16 Als es die Gletscher noch gab

„Als es die Gletscher noch gab, konnte mein Uropa auf ausgedehnten Eis- und Schneeflächen viele hohe Berge erklimmen und musste sich nicht zwischen Felsbrocken hindurch, auf Geröll und Schutt einen mühsamen und gefährlichen Weg zum Gipfel bahnen." In einigen Jahrzehnten könnten meine Nachkommen, die es hoffentlich geben wird, mit solchen Worten von längst vergangenen Zeiten erzählen.

Stimmen die Berechnungen und Vorhersagen der Glaziologen und Klimaforscher, werden wenige Generationen nach uns die meisten Leute die derzeit noch vorhandenen Gletscher im Alpenraum nur noch aus der Überlieferung kennen. Aber selbst wenn der Gletscherschwund weiter fortschreitet, wird man in den Kernzonen der Alpen auch in hundert Jahren noch Reste des ewigen Eises finden. Es ist für mich unvorstellbar und nicht realistisch, dass zum Beispiel die gigantischen Eismassen des Aletschgletschers in den Berner Alpen in der Schweiz in wenigen Jahrzehnten gänzlich abgeschmolzen sein sollen. Am Konkordiaplatz, der in seiner Größenausdehnung der Stadt Chur entspricht und an dem sich die Eisströme Großer Aletschfirn, Jungfraufirn, Ewigschneefäld und Grüneggfirn zum Großen Aletschgletscher vereinen, soll die Eisdicke derzeit immer noch mehr als 700 Meter betragen.

Seit dem Bau der Konkordiahütte am Rande dieses riesigen Eismeeres vor 150 Jahren hat sich die Dicke des Eises inzwischen derart verringert, dass man zum Erreichen der Schutzhütte circa 450 Stufen auf Leitern und Stiegen aus Stahl, die an steilen und senkrechten Felswänden angebracht sind, überwinden muss. Nach einer langen Hochtour verlangt dieser Hüttenzustieg so manchem Bergsteiger die letzten Reserven ab. Unvergesslich für mich ist jener wolkenlose Nachmittag auf der Terrasse dieser abgelegensten Hütte in den Alpen, wo die tiefstehende Sonne die ausgedehnten, schneebedeckten Gletscherflächen in silbrig und golden schimmerndem Glanz erstrahlen ließ. Nicht nur vom Aletschgletscher, dem größten in den Alpen, sondern auch von den riesigen Eismassen im Mont-Blanc-Massiv, in der Monte Rosa oder auch an der Pasterze und am Gepatschferner in Österreich könnten meine Urenkel noch die allerletzten Überbleibsel der endgültig zu Ende gehenden „Eiszeit" betrachten dürfen.

Wie wir – meine Bergkolleg:innen und ich – es immer wieder und ganz besonders im heißen August 2022 im Hochgebirge gesehen und erlebt haben, hat der Gletscherrückzug dramatische Folgen: Dringt an schönen Sommertagen die Hitze der Täler immer öfters bis ins Hochgebirge hinauf, kriegt man schaurig zu spüren, dass die Endzeit der Ferner, Firne, Glaciers, Gletscher, Kees, Vadrets und Vedrattas – wie die Eisriesen in den verschiedenen Alpenregionen genannt werden – angebrochen ist. Durch das Schmelzen der Schneeauflagen werden unüberwindbare Spalten freigelegt. Mehrere bekannte Hochtouren sind im Spätsommer überhaupt nicht mehr machbar. Dünne, aufgeweichte Schneebrücken über die Klüfte im Eis werden zu gefährlichen Fallen.

Hört man nicht nur während des Tages, sondern auch in den Nächten das – oberflächlichen Schlaf unterbrechende – Grollen herabstürzender Seracs und bedrohlichen Steinschlag in die Tiefe donnern, kommt man ins

Zweifeln, ob man sich wenigstens in der Schutzhütte noch sicher fühlen darf. Apokalyptische Eindrücke erlebt man beim Überwinden von Gletscherbrüchen und -randzonen auf einer Kombination von verschmutztem Eis, Felsbrocken und Geröll, wo nichts, wirklich nichts einen festen Halt gibt. Die Gefahr, gemeinsam mit Schutt in einen dunklen, scheinbar bodenlosen Hohlraum zu rutschen, schwebt wegen der dort niemals effizient anzubringenden Seilsicherungen ständig über einem.

Beim Gehen mit Steigeisen auf blanken Gletscherflächen sind an heißen Tagen laufend mehr oder weniger große Bäche zu überwinden, die in unheimlich wirkende Tümpel und Seen münden beziehungsweise in Spalten oder riesigen Löchern im Eis, in sogenannten Gletschermühlen, wieder verschwinden. Aus den Gletschertoren austretende Sturzbäche, die sich mit lautem Rauschen über felsiges Gelände talwärts stürzen, lassen einen wissen, dass es sich dabei um flüssig gewordenes Eisvolumen handelt, das sich „auf Nimmerwiedersehen" aus unserer Bergwelt entfernt. Mit Wehmut blicke ich in den Sommermonaten auf Bäche und Flüsse in den Tälern, die auch nach längeren Trockenperioden Hochwasser führen und damit Zeugnis geben vom immer kleiner werdenden Eisvorrat im Gebirge.

Wird das Schmelzwasser der Eisriesen, wie in einigen Regionen beobachtet, zur Gewinnung von sauberer, elektrischer Energie verwendet, können die Gletscher, die selbst zum Opfer der Erderwärmung werden, zumindest temporär einen wertvollen Beitrag zum Klimaschutz leisten. Das weltweite Schmelzen der im Eis gebundenen Süßwasserreserven wird zum folgenschweren Ansteigen des Meeresspiegels führen.

Durch das Auftauen des Permafrostes und den rasch fortschreitenden Gletscherrückgang verlieren Bergflanken ihre Stütze, was gefährlichen Steinschlag, Fels- und Bergstürze zur Folge haben kann. Es dauert sehr lange, bis sich wieder eine natürliche Stabilität hergestellt hat. Erst danach ist ein halbwegs sicheres Begehen der betroffenen Zonen durch Menschen wieder möglich. Dabei ist zu beachten, dass geologische Zeiträume einer völlig anderen Zeitrechnung unterliegen als menschliche. In Zukunft werden die Alpinisten am Berg die Mark und Bein durchdringenden Warnrufe: „Attention! Moving Rocks" oder „Danger! Falling Stones" bestimmt noch öfters zu hören bekommen!

So wie viele Seen im Alpen- und Voralpenraum in den von Gletschern ausgeschürften Mulden und Gräben entstanden sind, bilden sich durch den weiteren Rückgang immer wieder neue, das Landschaftsbild markant verändernde Wasserflächen.

Vermutlich weil den Menschen inzwischen die Vergänglichkeit des „Ewigen Eises" ins Bewusstsein gedrungen ist, möchten viele Bergbegeisterte noch in den vermeintlichen Genuss von Gletschererlebnissen kommen. Überfüllte Hütten, ausgebuchte Touren und Staubildungen an den Engstellen zu begehrten Zielen sind unerfreuliche Folgen dieses Bestrebens. Um jeden ökonomischen, ökologischen, physischen und emotionalen Preis möchte man auf den Gletschern unterwegs sein, solange es diese noch gibt.

Die erlebten Eindrücke und die während der langen, grandiosen Hochtour Traversée Royale entstandenen Gedanken haben mich veranlasst, dieses Gletscher-Kapitel in mein Buch aufzunehmen: Bruder Markus, Bergkollege Daniel Friedle und ich fahren in die Region Hoch-Savoyen in Frankreich, gehen am 2. Juli 2023 vom Parkplatz bei Les Contamin-Montjoie (1 150 m) zum Refuge des Conscrits (2 580 m).

Am nächsten Tag erfolgt das Überschreiten der drei prächtigen Dômes de Miage-Gipfel (3 425–3 672 m) bis zum Refuge Durier (3 369 m). Nach kurzer Nachtruhe in der bis zum letzten Platz gefüllten, äußerst kleinen, minimalst ausgestatteten Hütte, die als unverzichtbare Unterkunft für diese Tour dient, beginnen wir noch vor 03:00 Uhr den Aufstieg zur Aiguille de Bionnassay (4 052 m).

Am Dom de Miage mit Aiguille de Bionnassay, Dôme du Goûter, Mont Blanc

Da ich meinen rechten Arm wegen einer schmerzhaften, acht Tage zuvor erlittenen Rippenprellung kaum verwenden, mich auch sonst nur eingeschränkt bewegen und auch nicht tief durchatmen kann, gestaltet sich das Klettern im zweiten und dritten Schwierigkeitsgrad über den Felsgrat zum Gipfel nicht einfach. Traumhafte Bedingungen und bestes Wetter begleiten uns in weiterer Folge über einen der exponiertesten Eisgrate in den Alpen zum Piton des Italiens (4 002 m). Danach überschreiten wir den Dôme du Goûter (4 304 m) sowie den Mont Blanc (4 808 m) und erklimmen den Mont Maudit (4 465 m).

Weil wir es vor Betriebsschluss nicht mehr schaffen, die Gondelbahn von der Aiguille du Midi nach Chamonix hinunter zu erreichen, bleibt uns nichts anderes übrig, als das Refuge des Cosmiques (3 613 m) anzusteuern. Da wir unerwartet und ohne vorherige Reservierung ankommen, werden wir strikt abgewiesen. In der Hütte dürfen wir keinesfalls bleiben, so die eindeutige Aussage der Wirtin. In einem Gang in der Bergstation der Aiguille du Midi-Bahn die Nacht zu verbringen, scheint unerträglich, ebenso ist es nicht realistisch, drei bis vier Stunden lang zur Turiner Hütte zu gehen, da wir nach der 14-stündigen Tagestour in großer Höhe mit 2 200 Aufstiegshöhenmetern in den Beinen ohnedies sehr müde sind. Wegen der heftigen Schmerzen im Rippenbereich kann ich mich ohnedies nur noch mit Schmerzmitteln aufrecht bewegen.

Erst als wir nach längerem Warten und mehreren Interventionen bereit sind, auf das Abendessen zu verzichten und den doppelten Preis für die Halbpension zu bezahlen, dürfen wir ein geräumiges Lager beziehen. Dort wäre noch genug Platz für weitere vier Personen gewesen. Warum uns die freien Plätze so beharrlich vorenthalten wurden, ist unerklärlich. Mit ein paar Chips, etwas Schokolade und einem Bier können wir, wie Sträflinge in einer Ecke des Gastraumes sitzend, beobachten, wie sich die anderen Gäste mit Suppe, Salat, Hauptspeise und Nachtisch die Bäuche vollschlagen. Als wir am nächsten Morgen beim Zusammenpacken auch noch das Fehlen unseres fast neuen Kletterseiles akzeptieren müssen, sind wir von dieser Unterkunft endgültig enttäuscht.

Den Stolz und die Freude die gesamte Traversée Royale, diese wahrlich königliche Überschreitung, so schön und souverän gemeistert zu haben, lassen wir uns dadurch aber keinesfalls beeinträchtigen.

15 Schitouren, die man nie vergisst

„Spuren im Schnee vergehen, Spuren im Herzen bleiben für immer"

Mit Schiern die Berge zu erklimmen ist für mich die optimale und somit schönste Sportart, sofern die Bedingungen passen und die Lawinengefahr es erlaubt. Muss man sich im Sommer durch Geröll, Schotter, Blockwerk oder brüchiges Gelände mühsam nach oben kämpfen, kann man bei entsprechender Schneelage derartige Stellen meist komfortabel und problemlos überwinden. Sehr oft bildet trittfester Schnee eine „Leiter" zum Gipfel. Langwierige, nicht enden wollende Abstiege mit den Bergschuhen im Sommer reduzieren sich mit den Schiern im Winter auf einen Bruchteil. Sofern man in Heimatnähe startet, Jungwälder, Aufforstungen, Wildfütterungen und -ruhezonen meidet, ist auch der ökologische Fußabdruck von Schitouren ein sehr geringer. Die Vegetation, Kleintiere und Organismen aller Art liegen ungestört unter der Schneedecke verborgen.

Nur über ein paar wenige meiner zahlreichen Schitouren, die ich im Rahmen von Veranstaltungen der Sektion Lechtal des ÖAV miterlebt, selbst geführt oder in privater Mission mit Gleichgesinnten unternommen habe, habe ich Berichte geschrieben. Einen kurzen Streifzug durch meine diesbezüglichen Erlebnisse möchte ich im Folgenden wiedergeben.

15.1 Schitourenwochenende im Jamtal

Unter der Leitung von Franz Lang fuhren zehn Lechtaler Alpenvereinsmitglieder am Freitag, dem 16. März 2012, nach Galtür (1 584 m) im Paznauntal. Von dort machten wir uns bei wunderbaren Schnee- und Witterungsverhältnissen auf den langen Weg durchs Jamtal zur Jamtalhütte (2 165 m), die wir um die Mittagszeit erreichten. Die viele Kilometer lange Wanderung mit Tourenschi, Fellen und schweren Rucksäcken verursachte bei einigen Teilnehmer:innen Blasen an den Füßen, die sogleich verarztet wurden. Nach der Zuteilung der Lager in der großen und äußerst komfortablen Berghütte wurde uns eine gute Suppe serviert. Anschließend machten es sich einige der Gruppe auf der sonnigen Terrasse bequem; andere konnten der Verlockung, die von den leuchtenden Tiefschneehängen in Hüttennähe ausging, nicht widerstehen und stiegen mit vielen Spitzkehren Richtung Pfannknecht-Gipfel mehr oder weniger weit empor. An diesen Nordhängen fanden wir auch am späten Nachmittag noch traumhaften Pulverschnee, der – verziert mit vielen perfekten Spuren – durch die tiefstehende Sonne in einem warmen Licht erstrahlte.

Am Samstag in der Früh begann der Aufstieg über den Chalausferner und die Fuorcla Chalaus zum Augstenberg. Wir bestiegen erst die Nördliche Augstenspitze (3 228 m) und danach die Südliche Augstgenspitze (3 225 m). Nach genussvollen Rundblicken auf die bis zum Horizont nicht endende Bergwelt und der verdienten Ruhepause fuhr der Großteil der Gruppe entlang der Aufstiegsroute zur Hütte zurück. Vier Teilnehmer:innen hatten noch nicht genug, gingen weiter über Gletscher, Scharten und Grate zur Gemsspitze (3 114 m) und wählten die Abfahrtsroute über den Jamtalferner zur Unterkunft.

Bereits am späteren Nachmittag zogen Wolken auf, die einen Wetterumschwung ankündigten. Nach dem reichhaltigen und ausgezeichneten Abendmenü erlebten wir einen sehr gemütlichen, fröhlichen und geselligen Abend im gut gefüllten Gastlokal, wo wir auch Bekannte trafen, die gerade einen Bergrettungskurs im Ausbildungszentrum Jamtal absolvierten. Am Sonntagmorgen starteten wir trotz bewölkten Himmels zur Hinteren Jamspitze (3 156 m), die wir im dichten Nebel erreichten. Möglichst bald tasteten wir uns langsam und vorsichtig auf dem Jamtalferner wieder talwärts, wo die Sicht wieder besser wurde. In der Hütte machten wir kurze Rast, nahmen die hinterlegten Sachen mit und genossen die Abfahrt auf der breiten Pistenraupenspur nach Galtür.

Während der Heimfahrt kehrten wir in Ischgl ein, um uns zu stärken, nochmals über die schönen Erlebnisse im Silvrettagebiet zu reden und das eindrucksvolle Tourenwochenende ausklingen zu lassen. Zufrieden und froh kamen alle am Abend wieder gesund und heil zu Hause an. Alle Teilnehmer:innen bedanken sich bei den Organisatoren dieser unvergesslichen Tour und bei unserem Guide Franz Lang.

15.2 Schitouren im Bereich der Heidelberger Hütte

Freitag, 12. April 2013:
An meinem 57. Geburtstag kamen wir, sieben ÖAV-Lechtal Mitglieder unter der Leitung von Franz Lang, gegen 14:00 Uhr in Ischgl an. Mit der Pardatschgratbahn fuhren wir bei immer schöner werdendem Wetter ins Schigebiet, wo wir auf circa 2 400 m zum Ausgangspunkt der ersten Tour gelangten. Wir stiegen auf den Piz Val Gronda (2 812 m), den wir bei Schneesturm und schlechter Sicht erreichten. Dieser Gipfel wird wohl nur noch in dieser Saison ein Schitourenziel sein, weil auf diesem bereits die Bagger zum Bau der Bergstation für die geplante Bahn am Arbeiten sind. Von dort fuhren wir bei stark wechselnden Verhältnissen zur Heidelberger Hütte (2 260 m) ab. Die Hütte des Deutschen Alpenvereins Sektion Heidelberg, wird von einem Tiroler Pächter bewirtschaftet und steht auf Schweizer Staatsgebiet. Sämtliche Waren, die auf die Hütte transportiert werden, müssen verzollt und die Steuern an die Schweiz bezahlt werden. Obwohl diese sehr große, komfortable, aber dennoch sehr ge-

mütliche Hütte bereits seit 26. Dezember offen ist, war die gesamte Belegschaft gegen Ende der Wintersaison noch immer auffallend freundlich und in allen Belangen hilfsbereit und zuvorkommend. Auch das Essen sowie das Frühstücksbuffet waren erwähnenswert reichhaltig und gut.

Samstag, 13. April 2013:

Bei optimalem Tourenwetter stiegen wir meist über flaches bis mäßig steiles Gelände bei 5 Zentimeter Neuschnee auf harter Unterlage zum Larainfernerjoch (2 853 m) auf. Von dort fuhren wir über den flachen Larainferner circa 150 Höhenmeter ab und fellten wieder auf. Die steilen und gänzlich unverspurten Hänge zum Gipfelplateau, die vom Larainfernerjoch aus recht furchterregend und unnahbar aussahen, erwiesen sich aus der Nähe dann doch – teilweise mit großen Sicherheitsabständen und überlegter Routenwahl – für alle als recht gut überwindbar. Nach gut vier Stunden Aufstieg erreichten wir mit den Schiern die Schnapfenspitze (3 219 m), auf der ein sehr großes Holzkreuz steht. Wir genossen die wunderbare Aussicht, die in alle Richtungen bis zum Horizont möglich war. Besonders markant und nahe sind in südöstlicher Richtung die Fluchthörner zu sehen. Wir rasteten ein wenig, stärkten uns und machten Fotos von uns und der umliegenden grandiosen Bergwelt. Bald ging es wieder auf den unberührten Nordost gerichteten Hängen mit zahlreichen perfekten Schwüngen in bestem Pulverschnee, der uns alle begeisterte, hinunter zum Larainferner. Von dort stiegen wir wieder hinauf auf das Larainfernerjoch. Ein Teil der Gruppe machte dort ein wenig Rast, um danach entlang der Aufstiegsroute zurück zur Hütte zu gelangen.

Der andere Teil unserer Gruppe stieg in der prallen Nachmittagssonne zur Larainfernerspitze (3 009 m) auf. Auch dort beeindruckte uns die wunderbare Aussicht, bevor wir in östlicher Richtung, auf teilweise sehr steilen Pulverschneehängen direkt zur Unterkunft abfuhren. Glücklich und zufrieden über die gelungene, wunderschöne Schitour ließen wir den Tag gemütlich und harmonisch in der bis zum letzten Platz gefüllten Hütte ausklingen.

Sonntag, 14. April 2013:
Wir starteten unsere lange Tour zum Piz Tasna (3 179 m) durch das breite und flache Gelände bei bewölktem Himmel. Im Laufe des Vormittags verzogen sich die Wolken und gegen Mittag war es nahezu wolkenlos, sehr mild und windstill. Über den recht schmalen, steilen und mit großen Wechten behangenen Ostgrat stiegen wir die letzten Meter zum Gipfel. Auch hier war der Ausblick grandios. Wir erkannten viele umliegende Berge und waren überrascht auch den Piz Kesch zu sehen, der ebenfalls schon einmal das Ziel einer ÖAV-Tour war. Ein Teil der Gruppe fuhr mit den Schiern direkt vom Gipfel auf der steilen Südseite ab, die anderen stiegen zu Fuß zum Schidepot hinunter. Wir fuhren danach nicht entlang der Aufstiegsroute, sondern auf der Engadiner Talseite zu einem kleinen See auf 2 655 m ab. Von dort ging es in der warmen, strahlenden Sonne hinauf auf die Fuorcla Davo Dieu (2 807 m) und für die meisten von uns weiter auf den Piz Davo Lais (3 027 m). Erst gegen 14:00 Uhr verließen wir den fünften und letzten Gipfel unseres erfüllenden Touren-Wochenendes. Trotz der intensiven Sonnenstrahlung und der milden Temperaturen erreichten

wir nach einer langen und schönen Abfahrt auf der gut aufgefirnten, aber immer noch tragfähigen Schneedecke wieder die Heidelberger Hütte. Obwohl in der Hütte viele Leute waren, trafen wir bei all unseren Touren so gut wie niemanden. Unsere Gruppe war auf allen Gipfeln allein.

Nach dem Einpacken und Durststillen machten wir uns auf den Weg zurück ins Tal. Die noch immer hochstehende Sonne ließ die umliegenden, blendend weißen Hänge, Kuppen und Gipfel in feierlichem und hellem Glanze erstrahlen und wir mussten immer wieder zurückblicken auf die beeindruckende Bergwelt, die wir in den letzten Tagen erkundet und besser kennengelernt haben. Der viele Kilometer lange Weg hinaus nach Ischgl auf der aufgeweichten Pistenraupenspur benötigte zu dessen Überwindung noch die letzten Kraftreserven, weil viele Flachstücke mit unzähligen Skating-Schritten und einige Gegenanstiege zu überwinden waren. Das letzte Stück fuhren wir auf der Schipiste auf dem sichtlich dahinschmelzenden und in Bächen davonrinnenden „Weißen Gold" der Wintersportmetropole, inmitten der letzten Schifahrer des Tages hinunter ins Dorf.

Dort saßen viele Schitouristen auf Terrassen und Gastgärten in der Sonne und wir genossen nach dem langen Winter während der Heimfahrt erstmals wieder die erquickenden Farben des Frühlings.

15.3   Schitouren bei der Marteller Hütte

Mit Bergführer Stefan Zangerl starteten wir am Freitag, 21. März 2014, bereits vor 04:30 Uhr im Lechtal mit drei Pkws und fuhren über den Reschenpass ins Martelltal bis ans Ende der zuletzt recht engen und steilen Straße. In der Gegend um den Ortler soll es im zu Ende gehenden Winter so viel Schnee gegeben haben wie seit 1951 nicht mehr!

Nach dem Verstauen des für die erste Tour nicht benötigten Gepäcks in der Materialseilbahn zur Marteller Hütte begannen wir gegen 08:15 Uhr auf einer Höhe von circa 2 050 Meter zu zwölft unsere Tour. Wegen der vorhergesagten hohen Nachmittagstemperaturen wählten wir bei wunderbarem Wetter ein vorwiegend nordexponiertes Tagesziel. Nach dem Erreichen des Schranferners stieg ein Teil unserer Gruppe zuerst auf die Hintere Schranspitze (3 357 m) und danach auf die Dritte Veneziaspitze (3 356 m), wo sich alle Teilnehmer wieder trafen. Nach angemessener Rast, ausgiebiger Stärkung, gemeinsamem Gipfelfoto und dem Genießen der wunderbaren Aussicht und dem Bestaunen von recht nahen Gipfeln wie Zufallspitze, Cevedale, Königsspitze, Zebru, Ortler und Weißkugel fuhren einige direkt zur Marteller Hütte (2 610 m) ab. Die anderen stiegen nach jeweils kurzen Abfahrten in südliche Richtung auf die Zweite Veneziaspitze (3 371 m), auf die Veneziaspitze (3 386 m) und zuletzt noch auf die Köllkuppe (3 330 m).

Aufgrund der turbulenten Wetterbedingungen der vergangenen Tage fanden wir bei allen Abfahrten meist in rascher Folge wechselnd alle möglichen Schneearten wie Harsch, Bruchharsch, gefrorene Schispuren, Firn, selten Pulver, oft windgepressten Schnee und manches Mal bis zu einem halben Meter hohe Gangeln (schuppenartige Gebilde, die vom Wind durch Erosion aus einer gebundenen Schneedecke geformt wurden, 19.10), was höchste Anforderungen an Konzentration, Kraftaufwand und an das schifahrerische Können stellte. Auffallend waren die im ganzen Tal sichtbaren, vermutlich vom Wüstenstaub gelb-braun gefärbten Schneeflächen, die sich zum Abfahren am besten eigneten und somit immer wieder ausgewählt wurden. Für Interessierte gab es am Nachmittag in der Hütte noch fachgerechte Kartenkunde durch Stefan Zangerl. Der erste, sehr lange Tourentag endete nach dem sehr guten und sehr reichhaltigen Abendessen mit gemütlichem Zusammensitzen.

Obwohl das Frühstück am Samstag erst für 05:00 Uhr geplant war, wurde das ganze Lager durch einen aufdringlichen Wecker bereits vor 04:30 Uhr aus dem Schlaf gerissen. Alle wurden wach, nur der Weckerbesitzer selbst schlief unbeirrt weiter. Er bemerkte lange nicht, dass er vergessen hatte, seinen für den Vortag eingestellten Alarm abzuschalten. Nach dem Frühstück am reichhaltigen Buffet mussten wir im ersten Tageslicht feststellen, dass unsere Ziele für den heutigen Tag, Zufallspitze (3 757 m) und Cevedale (3 769 m), bereits im Nebel steckten. Auf Anraten des immer sehr freundlichen und zuvorkommenden Hüttenwirtes steuerten wir stattdessen die etwas niedrigere und noch nebelfreie Madritschspitze (3 265 m) an. Dazu fuhren wir im dichten Nebel von der Hütte circa 250 Höhenmeter ab und stiegen dann bei recht angenehmen Bedingungen durch das lange Butzental, welches beidseitig von scheinbar endlosen Schihängen besäumt ist, zum Gipfel empor. Von dort konnten wir tief unter uns in nordwestlicher Richtung das Schigebiet von Sulden erkennen. Alle höheren Berge blieben im Nebel verborgen. Während acht Teilnehmer:innen ins Tal abfuhren und mit Gegenanstieg zur Hütte zurückkehrten, erklommen die restlichen vier noch die

Butzenspitze (3 300 m) und einen knappen 3 000er im Bereich der Mutspitze.

Nachdem alle wieder in die Unterkunft zurückgekehrt waren und sich etwas gestärkt hatten, zogen wir uns nochmals winterfest an, um neben der Hütte bei Wind und Schneefall Spaltenbergung und Sicherungsmöglichkeiten am Gletscher live zu testen. Stefan als staatlich geprüfter Berg- und Schiführer zeigte uns gemeinsam mit den zu unserer Gruppe gehörenden Bergrettungsleuten aktuelle Sicherungs- und Rettungsmöglichkeiten für den Ernstfall, der hoffentlich nie eintreten möge! Auf jeden Fall waren die praktischen Übungen, die jeder selbst ausgiebig probieren durfte, sehr wertvoll, anschaulich und lehrreich.

Wegen der vorhergesagten Schlechtwetterfront war unsere Gruppe von Samstag auf Sonntag allein in der Marteller Hütte. Der Hüttenwirt und seine Köchin bemühten sich sehr um unser Wohl. Nach dem wiederum sehr guten und reichhaltigen Abendmahl lud uns der Wirt zur Verkostung von seltenen, köstlichen Schnapsspezialitäten ein. Weil wir ganz unter uns waren und die Tourenmöglichkeiten für Sonntag eher mager aussahen, brauchten wir es mit der Sperrstunde nicht so ganz genau zu nehmen, sondern konnten noch gemütlich das eine oder andere Glas vom roten Südtiroler Hauswein genießen. Mit Mundharmonika und Gitarre sorgte Bernhard Lang immer wieder für angenehme musikalische Unterhaltung.

Aufgrund des starken Schneefalls und der schlechten Sicht konnten wir am Sonntagvormittag nur noch zum Parkplatz abfahren. Erst wollten wir von dort aus noch eine kleine Tour in der Waldregion unternehmen, aber nachdem die Talabfahrt wegen des tiefen Neuschnees recht mühsam war und lange dauerte, alle von innen und außen bereits nass waren und die Schibrillengläser kaum mehr einen Durchblick gestatteten, war die Motivation für einen neuerlichen Aufstieg nicht mehr vorhanden. Gegen 10:15 Uhr traten wir mit der vorsichtigen Fahrt auf der glatten, schneebedeckten Bergstraße hinunter in den Vinschgau unsere Heimreise an.

Beim Mohren in Reutte trafen wir uns gegen 14:00 Uhr nochmals alle zum gemeinsamen Mittagessen, das den würdigen Abschluss unseres Schitourenwochenendes darstellte. Es möge bald die passende Zeit und Gelegenheit kommen, wo wir auf den Gipfeln von Zufallspitze und Cevedale stehen werden, die wir diesmal nur aus der Ferne bewundern durften.

15.4 Durchquerung der Bernina – Gruppe

Diese vom Bergführer Stefan Zangerl ausgeschriebene und geführte ÖAV-Lechtal-Tour mit acht Teilnehmer:innen (Daniel Drexel, Josef Friedl, Matthias Friedle, Sabrina Hammerle, Maria Kerber, Jakob Köck, Bernhard Lang, Karin Moosbrugger), hat vom 17. bis 21. April 2015 stattgefunden.

Erster Tag: Um die Mittagszeit – nach fast vierstündiger Fahrt – erreichen wir bei trübem Wetter St. Moritz, einen der traditionsreichsten und schillerndsten Ferienorte in den Alpen. Bald danach parken wir unsere Autos bei der Corvatschbahn (1 870 m) in Surlej, einem Ortsteil von Silvaplana. Nach dem großen LVS-Check am

Parkplatz lösen wir eine einfache Bergfahrt und fahren in zwei Sektionen mit riesigen Gondeln zur Corvatsch-Bergstation (3 303 m). Schlechte Sicht und teilweise sehr weicher, tiefer Schnee machen es uns nicht einfach, das Ziel des ersten Tages zu erreichen. Dennoch finden wir ohne Umwege im Nebel gegen 16:00 Uhr wohlbehalten die Coazhütte (2 610 m), unsere gemütliche Unterkunft für die nächsten zwei Nächte.

Zweiter Tag: Erst nach 07:30 Uhr, nachdem sich der dichte Nebel ein wenig gelichtet hat, brechen wir auf. In südwestlicher Richtung steigen wir angeseilt bei stark wechselnden Sichtbedingungen über den Gletscher zur westlichen Schulter des La Muongia (3 415 m) auf. Ein Teil der Gruppe erklimmt die letzten Meter zum Gipfel durch steiles, felsdurchsetztes Gelände. Nach einer kurzen Abfahrt nehmen wir den Aufstieg zum Il Chapütschin (3 386 m) auf verschiedenen Routen in Angriff, wo wir zum gemeinsamen Gipfelfoto – leider im Nebel – alle wieder zusammentreffen. Nach dem Abstieg über den felsigen Grat beziehungsweise nach der Abfahrt durch steile Rinnen und über den Gletscher kommen alle wieder gleichzeitig bei der Coaz Hütte an. Am Nachmittag klart es immer weiter auf, der Himmel wird blau, die Sonne kommt hervor und wir sehen erstmals die grandiosen Berge und Gletscher der Berninagruppe in all ihrer Pracht.

Dritter Tag: Bei kühlem, aber strahlendem Wetter machen wir uns auf den langen Weg über den Gletscher zur Fuorcla da la Sella. Während einer kurzen Pause auf dem Sella-Gletscher sieht der Aufstieg zum Piz Rosegg sehr verlockend aus und verspricht beste Verhältnisse. Daher können wir der Versuchung zu einem außerplanmäßigen Abstecher nicht widerstehen. Wir befestigen die Schier an den Rucksäcken und stapfen zu sechst mit Steigeisen 800 Höhenmeter auf festem Harsch durch steile Rinnen und Flanken auf die Schneekuppe (3 918 m), den „luftigen" Vorgipfel des Piz Roseg. Nach dem Deponieren der Schi steigen wir erst abwärts in die Scharte und dann über den steilen, teilweise sehr ausgesetzten Fels- und Firngrat, den obersten Teil des Eselsgrates, zum Piz Roseg (3 937 m). Aufgrund einer schadhaften Stelle am Handschuh und vermutlich wegen der enormen Anspannung während der fordernden Gratüberschreitung habe ich mir nahezu unbemerkt die Erfrierung meines rechten Daumens zugezogen.

Die eher heikle Schiabfahrt von der Schneekuppe, die wir sehr vorsichtig, äußerst konzentriert und mit großen Abständen in Angriff nehmen, verläuft bei griffigem und teilweise leicht aufgefirntem Schnee recht sicher und ist ein wahrer Genuss! Der Gipfel des Piz Sella (3 506 m) kann, entgegen der Planung, vom anderen Teil der Gruppe wegen Vereisung leider nicht erreicht werden.

Da die Querung des weitläufigen Scerscen–Gletscherbeckens meist im Nebel erfolgt, ist es nicht einfach, den Aufstieg zum westlichen Marinellipass und den Weg zur Hütte zu finden. Gegen 17:30 Uhr, circa zehn Stunden nach dem Aufbruch am Morgen, kommen auch die Piz-Roseg-Besteiger zufrieden bei der Marinelli Hütte (2 813 m) an. Erst der gute Rotwein nach dem Abendessen kann die leider etwas kühle Raumtemperatur im Gastraum, wo italienisches Flair trotzdem deutlich spürbar ist, ausgleichen.

Vierter Tag: Wieder bei perfektem Bergwetter gehen wir erst über den östlichen Marinellipass, dann lange sehr flach über den Fellaria-Gletscher, bevor es wieder etwas steiler und spaltenreicher zum Passo di Sasso Rosso (3 504 m) ansteigt. Nochmals queren wir ein langes, flaches Gletscherplateau und langsam, aber stetig kommt das Palü-Massiv näher. Die Überschreitung des Piz-Palü-Hauptgipfels (3 900 m) und Ostgipfels (3 882 m) – einige klettern zuvor noch über den Piz Spinas (3 823 m) – stellt ein weiteres Highlight der Durchquerung dar! Der Weg über den sehr scharfen und ausgesetzten Firngrat erfordert am Seil gesichertes und sehr konzentriertes Gehen mit Steigeisen.

Karin Moosbrugger, Sabrina Hammerle mit Bergführer Stefan Zangerl am Piz Palü

Danach beginnt eine wunderschöne, abwechslungsreiche, interessante und aufregende Abfahrt über den Persgletscher hinunter zum Morteratschgletscher. Strahlende Sonne, weiß leuchtende Schneeflanken, tiefblauer Himmel, bedrohliche Gletscherabbrüche, tiefe Spalten und Klüfte sowie weite Hänge umgeben von hohen Bergen – all das lässt diese lange Abfahrt zu einem ganz besonderen, tiefgehenden Erlebnis werden! Nochmals müssen wir auffellen, um erst den Morteratschgletscher zu queren und dann zur letzten Unterkunft unserer Tour aufzusteigen.

„Schöner kann eine Tour in der Bernina nicht enden, als auf der Terrasse der Boval Hütte (2 495 m)!" Dieser Text steht in etwa so im Hüttenprospekt und so empfinden wir es auch. Unser letzter Abend in der warmen Hütte mit gutem Essen und Trinken, mit Unterhaltung, Gitarrengesang und guter Laune endet erst lange nach Mitternacht.

Fünfter Tag: Nach dem Frühstück um 05:30 Uhr steigen wir auf schönen, bereits in der strahlenden Morgensonne liegenden Osthängen, Rinnen und Flanken aufwärts, zuletzt sehr steil mit aufgebundenen Schiern zur Scharte. Nach kurzem Zwischenabstieg auf den Misaungletscher geht es erst auf die Fuorcla Tschierva und dann recht einfach weiter zum Piz Tschierva (3 546 m). Auch auf diesem Gipfel wird uns nochmals ein wunderbares Panorama geboten. Piz Morteratsch, Biancograt, Piz Bernina, Piz Scerscen und Piz Roseg mit Schneekuppe liegen direkt vor uns. Aber auch unzählige andere Berge und der Blick ins Val Roseg bis nach Pontresina hinaus ergänzen die tolle Aussicht. Nochmals dürfen wir uns über eine schöne und lange Abfahrt auf gutem Harsch und perfektem Firn freuen, die bis zu den Häusern von Roseg möglich ist. Am frühen Nachmittag fahren wir mit einer Pferdekutsche 7 Kilometer durchs Rosegtal nach Pontresina.

„We are the top of the world!", sagt der nobel gekleidete Taxifahrer, der uns zurück zu unseren Autos bei der Corvatschbahn bringt. Tatsächlich, diese Gegend, diese Landschaft, diese Berge – die wir in den vergangenen Tagen erleben durften – sind etwas Einmaliges und was ganz Besonderes! Unsere „Touren im Festsaal der Alpen", so habe ich es in Printmedien über diese Unternehmungen gelesen, haben alles geboten – vom scheinbar endlosen meditativen Gehen über flache Gletscher bis zum konzentrierten Klettern über steilste Grate, grandiose Aussichten von eindrucksvollsten Gipfeln und lange, traumhafte Abfahrten durch faszinierende Kulissen. Die nette, harmonische, fröhliche, freundschaftlich-kollegiale Gruppe hat nicht nur die Touren, sondern auch die Hüttenaufenthalte zu einem unvergesslichen Erlebnis werden lassen.

Nach fünf Tagen in Fels, Schnee und Eis, ständig in einer Höhe von über 2 500 Meter, erleben wir während der Heimfahrt die Wärme und die bunten Farben des Frühlings außergewöhnlich intensiv. Zufrieden und dankbar, dass alles so gut gegangen ist, kehren wir nach der Abschluss-Einkehr in Imst am Abend nach Hause zurück.

Leider hatte die schmerzhafte Entzündung einer unscheinbaren Schrunde im Nagelbett meines rechten Daumens in Verbindung mit der auf dem Piz Roseg zugezogenen Erfrierung eine ernsthafte Blutvergiftung zur Folge. Sofort nach dem Heimkommen musste ich fünf

Tage im Krankenhaus in Reutte verbringen und durfte mich danach mehrere Wochen lang nicht anstrengen.

15.5 Schitouren-Wochenende bei der Langtalereckhütte

Am Freitag, dem 1. April 2016 – das ist kein Aprilscherz – starten wir zu elft gegen 09:15 Uhr bei Sonnenschein und mildem Südwind am Parkplatz bei der Festkogelbahn in Obergurgl (1 910 m) und gehen entlang der Schipiste zur Schönwieshütte. Diesmal begleitet uns dankenswerterweise mein Bruder und Bergführer Markus, was für mich eine äußerst wertvolle Hilfe darstellt. Da es während der Nacht bedeckt war und nicht gefroren hat, ist der Schnee schon am Morgen sehr weich. Der Lawinenwarndienst hat im heutigen Lagebericht die Gefahrenstufe 3 ausgegeben, was bedeutet, dass wir den geplanten Aufstieg vom Rotmoostal über die Steilstufe zum Eiskögele nicht in Angriff nehmen dürfen! Stattdessen gehen wir auf dem direkten Hütten-Zustiegsweg zur Langtalereckhütte (2 450 m). Am Nachmittag erreichen wir über die sichere südliche Anstiegsroute doch noch den Eiskögele-Gipfel (3 228 m) und dürfen uns nach der Abfahrt über das reichhaltige Essen, einen gemütlichen Abend in der Hütte und somit über einen schönen, ausgefüllten Tag freuen.

Wir sind froh am Samstag in der Früh auf festem Harsch und nicht wie befürchtet im Sulzschnee sowie auch bei halbwegs freundlichem Wetter von der Hütte circa 200 Meter abfahren zu dürfen. Nach dem Aufziehen der Felle steigen wir durch die enge, mit Schnee und Lawinenkegeln gefüllte Gurgler Schlucht. Es ist gut, dass es während der Nacht abgekühlt hat und somit keine Lawinengefahr besteht. Auch die Gefahr von herabfallenden Eisbrocken aus den bedrohlich wirkenden, zu beiden Seiten unseres Weges sehr steil und hoch hinauf ragenden Felswänden getroffen zu werden, ist dadurch geringer. Entspannt gehen wir danach sehr lange, meist recht flach, über den Gurgler Ferner am Hochwildehaus vorbei. Wie unser Hüttenwirt am Abend erzählt, musste die Bewirtschaftung dieser Hütte im letzten Jahr auf unbestimmte Zeit eingestellt werden, weil sich deren Fundamente wegen des auftauenden Permafrostes zu senken begannen.

Aufgrund des bräunlichen Wüstenstaubes, der sich während der letzten Tage auf der Schneeoberfläche abgesetzt hat, erscheinen die Geländekonturen trotz diffusen Lichts kontrastreich. Aufgeteilt in zwei Seilschaften steigen wir zuerst auf den Annakogel (3 336 m) und nach einer kurzen Abfahrt wollen wir, weil alle noch fit zu sein scheinen, auch den Hochwilde Nordgipfel (3 458 m) in Angriff nehmen. Nach dem Schidepot gehts über steile, teilweise mit Fixseilen gesicherte Felsplatten und einen luftigen, ausgesetzten Grat zum großen Gipfelkreuz. Während der Abfahrt über den Langtaler Ferner müssen wir besonders im oberen Teil wegen drohender Spaltengefahr sehr vorsichtig sein und große Sicherheitsabstände einhalten. Nach einer schönen und sehr langen Talfahrt – die Namensgebung von Gletscher und Tal wurde zu Recht so gewählt – müssen wir nochmals mit den Fellen an den Schiern zu unserer Unterkunft aufsteigen.

Ebenfalls recht lang und etwas mühsam, aber sehr schön und abwechslungsreich ist der Aufstieg auf gutem

Harsch zum Hinteren Seelenkogel (3 489 m) am Sonntag. Über diesen Gipfel, den ein aufwendiges, schönes Holzkreuz ziert, verläuft die Grenze zu Italien. Auch hier können wir einen eindrucksvollen Rundblick nach allen Richtungen genießen. In östlicher Richtung liegt tief unter uns das Pfelderer Tal mit der Ortschaft Pfelders. Auch der Schlern, die Sellagruppe, der Langkofel und die Marmolada sowie viele weitere Dolomitenberge und unzählige andere bekannte und unbekannte Gipfel befinden sich in unserem Blickfeld.

Die im Wetterbericht angekündigten Föhnstürme waren nur mäßig und haben kaum gestört. Ebenso sind die mit dieser Wetterlage meist zusammenhängenden Nebelverhüllungen der Berge am Alpenhauptkamm ausgeblieben und somit hatten wir zum Glück an allen drei Tagen passables, freundliches Wetter und gute Sicht.

Die letzte wiederum sehr lange und imposante Abfahrt unseres Tourenwochenendes verläuft vom Hinteren Seelenkogel durch eine traumhafte Bergkulisse über den Wasserfallferner und anschließend durch eine eindrucksvolle Steilrinne im felsdurchsetzten Gelände hinunter ins Rotmoostal. Durch dieses gelangen wir zurück ins Schigebiet und zu unseren Autos.

Für eine würdige Abschlusseinkehr besuchen wir das Panoramarestaurant im neuen Top Mountain Crosspoint in Hochgurgl. Bevor wir danach in unsere Fahrzeuge steigen und die Heimfahrt antreten, blicken wir nochmals taleinwärts zu der in der strahlenden Sonne weiß glänzenden Bergwelt, wo wir während der letzten drei Tage wunderschöne Schitouren erleben durften!

Nach einer angenehmen Fahrt durch die in den Tallagen bereits frühlingshafte Landschaft kommen wir alle am frühen Abend wieder gesund und erfüllt mit unvergesslichen Eindrücken heim.

15.6 Die Geburtstagstour zu meinem 60er

„Ab Samstag, 00:00 Uhr bin ich frei und zu allem bereit ..." Das antwortete ich Peter Fink am Donnerstag, dem 7. April 2016, als er mir den verlockenden und vielversprechenden Wetterbericht fürs Wochenende in Chamonix per Mail sandte. Nach der Jahreshauptversammlung des ÖAV-Lechtal am Freitagabend in Bach, wo ich Fotos von den letztjährigen Touren zeigte, kam ich erst gegen Mitternacht ins Bett, um 03:00 Uhr stand ich auf, fuhr zu Peter Fink nach Höfen, um 04:00 Uhr holten wir Peter Mallaun ab und machten uns auf den Weg nach Frankreich. Peter brachte uns in seinem Audi in nur fünf Stunden nach Chamonix! Mit meinem Bus hätte ich gut eineinhalb Stunden länger gebraucht. Von der Mittelstation der tollkühnen Aiguille du Midi-Bahn (2 317 m) stiegen wir zur Grands Mulets Hütte (3 050 m) auf, die mit circa siebzig Mont-Blanc-Aspiranten gut gefüllt war. Der hartnäckige Nebel im Tal hatte seine Obergrenze etwas unterhalb der Hütte und darüber erlebten wir einen grandiosen Sonnenuntergang.

Am Sonntag standen wir um 01:15 Uhr auf, um 01:30 Uhr gab es Frühstück und weil keine Gruppe gern den langen und mühsamen Weg durch den unberührten, teilweise recht tiefen Neuschnee spuren wollte, verzögerte sich unser Aufbruch. Wir wollten einfach nicht die Ersten sein. Außerdem fanden am Vorabend viele Diskussionen über den besten Weg statt. Der Hüttenwirt riet wegen drohender Eisbrüche eindringlich davon ab, den einfacheren Normalweg zu nehmen, sondern über die Route Royal und den Dôme du Goûter aufzusteigen. Die erste Gruppe spurte in der Dunkelheit jedoch genau die gefährliche, aber angenehmere Aufstiegsroute und alle folgten trotz Warnung. Während der ersten drei Stunden sahen wir im Lichtkegel unserer Stirnlampen vor uns nur die Aufstiegsspur im Schnee. Über uns funkelten die Sterne und unten im Tal, 2 500 Meter tiefer, die Lichter der schlafenden Stadt. Chamonix und die Menschen in den gemütlichen Häusern schienen ganz nah, aber dennoch befanden wir uns in einer völlig anderen Welt. Es war eisig kalt, dazu wehte uns ein kräftiger Wind entgegen und somit erforderten die −22 °C auf 4 000 Metern auch beim Aufstieg das Anziehen der dicksten Jacken. Meine Füße wurden immer kälter und meine Zehen spürte ich bald nicht mehr.

„Nur positive Gedanken, der unerschütterliche Glaube an die wärmende Sonne, die Hoffnung auf einen endlosen Horizont und der unbeugsame Wille, dem sternenklaren Firmament mit jedem Schritt näherzukommen, gaben mir Kraft und Motivation stetig nach oben zu streben und ließen mich die Sinnhaftigkeit meines Tuns in dieser bitterkalten Nacht nicht hinterfragen!"

In der Vallot-Biwak-Schachtel zog ich die Schuhe aus und versuchte meine Zehen warm zu reiben, was leider nicht gelang. Im ersten Morgenlicht konnten wir eine machbar erscheinende Abfahrtsroute direkt vom Mont-Blanc-Gipfel durch die Nordflanke auskundschaften. Daher beschlossen wir die Schier auf die Rucksäcke zu binden und über den sich über 500 Höhenmeter erstreckenden Bosses Grat auf den Gipfel zu tragen. Weil ich mir ernsthaft Sorgen wegen meiner gefrorenen Zehen machte und die Folgen von Erfrierungen von anderen Bergsteigern und auch an mir selbst kenne, habe ich in einer windgeschützten, sonnigen Eisnische nochmals Steigeisen und Schuhe ausgezogen und versucht, meine Füße mit den Händen warm zu reiben. Aber ich hatte keine Chance, die Luft war einfach zu kalt und während meiner vergeblichen Mühen sind die Schuhe auch im Fersen- und Schaftbereich weiter ausgekühlt. Essen und Trinken konnte ich auch nichts mehr, weil der in der Hütte eingefüllte Tee in meiner isolierten Sigg-Flasche sowie auch mein mitgenommenes „Dopingmittel" – eine kleine Flasche Cola – bereits gefroren waren und der Power-Riegel so steinhart war, dass man nichts abbeißen konnte. Da ich meinen Kollegen die Freude nicht verderben und somit nicht umdrehen wollte, blieb für mich nur noch die Flucht nach vorne.

Am Mont-Blanc-Gipfel (4 810 m) angekommen, machten wir ein paar Fotos. Anschließend wollte ich sofort durch die Nordwand den steilen, zerklüfteten Gletscher über 1 800 Höhenmeter allein zur Hütte abfahren, um meine Zehen zu retten. Nachdem Peter Mallaun das erste Mal auf diesem höchsten Alpengipfel stand und dies Peter Fink beim dritten Versuch nun glücklicherweise auch gelungen war, wollten die beiden dieses erhabene Gefühl bei traumhafter Sicht ausgiebig auskosten. Sie rieten mir eindringlich ab und ließen mich nicht allein abfahren. Ich hingegen dachte nur an meine Zehen und hatte es sehr eilig, meine Füße in der Hütte zu wärmen. Auch nach meinem 60. Lebensjahr wollte ich noch gesunde Zehen haben. Kein Berg auf der Welt wäre es wert, seine Zehen dafür zu opfern!

Nur eine von einem französischen Bergführer geführte
fünfköpfige Gruppe brachte nach uns ebenfalls die Schier
mit auf den höchsten Punkt der Alpen. Alle anderen Gip-
felstürmer hatten sie am Vallot-Biwak zurückgelassen.
Dieser Bergführer erkundigte sich in schwer verständ-
lichem Englisch, wie wir unsere Abfahrt geplant hätten.
Er meinte, dass wir bei unserem ausgekundschafteten
Weg auf eine Abseilstelle stoßen würden, was uns sehr
verunsicherte. Beide Peters wollten unbedingt warten,
um dieser Gruppe folgen zu können. Ich hingegen fuhr
circa 100 Höhenmeter ab, um von einem aus dem ewigen Eis herausragenden Felssporn weitere Erkundungen
zu machen. Doch auch hier hatte ich keinen Einblick in
die heiklen Stellen. Es schien eine Ewigkeit zu dauern,
bis die Gruppe und meine Kollegen zu mir aufschlos-
sen. Der Bergführer fuhr immer ein Stück voraus, gab
ein Zeichen und alle folgten, wir drei zuletzt. Plötzlich
blieb er 50 Meter unter uns stehen, blickte lange umher,
ging nach links und nach rechts, holte seine Karte aus
dem Rucksack und gab keine Aufforderung nachzukommen. Offensichtlich war er sich nicht mehr sicher, wie
es weiterging. Aufgrund unserer beim Aufstieg gemachten Erkundungen fuhr ich nach Abstimmung mit meinen Kollegen zum Bergführer hinunter und versuchte,
ihm den weiteren Weg zu erklären. Er glaubte mir nicht.
Daher fasste ich allen Mut und fuhr ohne sein Einverständnis einfach los: Es ging in vorsichtiger Fahrt an tiefen Spalten vorbei und unter bedrohlichen Seracs hindurch, über blanke Eisstellen und steile Hänge in ein
kleines Tal, überquerte dort Eisbrocken und -splitter einer kürzlich abgegangenen Eislawine und kam danach,
ohne stehen zu bleiben in schönes Schigelände mit per-

fektem Pulverschnee. Erst weit unten in der Sicherheit vermittelnden riesigen Geländemulde, die an der Aufstiegsroute unterhalb der Vallot-Biwak-Schachtel liegt, blieb ich stehen. Ich blickte zurück und sah, wie ganz kleine Männlein von weit oben herunterkamen. Alle folgten meiner Spur, der Bergführer fuhr lächelnd auf mich zu, klatschte mit seiner Hand in meine und bedankte sich mit einem freundlichen „Merci beaucoup". Für mich war es ein gutes Gefühl, dem französischen Bergführer die Abfahrtsspur durch die Nordflanke des Mont Blanc gelegt zu haben. Leider konnte ich diese Freude wegen der Sorgen um meine Zehen nicht genießen. 11,25 Stunden nach dem nächtlichen Start bei der Hütte kamen wir bei der Gondelstation „Aiguille du Plan" und somit wieder in der Zivilisation an.

Beim Auto angekommen, zog ich sofort meine Schuhe aus und spürte in meinen dunkelrot gefärbten Füßen heftiges Kribbeln und stechende Schmerzen. Ich hatte das Gefühl, dass doch wieder Leben in meine Zehen zurückkehren würde und nahm erst einmal davon Abstand, mich ins Krankenhaus zu begeben.

Beim Spaziergang durch die Fußgängerzone in Chamonix machte der hoch über uns aufragende, sonnenbestrahlte Mont Blanc heute seinem Namen alle Ehre. Auf der Straße war bunter Trubel, weil die Geschäfte mit noblen Outdoor-Marken Saisonschlussverkauf hatten. Auffallend war das kontrastreiche Outfit der vielen sich hier Tummelnden. Die einen waren bereits sommerlich, die anderen noch winterlich gekleidet und dazwischen viele andere in Schi-, Freeride- oder Tourenklamotten unterwegs. Erst hier tauten meine Zehen, die mehr als sechs Stunden lang tiefgefroren waren, wieder langsam auf und hatten Gott sei Dank keinen längerfristigen Schaden genommen. Nur ein taubes Gefühl im Ballen beim kleinen Zeh am rechten Fuß wird mich, auch Jahre danach, wohl noch länger an die eindrucksvolle Tour zu meinem Sechziger erinnern.

15.7   Haute Route – Die Königin der Schitouren

Am Montag, 18. April 2016 gegen 16:30 Uhr, nach einer fast siebenstündigen Fahrt, parken wir unsere Autos beim uns schon bekannten Hotel Bergfrieden in Herbriggen im Mattertal und werden von Rosi, der bereits 77-jährigen Wirtin, sehr freundlich und zuvorkommend empfangen. Alle neun Teilnehmer unter der Leitung von Bergführer Stefan Zangerl hoffen, dass wir am Ende unserer geplanten Durchquerung Zermatt erreichen werden und somit in der Nähe unserer Autos ankommen.

Am Dienstag in der Früh bringt uns Rudi, der Ehegatte der weitum bekannten Rosi, mit dem Hotelbus während einer zweieinhalbstündigen Fahrt nach Argentière, einem Vorort von Charmonix. Dort fahren wir bei strahlendem Wetter mit der Gondel auf den Grand Montets, wo uns ein traumhaftes Panorama mit freiem Blick auf den Mont Blanc geboten wird. Stefan gibt uns ausführliche Anweisungen zum sicheren Verhalten auf Gletschern und sonstige wertvolle Anregungen.

Nach der Abfahrt über den Gletscher auf den Glacier d'Argentière und einem sonnigen Aufstieg erreichen wir mit ungewohnt schweren Rucksäcken bepackt die Argentière-Hütte (2 771 m). Am Nachmittag beobachten wir mit großem Interesse auf der gegenüberliegenden Bergkette einige Freerider, die durch steilste Rinnen, Flanken und felsdurchsetzte Wände im tiefen Neuschnee stundenlag nach oben steigen, um die tollkühnsten Abfahrten zu genießen. Es erscheint uns fast nicht verantwortbar, was diese Freaks trotz Lawinenwarnstufe 3 wagen, um den ultimativen Kick zu erleben.

Auf dem Weg zum Refuge d'Argentière
(Foto: Andi Bauer)

Den Mittwoch beginnen wir schon recht früh mit einer Abfahrt und steigen danach mit Harscheisen auf den von bizarren Felszacken und Türmen besäumten Glacier du Chardonnet zum Col du Chardonnet (3 323 m) auf. Auf der steilen Rückseite der Scharte seilen wir uns einzeln auf ein riesiges Gletscherplateau (Glacier de Saleina) ab.

Auf allen Gletscherflächen achten wir während der gesamten Tour immer auf große Sicherheitsabstände, um die mehr oder weniger stabilen Schneebrücken über die

gewiss vorhandenen, aber unsichtbaren Spalten nicht zu
überlasten. Nach weiteren Aufstiegen (Fenêtre de Saleina und Col des Encandies) und langen Abfahrten (Plateau du Trient, Glacier du Trient und Val d'Arpette) durch
die traumhaft schöne und imposante Bergwelt der Walliser Alpen, an der wir uns nicht sattsehen können, erreichen wir Champex. Nach dem Genuss eines verdienten Radlers auf der Terrasse eines Gasthauses bringt uns
ein Taxi durch das grüne und blühende Val d'Entremont
nach Bourg St. Pierre ins Hotel Napoleon. Dort beziehen
wir in einem kleinen Nebenhäuschen unsere Bergstei-
gerzimmer, können duschen und unsere Sachen in der
wärmenden Sonne trocknen.

Der freundliche und zuvorkommende Wirt erspart uns
am Morgen des nächsten Tages mit seinem Auto mindestens eineinhalb Stunden Gehzeit auf aperen Wegen.
Weil wir nach dem Anziehen der Schi auf gutem Harsch
voller Motivation und Euphorie rasch vorankommen, bemerken wir erst unterhalb der Mont-Vélan-Hütte, nicht
mehr auf dem richtigen Weg zu sein. Das Wetter ist perfekt, Zeit haben wir genug und somit bringt uns der zusätzliche Abstecher nur weitere schöne Aussichten und
eine feine Firnabfahrt. Mit vielen Spitzkehren, die bis
zu mehreren hundert Meter voneinander entfernt sind,
überwinden wir einen riesigen, glatten Steilhang und erreichen danach die Valsorey-Hütte (3 030 m). Den Nachmittag verbringen wir bei traumhafter Aussicht auf der
Hüttenterrasse. Besonders fällt uns der gegenüberliegende, mit einer dicken Eiskuppe bedeckte Mont Vélan auf,
der auch zu einer perfekten Schitour einladen würde.

Aufmerksam werden wir von der tüchtigen Hüttenwirtin am frühen Freitagmorgen verabschiedet und steigen

erst mit Schi und dann schon bald mit Steigeisen an den Schuhen und den Schiern an den Rucksäcken befestigt, durch einen sehr steilen, langen Hang zum Plateau du Couloir (3 650 m) auf. Weil der Aufstieg zum ganz nahe liegenden Viertausender Grand Combin zwar sehr steil, aber dennoch unwiderstehlich verlockend aussieht, beschließen einige der Gruppe diese Gelegenheit zu nutzen. Auf einer Höhe von circa 3 900 Meter werden wir jedoch von dichtem Nebel eingehüllt und machen uns ernsthafte Gedanken, wie wir den Weiterweg zum noch weit entfernten Tagesziel wohl finden werden. Spontan brechen wir das mühsame Streben zum außerplanmäßigen Gipfelziel ab und tatsächlich ist es ganz und gar nicht einfach, die Spuren der Vorausgegangenen erst zu finden und dann nicht mehr zu verlieren! Wir haben großes Glück und sind sehr froh, dass sich der dichte Nebel hinter dem Col du Sonadon (3 504 m) lichtet und wir schon bald eine Tourengruppe weit vor uns auf dem Glacier du Mont Durand erblicken können. Sehr rasch und unerwartet haben wir wieder Sonnenschein, gute Sicht und dürfen die langen Abfahrten und Aufstiege sowie die wunderbare Landschaft auf dem Weg zur Chanrion-Hütte (2 462 m) entspannt genießen.

Wie bereits am Vorabend vorausgesagt, verhindert leichter Schneefall und dichter Nebel am Samstagmorgen die Sicht nach allen Richtungen. Daher wählen wir, so wie alle anderen Gruppen auch, den einfachsten Weg zum Ziel des Tages. Ohne Sicht folgen wir auf dem flachen Glacier d'Otemma mehr als viereinhalb Stunden lang unserem Bergführer Stefan, der gemeinsam mit einem anderen Bergführer und mit Hilfe der GPS-Tracks die Vignettes-Hütte (3 160 m) punktgenau findet! Es ist uns absolut klar, dass es bei diesen Bedingungen ohne die moderne Satelliten-Navigation ganz sicher nicht möglich gewesen wäre, am gewünschten Ziel anzukommen. Leider können wir wegen des dichten Nebels den Aufstieg zum Pigne d'Arolla, der eine tolle Aussicht bieten soll, nicht in Angriff nehmen.

Das Hoffen und Warten auf Wetterbesserung am Sonntag in der Früh ist vergebens und so beschließen wieder alle Gruppen in der Hütte, auf dem einfachsten und sichersten Weg ins Tal nach Arolla abzufahren. Dichter Nebel, circa 30 Zentimeter Neuschnee, starker Wind, Lawinengefahr und fast –20 °C machen es unmöglich und sinnlos, auf der geplanten Route über drei Jöcher zu steigen und nach Zermatt abzufahren. Unter diesen unwirtlichen Umständen ist es bereits eine Herausforderung, die Talabfahrt auszukundschaften. Doch unser Bergführer Stefan findet wieder mit Hilfe des GPS-Tracks in Abstimmung mit den anderen Bergführern den richtigen Weg.

Während wir in einer Gaststätte in Arolla (1 998 m) auf Rudi warten, der uns zurück nach Herbriggen bringen wird, tut es uns zwar leid, dass wir aufgrund des Schlechtwettereinbruchs den letzten Abschnitt der Haute Route – die Königsetappe am Matterhorn vorbei nach Zermatt – nicht mehr erleben durften, sind aber froh und dankbar, wieder gesund und sicher im Tal angekommen zu sein. Die Fahrt mit dem Taxi von Arolla durch das enge, romantische Val d'Herens hinaus nach Sion, weiter über Visp und dann zu unseren Autos nach Herbriggen ist mehr als 100 Kilometer lang, dauert über zwei Stunden, ist aber kurzweilig, interessant und landschaftlich sehenswert. Der Heimweg mit Nutzung der Bahnverladung am Furkapass verläuft problemlos und nach einer wohlschmeckenden Mega-Pizza in Kempten kommen wir am späteren Abend wohlbehalten, dankbar und zufrieden daheim an.

Auch wenn wir unseren Tourenplan nicht zu Ende bringen konnten, haben die Eindrücke und Erlebnisse während der gesamten Unternehmung die Erwartungen übertroffen. Die dabei empfundenen Emotionen erstrecken sich über eine große Bandbreite. Von großer Anspannung, höchster Konzentration und der Sorge um die Sicherheit wegen Spalten, Seracs, Lawinen, Nebel und Orientierungsfehlern, über die Mühen und Plagen bei langen Aufstiegen in großer Höhe sowie wegen der schweren Last am Rücken, bis hin zu den Glücks- und Hochgefühlen bei Sonnenschein auf endlos weiten Gletscherflächen, beim meditativen Gehen in traumhaften Bergkulissen, bei eindrucksvollen Rundblicken über unzählige Gipfel, bei schwerelosen Abfahrten im Pulverschnee oder beim leichten Gleiten auf Firn sowie bei entspannter, gemütlicher Rast auf der Hüttenterrasse – all diese Empfindungen haben wir auf engstem Raum erlebt!

Die sich immer wieder ergebenden Kontakte zu anderen Tourengehern sind nett, fröhliche, gesellige Abende in harmonischer und freundschaftlicher Kollegenrunde bei einem Glas Wein oder Bier lassen die wenigen Stunden Schlaf in den oft sehr engen Schlafstätten schon im Voraus vergessen. Die gemeinsamen Beratungen der Bergführer aus verschiedenen Nationen sowie deren kollegiales Zusammenwirken in heiklen Situationen geben den Gruppenmitgliedern Sicherheit und finden wir wertvoll.

Auch wenn wir während unserer sechstägigen Durchquerung ohne Nachrichten, Fernsehen, Zeitungen und nur gelegentlichem Handy- oder Internetempfang kaum etwas von der Außenwelt mitgekriegt haben, hat sich die Welt auch ohne unser Zutun weitergedreht. Alle diese vielfältigen Impressionen lassen das Gefühl aufkommen, in diesen Tagen im Zentrum der Alpen auf eine besondere Weise ganz intensiv und wirklich gelebt zu haben! Wir danken der Sektion Lechtal des ÖAV und ganz besonders unserem Bergführer Stefan Zangerl für die vorbildliche und umsichtige Planung, Ausschreibung und Durchführung dieser außergewöhnlichen und unvergesslichen Haute-Route-Tour!

15.8 Schi-Durchquerung „Hoch-Tirol

Diese führt uns vom 1. bis 8. April 2017 von Kasern im Ahrntal in Südtirol bis zum Großglockner. Am Freitag, dem 31. März 2017 um circa 14:30 Uhr, starten wir mit zwei Pkws in Reutte und fahren zu acht über den Brenner, durch das Pustertal bis ans Ende des Ahrntals. In der Pension Anna in Prettau übernachten wir, um am 1. April gegen 07:00 Uhr unser großes Vorhaben zu beginnen. Obwohl wir am Vortag während der Anreise durch das frühlingshafte Südtirol den ersehnten Schnee nur noch sehr spärlich in höheren Bergregionen sahen, können wir zu unserer Überraschung schon bald hinter dem Parkplatz in Kasern bei der Heiliggeist-Kirche (1 612 m) unsere Schier anschnallen. Bei freundlichem Wetter und auf festem Schnee geht es durchs Windtal hinauf zum Hinteren Umbatörl (2 848 m), dann hinunter zum Umbalkees (2 540 m) und nochmals aufwärts zum Reggentörl (3 056 m). Die erste Tagesetappe beenden wir nach einer fordernden Abfahrt über das Simoneykees bei der Essener Rostocker Hütte (2 208 m).

Am Sonntag, 2. April, führt unsere Route auf gutem Harsch erst sehr lange durchs flache Maurertal, danach gewinnen wir viele Höhenmeter in schönem Tourengelände und den letzten steilen Aufschwung zum Hohen Geiger (3 360 m) erklimmen wir zu Fuß mit aufgeschnallten Schiern durch eine steile Firnflanke. Bei guter Fernsicht können wir erstmals die imposante Gebirgslandschaft der Hohen Tauern ausgiebig genießen.

Nach der Mittagsrast in einer windgeschützten Schneemulde am Fuße der steilen Felswände, die zum Großen Happ hinaufführen, gehen wir nochmals zum Beginn des Großen Happ-Nordgrates hinauf, um eine eventuell schneereichere Abfahrtsvariante zu inspizieren. Zum Glück wählen wir dann doch die klassische Abfahrt, die ebenfalls ausreichend Schnee bietet und landschaftlich viel reizvoller ist. Zwei Teilnehmer steigen noch zum Großen Happ (3 350 m) auf. Danach führt die Abfahrt vorbei am Kleinen Geiger, dann übers Türmlijoch und zum Schluss durch eine sehr steile, schmale mit aufgeweichtem Firn und Lawinenschnee gefüllte Rinne zwischen den Felsen hinunter zu der in wärmender Nachmittagssonne liegenden Johannishütte (2 121 m).

Der dritte Tag beginnt mit dem langen Aufstieg auf durchgängiger Schneedecke entlang des Sommerweges zum Defregger Haus (2 962 m). Am flachen Gletscher (Inneres Mullwitzkees) gehen wir angeseilt, teilweise bei Nebel, entlang des GPS-Tracks übers Rainertörl (3 422 m). In Gipfelnähe klart es immer wieder auf und wir können zumindest Teile der hochalpinen Bergwelt erblicken. Am Großvenediger (3 660 m) wechseln Nebelverhüllungen und Sonnenfenster in rascher Folge, was eine ganz besondere Stimmung ergibt. Die lange Abfahrt, zuerst am nördlichen Rand des spaltenreichen Schlatenkees, über fast 2 000 Höhenmeter ins Gschlößtal hinunter ist in allen Belangen wie Schigelände, Schneebeschaffenheit, Aussicht, Kulisse und Landschaft wahrlich ein Genuss! Die Freude über eine unvergessliche Traumabfahrt kann auch das mühsame Schieben und Skaten im tiefen Sulzschnee am flachen Talboden hinaus nach Innergschlöß nicht trüben. Die letzte gute Stunde gehen wir zu Fuß durchs malerische Tal, vorbei an der Felsenkapelle, bis zum Matreier Tauernhaus (1 512 m) zu unserer bereits vierten Unterkunft.

Der Wetterbericht für den vierten Tag verspricht nichts Gutes und lässt Bedenken über das Gelingen der nächsten Tagesetappe aufkommen. Als ich in der Nacht vom Starkregen, der aufs Dach und die Straße niederprasselt, geweckt werde, befürchte ich, dass wir in der Früh nicht aufbrechen können. Eine andere Gruppe bricht die Tour ab, wieder eine andere lässt sich mit dem Taxi nach Uttendorf bringen, um über die Schipiste zur Rudolfshütte zu gelangen. Wir jedoch lassen uns nicht beirren, wir wollen es versuchen und starten als einzige Gruppe an diesem Tag bei leichtem Regen, trübem Wetter und tiefhängenden Wolken erst über braune Wiesen, gehen mit den Schiern an den Rucksäcken befestigt an der Mautstation der Felbertauernstraße vorbei sehr lange aufwärts, bis wir auf einer Höhe von circa 2 000 Metern endlich wieder in die Bindungen der Tourenschi einklicken können. Ohne weiteren Niederschlag, teilweise bei Sicht und teilweise im dichten Nebel mit GPS-Unterstützung, gelangen wir auf die Amberger Höhe (2 784 m).

Während unsere Abfahrt hinunter ins Landecktal (2 440 m) von unüberwindbaren senkrechten Felswänden unterbrochen wird und wir versuchen einen neuen Weg zu finden, löst sich vom nahen Landeggkogl eine große Nassschneelawine, die sich mit lautem Getöse über felsiges Gelände talwärts stürzt und uns einen ordentlichen Schrecken einjagt. Auch wenn diese Lawine unsere Spur nicht tangiert, erfolgt die Routenwahl nach dem schaurigen Naturschauspiel in dieser einsamen, abgelegenen Bergregion noch überlegter und vorsichtiger! Bei teilweise freundlichem Wetter, auch mit ein paar Sonnenstrahlen zwischendurch, gelangen wir auf die Granatspitzscharte (2 970 m).

Trotz der fortgeschrittenen Tageszeit, des wieder schlechter werdenden Wetters und der bereits feststellbaren Ermüdung wollen einige noch den Stubacher Sonnblick (3 088 m) erklimmen. Weil rutschiger Neuschnee auf glatten Felsen an einer heiklen, ausgesetzten Stelle des Grates das zeitaufwendige Sichern mit Seil erfordert hätte, gelangen wir nur zu zweit zu einem Blitzbesuch auf den Gipfel.

Nachdem wir bereits Anfang Jänner bei der versuchten Buchung im Berghotel Alpinzentrum Rudolfshütte keinen Platz bekamen, ergibt auch der Telefonanruf von der Granatscharte aus die gleiche Info. Das Hotel ist vollständig ausgebucht und wir müssen daher wie geplant versuchen, ins Dorfertal und nach Kals zu gelangen.

Erst als wir bei dichtem Nebel und starkem Schneefall mit den GPS-Geräten zum zweiten Mal am Granatspitzsattel ankommen, finden wir durch gründliches Erkunden an einem Felsen den Fixpunkt zum Abseilen. Da jedoch das steile, felsige Gelände bei geringer Sichtweite scheinbar im bodenlosen Abgrund endet, geben wir den Versuch auf, heute noch nach Kals zu kommen und folgen stattdessen sorgfältig dem Track zur Rudolfshütte (2 313 m). Bei dieser Etappe begegnet unsere Gruppe während des ganzen langen Tages keinem einzigen anderen Menschen.

Im Hotel ist die Rezeptionistin über unser Erscheinen erst gar nicht erfreut. Doch bald erkennen sie und die Wirtin unsere Lage und es werden im großen Haus dankenswerterweise für uns acht sehr gute Restplätze gefunden und hergerichtet. Wir bekommen Handtücher und Badeschlappen, dürfen uns am großartigen Buffet bedienen, können an der Bar mit Rotwein gemütlich auf Peters Geburtstag anstoßen, danach einen Cocktail verkosten und somit nach den Strapazen des Tages einen schönen, entspannenden Abend inmitten vieler Hotelgäste verbringen. Obwohl die Übernachtung hier nicht geplant war, sind wir froh und dankbar, dass wir in diesem schönen Haus so freundlich und zuvorkommend aufgenommen wurden.

Über Nacht hat es einigen Neuschneezuwachs gegeben, es ist immer noch neblig und somit erneut unsicher, ob wir auch am fünften Tag wieder losgehen können. Wieder mit Hilfe der GPS-Geräte folgen wir dem Weg zum Kalser Törl (2 518 m). Oben angekommen klart es zu unserer Überraschung auf und wieder können wir frohen Mutes ins Dorfertal hinunter und in einen schönen Tag hineinfahren! Das lange, landschaftlich reizvolle Tal können wir bis zum Kalser Tauernhaus mit Schi befahren und danach legen wir den weiten Weg bis zum Tauerer Wirt (1 521 m) zu Fuß zurück. Das Glocknertaxi aus Kals bringt uns direkt zum Lucknerhaus. Gleich nehmen wir bei milden Temperaturen und sulzigem, stellenweise tiefem Schnee den Aufstieg zur Stüdlhütte (2 801 m) in Angriff. Auf der sonnigen Terrasse vor der letzten Unterkunft unserer Tour stillen wir ausgiebig unseren Durst, bevor wir am Abend am köstlichen und reichhaltigen Buffet unserem Körper die verbrannten Kalorien wieder zuführen.

Das Heulen des Windes reißt mich inmitten der Nacht aus dem Schlaf und ich stecke den gegen eventuelle Schnarcher immer paraten Gehörschutz in meine Ohren. Nach dem ausgiebigen Frühstück und dem vergeblichen Warten auf das Nachlassen des Windes müssen wir schweren Herzens einsehen, dass es heute, am sechsten Tag, nicht möglich ist, auf den Großglockner zu steigen. Wie gerne hätten wir unsere Tour mit diesem Gipfel gekrönt! Stattdessen fahren wir gegen 09:00 Uhr ins Tal zum Lucknerhaus hinunter.

Das Taxi bringt uns über eine Wegdistanz von 160 Kilometern in gut zweieinhalb Stunden zu unseren Autos nach Kasern und wir beginnen die Heimfahrt. Nach dem gemeinsamen Abschlussessen in der Werkstatt in Imst kommen wir am Abend wieder gut und gesund nach Hause und schlafen himmlisch in den eigenen Betten im gewohnten Umfeld. Während der Mittagszeit des nächsten Tages, am Freitag, 7. April, formiert sich unter den Teilnehmer:innen im regen Info-Austausch der Wunsch bereits morgen am Samstag, an dem das Wetter wieder gut sein soll, unsere wunderbare Hoch-Tirol-Tour zu vollenden, das heißt, den Großglockner (3 798 m) zu besteigen! Dank der großartigen Motivation und Zielstrebigkeit aller starte ich nach nur ganz kurzer Nachtruhe um 01:15 Uhr in Boden, nehme in Elmen, Höfen und Wängle die anderen mit und wir fahren im VW-Bus zu siebt nach Kals. Peter hat für diesen Tag bereits einen anderen Plan und ist leider nicht mehr dabei.

Um 06:30 Uhr gehen wir mit vielen anderen Tourengehern beim Lucknerhaus (1 924 m) los und erreichen gegen Mittag den ausgesetzten Grat knapp vor dem Kleinen Glockner, wo der Stau aus Bergsteigern aus aller Welt ein Weiterkommen für fast eine Stunde unmöglich macht. Es ist aber gut, dass wir erst später am Gipfel, am großartigen Höhepunkt unserer wunderbaren Tour ankommen, denn erst jetzt legt sich der kalte Wind, die Nebelfetzen lösen sich auf und das schöne, milde und trockene Wetter hat auch den höchsten Berg Österreichs erreicht. Beim angenehmen Verweilen in der wärmenden Sonne unter strahlend blauem Himmel werden uns weitläufige Aus- und atemberaubende Tiefblicke geboten. Gut gelaunt gelingen wunderschöne, farbenfrohe Fotos zur Erinnerung an dieses einmalige Gipfelerlebnis.

Mit Steigeisen und teilweise am Seil gesichert, klettern wir behutsam, inmitten anderer Glockner-Bezwinger zum Glocknerleitl hinab, wo sich unser Schidepot befindet. Aus dem offenen, plötzlich umfallenden Rucksack unseres Kollegen kullern Geldtasche, Biwaksack, Handy und Sonstiges die steilen Eisflanken hinunter, wo sie bis zu circa 100 Höhenmeter tiefer weit verstreut liegen bleiben. Es ist kaum zu glauben, dass alle Utensilien nach einer gemeinsamen Suchaktion wieder unbeschädigt gefunden werden.

Die lange Abfahrt durch die imposante Bergkulisse, die nun ganz klar und freundlich in der flachen Nachmittagssonne liegt, bis hinunter zu den Seilbahnstationen ist gleichermaßen anspruchs- und eindrucksvoll und einfach unvergesslich schön! Nur noch ein kurzes Stück müssen wir die Schier bis zum Auto tragen, wo wir am 8. April 2017 gegen 17:00 Uhr unsere großartige Tour ganz zu Ende bringen. Glücklich und dankbar darüber unser hoch gestecktes Ziel (fast) planmäßig erreicht zu haben, fahren wir zurück nach Reutte, wo es im Alina zum endgültigen Abschluss noch ein gemeinsames, wohlverdientes Essen gibt. Nach dem Heimbringen meiner Kolleg:innen komme ich gegen 23:00 Uhr wieder nach Hause.

Wir können es fast nicht glauben, sind aber sehr erfreut, dass wir die absolut lohnende und sehr interessante Hoch-Tirol-Durchquerung auf Schiern, deren Gelingen im Vorfeld wegen der unsicheren Wetter- und Schneeverhältnisse immer wieder infrage gestellt war, nahezu perfekt durchführen konnten.

An sieben Tagen waren wir circa 55 Stunden auf Tour, haben circa 10 000 Höhenmeter im Aufstieg bewältigt und dabei mehr als 100 Kilometer an Wegstrecke durch die faszinierende Bergwelt der Zillertaler Alpen, der Venediger-, Granatspitz- und Glocknergruppe mit unserer Muskelkraft überwunden.

Es ist gewiss nicht selbstverständlih, dass alles so gut gegangen ist und alle Teilnehmer:innen die außergewöhnlichen Anforderungen an Kondition, Ausdauer, schitechnischem Können sowohl im Aufstieg als auch bei der Abfahrt sowie an Klettergeschick, meist mit sehr schwerer Last am Rücken wirklich souverän gemeistert haben! Darüber dürfen wir uns freuen, sehr zufrieden und dankbar sein. Es ist mir ein Bedürfnis, mich bei allen für das förderliche Verhalten und ganz besonders bei Peter für das zuverlässige Auskundschaften des besten

Weges und das mühsame Spuren in oft schwerem Schnee ganz herzlich zu bedanken!

Die gemeinsamen Erfahrungen, Erlebnisse und Eindrücke während der ausgefüllten Tage, sowohl im Gelände als auch während der gemütlichen Abende in den durchwegs sehr guten Unterkünften, waren einfach nur großartig und werden uns für immer in Erinnerung bleiben. Dies alles in einer netten, fröhlichen, harmonischen und zielstrebigen Gruppe erleben zu dürfen ist sehr berührend und tiefgehend! Mit dabei waren: Michael Birli, Simone Dreer, Peter Fink (ohne Großglockner), Sabrina Hammerle, Fredi und Maria Kerber, Emanuel Lang und ich.

15.9   Zehn Viertausender in einer Woche

Selbst wenn bei diesen zehn von uns erklommenen Westalpen-Gipfeln recht einfache Berge dabei sind, muss man diese erst erreichen und das Glück haben, zur rechten Zeit am richtigen Platz zu sein. Wir, Sabrina Hammerle, Emanuel Lang und ich, starten am Sonntag, 14. April 2019, diesmal nur zu dritt, fahren mit meinem Bus ins Mattertal, übernachten zum wiederholten Male bei Rosi im Hotel Bergfreund in Herbriggen. Am nächsten strahlend schönen Morgen bringen uns die Bergbahnen von Zermatt zur höchsten Bergstation Europas auf das Kleine Matterhorn (3 883 m). Von dort geht es mit angeschnallten Schiern in spürbar dünner Luft auf das Breithorn (4 161 m). Erstmals erblicken wir hier das vollständige 360-Grad-Panorama dieser gigantischen Bergwelt. Nach einer kurzen Abfahrt und einer langen Querung unterhalb den Breithorngipfeln kommen wir am Schwarztor vorbei. Beim Versuch, den Pollux zu erklimmen, befürchten wir, von der von Süden immer weiter heraufziehende Nebeldecke eingehüllt zu werden. Außerdem kommen wir wegen fehlender Akklimatisation im schneebedeckten Geröll auf dem steilen, felsdurchsetzten Grat, der sich zum Gipfel hinaufzieht, nur sehr langsam und mühsam voran. Bald müssen wir unser Vorhaben, den ersten der beiden „Zwillingsgipfel" zu erreichen, aufgeben. Bereits vollständig im dichten Nebel fahren wir – mit äußerster Vorsicht, höchster Konzentration und größter Anspannung – über den spaltenreichen Gletscher zum Rifugio Guide della Val d'Ayas (3 425 m), dem Ziel des Tages hinunter.

Da der nächtliche Wind die Aufstiegspuren vom Vortag verweht hat, müssen wir den Weg zum Zwillingsjoch selber spuren. Schon bald danach geht es mit Steigeisen, teilweise auf blankem Eis sowie über den ausgesetzten, schmalen Eisgrat recht heikel zum Castor (4 223 m) hinauf. Um nicht wieder in den auch heute vom Aostatal heraufziehenden Nebel zu kommen, bemühen wir uns recht zügig zum Rifugio Quintino Sella (3 585 m) zu gelangen. Die Gruppe, die am Morgen gleich nach uns zur Castor-Überschreitung aufgebrochen ist, kommt langsamer voran, wird vom Nebel eingehüllt und findet erst fünf Stunden nach uns und nur mit Hilfe des zur Suche ausgerückten Hüttenwirts die schützende Unterkunft.

Sabrina und Emanuel am „Naso" mit Zumsteinspitze,
Signalkuppe, Parrotspitze, Ludwigshöhe und
Schwarzhorn

Am dritten Tag überqueren wir erst den Felikgletscher
und den unter dem imposanten Liskamm liegenden Lisgletscher, bevor wir uns im tiefen Schnee durch einen Respekt einflößenden Steilhang in der Falllinie zum Blau
des Himmels, zum Naso (4 272 m) aufwärts mühen. Die
Hoffnung, damit die gefährlichste Hürde des Tages überwunden zu haben, erfüllt sich leider nicht, denn anschließend müssen wir einen ebenso steilen Hang im tiefen
Neuschnee abfahren, weil es keine Umfahrungsmöglich-
keit gibt. Langsam, aber stetig steigen wir danach über
den riesigen, recht flachen Lisgletscher auf die Ludwigshöhe (4 342 m). Beim mühsamen und zeitaufwendigen
Versuch auch auf das Schwarzhorn zu klettern, scheitern
wir am unüberwindbaren Bergschrund. Stattdessen erklimmen wir das Balmenhorn (4 167 m) und die Vincentpyramide (4 215 m), wo wir schon wieder die bedrohlich

aufziehende Nebeldecke erkennen. Obwohl wir bald nur noch grau in grau sehen, Schnee und Nebel nicht mehr unterscheiden können, finden wir mit GPS-Unterstützung nach einigen Irrwegen die Gnifetti-Hütte (3 625 m).

Eingereiht zwischen anderen Seilschaften gehen wir am wunderschönen Morgen des nächsten Tages mit Blick auf unzählige sonnenbeleuchtete Gipfel zum Lisjoch. Wir überschreiten die Parrotspitze (4 434 m) und erreichen die Zumsteinspitze (4 562 m) nach dem Überwinden von großen, mit lockerem Schnee gefüllten Spalten. Diese knapp vor dem Gipfelaufbau befindlichen Hindernisse haben das Besteigen dieses recht einfach eingeschätzten Bergs doch etwas schwieriger gestaltet.

Zur herbeigesehnten Mittagsrast und zum Aufwärmen meiner Zehen begeben wir uns in die Capanna Regina Margeritha, die höchst gelegene Schutzhütte der Alpen, die auf der Signalkuppe (4 553 m) thront und Richtung Südosten unvergleichbare Tiefblicke gewährt.

Über den spaltenreichen, landschaftlich reizvollen Grenzgletscher, der auf der linken Seite von den gigantischen Liskamm-Eiswänden begrenzt ist, fahren wir über 1 700 Höhenmeter, davon mehr als 1 200 am Seil gesichert, zur Monte Rosa Hütte (2 883 m) hinunter. Das ungewohnte, gleichzeitige Schifahren in einer mit einem Seil verbundenen Gruppe erfordert höchste Aufmerksamkeit, wird aber zur Erhöhung der Sicherheit, besonders beim Überqueren von Spaltenzonen auf Gletschern dringend angeraten.

Am Karfreitag sehr früh starten wir im Schein unserer Stirnlampen, gehen über den Monte Rosa Gletscher und erreichen nach dem Schidepot auf 4 355 Metern über den exponierten Westgrat die Dufourspitze (4 634 m), den höchsten Punkt der Schweiz. Ganz nahe scheinen wir den an den Vortagen erklommenen Gipfeln zu sein. Der Versuch, auf den Silbersattel abzuseilen und aufs Nordend zu gehen, ist zwecklos, weil nicht überwindbare Spalten den Abstieg vom Silbersattel zur Monte Rosa Hütte derzeit unmöglich machen. Somit wollen wir entlang des Aufstiegswegs absteigen und abfahren.

Schöne, von der Normalroute in nördlicher Richtung abzweigende Schispuren im lockeren Tiefschnee, die eine geführte Gruppe hinterlassen hat, die mit dem Helikopter heraufgeflogen wurde, finden wir verlockend und beschließen diesen zu folgen. Während einer Schussfahrt im eher flachen Gelände, werde ich hinter einer Kuppe von einer circa 1,5 Meter breiten Gletscherspalte überrascht. Mit einem spontanen, kräftigen Sprung kann ich das plötzlich auftauchende Hindernis überwinden. Da diese Spalte sehr tief ist und sich über den ganzen Hang bis in den zerklüfteten Bereich hinüberzieht, wäre das Umgehen dieser Stelle äußerst umständlich, zeitaufwendig und gefährlich. Weil es keine vernünftige Alternative gibt, gebe ich Sabrina und Emanuel die äußerst gewagte Anweisung, ebenfalls mit hoher Geschwindigkeit darüber zu springen. Auch wenn Sabrina wegen der Größe der ins Blickfeld kommenden Lücke im Schnee sehr erschrickt, springt sie elegant über die dunkle Kluft.

Nach der erfolgreichen Rückkehr zur Hütte stärken wir uns ein wenig, um gleich danach die sehr lange Abfahrt über den Gornergletscher und durch die Gornerschlucht fortzusetzen. Nur eine kurze Strecke müssen wir die Schier tragen, bevor wir auf der aufgeweichten Piste, einem weißen Streifen auf grüner Wiese, ganz bis nach Zermatt hinausfahren können. Der Aufstieg von der Hütte zum höchsten Punkt der Schweiz und der Abstieg bis Zermatt wären ohne Schi und ohne Bahnfahrt an einem Tag wohl kaum machbar. Rudi, der Ehemann von Rosi, bringt uns mit seinem Taxi-Bus zum Hotel Bergfreund in Herbriggen, wo wir auch kurzfristig noch eine Unterkunft und gutes Essen erhalten.

Nach einer sehr schönen, ausgefüllten und eindrucksvollen Woche im Monte-Rosa-Gebiet war am Karsamstag die Heimfahrt geplant, weil ich der Familie versprochen hatte, spätestens am Ostersonntag daheim zu sein. Der Wetterbericht versprach jedoch für den nächsten Tag wieder schönstes Bergwetter und somit konnten wir der Gelegenheit nicht widerstehen, nochmals eine Tour, diesmal auf das Rimpfischhorn zu machen und erst danach die Heimreise anzutreten.

Nach dem Frühstück und dem Auschecken aus dem Hotel beginnen wir den am Vorabend ausgedachten Plan in die Tat umzusetzen. Wir fahren vom Mattertal nach Saas Fee und von dort mit der Bahn auf das Felskinn (2 988 m). Um 09:15 Uhr nehmen wir bei immer stärker werdendem Wind den endlos lang empfundenen Weg über die Britannia Hütte, den Allalingletscher, den Allalinpass und den Mellichgletscher zum Rimpfischsattel in Angriff. Die letzten 200 Höhenmeter klettern wir mit Steigeisen und am Seil gesichert auf hartem Schnee, teilweise auf felsigem und vereistem Gelände zum Gipfelkreuz auf dem Rimpfischhorn (4 199 m), das wir wegen der Anstrengungen der letzten Tage recht ausgepowert erst gegen 15:15 Uhr erreichen. Auch der Abstieg zum Schidepot und der Rückweg zum Felskinn gestalten sich wegen der drei Gegenanstiege, die ein erneutes Auflegen der Felle erfordern, recht langwierig und anstrengend.

Getränke und Proviant sind längst ausgegangen. Die Vorfreude, vom Egginerjoch auf guten Schipisten nach Saas Fee hinunter fahren zu können, erfüllt sich leider nicht. Da auf allen Talabfahrten die Pistenraupen mit Seilwinden am Präparieren sind, bleibt uns nichts anderes übrig, als uns im tiefen Sulzschnee, teilweise im verspurten Bruchharsch durch wildes Gelände und zwischen Bäumen hindurch über 1 200 Höhenmeter ins Dorf hinunterzukämpfen, was uns die letzten körperlichen Reserven abverlangt.

Nach der exakt zehn Stunden dauernden Tour sind wir froh, dass uns eine freundliche Gastwirtin im Zentrum von Saas Fee erlaubt – obwohl wir nicht zu den anderen Gästen passen – unsere Ausrüstung in einem Nebenraum abzulegen und mit Schischuhen und den verschwitzten Bergklamotten ihr nobles Lokal zu betreten. Nach einer besonders guten Pizza und einem wohltuenden Bier nehmen wir Schi und die schweren Rucksäcke nochmals auf unsere Schultern und gehen zum Auto am großen Parkplatz vor dem Dorf.

Erst nach 20:30 Uhr beginnen wir die sieben Stunden dauernde Fahrt in die Heimat. Nach so vielen tollen Touren, schönen Erlebnissen und unvergesslichen Eindrücken, mit viel Sauerstoff, Adrenalin, Endorphinen und Serotonin im Blut kann ich die lange Fahrt durch die Nacht sehr souverän und ohne müde zu werden bewältigen.

Ich habe das Gefühl, noch gar nicht eingeschlafen zu sein, als mich meine Frau am sonnigen Ostersonntag schon recht früh weckt und ich gehe sehr gern mit in die Kirche, wo unsere drei Töchter Elisa, Theresa und Katharina die Ostermesse mit netten Musikstücken feierlich umrahmen. Dabei bin ich glücklich, eine so tolle Familie zu haben und äußerst dankbar für das wunderbare Gelingen dieser Schitourenwoche mit Sabrina und Emanuel in den Walliser Alpen.

15.10   Schihochtouren in den Berner Alpen

Die von der Sektion Lechtal des ÖAV ausgeschriebenen Hochtouren im Bereich der Monte Rosa Hütte, zu denen sich zehn Tourenbegeisterte angemeldet hatten und wegen verschiedener Verhinderungsgründe letztendlich sechs mit dabei gewesen wären, mussten wir wegen der äußerst fraglichen Erreichbarkeit der wichtigsten Ziele leider zwei Tage vor der geplanten Abreise absagen. Das Zusammenspiel mehrerer Faktoren, wie Schneemangel, offene Spalten, Nichtbefahrbarkeit gewisser Gletscher, gesperrte Gornerschlucht und ungünstige Wettervorhersage haben nach reichlicher Überlegung zum Entschluss geführt, diese Touren auf ein anderes Mal – bei hoffentlich akzeptablen Voraussetzungen – zu verschieben.

Da die Vorbereitung für die Westalpen-Hochtouren schon abgeschlossen und die dafür benötigten Tage bereits freigenommen waren, haben wir, Elias Feineler (6.9), Ramona Kerber, Pauline Müller, Martina Schuler, Patrick Wöber und ich, uns spontan entschlossen, vom 18. bis 20. April 2022 anstatt ins Monte-Rosa-Gebiet in die Berner Alpen zu fahren. Dort sollte das Wetter zumindest für die nächsten drei Tage passen und die Verhältnisse besser sein.

Von Grindelwald aus bringt uns der „Eiger Express", die ultramoderne und längste Dreiseilumlaufbahn der

Alpen, am Fuß der mächtigen Eiger-Nordwand entlang zur riesigen Bahnstation „Eigergletscher". Weiter geht es mit der Jungfrau-Zahnradbahn durch das Innere der berühmten Wand zum höchst gelegenen Bahnhof Europas auf dem Jungfraujoch (3 454 m) zu einem der beliebtesten Touristenziele der Welt.

Unmittelbar nach der Ankunft in der für zwei Nächte gebuchten Mönchsjochhütte (3 657 m) besteigen wir den Mönch (4 107 m), am nächsten Tag die Jungfrau (4 158 m) und am dritten Tag, nach einer langen Abfahrt über das Ewigschneefäld, das Hintere Fiescherhorn (4 025 m) und das Große Fiescherhorn (4 049 m).

Gipfelbild auf der Jungfrau; im Hintergrund Mönch, Großes Fiescherhorn, Hinteres Fiescherhorn, Finsteraarhorn, Großes Grünhorn (Foto: Matthias Ciprian)

*Beim Aufstieg zum Hinteren Fiescherhorn mit Eiger
und Großem Fiescherhorn*

Alle Touren dürfen wir bei schönem, sonnigem Wetter, angenehmer Temperatur und wenig Wind in einer traumhaften Bergkulisse genießen. Auch hier werden wir, so wie in diesem Jahr fast überall in den Alpen, immer wieder zu größter Vorsicht ermahnt, auf die gefährlich geringe Schneeüberdeckung der Spalten auf den Gletschern zu achten und diese nur angeseilt zu betreten.

Ansonsten sind die Bedingungen zum Besteigen der Berge ideal. An den Gipfelanstiegen oberhalb der Schidepots gibt es gut angetretene Wege und ausgeprägte Stufen im trittfesten Schnee sowie stellenweise trockene Felspassagen. Nur in extrem steilen Firnhängen oder im ausgesetzten Felsgelände benötigen wir gelegentlich das Seil zum Sichern oder Abseilen. Zum raschen und gesicherten Überwinden der blanken Eisstellen am Gipfelaufbau der Jungfrau befestigen wir Fixseile mittels Eisschrauben. Wir sind froh, dass wir auch alle Schiabfahrten auf meist Konzentration fordernden Schneebeschaffenheiten, durch Spaltenzonen und durch eine sehr steile Rinne problemlos meistern.

Somit wurde das Alternativprogramm in den Berner Alpen zu einem unvergesslichen Erfolg, der die kurzfristige Enttäuschung über die Absage der Monte-Rosa-Touren mehr als kompensiert.

Wir danken Elias und Patrick für die hilfreiche Unterstützung, die Wesentliches zum perfekten Gelingen dieser grandiosen Hochtouren beigetragen hat.

Mit dem zufriedenen Heimkommen spät abends am 20. April endet nicht nur eine wiederum großartige Unternehmung, sondern auch das umfangreiche Winterprogramm 2022 der ÖAV-Sektion Lechtal. Mit großer Dankbarkeit dürfen wir auf viele problemlose und wunderbare Erlebnisse zurückblicken und uns über das kollegiale und harmonische Verhalten Aller freuen!

15.11   Auch im Schnee kann man sich die Finger verbrennen

Nach der Rückkehr von erfolgreichen Westalpentouren fühle ich mich fit und motiviert, wieder einmal die Umrundung der Schlenkerspitze in Angriff zu nehmen. Diesmal, am Sonntag, 10. April 2011, zwei Tage vor meinem 55. Geburtstag, möchte ich nicht über die hintere Dremelscharte und die verborgene Gratscharte ins Großkar gelangen, sondern den mir unbekannten Weg über die Großkarscharte versuchen.

Als ich mich in steilem Gelände auf fest gefrorenem, sehr glattem Harsch dieser Scharte näherte, kam ich plötzlich ohne Harscheisen an den Schiern nicht mehr weiter, weil ich ständig seitlich abrutschte. Konzentriert und vorsichtig probierte ich den Windkolk (20.10.), eine ausgeblasene, etwas flachere Stelle an einer Felskante, zu erreichen, um mich dort für die letzten Aufstiegsmeter situationsgerecht auszurüsten. Die Schispitze meines bergseitigen Schis berührte bereits hoffnungsvoll eine haltgebende Schneewechte, als ich mit dem anderen Schi abrutschte und zu Boden fiel. In Bauchlage drehte sich mein Köper. Mit dem Kopf nach unten begann eine Talfahrt mit enormer Beschleunigung. Sofort war mir klar, dass ich nicht mehr bremsen konnte und ungefähr bis zu jener Stelle rutschen würde, wo im Sommer der Schlenkersee zu sehen ist. Dort allerdings lagen harte Lawinenknollen und aus dem Schnee herausragende Felsbrocken. Weil meine Handschuhe an den Händen, mit denen ich mich vor dem Körper abstützte, scheinbar zu rauchen begannen, weißer Wasserdampf aufstieg und die Handflächen heiß wurden, hob ich die Hände und verlagerte mein Gewicht auf die Unterarme. Schon in kürzester Zeit hatte der raue Harsch mein langärmeliges Tourenhemd durchgescheuert und meine Haut war abgeschält. Dann hob ich beide Arme an und rutschte mit hoher Geschwindigkeit auf Brust und Bauch liegend in Richtung der bedrohlichen, rasch näherkommenden Hindernisse. Ich wagte es erst nicht, durch einen provozierten Überschlag meine Schier talwärts zu verlagern, weil ich Sorge hatte, ich könnte Verletzungen an den Beinen erleiden.

„Jetzt wird es aber ernst! – Die Füße sind weniger schade als mein Kopf", dachte ich und reflexartig drehte ich mich während rasender Fahrt in die Rückenlage. Mit einem umgekehrten Purzelbaum versuchte ich meine Schuhe mit den daran befestigten Schiern nach unten zu bringen. Während mehrerer, klappernder Überschläge wurde es hell und dunkel. Endlich kam mein Absturz nach gut 100 Metern zum Stillstand. Als ich die Augen öffnete, lag ich zwischen gefrorenen Schneeknollen und knapp vor einem großen Stein. Ich sah meine Sonnenbrille auf den Gläsern liegend zu mir heruntergleiten.

Sofort erkannte ich meine großflächig geschälten Unterarme und als ich die Handschuhe auszog, kamen große Brandblasen an beiden Handflächen und mehreren Fingern hervor. Am Ballen des rechten Daumens war die Blase bereits aufgeplatzt. Obwohl die Handschuhe nicht durchgescheuert waren, hatte ich durch die Reibungshitze Verbrennungen zweiten Grades erlitten!

Geschockt, mit heftigen Schmerzen und geschulterten Schiern versuchte ich den Aufstieg erneut. Die Schuhspitzen bei jedem Schritt kräftig in den Harsch schlagend, erreichte ich diesmal die Großkarscharte. Weil die Sonne auf den hinter dem Übergang nach Osten ausgerichteten Hängen den Schnee bereits aufgeweicht hatte und laufend Schneebrocken unter lautem Klatschen von den umliegenden Felswänden und Türmen herunterfielen, beendete ich an dieser Stelle die Schlenkerrunde, um nicht in den Steilhängen im Groß-, Klein- und Brunnkar auch noch in Lawinengefahr zu geraten.

Da ich dachte, meine Schmerzen wären bei einer spannenden Schitour leichter zu ertragen als daheim im Liegestuhl auf der Terrasse, umrundete ich im Anschluss anstatt der Schlenker- die Dremelspitze. Über die hintere, östliche Dremelscharte erreichte ich den unter tiefem Schnee ruhenden Steinsee und über die vordere, westliche kam ich wieder ins Parzinn, auf die heimatliche Talseite zurück. Zwei bekannte Tourengeher, denen ich im Bereich der Hanauer Hütte begegnete, konnten es genauso wie meine Frau nicht fassen, dass ich nach einem derartigen Ereignis nicht gleich heimgegangen war, sondern eine weitere Tour in Angriff genommen hatte.

Aufgrund der schmerzenden Verbrennungen an den Händen konnte ich während der nächsten Tage kaum etwas angreifen. Zur Heilung der großflächigen, blutenden Hautabschürfungen an beiden Unterarmen bedurfte es mehrerer ärztlicher Behandlungen und der Einnahme von Antibiotikum.

Man will es kaum glauben, aber man kann sich tatsächlich auch im Schnee die Finger verbrennen!

16 Mein langer Weg auf die höchsten Alpenberge

Seit ich gehen gelernt habe, bin ich im Gebirge unterwegs. Viele Jahrzehnte hindurch konnte ich mich allerdings nur innerhalb eines engen Aktionsradius in meinem Heimattal bewegen. Auch als Schitourengeher bin ich seit meiner Jugend, damals mit primitivster, irgendwie zusammengestückelter Ausrüstung, aktiv. Somit begleitet mich meine Leidenschaft zum Erklimmen von Peaks Zeit meines Lebens und ist nicht erst dem Trend der letzten Jahre geschuldet. In Abhängigkeit der spärlich vorhandenen Zeit, der verfügbaren Ausrüstung und der seltenen Möglichkeiten, mich geeigneten Leuten anzuschließen, wuchsen die Wünsche und Ziele äußerst langsam.

Piz Bernina:
In den ersten Jahren meines Berufslebens, es war Anfang der 1980er-Jahre, organisierte Anton Wolf, ein erfahrener Bergsteiger und Mitarbeiter in der Formerei bei Plansee Tizit, eine Hochtour über den Biancograt zum Piz Bernina. Diese Tour über die „Leiter zum Himmel" – auf den einzigen Viertausender in den Ostalpen – galt damals in Bergsteigerkreisen als etwas ganz Besonderes. Viele schwärmten davon, einige berichteten mit Begeisterung über das erfolgreiche Bezwingen dieser besonderen Herausforderung.

Neben den Schichtführern und einem weiteren Mitarbeiter der Abteilung wäre auch ich sehr, sehr gern dabei gewesen. Mein damaliger Chef meinte, dass ich dableiben und das nächste Mal mitgehen sollte, denn wenn die Gruppe nicht mehr zurückkäme, würden wichtige Führungs- und Arbeitskräfte in der Abteilung fehlen. Zwar nicht gern, aber ich blieb daheim und hoffte auf ein nächstes Mal. Leider kam das „nächste Mal", den Piz Bernina betreffend, dreißig Jahre lang nicht.

> *„Ganz bedauerlicherweise sind Anfang Jänner 2002 Anton Wolf (52) und sein Sohn Lukas (19), beide aus Häselgehr, während einer Schitour bei einem tragischen Lawinenunglück im Haglertal ums Leben gekommen, nachdem eine vorausgehende Tourengruppe ein riesiges Schneebrett ausgelöst hatte."*
> *(Kronenzeitung vom 3. Jänner 2002)*

Erst im August 2012 war die Zeit reif und mein Bruder Markus führte mich nach einer Übernachtung auf der Tschiervahütte über den Biancograt, den Piz Bernina zur Marco Rosa Hütte und weiter über die Bellavista, den Piz Spinaz, die beiden Piz-Palü-Gipfel und den Persgletscher zur Bergstation der Diavolezza-Bahn. Diese imposante Tour durfte ich mit Andrea und Veronika Huber im Sommer 2021 ein zweites Mal sehr eindrucksvoll erleben (14.15.1).

Großglockner:
Da ich beruflich sehr eingespannt war, viele Aufgaben als Bürgermeister zu erledigen hatte, mich um den Hausbau kümmern musste und meine Familie mit vier Kindern nicht vernachlässigen wollte, wurde mein Ziel, auf hohe Berge zu steigen, zwar etwas in den Hintergrund gedrängt, aber aus den Augen verlor ich es nie. Auch zum Trainieren fand ich kaum Zeit und so hätte ich auch viele

Jahre lang die erforderliche Kondition für größere Touren nicht gehabt.

Im Frühjahr 1997 fuhr ich mit einer von Alfred Schwarz (damaliger Regionsobmann der Region 47 und Bürgermeister von Stanzach) organisierten Nationalpark-Erkundungsdelegation aus dem Lechtal nach Osttirol. Mit dortigen Bürgermeistern von Nationalparkgemeinden sollten die Erfahrungen mit der Landschafts-Unterschutzstellung in Osttirol erörtert werden. Deren Erkenntnisse sollten Entscheidungshilfen für diesbezügliche Vorhaben im Lechtal sein. Beim Mittagessen im Lucknerhaus, zu dem uns der Kalser Bürgermeister, Herr Unterweger, eingeladen hatte, fand ich einen Flyer der Kalser Bergführer mit dem Angebot zur Besteigung des Großglockners. So klein dieses Druckwerk auch war, es entfachte meine Motivation fürs Bergsteigen aufs Neue, die ich seither nicht mehr aus meinem Fokus verlor. Ich wollte wenigstens noch einmal im Leben so fit werden, um auf Österreichs höchsten Berg zu kommen.

Fünf Jahre später, im internationalen „Jahr der Berge", am 23. August 2002, erfüllte sich mein Wunsch; ich durfte mit meinem Bruder Markus und meinem erst zwölf Jahre alten Sohn David über den Stüdelgrat auf den Großglockner steigen.

Inzwischen war ich bereits sechsmal auf diesem mich immer aufs Neue faszinierenden Berg. Ganz besonders freue ich mich, dass es Patrick Wöber und mir im Sommer 2022 gelungen ist, ausgehend von der Stüdelhütte, die gesamte Überschreitung der Glocknerwand und des Großglockners vom Teufelskampsattel über alle elf Türme (Hofmannspitze, Pöschlturm, Gerinturm, Drachturm, Weitenböckturm, Peterkaturm, Hörtnaglturm,

Teufelshorn, Glocknerhorn, Großglockner und Klein-glockner) bis zur Adlersruhe zu machen. Anschließend erfolgte der Abstieg zum Parkplatz beim Lucknerhaus und die Heimfahrt.

Gipfelbild mit Patrick Wöber am Großglockner nach gelungener Glocknerwand-Überschreitung

Weißkugel:

Nachdem ich schon viel früher, in den 1980er-Jahren, einmal die Wildspitze erklommen hatte, nahm mich Peter Fink am Ostersonntag und gleichzeitig an meinem Geburtstag im Jahre 2009 zur Besteigung der Weißkugel mit. Ich hatte große Freude, dass ich mit dieser gelungenen Schitour, bei der auch Patrick Wöber dabei war, nun auf den drei höchsten Bergen Österreichs gewesen war. Trotz der weiten Fahrt und der langen Tour erreichte ich am Nachmittag noch rechtzeitig das traditionelle Ostern-Familientreffen bei der Oma in Namlos. Dort konnte ich mit der Großfamilie nicht nur auf meinen Geburtstag anstoßen, sondern auch auf die Weißkugel.

Westalpen:

Ebenfalls dank Peter Fink, der mich zu Schitouren im Wallis eingeladen hatte, durfte ich mich Ende März 2010 erstmals in das Reich der Viertausender heranwagen. Gemeinsam mit Patrick Wöber, Thomas Schennach und Peter Mallaun bestiegen wir in diesem Frühjahr Rimpfischhorn, Allalinhorn, Breithorn, Pollux, Gran Paradiso und auch den Mont Blanc. Somit ist mein jahrzehntelang gehegter Wunsch, einmal auf einem Viertaussender zu stehen, gleich mehrmals in Erfüllung gegangen. Fasziniert von der Bergwelt in den Westalpen nutzte ich von da an jede Möglichkeit zur weiteren Besteigung von über 4 000 Meter hohen Bergen.

16.1 Die 48 Viertausender der Schweiz

Im gesamten Alpenraum gibt es nach offizieller Zählung und Definition der UIAA (Internationaler Verband der Alpinismus Vereinigung) 82 Berge, die höher als 4 000 Meter sind. Dass davon 48 in unserem westlichen Nachbarland in der Schweiz stehen, war mir die meiste Zeit meines Lebens so ziemlich egal. In den Alpen sind es die Viertausender, im Himalaya und im Karakorum die Achttausender sowie in den Anden die Sechstausender, die auf manche Bergenthusiasten einen ganz besonderen Reiz ausüben. Meine Ziele und Wünsche betreffen die Berge im Alpenraum; hier gibt es so viel Schönes, Interessantes, Spannendes und Forderndes zu erkunden, dass ich mehr nicht brauche. Der Aufwand, den man für Touren in Asien, Amerika oder Afrika auf sich nehmen müsste, ist mir einfach zu groß, zu umständlich, zu zeit- und kostenintensiv.

Mein ehrgeiziges Vorhaben, alle Viertausender der Schweiz zu besteigen, entwickelte sich erst nach meiner Pensionierung und nachdem mir schon einige derartige Berge gelungen waren. Jetzt, vier Jahre nach dieser – früher für mich absolut unvorstellbaren Zieldefinition – fehlen mir von den 48 noch vier. Dass ich seit meiner Pensionierung so viele weitere großartige Berge erklimmen durfte, erfüllt mich mit großer Zufriedenheit.

Sollten die Umstände passen, mich geeignete Kolleginnen und Kollegen begleiten, würde ich den Dent d'Hérens (4 174 m), das Nordend (4 609 m), das Schreckhorn (4 078 m) und das Lauteraarhorn (4 042 m) auch noch gern besteigen. Sollte es nicht gelingen, bin ich auch mit dem bisher Erreichten mehr als zufrieden, so meine zweifelhaften Gedanken im Juni 2023.

Das grandiose Finale:
Zwei Monate später, gegen Ende August 2023 darf ich mit großer Freude, Demut und Dankbarkeit auf das erfolgreiche und unfallfreie Besteigen aller 48 in der Schweiz stehenden Viertausender zurückblicken: Am 2. August 2023 war das Erklimmen des Dent d'Hérens von der Aosta-Hütte aus, mit meinem Bruder Markus, Patrick Wöber und Ramona Kerber wegen Nebel und Eisbildung an den Felsen sehr fordernd.

Ausgehend von der Schreckhornhütte (2 530 m) konnte ich am 16. August 2023 das als schwierig geltende Schreckhorn mit meinem Bruder Markus in einer effizienten Zweierseilschaft bei guten Verhältnissen erfolgreich bezwingen und nach zahlreichen Abseilmanövern wieder unbeschadet verlassen.

Markus beim Abseilen vom Schreckhorn

Auf dem langen, brüchigen und komplizierten Weg von der Schreckhornhütte zum Lauteraarhorn haben mich Markus, Daniel Friedle und Ramona Kerber am 18. August 2023 begleitet. Auf der Terrasse der Schreckhornhütte freuten wir uns danach über die gelungene Tour und gratulierten Daniel zur erfolgreichen Besteigung aller Viertausendern, die sich in der Schweiz befinden.

Der nicht enden wollende Abstieg mit mehreren Gegenanstiegen vom Lauteraarhorn bis zur Schreckhornhütte und weiter bis nach Grindelwald dauerte mehr als neun Stunden und war mit 3 450 Höhenmetern der längste Tages-Abstieg meines Lebens!

Unmittelbar nach der Ankunft im Tal trat Markus wegen eines dringenden Termines die Heimreise an, Daniel hatte Vorbereitungen zu seiner geplanten Grandes Jorasses-Überschreitung zu erledigen, Ramona und ich fuhren ins Mattertal. Wegen der langen Wartezeit an der Bahnverladung am Lötschberg, erreichten wir das Bergsteigerlager im Hotel Bergfreund in Herbriggen erst gegen Mitternacht. Am nächsten Morgen, gleich nach dem Frühstück, brachte uns das Hoteltaxi nach Zermatt und die Gornergratbahn zur Station Rotenboden. Weil wir den heutigen Tag, den Samstag, dringend zur Regeneration nötig hatten, versuchten wir den Zustieg zur Monte Rosa Hütte gemütlich anzugehen. Bei strahlendem Sonnenschein und sommerlicher Hitze mussten wir auch die Steigeisen anziehen und das Seil auspacken, um auf dem alten Hüttenweg den Gletscher zu überwinden. Deswegen empfanden wir die vierstündige Tour, zwar schön, erlebnis- und abwechslungsreich, aber nicht wirklich erholsam.

Ramona auf dem Nordend mit Dufourspitze und
Liskamm-Ostgipfel

Als ein äußerst würdiges, nahezu feierlich anmutendes Finale meiner großen Challenge darf ich die wunderschöne Tour mit Ramona Kerber am Sonntag, 20. August 2023, bei herrlichem Wetter und optimalen Bedingungen bezeichnen. Von der Monte Rosa Hütte (2 883 m) stiegen wir über den Westgrat auf die Dufourspitze (4 634 m), den höchsten Punkt der Schweiz und den zweithöchsten Gipfel der Alpen, seilten uns zum Silbersattel hinab und erreichten auf guten Trittstufen im festen Schnee das zur Vollständigkeit fehlende Nordend, meinen 48. Viertausender in der Schweiz! Somit habe ich dieses großartige Ziel zwei Tage nach meinem Kollegen Daniel Friedle erreicht.

Abstieg vom Nordend, meinem 48. Viertausender der Schweiz (Foto: Ramona Kerber)

Von den 82 Viertausendern der Alpen habe ich inzwischen 59 erklommen. Viel mehr werden es jedoch nicht mehr werden, weil in Frankreich und Italien derartige Berge stehen, die mir zu schwierig und zu aufwendig erscheinen.

Mit der Bilanz meines bisherigen Bergsteigerlebens bin ich somit mehr als zufrieden. Wie aus meinem sorgfältig gepflegten Tourenbuch, in dem alle Berge meines bisherigen Lebens dokumentiert sind, zu entnehmen ist, durfte ich bis zum heutigen Tag mehr als 2 265-mal auf einem offiziellen Berggipfel stehen. Darunter befinden sich 261 Drei- und 107 Viertausender.

Inzwischen sind wieder drei Monate ins Land gezogen. Angekommen in den trüben Novembertagen des Jahres 2023 scheinen die hohen Berge fern; ich bin daheim mit vielen liegengebliebenen Arbeiten beschäftigt. Meine Gedanken jedoch können sich nicht lösen von den zahlreichen und vielfältigen Impressionen der vergangenen Jahre, in deren Fokus die hohen Berge der Alpen standen:

Ich denke an das hundertmalige, gründlich durchdachte, oftmals optimierte Packen der Rucksäcke, das Bestreben, Gewicht zu sparen und dennoch alles Benötigte dabei zu haben. Ich denke an das frühe Aufstehen, an die Zweifel wegen unsicherer Wetterprognosen, an die – den Touren vorausgehenden – Bedenken wegen vermeintlich unüberwindbarer Schlüsselstellen. Ich erinnere mich an nicht enden wollende Hüttenzustiege, an das Erbringen von Höchstleistungen nach schlaflosen Nächten in engen Lagern, an meditative Aufstiege ohne Zeitgefühl in den Lichtkegeln der Stirnlampen, das Sicherheit vermittelnde Einbinden ins Seil, an das Knistern der Steigeisen auf blankem Eis, an die Anspannung wegen spärlicher Griffe in der exponierten Wand, die Erleichterung beim Erblicken der Sicherungspunkte bei gewagten Abseilmanövern. Ich erinnere mich an die Sorgen während gefährlicher Situationen, die Angst bei dramatischen Ereignissen, die zum Glück gerade noch glimpflich ausgegangen sind, an Regen, Schneefall, Stürme, Kälte und Nebel, aber auch an das glitzernde Sternenmeer am klaren Nachthimmel, das magische Farbenspiel der Wolken bei Tagesanbruch, das tiefe Blau am wolkenlosen Firmament und die wärmende Sonne; an liebliche, weiß leuchtende Gletscherflächen, aber auch an Spalten, Séracs, Lawinen und loses Gestein, an luftige Grate, kühne Zacken und imposante Gipfel, an faszinierende Rundblicke bis zum Ende des Horizonts, an die Mühen und Plagen, aber auch an unvergessliche Glücksgefühle, an gemeinsam erlebte Freude, erhabene Erfolgserlebnisse, an die Entspannung nach überstandenen Strapazen und das wohltuende Bier mit der kollegialen Truppe zur Feier einer gelungenen Tour sowie an gemütliche Abende in urigen Berghütten. Ich blicke zurück auf die stundenlangen Autofahrten mit meinem VW-Bus durch zahlreiche Nächte, das wiederholte Herunterspielen meiner Playlist im Radio, während die Mitfahrenden scheinbar vertrauensvoll schliefen, und ganz besonders an das jeweils gesunde und zufriedene Heimkommen.

Diese Aufzählung kann meine vielfältigen Empfindungen nur oberflächlich beschreiben. All die unzähligen Eindrücke, die ich mit meinen geschätzten Bergkolleginnen und Bergkollegen erleben durfte, sind für immer tief in meiner Seele verankert und werden Teil meines zukünftigen Lebens sein. Dafür bin ich allen, die mir diese außergewöhnliche Lebenserfahrung ermöglicht, mich dabei unterstützt und begleitet haben, von Herzen dankbar! Zutiefst dankbar bin ich für das gute, schöne und sichere Gelingen all dieser grandiosen Unternehmungen.

16.2 Warum ich auf die Berge steige

Brief an meine Tochter Christine, geschrieben im Februar 2023:

Meine liebe Tochter Christine,

die Antwort auf deine Frage, warum ich so oft und so gern auf die Berge steige und dabei so viel Zeit, Kosten, Aufwand, Mühen, Entbehrungen und Gefahren auf mich nehme, konnte ich bei meinem Besuch anlässlich deines Geburtstages spontan nicht in zufriedenstellende Worte fassen. Am nächsten Tag, während des fünfstündigen Aufstiegs mit den Tourenschi von Kaisers zur Holzgauer Wetterspitze, wo es eine ungetrübte Fernsicht in alle Richtungen gab, hatte ich Gelegenheit die Gründe für mein – von Vielen nicht immer verstandenes – Tun zu erörtern:

- *Wenn ich am Berg bin, lebe ich ganz in der Gegenwart, alle Konzentration, der gesamte Fokus ist auf den Moment gerichtet.*
- *Immer, wenn ich meine Bergschuhe schnüre, die Schnallen der Schischuhe schließe, mich in die Bindung der Schi einklicke oder auch wenn ich im Lift die Kraft der Seilbahn spüre, die mich nach oben bringt, fällt Ballast von mir ab, wird der Alltag ausgeblendet, alle mich im Tal beschäftigenden Themen, Aufgaben und Probleme treten so weit in den Hintergrund, dass ich sie nicht mehr wirklich wahrnehme. Dieses Empfinden habe ich seit meinen Jugendjahren an der HTL-Fulpmes und diese Tatsache hat mich nicht nur einmal in meinem bisherigen Leben vor einem drohenden Burnout bewahrt! (17.5)*
- *Besonders wenn ich mich am Morgen aus eigener Kraft in die Höhe bewege, mich aus der Enge des Ta-*

les befreie, der Horizont sich weitet, das Licht heller wird und die Sonne brillanter strahlt, dann ist das ein unbeschreibliches, erhabenes Gefühl, das ich immer wieder suche.

- Je höher ich hinaufkomme, desto kleiner erscheinen die Häuser, Straßen und Dörfer im Tal, genauso verhält es sich mit belastenden Gedanken.
- Wenn man fit ist und sich stundenlang im „Flow" bewegt, das ist jener Zustand, der sich einstellt, wenn Atmung, Sauerstoffaufnahme, Fett- und Zuckerverbrennung und die Herzfrequenz sich im stabilen Bereich – in Balance – befinden, empfindet man tiefe Zufriedenheit, Glück und Freude, es stellt sich ein großartiges Gefühl ein. Man spürt mit jeder Faser seines Körpers, dass man wirklich lebt.
- Es ist schön zu wissen, dass man gesund, fit und leistungsstark ist und man morgen, wenn es sein sollte, zum Beispiel den Großglockner oder auch den Mont Blanc erklimmen könnte. Mit einer entsprechenden Lebensweise und laufendem Training versucht man diesen Level zu halten und zu verbessern.
- Beim stundenlangen, gleichmäßigen Gehen durch die Natur ermöglicht es das langsame Tempo, die Eindrücke aufzunehmen und zu verarbeiten, was einen meditativen Charakter in sich birgt.
- Noch mehr Spaß und Freude macht es, wenn man die Erlebnisse in der Natur mit lieben, gleichgesinnten Kolleg:innen teilen darf.
- Bin ich – so wie meistens – mit jungen Leuten auf dem Berg, fühle ich mich jung und vital, mein tatsächliches Alter scheint dabei unbedeutend.

- *Es gibt natürlich auch Situationen, in denen man die Nützlichkeit und Sinnhaftigkeit des eigenen Handelns ernsthaft hinterfragen muss, aber meist schon bald rechtfertigen besondere Ziele, tolle Aussichten, tiefe Empfindungen das kurzzeitig bezweifelte Tun.*

Vielleicht sind diese Zeilen imstande, ein wenig von dem wiederzugeben, was mich wirklich antreibt, diesem großartigen Hobby so viel Raum und Zeit in meinem Leben zu geben. Nochmals alles Gute zu deinem 39. Geburtstag und ganz liebe Grüße von deinem Papa Josef.

Am Ostgrat zum Weißhorn (Foto: Daniel Friedle)

Die folgenden, mich berührenden Worte von Kurt Treiber auf einer Tafel an der Felswand am Falmedonjöchl, am Übergang zwischen Kaisers und der Simmshütte, treffen auch meinen Sinn fürs Bergsteigen:

Den schweren Rucksack will ich tragen
hinauf, wo stolze Berge ragen.
Der Mühen darf ich gar nicht klagen,
liegt doch im Blut mir dieses Plagen.
Wie lange noch, muss ich mich fragen,
darf ich den schweren Rucksack tragen?

17   Optimierung von Körper und Geist

17.1   Falsche Trainingsgewohnheiten ändern

Im Folgenden die Zusammenfassung meiner diesbezüglichen Erkenntnisse:

Laut übereinstimmender Empfehlung von medizinisch gebildeten Fachleuten, muss ich meine Gewohn- und Gepflogenheiten bezüglich des Trainings für lange Berg- und Schitouren verändern! Seit meiner Jugend bin ich meist an meiner physischen Leistungsgrenze mit viel zu hoher Belastung auf die Berge geeilt.

Im Herbst 2016 habe ich mich in einem Diagnostikzentrum einem Leistungstest unterzogen, um festzustellen in welchem Herzfrequenzbereich (HF-Bereich) ich trainieren sollte, um meine Leistungsfähigkeit zu erhalten, gesund und fit zu bleiben und vor allem keinen gesundheitlichen Schaden zu erleiden. Danach war ich bei einer ausführlichen Herz-Kreislauf-Untersuchung mit Langzeit-EKG und Langzeit-Blutdruckmessung, mit Belastungs-EKG im BKH-Reutte. Diese Woche habe ich die Resultate der Tests und Untersuchungen mit meinem Hausarzt besprochen.

Um konditionell besser zu werden – so die übereinstimmende Aussage der Fachleute – sollte man:

- Möglichst im aeroben Bereich (GA1-Bereich = Grundlagenausdauer) trainieren.
- Nur während circa 10 % der Trainingszeit (am besten mit Intervallbelastung) in den anaeroben Bereich bis

zur Leistungsgrenze gehen, damit der Körper sich auch an diese Anforderung gewöhnt!

Begründung:

Nur im aeroben Bereich werden Herz und Muskeln mit ausreichend Sauerstoff versorgt und können sich entwickeln und aufbauen.

Im anaeroben Bereich kämpfen Herz und Muskulatur bei der Erfüllung der überzogenen Anforderungen unter Sauerstoffmangel ums „Überleben" und können sich dabei nicht entwickeln! Zusätzlich führt im anaeroben Bereich eine zu hohe Lactat-Ausschüttung zur Übersäuerung des Körpers, was ebenfalls leistungsmindernd wirkt. Nur durch regelmäßiges Ausdauertraining im aeroben Bereich kann man besser werden! Häufiges und vor allem zu lange andauerndes Training im anaeroben Bereich führt zu keiner Verbesserung, auch wenn man es ständig wiederholt! Bei Wettkämpfen oder bei besonders fordernden Touren, zum Beispiel auf hohe Berge oder bei der Flucht aus einem Gefahrenbereich, gelangt man zwangsläufig in die anaerobe Belastungszone. Im anaeroben Bereich kann man umso mehr Leistung abrufen, je besser man seinen Körper durch Training im aeroben Bereich aufgebaut hat.

Der persönliche ideale Trainingsbereich (HF-Bereich) kann durch einen Leistungstest ermittelt werden. Kennt man seinen idealen Trainingsbereich nicht oder hat man keine Pulsuhr, kann man sich an den persönlichen Rat eines Internisten halten, den er mir im Rahmen einer Vorsorgeuntersuchung vor ein paar Jahren gegeben hat: Die Belastung immer so wählen, dass man sich dabei wohl und nicht überfordert fühlt! Durch das Beobachten der Körperreaktionen kann man den idealen Trainingsbereich recht gut spüren und einschätzen.

Nur im idealen Belastungsbereich kann man in den Flow-Zustand kommen in dem auch lange Belastungsphasen gut erträglich sind und Freude machen. In diesem unbedingt anzustrebenden Zustand befinden sich Atmung, Herzfrequenz, Sauerstoffaufnahme, Zucker- und Fettverbrennung in Balance, in einem ausgeglichenen Bereich, den man ohne besondere Ermüdungserscheinungen sehr lange durchhalten kann. In dieser Belastungszone erzeugt der Körper stimmungshebende Stoffe, wodurch man auch sehr lang andauernde und fordernde Aufstiege als angenehm empfindet. Befindet man sich zu lange in der anaeroben Zone macht sich die Überanstrengung durch Erschöpfung, Krämpfe und Muskelkater bemerkbar!

Möchte man mit einer Gruppe möglichst rasch vorankommen, ist es wesentlich, dass auch der Langsamste nicht überfordert wird! Egal wie stark die Truppe ist, es gibt immer einen Schwächsten. Daher lohnt es sich für alle, im Sinne einer gemeinsamen Zielerreichung, auf dessen Wohlergehen zu achten. Nur die Einhaltung dieser Erkenntnisse garantieren größtmöglichen Erfolg und viel Spaß beim Sport!

17.2 Meine Knie – die sensiblen Gelenke

Geschrieben im Februar 2022 – während der Schonungsphase nach meiner Leistenbruch-Operation:

Wie bereits öfters erwähnt, haben wir uns als Kinder und Jugendliche in der Wachstumsphase ständig bewegt, sind viel gegangen, häufig gelaufen und haben auch schwere Arbeiten verrichtet. Der Körperbau hat sich diesen harten Anforderungen angepasst; Muskeln, Knochen, Bänder und Gelenke haben sich kräftig entwickelt. Im weiteren Leben jedoch, als ich älter und die körperliche Belastung durch Büroarbeit, Hausbau und landwirtschaftliche Arbeiten einseitig wurde, geriet so manches aus dem Gleichgewicht.

So kam es, dass ich bei einer Bergtour mit meinem Sohn David im Sommer 1999 beim Abstieg von der Namloser Wetterspitze erstmals starke Schmerzen in meinen Knien verspürte. Diese wurden so stark, dass ich mehrere Abschnitte im Rückwärtsgang zurücklegen musste. Zwei Wochen später ging ich zum Almtreffen der Lechtaler Bürgermeister, bei dem auch Landeshauptmannstellvertreter Ferdinand Eberle anwesend war, von Bschlabs über die Kreuzspitzen zur Stablalm. Beim Abstieg über 1 100 Höhenmeter von der Elmer Kreuzspitze zur Bürgermeisterrunde auf der sonnigen Terrasse der Almhütte, schmerzten meine Knie wieder derart heftig, dass ich zu schwitzen begann und etwas Erleichterung wieder nur im Rückwärtsgehen fand. Nicht wahrhaben wollte und überhaupt nicht akzeptieren, konnte ich das Resultat der Diagnose nach der fachärztlichen Untersuchung meiner Knie. Der Arzt meinte, dass es im Alter von gut vierzig Jahren, aufgrund der harten Arbeit und der vielen Bewegung bereits so viel Abnützung in den Gelenken gebe, dass es zu diesen Problemen beim Abwärtsgehen komme. Außerdem empfahl er mir nur noch auf mit Liften erschlossene Berge zu steigen, da könne ich hinaufgehen und mit dem Lift hinunterfahren. Damit könne weiterer Gelenksverschleiß vermieden werden. Diese Antwort gefiel mir gar nicht. Ich wollte und konnte nicht einsehen, dass meine Gelenke, die mich früher in jedem nur denkbaren Gelände über Stock und Stein getragen haben, jetzt schon am Ende seien, wo ich mich doch noch gar nicht alt und gebrechlich fühlte.

Noch im gleichen Sommer traf ich Frau Dr. Susanne, eine Ärztin aus Deutschland, die mit ihrer Tochter am Bauernhof meiner Schwester ihren Urlaub verbrachte. Bei einem gemeinsamen Glas Wein am Abend in der Küche nach erfolgreich vollbrachter Heuarbeit erzählte ich von meiner Sorge wegen der Knie. Ich fragte die Ärztin, was sie mir raten würde. Susanne gab mir zur Antwort: „Josef, was willst du haben?" Ich entgegnete: „Wie meinst du das? Ich möchte gesunde Knie!" Die Ärztin sagte etwas provokant und ironisch wirkend: „Wenn man Knieprobleme hat, kann man sich aussuchen, was man tun will. Man kann Übungen machen, zur Therapie gehen, sich mit Salben einreiben, Tabletten nehmen, kann Stützstrümpfe anziehen, sich beim Orthopäden vermessen lassen oder, falls man es besonders spektakulär haben möchte, sich einer Operation unterziehen." Im Grunde sei es egal, was man probiere, entweder es hilft oder es hilft nicht, meinte sie. „Aber was würdest du mir raten?" Ihre Antwort auf meine spontane Frage lautete: „Ich würde versuchen, das muskuläre Gleichgewicht in den Beinen wieder herzustellen. Dieses scheint bei dir wegen der einseitigen Arbeiten verloren gegangen zu sein. Denn wenn die zuständigen Muskeln für Beuge-, Streck- und Seitenbänder nicht ausgeglichen trainiert sind, kommt es bei Belastung zu Verspannungen, zu punktueller Reibung im Gelenk. Das führt zu Schmerzen, was bei wiederholtem Auftreten ernsthafte Schäden zur Folge haben kann." Diese Ausführungen erschienen mir plausibel, gaben mir Hoffnung und ich begann bereits ab dem nächsten Tag besonders meine Muskeln im Oberschenkel, die für das Strecken der Unterschenkel zuständig sind, gezielt zu trainieren.

Ein Homöopath verschrieb mir zur Vermeidung von Schmerzen beim Abwärtsgehen Raute-Globuli. Davon sollte ich vor jeder Bergtour fünf Stück nehmen und sie halfen mir wirklich. Immer wenn ich vergaß, diese Medizin vor der Tour zu nehmen, waren die Schmerzen wieder da. Ich ärgerte mich über meine Vergesslichkeit und dachte intensiv an das braune Fläschchen mit den weißen Kügelchen, das im Schrank in der Küche neben dem Geschirr stand. Man wird es nicht glauben, aber schon das konzentrierte Denken an dieses homöopathische Mittel hat das Nachlassen der Schmerzen bewirkt. Diese wundervolle Medizin zeigte selbst dann noch Wirkung, als ich mir nicht mehr sicher war, ob sich das braune Fläschchen mit den weißen Kügelchen überhaupt noch im Kasten in der Küche befand.

Während der traditionellen Schiwoche mit der bewährten Männerrunde (14.1.1) in Flachau im Jänner 2012 fand ich bei einer Liftfahrt in der Gondel meiner Kollegen keinen Platz mehr. Somit musste ich in die nächste Kabine steigen. Die vier etwas älteren Frauen, die sich neben mich setzten, sprachen während der ganzen Fahrt über eine Freundin, eine nicht anwesende Bekannte, die wegen der Einnahme eines „Wundermittels" ihre Knieprobleme in den Griff bekommen hatte und eine in Aussicht gestellte Operation letztendlich vermeiden konnte. Das Gespräch über die Wirkung dieser Medizin habe ich zwar aufmerksam verfolgt, kam aber erst nach dem Aussteigen auf die Idee, dass auch ich diesen Wirkstoff eventuell brauchen könnte. So verfolgte ich eine dieser Damen in einem auffälligen Schianzug so lange, bis sie während der Abfahrt stehen blieb. Ich sagte, dass ich in der Gondel ihr Gespräch mitbekommen habe und fragte, ob ich wissen darf, worum es sich bei diesem tollen Mittel handle. Die freundliche Dame sagte zu mir: „Sehr gerne junger Mann, das ist ein wunderbarer, wirkungsvoller Gelenkschmierstoff – es ist die fein gemahlene Braunhirse – wovon man täglich zwei bis drei Teelöffel im Müsli, im Joghurt oder auf eine andere Weise zu sich nehmen sollte." Aus Überzeugung nehme ich seit damals wirklich täglich diese Braunhirse, genauso wie es die zufällig getroffene Dame sagte, und ich habe das Gefühl, dass meine Gelenke seither wirklich gut geschmiert sind und problemlos funktionieren.

„Es ist der Bewegungsapparat, der bewegt werden will. Wenn es der Sitz-, Liege- oder Stehapparat wäre, würde er so heißen." So sagte Dr. Paul Kerber, der Plansee-Werksarzt, einmal zu mir. „Die Gelenke müssen bewegt werden, sie müssen laufend gefordert und gefördert, dürfen aber nicht überfordert werden! Schmerzen dürfen nicht übergangen werden, um sich keinen Schaden zuzufügen! Manches Mal muss man seine Gelenke wie rohe Eier behandeln."

Aus dieser Sicht, mit dieser Unterstützung, mit dieser Beachtung in Kombination mit Dehnübungen, Ausgleichsgymnastik sowie mit ausgeglichener Ernährung habe ich meine Gelenke seit damals ganz bewusst im Fokus behalten.

Somit darf ich jetzt – mehr als zwanzig Jahre später – überaus glücklich und dankbar sein, dass ich seit damals, seit der vernichtenden Diagnose, mehr als 2 000 wunderbare Berg- und Schitouren machen durfte. Selbst Abstiege über 2 900 Höhenmeter in einem Zug vom Mont Blanc nach Chamonix, über 2 600 Höhenmeter vom Zinalrothorn nach Zermatt, vom Weißhorn über 3 100 Höhenmeter nach Randa oder an einem Tag über 3 250 Höhenmeter von vier Gipfeln im Monte-Rosa-Gebiet bis hinunter nach Staffal im Val Gressoney, immer mit voller Westalpenausrüstung, teilweise sogar mit Steigeisen an den Schuhen, haben keine Beschwerden in meinen Knien verursacht. Das ist einfach nur wunderbar!

Auf der Tête de Valpelline mit Matterhorn und Dent d'Herens

17.3 Höhenangst

Viele Jahrzehnte meines Lebens glaubte ich an Höhenangst zu leiden und bewunderte Leute, die von sich behaupteten, schwindelfrei zu sein. Den Test auf Schwindelfreiheit, wozu mich überlegene Bergsteiger aufforderten,
bestand ich nie. Demnach sollte ich an einer Felskante
beziehungsweise auf dem obersten Balken einer Schnee-
stahlbrücke, die zum Schutz vor Lawinen am exponierten
Berghang errichtet wurde, oder sonst wo an einer Kante
zum totalen Abgrund auf einem Fuß stehend senkrecht
zum Himmel blicken, wo die Wolken rasch vorbeiziehen.
Niemand und auch keiner von den „große Sprüche Klop-
fenden" konnten mir diesen Test jemals erfolgreich vor-
führen. Wer seine diesbezüglichen Fähigkeiten auf die
beschriebene Weise ausloten möchte, sollte dies zuerst
auf ebenem Boden und niemals an absturzgefährdeten
Stellen probieren. Auch wenn mich steile Grasberge, ausgesetzte Grate und kühne Felswände schon immer faszinierten, wagte ich mich nur mit großem Respekt und äußerster Vorsicht in mir gefährlich erscheinendes Gelände.

Von frühester Kindheit an haben uns die Eltern laufend und eindringlich ermahnt, in abschüssigen Bereichen äußerst umsichtig zu sein, um nicht abzustürzen.
Beim Heuen auf den Bergwiesen, beim Holzen im steilen
Schutzwald, beim Hüten des Jungviehs, beim Heimholen
der Schafe, bei der Suche nach Preiselbeeren („Granta")
oder beim Bewundern von Steinblumen, auch „Plateni-
gel" genannt, im felsdurchsetzten Terrain sowie beim
Versuch, zu den schönsten Edelweiß-Standplätzen an
den Gartenköpfen, am Falschen Kogel oder an der Roten
Wand zu gelangen, wurde ich immer wieder mit der Angst

vor einem Absturz konfrontiert. Aufgrund der ständigen elterlichen Besorgnis um meine Geschwister und mich konnte ich bereits als Schulkind absturzgefährdetes Gelände sofort erkennen. Sobald mir die Möglichkeit zum Stehen und Festhalten im Steilgelände im Verhältnis zur Tiefe des Abgrundes nicht mehr in einem sicheren Verhältnis erschien, bekam ich ein unbehagliches Gefühl, machte einen Rückzieher und versuchte der Gefahr zu entgehen. Diese natürliche Blockade, diesen wichtigen Selbsterhaltungstrieb, der es mir nicht ermöglichte, besonders reizvolle, exponierte Ziele zu erreichen, bezeichnete ich als Höhenangst.

Besonders problematisch ist es, wenn panikartig suchende Blicke im Steilgelände keinen Halt finden beziehungsweise eine zu intensive Angst vor einem Absturz Schwindel auslöst. Dann ist das Halten des Gleichgewichts, das Ausbalancieren des Körperschwerpunktes über der Standfläche nicht mehr gewährleistet. Die Konzentration auf das Wesentliche geht verloren. Wenn jemand über einem Abgrund Schwindelerscheinungen verspürt, ist höchste Gefahr in Verzug.

Meine persönlichen Grenzen erlaubten es mir lange Zeit nicht – zum Beispiel – vom Rauth beim Großen Gröben direkt durch den sogenannten „Tiergarten" auf die Rote Wand zu steigen. Bei mehreren Versuchen im Alleingang musste ich umdrehen, zu steil war das Gelände, zu abschüssig die Felsplatten zwischen den von Lawinen geglätteten Grasflächen, zu tief die Blicke in die bodenlosen Abgründe. Da meine Mama in ihrer Jugend beim Heuen auf den Bschlaber Bergwiesen diese extreme Route auf die Rote Wand zwei Mal bewältigt hatte, war es mein Ehrgeiz, das auch zu schaffen. Ebenso war es mir viele Jahre lang nicht möglich, bestimmte Aufstiege an Steilgrasbergen wie am Hochgwas, am Habart, am Falschen Kogel, an der Pfeilspitze, an den Drei Festen, an der Südwand der Silberspitze oder an der Höfats zu überwinden. An meine Grenzen stieß ich auch auf felsigen, ungesicherten Routen, sobald die Steilheit zu groß und im brüchigen Felsen die Griffe und Tritte zu spärlich wurden sowie keinen sicheren Halt zu geben schienen.

Als ich dann im Alter von 54 Jahren intensiv begann, mich an anspruchsvolle Berg- und Hochtouren heranzuwagen, lernte ich auch meine Höhenangst besser einzuschätzen und realistisch zu sehen. Ich begann zu verstehen, dass diese keine hinderliche Phobie, sondern ein wertvoller, gesunder Selbstschutz ist.

Sehr geholfen haben mir im August 2012 die energischen Worte eines Schweizer Bergführers, die er bei der Hörnlihütte am Vorabend der Matterhornbesteigung mit eindringlichen Worten zu seinem Gast sagte. Dieser hatte offensichtlich während der Probetour an einer ausgesetzten Kletterstelle Angst bekommen: „Du musst dich darauf konzentrieren, wo du sicher stehen kannst, wo die Griffe zum Festhalten, die Tritte zum Steigen sind, wie du weiterkommst, ob bei Bedarf ein Umkehren möglich ist! Du sollst nicht laufend hinunter schauen wie tief du fallen könntest. Du darfst nicht abstürzen, egal wie tief der Abgrund ist. Selbst ein paar Meter könnten schon zu viel sein. Daher achte immer auf sicheren Halt, die Tiefe des Abgrundes ist egal, sie ist auch morgen am Hörnligrat nicht relevant!"

Ich bin sehr froh, diese Worte vernommen zu haben, denn sie treffen den Kern der Sache und sind seither auch für mich sehr hilfreich.

Die Schwerkraft kennt keine Kompromisse! Sie wirkt dramatisch, immer und überall. Nach der physikalischen Formel v = a x t (Geschwindigkeit = Beschleunigung mal Zeit), beschleunigt die Erdanziehung einen nicht gehaltenen Körper in weniger als drei Sekunden von 0 auf 100 km/h, was den Beschleunigungswerten eines Formel-1-Autos beim Start entspricht. Selbst auf schiefen Ebenen, wie Felsplatten, Firn-, Eis- oder Grasflächen, ist die Beschleunigung enorm. Kann man sich nach einem Ausrutscher nicht blitzartig, am besten in einem Bruchteil der ersten Sekunde, wieder fangen (19.11), nimmt eine unkontrollierte Talfahrt mit meist tragischem Ausgang seinen Lauf.

Daher ist es zum Überleben in den Bergen bedingungslos erforderlich, darauf zu achten, dass das Körpergewicht zu jeder Zeit durch form- oder kraftschlüssigen Kontakt zum Untergrund sicher abgestützt werden kann. Sollte dies im Absturzgelände nicht lückenlos möglich sein, ist es unverzichtbar, technische Sicherungen anzuwenden oder den Mut zum Umdrehen zu haben. In schwierigen Bereichen ist man meist sehr konzentriert unterwegs und beachtet die Gefahren umfassend. Problematischer erscheinen eher leichte Stellen und Wege im Absturzgelände, wo man sich sicher fühlt. Eine kleine Unachtsamkeit, ein Ausrutscher auf feuchtem oder schotterbedecktem Untergrund, ein Stolpern an einem nicht beachteten Zacken, ein kurzer Verlust der Balance oder das Verhaken mit den Steigeisen kann einen fatalen Absturz zur Folge haben. Immer wieder kommen auch geniale Bergsteiger nach dem erfolgreichen Überwinden großer Herausforderungen im scheinbar leichten Gelände zu Schaden.

Daher gilt es – ohne Angst – eine mögliche Absturzgefahr rechtzeitig zu erkennen, sich dieser entweder nicht
auszusetzen oder durch Können, höchste Konzentration und souveränes Verhalten entgegenzuwirken, beziehungsweise entsprechendes Sicherungsequipment wie
Klettergurt, Seil und den dazu gehörenden Hilfsmitteln
anzuwenden! Das eingehende Befassen mit diesem Thema hat bewirkt, dass ich inzwischen auch solche Bergtouren machen und Ziele erreichen kann, an die ich mich
früher niemals herangewagt hätte.

Wenn man es wirklich will, kann eine unbegründete
Höhenangst durch gezieltes, häufiges Üben, überleg-
tes Handeln und realistisches Einschätzen der Gefahr
deutlich minimiert beziehungsweise ganz überwunden
werden. Eine begründete Höhenangst – zum Schutz
des Lebens – hat immer ihre Berechtigung! Die Grenze zwischen „begründet" und „unbegründet" ist und
bleibt eine subjektive; sie resultiert aus persönlichem
Können, Verantwortungsbewusstsein und der Risikobereitschaft.

*Auch am Nordost-Grat zur Lenzspitze sollte die
Höhenangst keine Rolle spielen (Foto: Daniel Friedle)*

17.4   „Kein Alkohol ist auch keine Lösung"

Das singen die „Toten Hosen", eine Rockmusik-Band aus
Deutschland in einem ihrer Songs, ebenso steht oder
stand dieser Spruch auf einem Schild über der Theke in
der Schirmbar bei der Nederhütte im Schigebiet von Ober-
gurgl-Hochgurgl im Herzen der Ötztaler Alpen. Da mich
diese besondere Schihütte, die Schipisten und Tourenmöglichkeiten in einer der schneesichersten Regionen der Alpen
faszinieren, zieht es mich immer wieder dorthin (14.1.1).

Wenn in diesem Kapitel von Alkohol die Rede ist,
meine ich nur die chemische Verbindung Ethanol, eine
organische Substanz aus der Gruppe der Alkohole, die
zum Verzehr in Getränken geeignet ist. Alkohol ist ein
giftiger Stoff, der Organe, Nerven- und Gehirnzellen des

Menschen schädigt! So wie bei jedem Gift kommt es auch hier auf die Dosis an. In unserer Gesellschaft wird der Konsum von Alkohol nicht nur akzeptiert, sondern ist ein wesentlicher Bestandteil vieler Anlässe.

Lockere, ausgelassene Stimmung bei verschiedenen Veranstaltungen, Feiern und Festen ist oft auf den Verzehr von alkoholischen Getränken zurückzuführen. Da die in geringen Mengen zu sich genommene „Nervendroge" entspannend, angstlösend und stimulierend wirkt sowie von negativen Gefühlen befreit, besteht die Gefahr, in deren Abhängigkeit zu geraten.

Manche Menschen verzichten gänzlich auf Alkohol. Ich kenne Hochleistungssportler, die nicht einmal ein alkoholfreies Bier trinken, weil in diesem immer noch 0,2 % Alkohol enthalten ist, was die Leistungsfähigkeit und die Regenerationszeit nach einer intensiven Belastungseinheit verzögert.

Andere Leute hingegen wollen oder müssen zu jeder möglichen und unmöglichen Gelegenheit Alkohol trinken und geraten in eine tragische Abhängigkeit, aus der sie sich aus eigener Kraft nicht mehr befreien können. Gesundheitliche Schäden, hohe Kosten, viel Kummer, Schmerzen und Leid werden durch übermäßigen Alkoholkonsum verursacht.

Schon vor langer Zeit habe ich von einer wissenschaftlichen Studie gelesen, wonach Manager, die am Abend gelegentlich einen alkoholhältigen Drink zu sich nehmen, seltener einen Herzinfarkt oder Schlaganfall erleiden als solche, die ganz darauf verzichten. Demnach sollte sich die entspannende und Stress mindernde Wirkung geringer Alkoholmengen vorteilhafter auf die Gesundheit auswirken als der gänzliche Verzicht, wobei sich das Loslassen von des Tages Mühen verzögert. Ob so oder so – jeder wird im Lauf der Zeit hoffentlich seine vernünftige Einstellung zu diesem nicht zu unterschätzenden Suchtmittel finden.

Ich persönlich trinke und vertrage nur sehr geringe Mengen davon und versuche möglichst wenig zu mir zu nehmen. Auf mein Wohlbefinden und meine Leistungsfähigkeit wirkt sich Alkohol eindeutig nachteilig aus. Bei langen Bergtouren spüre ich es deutlich, auch wenn ich am Vorabend nur wenig davon getrunken habe. Dennoch möchte ich auf ein gemeinsames Bier nach einem gelungenen Schitag oder im Anschluss an eine grandiose Tour mit gleichgesinnten Kolleg:innen nicht verzichten. Ein kühles Bierchen schmeckt auch an lauen Sommerabenden nach getaner Feldarbeit herrlich. Ebenso bereichert ein gutes Glas Wein ein festliches Essen. Ein Schlückchen vom „Selbstgebrannten" aus dem Flachmann eines Kollegen auf dem Berggipfel ist auch nicht zu verachten.

Weniger ist mehr! Man darf nicht meinen, nur mit Alkohol in der Gesellschaft akzeptiert zu werden, lustig sein und entspannen zu können. Das alles geht ganz bestimmt auch mit wenig oder ohne diese für den Körper schädlichen Substanz!

Auch wenn der eingangs zitierte Spruch „Kein Alkohol ist auch keine Lösung" gelegentlich seine Berechtigung haben kann, ist Alkohol gewiss nur selten eine Lösung für irgendwas!

17.5 Burnout

Wenn im eigenen Leben die vielen ehrgeizigen Aufgaben, Arbeiten, Ziele, Herausforderungen, Probleme und Belastungen, die man alle abarbeiten, lösen oder ins Reine bringen möchte oder muss, plötzlich nicht mehr als einzelne, eigenständige Themen auseinanderzuhalten sind, sondern sich zu einer schweren, dunklen Wolke über dir vereinen, die dich zu erdrücken droht, dann könnte sich dein Leben mit einem Schlag verändern. Dann könnte lange Zeit nichts mehr so sein, wie es vorher war!

Da ich derartige, äußerst bedenkliche Zustände bisher schon einige Male erlebte, habe ich inzwischen gelernt, die dazu führenden Anzeichen rechtzeitig zu erkennen und abzuwenden.

Meist war es eine Kombination von hohen körperlichen Belastungen durch Arbeit oder Sport, ein nicht auskurierter Infekt, eine verschleppte Grippe, zu wenig, schlechter und nervöser Schlaf in Verbindung mit enormem Druck in Schule oder Beruf sowie drückende Probleme auf mentaler Ebene, die mich fast zum Absturz brachten.

Einmal hat ein derartiger wie oben geschilderter Vorfall, den ich erst im Nachhinein mit Burnout in Verbindung brachte, meine Lebensqualität für zweieinhalb bis drei Jahre stark beeinträchtigt. Nach diesem einschneidenden, nächtlichen Ereignis fühlte ich mich antriebslos, depressiv und hatte grundlose, unerklärliche Angstzustände, die mich zu allen möglichen und unmöglichen Zeiten überfielen. Nur mit höchster Konzentration, Anstrengung und mit merkbar reduzierter Leistungsfähigkeit konnte ich meinen Alltag so bewältigen, dass mein für mich bedenklicher Zustand von meinem Umfeld nicht oder nur kaum bemerkt wurde. Aus Sorge, man würde mich aus dem Rennen nehmen, erzählte ich niemandem von meinen Beschwerden und ärztliche Hilfe habe ich auch nicht in Anspruch genommen.

Meistens war es mitten in der Nacht, als ich erschrocken aus einem oberflächlichen Schlaf oder einem schlechten Traum gerissen wurde. Spontan kamen mir alle meine Themen gleichzeitig in den Sinn, ohne ein einzelnes in den Gedanken klar formulieren und abgrenzen zu können. Das machte mir Angst, ich begann zu schwitzen, mein Herz klopfte eigenartig, der Puls war nicht zu zählen und die Messung meines Blutdrucks zeigte keinen Wert. „Wenn es dir in einem solchen, äußerst bedenklichen Zustand nicht gelingt, dich selbst zu beruhigen, hast du vermutlich ein größeres Problem. Entweder hast du jetzt einen Herzinfarkt, eine Herzmuskelentzündung, Herzrasen oder eben Burnout", so dachte ich. Nichts davon wollte ich haben und auch die Rettung wollte ich nicht rufen. Mir gelang es gerade noch von Messers Schneide auf die gute Seite zurückzufallen. Ich bin mir sicher, wäre ich auf die andere Seite gestürzt, es hätte für lange Zeit alles verändert. In der HTL hätte ich die Ausbildung unterbrechen müssen anstatt mit Auszeichnung zu maturieren, im Beruf wäre meine Pensionierung viel früher gekommen anstatt gerne weiterzuarbeiten und in den Westalpen hätte mich ein Hubschrauber abtransportiert anstatt am nächsten Tag auf einen Viertausender zu steigen.

Im Zuge einer mehrtägigen Schitour kam ich auf einer Berghütte bei einem gemütlichen Glas Wein in heiterer Runde mit drei Ärztinnen aus Innsbruck zufällig auf dieses Thema zu sprechen. Ich erzählte ihnen von den im oberen Absatz beschriebenen Symptomen. Die drei netten, lustigen und sportlichen Bergkolleginnen, die in ihrer Berufsausübung nach eigenen Aussagen, die medizinischen Fachbereiche Körper, Geist und Seele des Menschen abdecken, warnten mich eindringlich: „Du kannst nicht jedes Wochenende zum Training für die Westalpen auf die Berge hetzen, mit einer Erkältung am Abend nach der Arbeit anstrengende Pistentouren machen, während der Arbeit eine große Verantwortung haben, ständig mit heiklen Problemlösungen beschäftigt sein, Unerledigtes vor dir herschieben, durch eine sich zugespitzte, unbereinigte Gruppendynamik belastet sein und zusätzlich wegen Reizüberflutung in der Nacht keine Ruhe finden. Wenn man sich über längere Zeit, physisch, intellektuell und mental bis an den Rand der jeweiligen Leistungsgrenzen belastet, wird man eines Tages die Rechnung dafür präsentiert bekommen und diese auch bezahlen müssen!" Diesen Rat möchte ich zukünftig nicht nur selbst befolgen, sondern jedem eindringlich empfehlen, es auch zu tun!

17.6   Gesund bleiben

Ich möchte dieses Kapitel ganz bewusst in mein Buch einfügen, weil es in Zukunft immer wichtiger zu werden scheint, die Verantwortung über die persönliche Gesundheit – natürlich nur im vertretbaren Rahmen – wieder vermehrt selbst zu übernehmen und nicht wegen jeder Kleinigkeit die begrenzten Kapazitäten der Gesundheitseinrichtungen zu beanspruchen. Wegen des Mangels an medizinisch ausgebildetem Personal, überlasteten Krankenhäusern, Arztpraxen und Pflegeeinrichtungen habe ich große Bedenken, ob wir den zuletzt gewohnten, komfortablen Standard weiterhin in vollem Umfang aufrechterhalten können.

Für meine Vorfahren, in der Abgeschiedenheit unseres Tales, war es selbstverständlich, sich selbst helfen zu müssen, auf Hausmittel sowie mit Geduld und Zuversicht auf die Selbstheilungskräfte der Natur zu vertrauen und nur im äußersten Notfall auf Medikamente und medizinisch gebildete Leute zurückzugreifen. Zum Glück brauchen wir das Vergangene – jetzt und hoffentlich auch zukünftig – nicht mehr, aber ein wenig in diese Richtung nachzudenken wird notwendig werden!

Folgende persönliche Erkenntnisse sind es wert, wiedergegeben zu werden. Die im Laufe meines bisherigen Lebens gewonnen Erfahrungen und die Einsichten aus den von mir begangenen Fehlern möchte ich festhalten. Meine Empfindungen wurden durch bemerkenswerte Anregungen aus verschiedenen Gesprächen mit Ärzten, Therapeuten, Vorträgen und Seminaren ergänzt und wertvoll bereichert (19.15).

Immer schneller, besser, schöner, gesünder, höher und teurer lautet der Trend unserer Zeit. Viele Menschen können nicht mithalten und zerbrechen am Druck der Gesellschaft. Junge Leute mögen bedenken, dass sie Lebensweise, Arbeitsdruck, Belastung und Stress über Jahrzehnte hinweg aushalten müssen. Um lebenslang körperlich, geistig und seelisch gesund zu bleiben, müssen die meisten Menschen einen bewussten Beitrag dazu leisten. Nur wenige haben die Fähigkeit von Natur aus instinktiv die ideale Balance zu leben.

Die Lebensleistungskurve:

An den Vortrag von einem Arzt zum Thema Gesundheit, den ich vor vielen Jahren miterleben durfte, kann ich mich – auch gänzlich ohne schriftliche Unterlagen oder Aufzeichnungen – noch gut erinnern. Da öfters damit konfrontiert, ist mir vor allem die Leistungskurve, der Verlauf der körperlichen Leistungsfähigkeit eines Menschen in Abhängigkeit seines Lebenswandels in Erinnerung und somit erwähnenswert geblieben.

Laut dem Doktor verläuft diese Kurve in unserer Wohlstandsgesellschaft bei vielen folgendermaßen: Die Kurve startet zum Zeitpunkt der Geburt in der Nähe des Nullpunktes und steigt in Folge kontinuierlich an, bis sie im Alter von circa zwanzig bis 25 Jahren ihren Höhepunkt erreicht. Wegen falscher Ernährung, Übergewicht, durch Rauchen, Alkohol, Bewegungsmangel und Stress beginnt die Leistungskurve recht rasch zu fallen. Ist sie bis auf einen Wert von 30 bis 50 % der Höchstleistung gesunken, treten Probleme auf, die einer ärztlichen Behandlung bedürfen. Man setzt Gegenmaßnahmen, versucht sich bewusster zu ernähren, weniger zu rauchen, mit dem Trinken aufzuhören und sich mehr zu bewegen. Mit entsprechender Konsequenz steigt die Leistungskurve wieder. Sie kann aber den Höchststand bei Weitem nicht mehr erreichen. Sobald es dem Menschen gut geht, vergisst er seine Vorsätze, fällt in alte Gewohnheiten zurück und die Kurve sinkt erneut bis unübersehbare Probleme wiederum eine ärztliche und medikamentöse Unterstützung erfordern. Mit Disziplin und großem Aufwand erreicht man schließlich eine Besserung. Die Kurve im Leistungsdiagramm geht wieder aufwärts, sie kommt aber nicht mehr an die zuvor erreichten Werte heran. Mit ständigem Auf und Ab geht der Trend immer weiter nach unten, bis die Leistungskurve bei null ankommt und der Mensch stirbt, sofern er nicht schon früher durch einen plötzlichen Tod aus dem Leben gerissen wurde.

Bei wildlebenden Tieren in der Natur und bei Menschen, die sich „naturgemäß" verhalten, sinkt die Kurve, vom Höchstwert ausgehend, nur sehr langsam und bleibt bis ins fortgeschrittene Alter auf einem sehr hohen Niveau. Durch irgendein auftretendes Ereignis fällt die Kurve dann plötzlich sehr steil ab.

Vergleicht man von beiden Kurven die eingeschlossene Fläche, die man mit Leistungsvermögen, Gesundheitszustand, Vitalität oder Lebensqualität benennen darf, ist der Unterschied beachtlich. Das Leben meiner Mama (4.5) ist nach der „Naturkurve" verlaufen und könnte von diesem Arzt als ein seine Erkenntnis bestätigendes Demonstrationsbeispiel verwendet werden.

Es würde sich daher lohnen, bereits in jungen Jahren auf seine Gesundheit zu achten, damit der zum Thema passende Spruch keine Gültigkeit hat: „Viele Menschen verbringen die erste Hälfte ihres Lebens damit, sich die Gesundheit zu ruinieren, um sie in der zweiten Hälfte mit großem Aufwand wieder ein wenig herzustellen!"

Diese nur sinngemäß wiedergegebenen Worte von einem mir unbekannten Verfasser habe ich vor vielen Jahren einmal gelesen und seither in Erinnerung behalten.

Gesundheit nicht delegieren:
Für deine Gesundheit bist du selbst zuständig. Deine Gesundheit ist deine persönliche Angelegenheit. Du kannst

niemanden für deine Gesundheit verantwortlich machen.
Es wäre gut, wenn du bestmöglich auf deine Gesundheit achten und auf die enormen Selbstheilungskräfte,
das großartige Reparaturpotenzial der Natur, vertrauen
würdest. Dennoch sollst du bei Bedarf rechtzeitig Fachleute zu Rate ziehen und deren Hilfe in Anspruch nehmen. Die Gesundheit ist nicht alles – aber ohne Gesundheit ist alles nichts!

Das Leben auf vier Säulen stellen:
So wie ein Tisch am besten auf vier Beinen steht, so ist
es auch im Leben. Dieses sollte möglichst auf vier Fundamenten sicher und stabil ruhen:

- Körper: Arbeit, Bewegung, Fitness, Ernährung, Sport, Gymnastik
- Geist: Geistiges Arbeiten, Denken, Lernen, Studieren, Denkaufgaben lösen
- Seele: Familie, Freunde, Kontakte, Musik, Kunst, Kultur, Brauchtum, soziales Engagement
- Spirituelles: Lebenssinn, Glaube, Religion, Gottvertrauen, dem Leben vertrauen

Vernachlässigt man eine oder mehrere Säulen über längere Zeit, besteht die Gefahr in Schieflage zu geraten.
Man kann nicht dauerhaft immer nur arbeiten, immer
nur Sport betreiben, immer nur lernen, immer nur urlauben, immer nur musizieren, immer nur feiern oder
immer nur beten. Idealerweise braucht es den Ausgleich
zwischen allem, auch wenn man in bestimmten Lebensabschnitten Prioritäten setzen muss und darf.

Körperbewusstsein:
Achte auf deinen Körper! Du hast nur diesen und nur mit diesem kannst, darfst oder musst du dein Leben meistern. Er ist die Wohnung für deine Seele. Achte darauf, dass deine Seele eine schöne Wohnung hat und sich in deinem Körper möglichst lange wohlfühlt. Wenn du mit dir selbst zufrieden bist, dann sind es auch andere!

Seele und Psyche:
Die Psyche oder die Seele des Menschen ist etwas Großartiges, Unergründliches und nur schwer Erklärbares. Weil sich seelische Schäden meist nicht so einfach heilen lassen wie körperliche Mängel, ist es besonders wichtig, immer auf eine aufgeräumte, saubere Seele zu achten und beginnende Störungen rechtzeitig zu erkennen und bestmöglich zu beseitigen. Auch wenn es laut eines bekannten Psychologen kein allgemein gültiges Rezept zur Kindererziehung gibt, muss mit der meist bizarren Psyche der Kinder auf jeden Fall äußerst behutsam umgegangen werden. Eine in der Kindheit verletzte Psyche kann zu lebenslangen Beeinträchtigungen führen!

Entspannung:
In der Ruhe liegt die Kraft! Nur in der Ruhe und Entspannung kann der Mensch zu sich finden. Täglich sollte man versuchen, sich wenigstens für ein paar Minuten vollkommen zu entspannen und in sich selbst hineinzuhören. Jeden Tag eine Ruhepause regeneriert im Gehirn neue Verknüpfungen. Ruhe ist besser und wirkungsvoller als Psychopharmaka. Diese Zeit ist nicht verloren, sondern ein großer Zeitgewinn!

Atmung:

Auf den Atem achten: tief ein- und ausatmen (Bauchatmung). Tief Atmen entspannt und versorgt alle Organe mit Sauerstoff. Mit dem Ausatmen → loslassen!

Loslassen:

Belastendes loslassen können ist eine Gnade, ein Geschenk! Glücklich sind all diejenigen, die loslassen können! Die Voraussetzungen zum Loslassen sind: unabänderliche Dinge akzeptieren, eine neu entstandene Realität annehmen, auch wenn sie weniger gut als die vorherige erscheint.

Sich von alten Mustern und belastenden Denkweisen lösen! Im entspannten Zustand an etwas Schönes denken. Meditation ist hilfreich. Im Alpha-Zustand, im gänzlich entspannten Zustand, ist die Wirkung am größten: „Ich lasse los und vertraue auf die unbegrenzten Kräfte der Natur – auf Gott."

Probleme:

Versuche deine Probleme zu lösen und nicht ständig darüber zu reden! Wenn man immer wieder über seine Probleme redet, dann rücken sie in den Fokus, erhalten dadurch „Energiezufuhr" und verstärken sich! Daher möglichst wenig oder nicht über Probleme reden. Das gleiche gilt für Schmerzen und Krankheiten.

Wichtige Ausnahmen: Konstruktive Gespräche mit Partner, Freunden, Therapeuten oder Ärzten, die der Problemlösung oder Heilung dienen.

„Problemgespräche verstärken Probleme, lösungsbezogene Gespräche verhelfen zu Lösungen!"

Niemals Beschwerden vortäuschen:
Die Aussage von einem sehr geschätzten Arzt lautet:
„Wer versucht, durch Vortäuschen nicht vorhandener
Krankheiten oder Beschwerden einen Vorteil zu erlan-
gen, begibt sich in große Gefahr, diese Beeinträchtigun-
gen auch tatsächlich zu bekommen!"

Gedanken:
Achte sorgfältig auf deine Gedanken! Deine Gedanken
sind der Ursprung von allem, was dich betrifft! Gedanken verursachen Gefühle, Gefühle lösen Handlungen
aus, deine Handlungen bestimmen dein Leben.

Die Kraft der Gedanken:
Achte auf deine Gedanken, denn sie werden deine Worte!
Achte auf deine Worte, denn sie werden deine Handlungen.
Achte auf deine Handlungen, denn sie werden deine Gewohn-
heiten.
Achte auf deine Gewohnheiten, denn sie werden dein Charakter.
Achte auf deinen Charakter, denn er wird dein Schicksal.
(Unbekannter Verfasser)

Alle Energien, die du aussendest, kommen zu dir zurück!
Deine Gedanken sind mächtig!

Vorstellungskraft und Wille:
Nutze deine Vorstellungskraft! Jeder Mensch hat unge-
ahnte Kräfte, um sich von Misserfolg zu Aufstieg und Fülle emporzuarbeiten! Wesentlich für erfolgreiche Veränderungen ist die Vorstellungskraft. Sich das angestrebte
Ziel in klaren, scharfen, prägnanten Bildern vorzustel-

len, ist das Um und Auf. Die Vorstellungskraft ist stärker als der Wille. Oft gehen diese beiden auseinander. Wenn Vorstellungskraft und Wille die gleichen Ziele haben, dann multiplizieren sich die Energien!

Unterbewusstsein:

Unser Leben wird vom Unterbewusstsein gesteuert! Das Unterbewusstsein hat 90 %, die bewusste Ebene nur 10 % Einfluss auf unser Leben (vergleichbar mit dem Eisberg im Wasser). Daher das Unterbewusstsein durch positive, gute, wertvolle „Bilder" langsam zum Guten verändern! Die Einlagerung von schlechten, schädlichen Eindrücken so gut es geht vermeiden.

Konflikte bereinigen:

Nicht gelöste Konflikte belasten, sind problematisch und werden oft jahrelang nachgetragen. Nachtragen, jemandem etwas hinterhertragen, kostet Kraft, ist mühsam und macht müde. Kränkung macht krank. Kränkung kann zur Verbitterung führen. Bitterkeit vergiftet innerlich. „Verletzte Menschen verletzen Menschen!"

Rückzug und Distanz sind keine Lösung. Streit, Hass, Rache oder negative Vergeltungswünsche können das Thema ebenso niemals lösen. Alles kommt zurück und trifft einen immer wieder selbst! Es wäre ideal, es wäre ein Geschenk, wenn die Kontrahenten vernünftig miteinander reden könnten und die Problempunkte offen und zeitnah ausreden würden. Der beste Weg zur Konfliktlösung führt über Reden, Entschuldigen, Annehmen, Versöhnen und gegenseitigem Verzeihen zu einer neuen beständigen Basis!

Arbeit als Therapie:
Sehr oft konnte ich Stress und Nervosität durch erfüllende körperliche oder geistige Arbeiten besser, schneller und gründlicher abbauen als durch plötzlich aus dem
Zusammenhang gerissene Freizeitaktivitäten, wobei die
Gedanken bei der Arbeit hängen blieben. Bei der Arbeit
ist meist nicht die Arbeit selbst das Problem! Sondern
Zeitdruck, Über- oder Unterforderung, unklare Vorga-
ben, Ablenkung, schlechtes Arbeitsklima, Unzufrieden-
heit der Vorgesetzten, Unstimmigkeiten, Mobbing und
andere Faktoren können deutlich mehr Belastungen verursachen als die reine Aufgabenerledigung an sich. Eine
Arbeit, egal ob es eine körperliche oder geistige war, bei
der ich mich in Ruhe vollkommen auf das Thema konzentrieren konnte, wirkte auf mich immer entspannend,
wohltuend und erholsam!

Dankbarkeit:
Aus tiefstem Herzen dankbar sein für alles, was ich bin,
was ich habe und was ich tun darf (zum Beispiel Gesundheit, Ausbildung, Familie, Arbeitsplatz, Freunde, Hobbys und viele andere mehr)! Nichts im Leben ist selbstverständlich!

Nicht vergleichen:
Es gibt immer Menschen, die erfolgreicher, stärker, besser, schöner, gesünder, jünger und reicher sind, als ich es
bin. Daneben gibt es unzählige Menschen, die um vieles schlechter dran sind als ich. Viele Leute wären glücklich, würde es ihnen so wie mir ergehen. Es macht keinen Sinn, sich mit anderen zu vergleichen. Es geht nur

um das eigene Leben. Liebe, lebe und gestalte es nach deinen Vorstellungen und Möglichkeiten. Nutze deine persönlichen Chancen.

Der Schein trügt:
Aus oberflächlichen Beobachtungen sollten niemals verbindliche Schlüsse gezogen werden, denn meistens ist es anders als es scheint.

Erhalte deine Fähigkeiten:
Nutze und pflege deine Fähigkeiten! Alles, was du dir körperlich und geistig angeeignet hast, und was dir wertvoll erscheint, solltest du verwenden und trainieren, um es zu erhalten und nicht zu verlieren.

Nutze deine Zeit:
Mache das Beste aus der Zeit die vor dir liegt. Denke an ein Zitat von Mahatma Ghandi:
„Heute ist der erste Tag vom Rest deines Lebens!" Das, was hinter dir liegt, ist, wie es eben ist. Akzeptiere, oder wenn erforderlich und möglich, bereinige deine Vergangenheit, genieße die Gegenwart und Blicke auf das Kommende. Carpe diem!

Soziales Engagement:
Unentgeltlicher Einsatz, um Hilfsbedürftigen zur Seite zu stehen, ihnen zu helfen, eine Unterstützung zukommen zu lassen, eine Freude zu bereiten, sich Zeit zu nehmen, macht beide Seiten zufrieden und glücklich. Alles kommt zu dir zurück!

Nein sagen lernen:
Man kann es nie allen recht machen. „Ja" sagen und „Nein" meinen belastet dich und die Beziehung zum Gegenüber.

Mache dich nicht selbst zum Opfer:
Niemals die Opferrolle freiwillig annehmen. Denn wer sich auf den Boden legt, wird mit den Füßen getreten.

Liebe, was du tust:
Wenn du etwas nicht magst, versuche es zu verändern. Wenn du es weder magst noch verändern kannst, verlasse es!

Realistischer Optimismus:
Positiv denken! Gutes tun und gute Gedanken haben gute Folgen, Schlechtes und Böses haben negative Folgen! Alles ist mit Allem verbunden.

„Von guten Mächten wunderbar geborgen
Erwarten wir getrost, was kommen mag.
Gott ist mit uns am Abend und am Morgen
Und ganz gewiss an jedem neuen Tag."
(Dietrich Bonhoeffer, 1906–1945)

18 Rückblick und Ausblick

Das Leben, vorwärts muss man es wagen und bewältigen, erst zurückblickend kann man es bewerten. Ob die gemachten Pläne realisiert und die gesteckten Ziele erreicht werden, weiß man erst im Nachhinein. Ob man mit den an den Kreuzungspunkten des Lebens gewählten Wegen zufrieden sein wird, weiß man im Voraus nie. Was aus einer anderen, zu früheren Zeiten auch in Betracht gezogenen Richtung geworden wäre, wird man ebenso nicht erfahren.

Nur für wenige junge Leute ist ein Lebensweg klar vorgezeichnet, dem sie bedenkenlos folgen dürfen und es auch tun. Für die meisten jedoch bieten sich an den Verzweigungen mehrere Varianten, die eine Entscheidung erfordern.

Aus meist verschiedenen Möglichkeiten, was Schule, Lehre oder Studium, Fachrichtung, Berufswahl, Arbeitsplatz, Partner und Wohnort betrifft, gilt es die vermeintlich passende Auswahl zu treffen. Für viele scheint der Weg in die Zukunft einem Labyrinth ähnlich, während andere frohen Mutes schnurgerade ihre Destination anstreben. Immer wieder scheitern Menschen im komplizierten Irrgarten ihrer Vorstellungen, während andere problemlos alle Hürden überwinden.

Umkehren ist keine Schande, wenn sich herausstellt, dass ein gewählter Weg nicht begehbar ist.

Ist auf einer fälschlich eingeschlagenen Route der Umkehrgrenzpunkt – „the point of no return" – der Punkt, an dem keine Umkehr mehr möglich ist, überschritten, gilt es nicht zu verzagen, die Realität anzunehmen und das Beste aus der jeweiligen Situation zu machen. Unakzeptable Zustände im Leben sollte man möglichst zeitnah bereinigen, bevor sie chronisch werden und man für positive Veränderungen keine Kraft mehr hat.

Eigene Vorlieben und Wunschvorstellungen sollten mit den vorhandenen Potenzialen, intellektuellen Fähigkeiten, angeborenen Talenten und der Bereitschaft, den Aufwand zur Erreichung der Visionen in Kauf zu nehmen, in Einklang stehen, um Enttäuschungen zu vermeiden und ein glückliches, erfülltes Dasein zu ermöglichen.

Jugendliche in unserer Gesellschaft haben in unseren Zeiten eine früher nie dagewesene, oft eine überfordernde Anzahl von Wahlmöglichkeiten ihren Lebensweg zu gestalten.

Viele andere auf unserer Erde müssen hingegen alle Energien aufwenden, um nicht in Kriegen umzukommen, wegen der Dürre in ihrem Heimatland zu verhungern, auf der Flucht aus der Hoffnungslosigkeit in einer Sackgasse zu landen oder wegen Mangel an ärztlicher Versorgung schon früh zu sterben. Deren vordergründiges Ziel ist es, den knochenharten Überlebenskampf auf der untersten Stufe der Maslowschen Pyramide nicht zu verlieren. Die Selbstverwirklichung, die sich an der Spitze dieser Bedürfnis-Hierarchie befindet, wird für die meisten dieser jungen Leute leider für immer ein Traum bleiben. Das grandiose Privileg, das wir auf der „Insel der Seligen" zum Glück noch immer haben, wird leider meist nicht erkannt und nicht entsprechend gewürdigt.

Der Zug des Lebens fährt, ob man es will oder nicht, unaufhaltsam durch die Zeiten. Zum Zeitpunkt meiner

Geburt bin ich in diesen eingestiegen. Unzählige taten dies vor mir und ebenso viele haben es nach mir getan, werden es weiterhin tun. Lange Zeit fuhr ich im gleichen Abteil mit meiner Familie. Laufend stiegen neue Leute ein, andere wieder aus. Manche blieben nur kurz, während andere mich lange oder für immer begleiteten. So mancher Fahrgast ist zu einem wahren Freund geworden, während man mit wiederum anderen keinen oder nur oberflächlichen Kontakt hatte. Bemerkte man das Fehlen von bestimmten Passagieren erst spät oder überhaupt nicht, schmerzte das Aussteigen von Nahestehenden sehr. Die Hoffnung auf das Wiedereinsteigen derselben erfüllte sich nicht. Einige Menschen, die sich innerhalb des fahrenden Zuges entfernt hatten, fanden irgendwann zu meinem Platz zurück. Als meine Eltern aus dem Zug gehen mussten, wurde auch mir die Endlichkeit meiner Reise bewusster: Ich beginne die Fahrt durch die ständig wechselnden Landschaften meines Lebens aufmerksam zu beobachten. Mit Freude genieße ich es, wenn bei strahlendem Sonnenschein grüne Wiesen, blühende Felder und gepflegte Obsthaine vorüberziehen. Dürre, ausgetrocknete Landstriche machen betroffen. Friedlich wirkende Dörfer und pulsierende Städte laden zu kurzzeitigem Verweilen ein. Gepflegte, urbane Parkanlagen mit gepflegtem Rasen sind nett zu betrachten, aber nicht das Ziel meiner Wünsche. Beengende Schluchten und nebelverhangene Täler drücken auf meine Stimmung, während endlose Weiten meinem Horizont größtmögliche Ausdehnung bieten. Dunkle, einsame Wälder scheinen Geheimnisse zu verbergen. Uralte, knorrige, an felsigen Abhängen fest verwurzelte Bäume lassen mich von ihrer Geschichte nur ein wenig erahnen. Kreuze auf den Gipfeln, die den Stürmen der Zeiten trotzen, genießen meinen Respekt. In Gebirgsregionen kann ich bei langsamer Fahrt zahlreiche Zinnen, Türme und Felsformationen bestaunen. Die mit glitzerndem Schnee bedeckten Berge erfreuen mein Herz. In mondhellen Nächten zieht der ständige Wechsel von Licht und Schatten meine Aufmerksamkeit auf sich. Bei Finsternis, wenn keine Sterne am Firmament zu sehen sind und in dunklen Tunnels lehne ich mich zurück – ich schließe meine Augen. Dann empfinde ich aus ganzem Herzen, mit jeder Faser meines Körpers, tiefe Dankbarkeit:

Für mein schönes Heimatland, in dem wir in Sicherheit, Frieden und Freiheit leben dürfen.
Für meinen gesunden Körper sowie für meine physischen, intellektuellen und mentalen Potenziale.
Für meine großartige, starke Familie, für meine aufopfernden Eltern und für meine mir immer zur Seite stehenden Geschwister.
Für meinen umfassenden Bildungsweg, den ich zu meinem Wohlergehen finden und gehen durfte.
Für meine erfüllende Arbeitsstelle, an der ich über 38 Jahre den Lebensunterhalt für mich und meine Familie verdienen durfte.
Für meine liebe, herzensgute Frau, die unsere Familie zusammenhält und alles tut, damit es unseren Kindern und mir gut geht.
Für meine netten, tüchtigen und gesunden Kinder, die bereits auf eigenen Füßen stehen.
Für unser Haus, als Basislager unserer Familie und Geborgenheit vermittelnde Unterkunft für unsere Gäste.

Für das positive Überwinden aller meiner Krisen, Enttäu-
schungen und Niederlagen aus denen ich jeweils gestärkt
hervorkommen durfte.
Für die schönen Erlebnisse bei eindrucksvollen Urlaubsreisen.
Für die vielen wertvollen Verwandten, Freunde, Kollegin-
nen und Kollegen.
Für zahlreiche imposante, traumhafte Berg- und Schitouren
in nah und fern.
Für das unfallfreie Gelingen all meiner Unternehmungen,
Handlungen und Herausforderungen. Es grenzt an ein Wun-
der, dass ich die zahlreichen heiklen Situationen, die bei wei-
tem nicht alle in diesem Buch erwähnt sind, nahezu schadlos
überstanden habe und vor Unheil bewahrt blieb. Im Straßen-
verkehr während hunderttausender Kilometer, beim Aufar-
beiten von Schadholz im felsdurchsetzten Bergwald, beim
Hausbau auf dem ungesicherten Dach, bei der Heuernte mit
dem allradgetriebenen Transporter im abschüssigen Gelän-
de, beim Unterwegsein trotz Lawinengefahr, bei vielen Berg-
und Schitouren sowie auch bei anderen Aktivitäten gab es
oftmals problematische, gefahrvolle Vorkommnisse, bei de-
nen wir, die jeweils Beteiligten und ich, um Haaresbreite vor
einer totalen Katastrophe verschont blieben.
Mehrmals sind mein Leben und das der mir Vertrauenden
nur noch an einem einzigen seidenen Faden gehangen. Dass
dieser nicht gerissen ist, verdanke ich der mich beschützen-
den Kraft Gottes.
Für das gute, schöne und problemlose Gelingen meines bis-
herigen Lebens. Äußerst zufrieden und glücklich darf ich zu-
rückblicken auf viele gesunde, arbeits- und erlebnisreiche, in-
teressante und spannende Jahre mit wunderbaren Menschen
an meiner Seite!

Ausblick:

An meine zukünftigen Unternehmungen möchte ich mit noch mehr Vorsicht und Demut als bisher herangehen, denn es ist mir bewusst, die mich behütenden Kräfte bereits aufs Äußerste strapaziert zu haben.

Es wäre schön, wenn meine Familie, meine Verwandten und alle mir nahestehenden Personen gesund, zufrieden und froh bleiben und die Probleme auf der Welt sich zum Guten wenden würden. Ich hoffe und wünsche von Herzen, dass auch die jungen Leute einer friedlichen und lebenswerten Zukunft entgegenblicken dürfen. Ich persönlich wäre glücklich, wenn der Schluss meines im Jahr 2004 geschriebenen Berg-Gedichtes (14.2.1) auch weiterhin in Erfüllung gehen würde: „Möge Gott auf allen Wegen mich lenken und mir noch viele wunderbare Tage schenken!"

19 Anhang

In diesem Kapitel erläutere ich einige im Text erwähnte Begriffe näher und beschreibe zusätzliche, mich tangierende Themen:

19.1 Staublawine

Entnommen aus dem Buch „3 x 3 Lawinen-Risikomanagement im Wintersport" von Werner Munter, Bergführer, Lawinenforscher und Lawinenexperte aus der Schweiz:

> *„Die Hauptform der Schadens- oder Katastrophenlawine ist die trockene Staublawine, die meist als Schneebrett losbricht und sich im Verlauf ihrer steilen Sturzbahn zur Staublawine entwickelt und dabei unglaublich hohe Geschwindigkeiten (bis zu 300 km/h) erreichen kann. Das Schnee- und Luftgemisch (Aerosol) erzeugt enormen Druck sowie nachfolgenden Sog und kann verheerende Schäden anrichten. Die Zerstörungskraft erreicht die von Wirbelstürmen ..."*

19.2 Lawinenstriche auf unserer Zufahrtsstraße

Die potenziellen Lawinenstriche (Stellen an denen Lawinen abgehen konnten) auf der Straße von Boden nach Elmen vor den Verbauungsmaßnahmen waren: Ahorntal, Waldele, Unter den Köpfen, Franzosental, Anna Seitz-

oder Anna Seelig-Tal, Nasse Platten, Plötzigtal-Kehre, Plötzigtal-Alte Stube, Seittal, Mühltal zwischen Zwieslen und Taschach, Kanzertal, Waldlahne bei Bschlabs-Sack, Großer Gröben, Heurinner, Rottal, Mühltal beim Gröben, Kleiner Gröben, Wiesenrinner, vier Lawinenstriche im Lenze-Wald, Lawine westlich des Naturtunnels, Elmer Mähder, Habigegg, Auffahrt zum Habigegg, Nasse Platten bei Elmen, Hagrinner, Murlahnertal-Lawine von der Roten Wand.

19.3   Die Ahorntal-Lawine

In den Jahren 1935 und im österreichweit katastrophalen Lawinenwinter 1951 sind mit der von 1984 vergleichbare Lawinen vom Ahörnle auf die Ortschaft Boden niedergegangen. Am 5. Februar 1935 riss die gewaltige Staublawine den gesamten Wald oberhalb der Karleite mit einer Breite von 100 und einer Länge von 200 Metern nieder und beförderte die Baumstämme und Wurzelstöcke wie Zündhölzer auf die „Anlage", auf das Feld bei Boden. Die Bewohner brauchten damals ohne maschinelle Unterstützung zehn Jahre, um das gesamte Holz und sämtlichen Unrat zu beseitigen.

Wie aus den Erzählungen der alten Leute in meiner Kindheit und aus einem in der Chronik erwähnten, dramatisch klingenden Zeitungsbericht hervorgeht, machten sich die Bewohner große Sorgen, dass eine weitere Lawine wegen des nun fehlenden Schutzwaldes den Weiler Boden zerstören könnte. Einige Bewohner sollen sich damals ernsthaft mit dem Gedanken zum Aussiedeln beschäftigt haben. Man befürchtete sogar die Ortschaft

Boden wegen der Lawinengefährdung, der man sich ohnmächtig ausgeliefert sah, gänzlich aufgeben zu müssen.

Damit eventuelle weitere Lawinen zukünftig im Ahorntal bleiben und nicht breit gefächert den Weiler Brandegg und den gesamten Ort Boden gefährden können, errichtete man 1937 einen Ablenkdamm. Dieser heute noch sichtbare Lawinenschutz, wie er von den Bewohnern genannt wurde, befindet sich auf der orografisch linken Seite im Ahorntal oberhalb des 2001 erbauten, oberen Gufelwald-Forstweges auf einer Meereshöhe von circa 1 650 m. Der für dieses Bauwerk erforderliche Zement musste von Boden hinaufgetragen werden. Der mit Natursteinen gemauerte und mit Erdreich hinterfüllte, circa 60 Meter lange und 3 bis 6 Meter hohe Damm lenkte zwar die ohnedies wenig problematischen Nassschneelawinen in die richtige Richtung, erbrachte aber bei Staublawinen leider nicht die erhoffte Wirkung. Da in der Folge auch kleinere Staublawinen diese Mauer mehr oder weniger ignorierten, erkannte man, dass man diese auf dem nächstliegenden, großräumigeren Geländerücken hätte errichten müssen. Staublawinen lassen sich durch enge Barrieren nicht ablenken oder aufhalten.

Wie man bei Staublawinen öfters beobachten kann, bildet das Schnee-Luftgemisch (Aerosol) in schmalen Schluchten oder Tälern tragfähige Luftpolster, auf denen die Schneemassen auch beachtliche Hindernisse ungehindert überwinden können. Zum Glück ist auch das Lawinenereignis im Jahre 1951 für den Ort Boden gerade noch glimpflich ausgegangen.

1960 und in den darauffolgenden Jahren hat man am Ahörnle, im Anbruchgebiet der den Ort Boden gefährdenden Lawine, eine Lawinenverbauung mittels Stahl-schneebrücken errichtet. Wie bekannt, konnte diese zu gering dimensionierte Verbauung die verheerende Lawine im Jahr 1984 nicht verhindern. Inzwischen jedoch wurden die Verbauungsmaßnahmen und die Schutz-waldaufforstungen derart umfangreich erweitert, so-dass man sich in Boden zumindest vor dieser Lawine bestimmt nicht mehr fürchten muss.

19.4 Fundaisbach:

Das Straßendorf Boden liegt am nördlichen, orografisch rechten Ufer des Fundaisbaches. Anscheinend hatte man, so wie ich es aus mehreren Erzählungen kenne, seit jeher immer wieder Sorge, dass dieser aus dem Fundaistal kommende Wildbach der Ortschaft Schaden zufügen könnte. Wegen der zahlreichen, ausgeprägten Schotterhalden im Einzugsgebiet dieses Baches kann dieser nach starken Regenfällen Unmengen an Geschiebe aus dem Fundaistal mitbringen. Zuletzt wurde im Sommer 1995 das gesamte Bachbett bei Boden zwei-mal vollständig mit Schotter und Geröll aufgefüllt. Mit mehreren Baggern konnte man den Wasserlauf von den Häusern fernhalten.

Viele alte Bodener befürchteten auch das Abrutschen des steilen, auf lockerem Untergrund stehenden Bergwaldes („Rainwald") am Eingang zum Fundaistal. Dadurch könnte der Bach gestaut werden und der in Folge durchbrechende Stausee den Ort zerstören. Mit umfangreichen, dankenswerterweise von der Wildbach- und Lawinenverbauung durchgeführten Verbauungsmaßnahmen des Fundaisbaches im Bereich Boden, sollte die Sicherheit der Häuser und der darin lebenden Menschen zuverlässig gewährleistet sein.

19.5 Eine Bemerkung zur Kreuzotter

Ich war der festen Überzeugung, dass Wasserläufe und Bäche für diese Schlangen natürliche Grenzen darstellen, bis ich im Juni 2022 nach der Heiterwandüberschreitung im Alpeiltal entlang des Baches ging. Plötzlich bemerkte ich auf der hellen Schotterbank am gegenüberliegenden Ufer eine dunkelbraune Kreuzotter, die zum Wasser schlängelte. Ich dachte, sie wolle ihren Durst stillen und beobachtete ihr Vorhaben. Zielstrebig kroch sie auf einen Stein und rutschte von diesem in die Strömung, von der sie sofort mitgerissen wurde. Unter heftigen Schlängelbewegungen im Wasser überquerte die Kreuzotter den Bach, bis sie auf meiner Uferseite wieder festen Halt fand und in Richtung eines Latschenfeldes weiterkroch. Wegen der Abkühlung im kalten Gebirgsbach konnte sich das Reptil nur langsam bewegen, aber sie hatte eine von mir nicht für möglich gehaltene Überquerung geschafft.

19.6 Spitz- und Dachschober

An Schoberstandorten, die nicht regelmäßig benutzt und an denen nur geringe Heumengen gelagert wurden, errichtete man Spitzschober. Diese konnten nahezu ohne hölzerne Hilfsmittel wie Bretter, Säulen und Querhölzer aufgebaut werden. Am Schoberstall wurde das Heu auf einer kreisrunden Grundfläche (Durchmesser circa 2 Metern), auf der frisch ausgelegte Latschenzweige das Aufsteigen der Bodenfeuchtigkeit verhinderten, zylinderförmig gestapelt und mit den Füßen gleichmäßig festgetreten. Eine mit Steigeisen begehbare „Flecke", ein dickes Holzbrett, diente als Rampe, um das Heu auf das laufend höher werdende Niveau zu bringen. Im oberen Teil des Schobers wurde der Querschnitt kegelförmig verjüngt und schließlich mit kreuzweise aufgelegten, fest verdichteten Rechenschlägen (mit dem Rechen geformte, kompakte, handliche Heupakete mit längs gerichteten Gräsern und Kräutern) eine Spitze geformt. Zur Befestigung der Schoberspitze verwendete man zwei oder drei alte, circa 4 bis 5 Meter lange Telegraphenkabel mit eingebundenen Steinen an den jeweiligen Enden, die winkelversetzt über die Spitze des Schobers gehängt wurden. Damit möglichst kein Regenwasser ins Heu eindringen konnte, musste die gesamte Mantelfläche des Schobers mit dem Rechen festgeklopft und in Richtung der Falllinie sorgfältig „frisiert" werden. Die dadurch nach unten gerichteten Halme leiteten das Wasser, so wie bei einem Stroh- oder Schilfdach, wirkungsvoll ab.

Die Setzbewegung des Heus musste in den folgenden Tagen laufend beobachtet werden und konnte durch Abstützen mittels Holzstangen etwas gesteuert werden. Manches Mal war es aber erforderlich, besonders wenn größere, gut dürre – also lockere – Heumengen gestapelt wurden, eine zu große Schieflage des Schobers, durch Zerlegen und erneuten Aufbau des oberen Bereiches zu korrigieren.

Die Dachschober wurden auf einer quadratischen Grundfläche, ansonsten ähnlich wie die Spitzschober aufgebaut. Auch bei diesen musste bewusst auf gutes und gleichmäßiges Verdichten des Heus geachtet werden, um eine homogene Setzbewegung zu gewährleisten. Der obere Teil des Schobers wurde nur ein wenig verjüngt und die gewünschte Dachneigung im Heu geformt. Auf zwei direkt aufs Heu gelegten Querhölzern errichtete man mit Deck- und Kluftläden ein dichtes Dach, das man mit mehreren Steinen beschwerte.

Obwohl man für Spitz- und Dachschober nur wenige Hilfsmaterialien benötigte, verursachten diese beim Errichten und Betreuen einen größeren Aufwand als Säulenschober.

Für das Heu der Stock-Mähder hatten wir ein Bill, einen an der Waldgrenze in Blockbauweise errichten Heustadel. Dieser hatte ein zu öffnendes Dach, um den Innenraum bis zum Giebel füllen zu können. Heutzutage erinnern mich neben dem Steig zum Habart nur noch ein paar sichtbare Reste dieses verfallenen Heustadels an die längst vergangenen Zeiten meiner Kindheit – an eine gänzlich andere Welt.

19.7   Grenzzaun zwischen Pfafflar und Maldon-Alm

Dieser circa 300 Meter lange Weidegrenzzaun stellt auch die Grenze zwischen den Gemeinden Pfafflar und Imst und gleichzeitig zwischen den Bezirken Reutte und Imst dar. Diese Rinder-Barrikade wurde jahrhundertelang als „Latschenzaun", im Dialekt meist „Zunterzaun" genannt, errichtet. Frisch gehackte oder geschnittene Latschen („Zuntern") wurden in jedem Frühjahr auf den vom Schnee zusammengedrückten Zaun gelegt und dadurch wieder auf eine wirkungsvolle, vom Vieh nicht überwindbare Höhe gebracht. Oft mussten die Latschen mühsam von weit herangezogen werden, weil naheliegende Latschenbestände keine entsprechende Größe hatten. Der Vorteil dieser Unmengen an Legföhren verschlingenden Zaunmethode – die auch an anderen Stellen, wie zum Beispiel im Wassertal, bei Guglatsch, im Oberebele, in der Ebene und im Langen Brand im Fundaistal zur Anwendung kam – war, dass die Weideflächen vom Latschenbewuchs freigehalten wurden. In den 2000er-Jahren wurde der Latschen-Grenzzaun am Hahntennjoch durch einen begradigten Drahtzaun mit Eisenpfählen ersetzt. Auch andere Feld-, Weide- und Sicherheitszäune zur Vermeidung der Absturzgefahr der Tiere werden in den letzten Jahren fast ausschließlich in Form von Elektrozäunen errichtet. Daher müssen die auf Weideflächen rasch wachsenden Latschen anderweitig entfernt werden. Zu früheren Zeiten war jeder Bauer, der Vieh auf die Weiden trieb, verpflichtet, mindestens einen halben Tag lang Latschen von den Almflächen zu entfernen. Diese Arbeit musste jedes Jahr zusätzlich zu den üblichen Fronschichten geleistet werden. Sofern mit vertretbarem Transportaufwand irgendwie möglich, nutzte man das krumme Stammholz der Latschen zu Heizzwecken.

Will man wertvolle Weiden nachhaltig erhalten, müssen neben den Latschen auch Grünerlen, Zwergwacholder, Himbeerstauden und Alpenrosen regelmäßig entfernt werden.

19.8 Latschenkiefernöl

Aus den in den nördlichen Kalkalpen besonders gut gedeihenden und üppig wachsenden Latschen wird das
häufig begehrte Latschenöl gewonnen. Neben der Verwendung der Latschen – auch Legföhren oder Krumm-
holzkiefern genannt – zum Zäunen, Heizen, als Heu-
unterlage auf Schoberställen sowie als wirkungsvolle
Drainage zur Ableitung von unerwünschten Wässern
an Gebäuden und Grundstücken, war und ist die Gewinnung der ätherischen Stoffe aus dieser Baumart eine
weitere sinnvolle Möglichkeit, wertvolle Kulturflächen
vom Bewuchs freizuhalten.

Pepi Koch aus Imst, der Sohn von Josef Koch, der als
Initiator zum Bau der Hahntennjochstraße (5.6) gilt, er-
zeugt dieses reine Naturprodukt mittels Wasserdampf-
Destillation aus zerkleinerten Nadeln und Zweigen von
Latschen und Zirben auf seinem gepflegten Anwesen in
Pfafflar-Unterhaus. Auf Wunsch dürfen interessierte Ein-
heimische und Gäste den professionellen Prozess beob-
achten und seine fachkundigen Erklärungen aufnehmen.

19.9 Fundaisgletscher

Der aus dem Fundaistal herausströmende Gletscher hat
während der letzten Eiszeit viele Steine und Felsbrocken vom Muttekopf-Massiv mitgebracht und auch auf
den Feldern bei Unterhaus, Brandegg und Boden abgelagert. Obwohl im Laufe der Zeit von den Bauern viele
störende Steine entfernt wurden, beeinträchtigen im-

mer noch mehr als genug davon die maschinelle Heuernte. Wie deutlich erkennbar, bestehen diese Steine
aus Konglomeraten aus den Gosau-Schichten, eine das
Muttekopfmassiv bildende Gesteinsart, die mit einem
Alter von sechzig Millionen Jahren das jüngste Gestein
in den Lechtaler Alpen sein soll. Dass auch ein Seiten-
arm des Inntalgletschers übers Hahntennjoch in Richtung Lechtal geflossen sein muss, beweisen Findlinge aus
Wettersteinkalk, den es an der Heiterwand, aber nicht
im Fundaistal gibt.

19.10   Die Zeichen des Windes im Schnee

Die sieben verschiedenartigen Spuren, die der Wind im
Schnee hinterlassen kann, nennt man Windzeichen.
Diese werden zur Beurteilung der Lawinengefahr herangezogen, denn daraus lassen sich Schneeverfrachtung,
Richtung und Intensität des Windes, der als „Baumeister
der Lawinen" gilt, ableiten. Dazu gehören Schneefahnen,
Schneewechte, Gangeln (15.3), Dünen, Kometenschweif,
Anraum und Windkolk. Windkolk entsteht, wenn die la-
minare Strömung des Windes an Hindernissen im Gelände unterbrochen wird. Dabei bilden sich meist im Bereich von Steinen, Felsen, Zäunen oder Gebäuden durch
Düsenwirkung verursachte Hohlräume im Schneede-
ckenaufbau. Den angeblich größten Windkolk Europas
mit beachtlichen 30 Metern Tiefe habe ich 2006 bei einer Schi-Hochtour mit der ÖAV-Sektion Reutte im Bereich der Planura-Hütte, auf dem Gletscher Hüfifirn, in
den Glarner Alpen in der Schweiz, gesehen.

„Anraum" am Kreuz auf der Wildspitze mit Patrick Wöber

19.11 Ausrutscher stoppen

Um körperliche Schäden nach einem Ausrutscher auf steilem Gras, in Schotterhalden, auf Felsplatten, Firn oder Eis zu minimieren beziehungsweise ganz zu vermeiden, ist folgende Vorgangsweise unvermeidbar: Sobald man nach einem Sturz auf dem Untergrund ins Liegen kommt, ist es dringend erforderlich, sich blitzartig in die Bauchlage zu drehen, Hände und Füße wie ein Hampelmann ausstrecken und versuchen mit den Händen und Fußspitzen Halt zu finden. Nur in dieser Lage ist man imstande, eine Rutschfahrt zu stoppen. In Seitenlage liegend oder auf dem Hinterteil sitzend ist ein Abbremsen meist nicht möglich. Wichtig ist sofortiges, entschlossenes Drehen in die Bauchlage und das Ausstrecken von Armen und Beinen. Diese lebensschützende Maßnahme muss man sich immer wieder ins Bewusstsein rufen und öfters üben, damit sie im schockierenden Ernstfall automatisch abrufbar ist!

19.12 Dienstreisen

Bukarest:
Während einer längeren, Dienstreise mit unserem Betriebsleiter und meinem Arbeitskollegen Tobias Bader nach Rumänien wurde uns zugetragen, dass man am Schwarzmarkt auf der Straße beim Wechseln von Schillingen in Lew einen deutlich lukrativeren Kurs erhalten könne als auf der Bank. Nachdem die 600 Lew, die jeder von uns beim Zwangsumtausch bei der Einreise für 1 000 ÖS erhielt, aufgebraucht waren, wurden uns nach Dienstschluss während eines Spazierganges in einer dunklen Gasse in Bukarest 1 500 Lew für 1 000 ÖS geboten. Wir gaben uns damit nicht zufrieden und verlangten mehr. Irgendwo bei 2 500 Lew erreichte unser

fordernder Handel den Plafond. Der junge Mann zählte in seinen Händen mit leiser Stimme direkt vor uns die rumänische Währung, gestückelt in Hunderterscheinen und wir vollzogen den Tausch. Dabei ging alles sehr schnell. Ein plötzlich erscheinender Mann fragte mich nach Feuer für die in seiner Hand befindliche Zigarette. Ein anderer versuchte meinen Kollegen in ein Gespräch zu verwickeln und nachdem das Wort „Polizei" gefallen war, verschwanden diese Leute fluchtartig. Als unser Chef die vermeintliche Geldscheinrolle unauffällig in meine Hand gleiten ließ, damit ich sie in meinem Sakko verstauen konnte, stellten wir fest, dass wir schlecht zugeschnittenes Zeitungspapier, eingewickelt in einen einzigen, echten Hunderter, erstanden hatten.

Ein paar Tage später benötigten wir nun wirklich dringend Geld. Trotz größter Aufmerksamkeit, Umsicht und Vorsicht bekamen wir für 1 000 ÖS leider wieder viel Zeitungspapier und nur einen einzigen 100-Lew-Schein.

Nun war es aber genug und wir überlegten uns sorgfältig einen neuen Plan: Noch bei Tageslicht begaben wir uns in einen Biergarten mit vielen Leuten. Gleich nach dem Eingang bot sich die nächste Gelegenheit zum illegalen „money change". Diesmal ließen wir uns das Geld aber nicht vorzählen, sondern der Chef bestand darauf, die Geldscheine selber zu zählen. Tobias und ich beobachteten das Prozedere sehr aufmerksam. Nach dem sorgfältigen Zählen meinte der Vorgesetzte, dass es nicht wie versprochen 25, sondern nur 24 Scheine, also 2 400 Lew wären, die wir für 1 000 ÖS erhalten sollten. Wir waren damit einverstanden, denn es war immerhin das dreifache von dem, was wir auf einer Bank bekommen würden. Obwohl unser Betriebsleiter die gezählten Scheine vermeintlich immer fest umschlossen in seiner Hand gehalten hat, mussten wir nach einem erneut entstandenen Tumult mit unerklärlichem Bedauern feststellen, unseren Schilling-Tausender wieder fast nur gegen wertloses Zeitungspapier eingetauscht zu haben ...

Zum Ausklang eines Ausfluges am Wochenende mit einem Kleinbus zu einem großen Stausee im Gebirge (von dort konnte man angeblich in jene Gegend blicken, in der Graf Dracula gelebt haben soll ...) wurden wir von unserem Betreuer in einer primitiven Hütte in einem Laubwald zum Essen eingeladen. Die aus dem festgetrampelten Erdboden im Lokal wachsenden Baumstämme ragten durch das Dach ins Freie, was irgendwie sonderbar erschien. Dennoch schmeckte die regionale Brotzeit und nach etwas Schnaps, der uns großzügig angeboten wurde, erzählten wir in fröhlicher Stimmung von unseren Erlebnissen beim Geldtausch, obwohl wir vorher ausgemacht hatten, diese peinlichen Geschehnisse für uns zu behalten.

Der unsere Arbeit im Werk beaufsichtigende Betreuer, ein Universitätsprofessor mit mehreren Doktoren- und sonstigen Titeln erschrak und schlug betroffen seine Hände über dem Kopf zusammen, als er diese Geschichte vernahm. Er bedauerte sehr, uns nicht vor dieser Art des Geldtausches gewarnt zu haben und meinte, dass wir mit dem Resultat zufrieden sein dürften. Wäre es tatsächlich gelungen, den nicht realistischen Betrag in voller Höhe zu ergattern, wären wir mit großer Sicherheit festgenommen und eingesperrt worden, denn der Geldwechsel auf der Straße sei strikt verboten. Die mit diesen Banden zusammenarbeitende Polizei schreitet so lange nicht ein, solange es ihnen gelingt, wertvolle Devisen im Tausch gegen Zeitungspapier zu erstehen, so die einleuchtenden Worte des erfolgreichen Wissenschaftlers.

Nach dem Rat des Professors wechselten wir zukünftig unsere restlich vorhandenen Schillinge in guten Restaurants, wo der Austausch der Scheine eingeschlagen in eine gewebte Serviette in einer Mappe erfolgte. Der dabei zu erzielende Wechselkurs betrug immerhin noch mehr als das doppelte des offiziellen.

Moskau:

Zu den interessantesten Dienstreisen während meines gesamten Berufslebens zählen jene, die ich im Dezember 1984 und im Jänner 1985 während der mehrwöchigen Aufenthalte in Moskau erlebte. Meine dabei gewonnenen Eindrücke und Erkenntnisse veränderten mein Denken in mehrerlei Hinsichten. Damit es uns, unserem Vorgesetzten sowie meinem Kollegen Tobias Bader und mir, fern der Heimat an nichts fehle, bekamen wir von unserem Auftraggeber alle paar Tage so viel Geld in russischer Währung, wie ein normaler Arbeiter vor Ort in einem Monat verdiente. Da die An- und Abreise, das Hotel und der tägliche Transfer zur Firma organisiert und bezahlt waren sowie es strengstens verboten war, die überschüssigen Rubel am Ende des Aufenthaltes außer Landes zu bringen, hatte ich das Gefühl, so viel freies Geld zum „Verjubeln" zu haben, wie niemals daheim. Unsere beiden Dolmetscherinnen, zur Unterscheidung von uns Lena 1 und Lena 2 genannt, standen uns nicht nur während der Dienstzeiten im Betrieb zur Verfügung, sondern organisierten auch oftmals unser Freizeitprogramm. Diese gut gebildeten und auch gut aussehenden jungen Damen sprachen absolut fehlerfreies

Deutsch. Selbst banale Konversationen führten sie akzentfrei mit einem auffallend reichhaltigen Wortschatz und perfekter Grammatik. Neben den Besuchen von Galerien und sonstigen Veranstaltungen organisierten unsere Betreuerinnen vor allem Aufenthalte in teuren Restaurants. Das, was sich der größte Teil der Einheimischen nicht oder nur äußerst selten leisten konnte, durften wir während unserer Dienstreisen mehrmals genießen. Bei bis zu siebengängigen Menüs mit rotem und schwarzem Kaviar, vielen anderen Spezialitäten, Krimsekt und Vodka konnten wir den Hunger, den wir wegen des scheinbar ungenießbaren Mittagessens in der Werkskantine hatten, ausgiebig stillen. Neben einem Festessen, weit außerhalb der Stadt, brachte die Varieté-Aufführung eines Märchens mit sentimental klingendem Gesang, mit Prinzen und Prinzessinnen und weiteren Darsteller:innen die „Melancholie der russischen Seele" zum Ausdruck; so die Erklärung von einer der beiden Lenas.

Da wir im Betrieb und auch in der Freizeit oftmals mit Mitarbeitern von anderen westlichen Firmen, die am gleichen Projekt beteiligt waren, zu tun hatten, waren sowohl die Arbeit als auch die gemeinsamen Unternehmungen danach interessant, spannend und abwechslungsreich. Die Begegnungen mit unseren Dolmetscherinnen erbrachten für mich nicht gekannte Einsichten in das Leben und die Denkweise der in Moskau Lebenden: Auch mitten im Winter kauften wir uns gelegentlich an kleinen Ständen auf öffentlichen Plätzen sogar bei –25 °C Eis, das sehr knusperig war und nur durch Abbeißen genossen werden konnte.

Als im Betrieb in der Kaffeeecke eine Tasse zu Boden fiel und mein Kollege Lena bat, die Scherben zusammenzukehren, antwortete diese energisch: „Tobias, sehe ich so aus, als ob ich einen Besen in die Hand nehmen würde?"

Um zu später Stunde einen Sturz beim Blödeln mit anderen auf einem abschüssigen, schneebedeckten Weg abzufangen, hielt sich Lena 2 an meinem Mantel fest. Dieses akrobatische Manöver hatte einen circa 25 Zentimeter langen Riss im Bereich der Manteltasche zur Folge. Als ich zu Lena sagte, dass sie das nun flicken müsse, kam die Antwort: „Meine Mama kennt jemanden, der weiß, wo man das Reparieren lassen kann." Dieser Vorschlag schien langwierig und nicht erfolgversprechend zu sein. Ich ging in mein Hotelzimmer, inspizierte an meinem neuen knielangen, olivfarbenen Steppmantel den beträchtlichen Schaden und kam zum Entschluss, dass ich selbst versuchen würde, diesen zu beheben. Vorsichtig trennte ich das Futter an der Innenseite auf, nahm eine Nadel und die farblich passende Nähseide aus der kleinen Box in meinem Koffer und nähte völlig entspannt mit viel Geduld den gerissenen Stoff mit feinen Wickelstichen wieder zusammen, während russische Musik aus dem Radio für eine angenehme Stimmung sorgte. Die Überraschung war groß, als Lena am nächsten Morgen den Riss am Mantel erst nicht finden konnte, denn meine Naht fiel unter den vielen Nähten, die ein Steppmantel ohnedies hat, überhaupt nicht auf. Ungläubig staunend betrachteten beide Lenas und ein paar andere, die sich um mein im russischen Winter unentbehrliches Kleidungsstück versammelten, die reparierte Stelle.

Nach mehreren derartigen Beobachtungen kam ich zur Erkenntnis, dass viele der dort Lebenden zwar von unserem Wohlstand im Westen wissen, ihn bewundern, diesen für etwas Normales und Selbstverständliches halten, aber keine Ahnung davon haben, welchen Einsatz wir vollbringen und welchen Aufwand wir betreiben müssen, damit wir uns Häuser, Autos, Hobbies und Urlaube leisten können.

Da es für russische Staatsbürger strikt verboten war, bestimmte westlich ausgerichtete Einrichtungen zu betreten, bat mich Lena eines Abends, ich möge ihr beim Besuch eines diesbezüglichen Lokals im Parterre eines großen Hotels behilflich sein. Mit Lena, die sich an meinem Arm eingehängt hatte, gingen wir auf den Portier am Eingang zu. Diesem schenkte ich auf Empfehlung meiner Begleiterin ein Feuerzeug und eine Schachtel Marlboro Zigaretten. Solch hilfreiche „Türöffner" trugen wir für verschiedenste Bedarfe immer bei uns. Nach meinen Worten: „Wir möchten Freunde besuchen an der Bar" durften wir das für Lena verbotene Gebäude betreten. In diesem für mich nicht aufregenden Lokal musste ich die Zeche für die Vodka-Orange-Getränke leider mit wertvollen Devisen, mit DM (Deutsche Mark), bezahlen. Beim Herausgehen wurde Lena in der Hotelhalle von einem unscheinbaren, russisch sprechenden Mann gefragt, ob sie Feuer für seine Zigarette hätte. Sie antwortete in ihrer Muttersprache, dass sie keines habe, aber mich fragen würde. Den Mann interessierte das Feuer plötzlich nicht mehr, stattdessen befahl er uns, ihm in einen Raum hinter einer Spiegelwand zu folgen. Ich musste nur meinen Reisepass zeigen, brauchte kein Wort zu sagen, musste aber dem stundenlangen Verhör von Lena, wobei ich keine Silbe verstand, beiwohnen. Von meinem Sitzplatz aus konnte ich, während ich mir Sorgen wegen des weiteren Geschehens machte, durch die an der Außenseite verspiegelte Scheibe ein wenig vom Kommen und Gehen in der Hotelhalle beobachten. Irgendwann, erst lange nach Mitternacht, durfte ich das Hotel verlassen. Den nächsten Arbeitstag mussten wir ohne Lenas verbringen. Die beiden hatten alle Mühe und mussten alle ihre Beziehungen und Kontakte geltend machen, damit das Vergehen von Lena 2 nur eine ernsthafte Verwarnung, aber keine Strafe zur Folge hatte.

Zu meiner Überraschung wurden wir von unseren Dolmetscherinnen bei jeder Gelegenheit auf das unmögliche Verhalten, die beängstigenden Aktionen und den sorglosen Umgang der Amerikaner hingewiesen. Diese Aussagen schienen aus einer tiefen Abneigung gegen dieses westliche Volk zu resultieren. Ich musste feststellen, dass ich während des Kalten Krieges in meinen jungen Jahren ein ähnliches Denken in umgekehrter Richtung hatte. Mir wurde erstmals bewusst, dass ganze Völker durch gezielte Propaganda gelenkt und verändert werden.

19.13 Wasserkraftwerke am Streimbach

Unterhalb der Ortschaft Boden, unmittelbar nach dem Zusammenfluss von Angerle- und Fundaisbach, exakt an jener Stelle, wo die alte Fußgängerbrücke (5.3) auf dem Weg nach Bschlabs und ins Lechtal stand, war die Wasserfassung, ein Tirolerwehr, für die Oberstufe eines Kraftwerkes geplant. Während meiner Amtsperioden als Bürgermeister, in der zweiten Hälfte der 1990er-Jahre, sollte das von den Elektrizitätswerken Reutte eingereichte Projekt zur Umsetzung gelangen. Es war beabsichtigt, das Wasser des Streimbachs zwischen Boden und der Einmündung in den Lech bei Elmen in zwei Stufen zur Stromerzeugung zu nutzen. Für die Unterstufe war in der Schlucht unterhalb von Bschlabs ein kleiner Speichersee zum Ausgleich der täglichen Bedarfsschwankungen geplant.

Bei zahlreichen, miterlebten Verhandlungen in Bschlabs, in Reutte und Innsbruck, mit Behörden, Bauwerbern, Planern, Architekten, Geologen, Kraftwerkstechnikern, Naturschutzbeauftragten, Grundeigentümern und Gemeinde, die meist langwierig und nervig, zwischendurch aber auch aufschlussreich und interessant waren, sollte ein für alle Seiten passender Konsens zur Realisierung des heftig umstrittenen Projektes gefunden werden. Bei der Volksbefragung in der Gemeinde Pfafflar stimmten 46 Wahlberechtigte für und 46 gegen den Bau des Kraftwerkes.

Weil die Elektrizitätswerke Reutte Entschädigungszahlungen, die Kostenübernahme zur Errichtung der Abwasserreinigungsanlagen in Bschlabs und Boden, einzelne Dauerarbeitsplätze und sonstige Entgegenkommen versprachen, sprach sich der Gemeinderat mit 7 Ja- und 2 Neinstimmen mehrheitlich für die Umsetzung aus. Nach zähen Verhandlungen, langem Hin und Her setzten sich schlussendlich die Kraftwerksgegner durch und das Projekt wurde auf unbestimmte Zeit ad acta gelegt.

Würden wir den elektrischen Strom, den wir als zeitgemäße Gesellschaft im 21. Jahrhundert auch in unserem einzigartig schönen Lechtal benötigen, aus sauberem Wasser vor Ort gewinnen, würde dies kaum einen nachhaltigen Schaden an der Natur verursachen und keinen Imageverlust für das Lechtal bedeuten, so meine persönliche Einstellung zu diesem gespaltenen Thema. Wasserkraftwerke müssen Photovoltaikanlagen und Windräder zukünftig wirkungsvoll ergänzen, um von den klimaschädlichen, fossilen Energieträgern loszukommen.

Durch die Kraft der Sonne wird das in den Wolken enthaltene Wasser auf die Berge gehoben, wodurch dessen potenzielle Energie erhöht wird. Diese Energie wird in Druckrohrleitungen in kinetische und schließlich mittels Turbinen und Generatoren in elektrische umgewandelt. Diese Art der Energiegewinnung ist äußerst flexibel und sehr effizient und hat den höchsten Wirkungsgrad von allen Erzeugungsverfahren für elektrischen Strom.

Fast dreißig Jahre später wird die Gewinnung von Energie aus erneuerbaren Quellen intensiv vorangetrieben. Rückblickend ist zu sagen, dass das Streimbachprojekt zur geplanten Energie-Autonomität Tirols einen klimaschonenden Beitrag geleistet hätte. Auch Tirol hat das Ziel, bis 2050 unabhängig von fossilen Energieträgern zu sein. Die nächsten Generationen müssen in der Lage sein, ihren gesamten Energiebedarf aus heimischen, erneuerbaren Ressourcen zu decken.

19.14 Das Knappenloch

Südlich und oberhalb der Ortschaft Boden am oberen Ende des Rainwaldes befinden sich auf einer Meereshöhe von circa 1 600 Metern Reste eines alten Bergwerks, das von den Einheimischen „Knåppaloch" genannt wird. Nach alter Überlieferung soll in diesem um circa 1580 Galmei, das ist Zinkerz, abgebaut worden sein. Die noch sichtbaren Zeugnisse vom ehemaligen Bergbau in Boden, worüber es keine genaueren Aufzeichnungen gibt, haben wir in meiner Jugendzeit mit Onkel Anton, Helmut Lechleitner und Cousin Georg Friedl bei mehrmaligen Besuchen erkundet, nachdem Leo Lechleitner (6.1) den bereits verschütteten Eingang in den 1970er-Jahren wiedergefunden und freigelegt hatte. Ein waagrecht verlaufender, in gebückter Haltung begehbarer Stollen führt circa 50 Meter weit in den Fels. In Eingangsnähe zweigt auf der linken Seite eine senkrecht in die Tiefe verlaufende Kaverne ab, in der nach jeweils ein paar Metern Zwischenböden aus in den Fels gekeilten Baumstämmen angebracht sind. Völlig unbekannt und somit von größtem Interesse war die Tiefenausdehnung des senkrechten Stollens. Es wurde auch vermutet und von alten Leuten immer wieder behauptet, dass von den weiter unten gelegenen Stockwerken waagrechte Stollen abzweigen. Um im Herbst 1979 Klarheit zu bekommen, seilten sich Helmut und ich einmal durch mehrere 50 x 50 Zentimeter große Lücken in den morschen Zwischenböden ab. Nach circa 20 Metern kamen wir nicht mehr tiefer hinunter, weil hölzerner Unrat und Steine den weiteren Weg versperrten. An dieser äußerst unheimlich wirkenden Stelle unterhalb der einsturzgefährdeten Podeste suchten wir an den Seilen gesichert und mit unseren schwachen Lampen nach einem weiteren Weg. Obwohl wir uns lange und intensiv bemühten, konnten wir weder einen weiteren Verlauf in die Tiefe noch horizontale Abzweigungen feststellen.

Unseren Plan, einen originalen, möglichst gut erhaltenen Baumstamm aus einem der Zwischenböden zu bergen und zur Altersbestimmung mittels Dendrochronologie an die Universität nach Innsbruck zu schicken, konnten wir bisher leider nicht realisieren.

Durch die noch heute erkennbare Geländerinne, die vom Stollen bis hinunter zum Fahrweg ins Angerletal verläuft, dürfte der Abtransport des Erzes erfolgt sein.

Während weiterer Stollen-Erkundungen wurden einige Werkzeuge aus der Zeit des Bergbaus gefunden. Diese Relikte sowie das Bergwerk als Ganzes bildeten die Basis für den von Walter Lechleitner (6.8) verfassten Roman „Das verschworene Tal".

19.15   Seminare, die ich hilfreich empfand

- „Gesund trotz Stress" von Frau Dr. Carolin Juen de Qintero, MA
- „Erfolgreich, ohne ausgebrannt zu sein" von Autosuggestionsberaterin Frau Heidi Rappold
- „Seminar vom Verzeihen und Loslassen" von Frau Dr. Carolin Juen de Qintero, MA
- „Resilienztraining" von Frau Whitney Breer
- „Zeit- und Selbstmanagement" von Frau Constanze Sigl

19.16   Weiterführende Literatur

- „Chronik der Gemeinde Pfafflar", eine lose Sammlung von geschichtsrelevanten Ereignissen
- „Wie es einmal war ..., Lechtaler Originale", Kulturverein Lechtal, ISBN 978-3-9519675-0-9, (2020)
- „Der Bezirk Reutte – Das Außerfern", KOCH Buchverlage, ISBN 3-7081-0005-1, (2010)
- „Chronik und Festschrift zur Dreißigjahrfeier vom Gasthof Bergheimat", Walter Lechleitner, (1987)
- „Lechtaler Impressionen", Karl Schott, Fritz Honold Verlag Memmingen, (1979)

19.17   Lageskizze

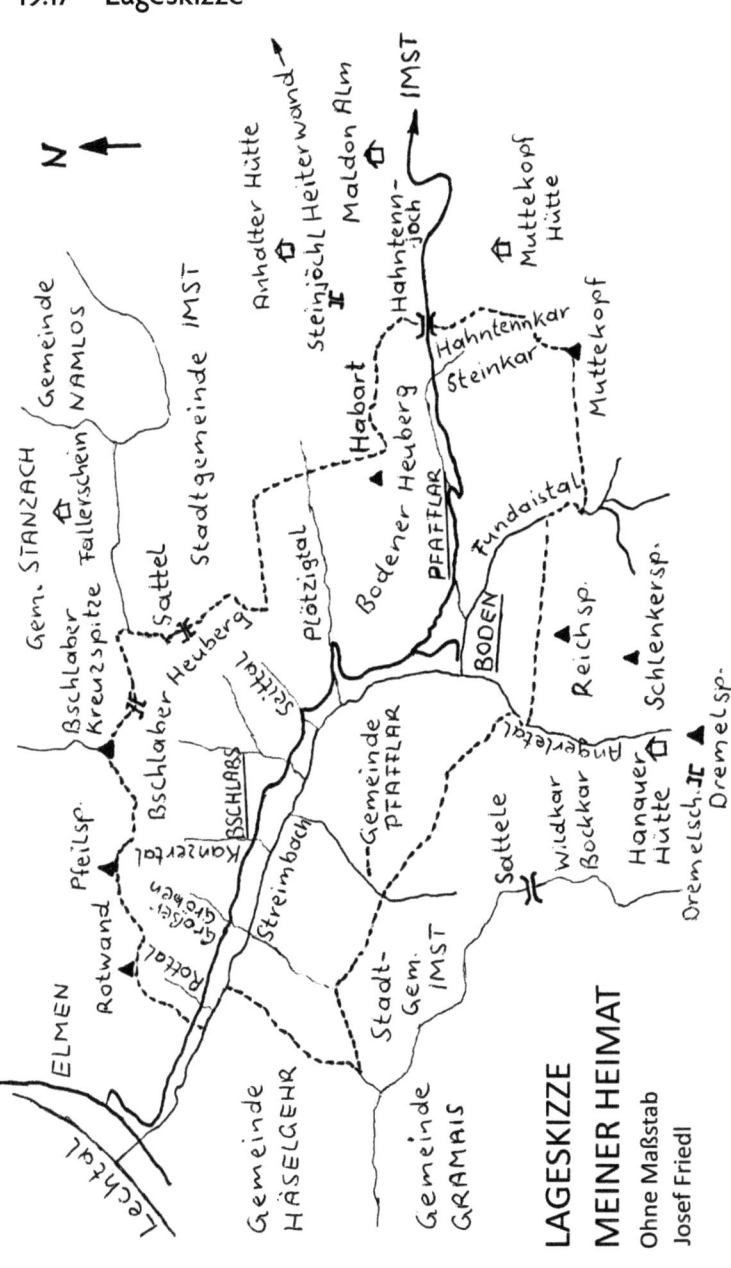

LAGESKIZZE
MEINER HEIMAT
Ohne Maßstab
Josef Friedl

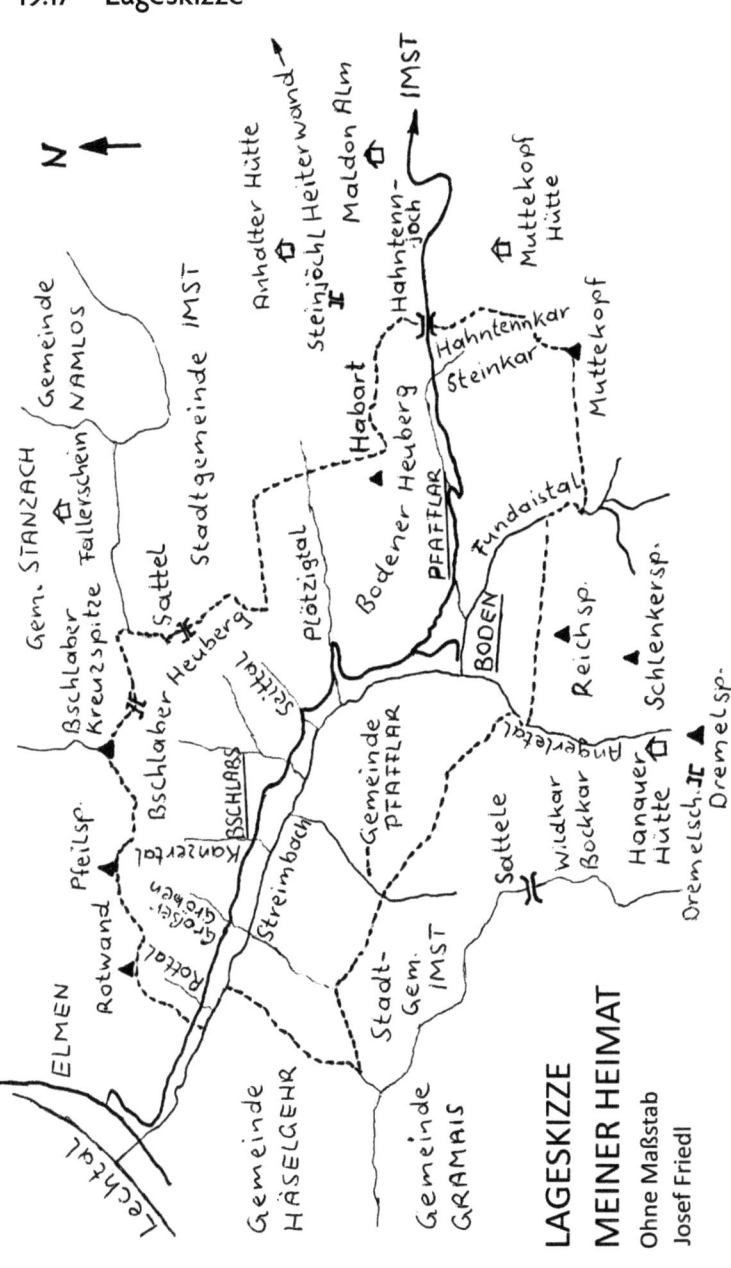

583

Der Autor

Josef Friedl, geboren 1956, wächst unter einfachen
Verhältnissen und mit harter Arbeit als ältester
von fünf Geschwistern am elterlichen Bergbauernhof auf. Seinen technischen Interessen folgend,
beginnt er als 18-Jähriger eine diesbezügliche
Ausbildung, die ihm die Berufsausübung in einem
Industriebetrieb ermöglicht. Dennoch bleibt er
der Landwirtschaft und seiner Heimatgemeinde
eng verbunden, wo er sich in den verschiedensten
Bereichen am gesellschaftlichen Leben beteiligt.
Um der kaum aufzuhaltenden Abwanderung
entgegenzuwirken, baut er mit seiner Frau Gabi
im Heimatort ein Haus für seine Familie mit vier
Kindern. Immer mehr zieht es ihn auf die Berge,
die im gesamten Alpenraum zum zentralen Inhalt
seiner Freizeit werden.

novum VERLAG FÜR NEUAUTOREN

Der Verlag

,,

Wer aufhört
besser zu werden,
hat aufgehört
gut zu sein!

Basierend auf diesem Motto ist es dem novum Verlag
ein Anliegen, neue Manuskripte aufzuspüren, zu ver-
öffentlichen und deren Autoren langfristig zu fördern.
Mittlerweile gilt der 1997 gegründete und mehrfach
prämierte Verlag als Spezialist für Neuautoren in
Deutschland, Österreich und der Schweiz.

Für jedes neue Manuskript wird innerhalb we-
niger Wochen eine kostenfreie, unverbindliche
Lektorats-Prüfung erstellt.

Weitere Informationen zum Verlag und
seinen Büchern finden Sie im Internet unter:

www.novumverlag.com